千村故事

民风民俗卷

浙江省农业和农村工作办公室
浙江农林大学中国农民发展研究中心
浙江省农民发展研究中心
中国名村变迁与农民发展协同创新中心

本卷主编　周新华

中国社会科学出版社

图书在版编目(CIP)数据

千村故事·民风民俗卷/周新华主编.—北京：中国社会科学出版社，2019.2
ISBN 978-7-5203-2898-2

Ⅰ.①千… Ⅱ.①周… Ⅲ.①村落文化-介绍-中国 ②农村-风俗习惯-介绍-中国 Ⅳ.①K928.5②K892

中国版本图书馆 CIP 数据核字(2018)第 165467 号

出 版 人 赵剑英
责任编辑 宫京蕾
责任校对 秦 婵
责任印制 李寡寡

出 版 中国社会科学出版社
社 址 北京鼓楼西大街甲 158 号
邮 编 100720
网 址 http://www.csspw.cn
发 行 部 010-84083685
门 市 部 010-84029450
经 销 新华书店及其他书店

印刷装订 北京君升印刷有限公司
版 次 2019 年 2 月第 1 版
印 次 2019 年 2 月第 1 次印刷

开 本 710×1000 1/16
印 张 20.75
插 页 2
字 数 340 千字
定 价 85.00 元

浙江省历史文化村落《千村故事》丛书编委会

前　　言

“千村故事”书写中国美丽乡村建设浙江新篇章

一　缘起

寻乡愁，
祖宗兴村族规修。
劝农劝学基业定，
礼仪道德孝中求。
生态人居子孙旺，
民风民俗村史留。

寻乡愁，
千村故事话风流。
清廉大义万古传，
名人名流胜封侯。
手技手艺代际承，
特产特品我村优。

寻乡愁，
美丽乡村历史悠。
民族振兴中国梦，
村域发展是重头。
自在安然农民心，
共同富裕写春秋。

一首婉转悠扬的“千村故事”之“一碟影像”主题歌，唱出了浙江人民保护历史文化村落、寻访传统故事、定格乡土印象、回味乡愁记忆的诗意情怀，抒发了浙江人民践行自由平等、建设美丽乡村、奔向共同富裕的壮志豪情。

“《千村故事》‘五个一’行动计划”（以下简称“千村故事”）缘起于浙江历史文化村落保护利用工作。“做好历史文化村落的保护利用工作，是彰显美丽乡村地方特色的需要。”（李强，2012）① 浙江历史文化村落保护利用工作的启动，标志着浙江以“千村示范、万村整治”为载体的美丽乡村建设跃升到新阶段。这一阶段，是浙江社会主义新农村建设的“美丽成果”转化为农村经济社会发展“资源优势”的重要阶段，是“生产发展、生活宽裕、乡风文明、村容整洁、管理民主”的社会主义新农村建设目标的实现阶段，也是浙江“推动信息化和工业化深度融合、工业化和城镇化良性互动、城镇化和农业现代化相互协调，促进工业化、信息化、城镇化、农业现代化同步发展”和“城乡一体化发展”大融合阶段。

浙江美丽乡村建设始于2003年。是年6月，时任浙江省委书记习近平启动了浙江“千村示范、万村整治”工程，揭开了中国美丽乡村建设的时代篇章。2005年10月，中国共产党十六届五中全会提出了“建设社会主义新农村”的重大历史任务，将浙江“千村示范、万村整治”融入中国社会主义新农村建设大潮。至2007年，浙江省完成了10303个建制村的初步整治，其中1181个建制村建成“全面小康建设示范村”。2008年，浙江省安吉县提出“中国美丽乡村”计划。2009年9月，一批国内古建筑和文物保护专家聚集浙江省建德市新叶村，发表了《新叶共识》，希望政府“把遗产保护和民生工程建设结合起来……倡导全社会关注抢救正在日渐消失的中国乡土建筑”。2010年，浙江省制订了《美丽乡村建设行动计划（2011—2015年）》，同时，浙江省农业和农村工作办公室（以下简称“浙江省农办”）、财政厅、住建厅、文化厅、林业厅、省文物局六部门联合开展历史文化村落普查。2012年4月，浙江省贯彻习近平总书记关于“优秀传统文化是一个国家、一个民族传承和发展的根本，如果丢掉了，就割断了历史命脉”的讲话精神，出台了《关于加强历史文化村落保护利用的若干意见》，把修复、保护、传承和永续利用历史文化村落作为美丽乡村建设的重要内容。2012年11月，党的十八大报告提

---

① 李强（时任浙江省人民政府省长）：《在全省历史文化村落保护利用工作现场推进会上的讲话一》（2012年5月9日）。

出了“努力建设美丽中国，实现中华民族永续发展”的要求。习近平总书记指出：“中国要强，农业必须强；中国要美，农村必须美；中国要富，农民必须富。”建设美丽中国，重点和难点都在农村，美丽乡村建设理所当然地成为当今中国的时代潮流。

“千村故事”在浙江美丽乡村建设跃升阶段应运而生。2014 年 5 月 20 日，浙江省委副书记王辉忠、副秘书长张才方等一行到浙江农林大学调研，在听取了中国农民发展研究中心关于“中国名村变迁与农民发展协同创新中心”的工作汇报后，表示要支持协同创新中心开展历史文化村落保护、利用研究，浙江农林大学随即向省委办公厅呈送了书面报告，王辉忠副书记做了批示。2014 年 11 月，浙江省美丽乡村建设现场会和 2015 年 1 月浙江省农村工作会议，先后做出了“挖掘和传承好古村落古民居背后的故事”的部署。2015 年 3 月 2 日，浙江省农业和农村工作办公室根据上述两次会议部署和省领导的指示精神，委派相关负责人到中国农民发展研究中心，共同商讨、制订了“千村故事”行动计划，并于 3 月 24 日呈送浙江省委、省政府。夏宝龙书记、李强省长、王辉忠副书记、黄旭明副省长分别对此做了重要指示：要把这件大事办好，全力创作“精品”。

浙江省委、省政府四位领导批示后，省农办相关负责人多次到浙江农林大学指导、对接和协调，讨论“千村故事”实施方案，部署和推进这项工作。浙江农林大学主要领导要求举全校之力抓好《千村故事》“五个一”行动计划，金佩华和王景新作为总负责和总主编。浙江农林大学中国农民发展研究中心按照上述要求，联络“中国名村变迁与农民发展协同创新中心”及省内外专家，成立了“千村故事”专家委员会，组建了“千村故事”研究团队和工作室，启动了“五个一”行动计划。

二　任务

浙江省提出的“历史文化村落”概念，涵盖了浙江省域内的中国历史文化名村、中国传统村落和古建筑村落、自然生态村落与民俗风情村落。中国历史文化名村是指保存文物特别丰富且具有重大历史价值或纪念意义的，能较完整地反映一些历史时期传统风貌和地方民族特色的村，由住建部和国家文物局共同组织评选。2003 年 10 月至 2014 年 3 月，分六批公布了 276 个历史文化名村，其中浙江 28 个，占总数的 10.1%。中国传统村落过去称“古村落”，2012年，住建部、文化部、国家文物局、财政部联合组成了“传统村落保护和发展专家委员会”，此后用“传统村落”替代了“古村落”概念。传统村落是指1911年辛亥革命以前建村，保留了较多传统建筑环境、建筑风貌，村落选址未有大的变动，具有独特民俗民风，虽年代久远，但至今仍为人们服务的村落。2012年至2014年12月，该委员会分三批公布了“中国传统村落”2555个，浙江入选176个，占总数的6.9%。2012年，浙委办［2012］38号文件界定：“历史文化村落包括古建筑村落、自然生态村落和民俗风情村落等。”这份文件把现存古建筑等历史文化实物和非物质文化遗产比较丰富的村落，建筑与自然生态相和谐、历史建筑保护较好的村落，传统民俗风情等非物质文化遗产丰富、民俗文化延续至今、活动频繁的村落，都纳入了“历史文化村落”范畴。

“千村故事”主要针对纳入《浙江省历史文化村落保有数量和名单库》（以下简称“库内村”）的1237个村，开展“寻访传统故事——编撰一套丛书，触摸历史脉搏——形成一个成果，定格乡土印象——摄制一碟影像，回味乡愁记忆——推出一馆展示，构建精神家园——培育一批基地”活动。

“编撰一套丛书”，共9卷，其中，《古村概览卷》是为“库内村”立档。《千村故事：礼仪道德卷》收集和编撰“库内村”在仁义、慈爱、孝道、勤俭、和睦、善行、清白、诚信、情谊（包括兄弟邻里情谊及民族和谐等）方面的典故。《千村故事：清廉大义卷》收集和编撰“库内村”宗族督导其入仕子孙为官清正廉洁、热爱国家、坚守民族大义的典故。《千村故事：生态人居卷》收集和编撰“库内村”经典的堪舆布局，合理的聚落结构，巧妙的给排水系统，精致的建筑园林，优美的自然景观及其传承、保护等方面的故事。《千村故事·劝农劝学卷》收集和编撰“库内村”戒子戒规、劝农劝学、耕读传家的那人、那事、那典范，弘扬勤奋苦读、乐于农耕，崇勤倡简、勤俭持家，以及自强不息、勤勉坚韧、艰苦奋斗的乡土文化。《千村故事：名人名流卷》收集和编撰“库内村”学而优则仕、则商，学而不优则耕读传家等名仕、名商、名师、名学、名绅的故事，弘扬干一行、爱一行，行行出状元，造福乡梓的优秀文化。《千村故事：民风民俗卷》收集和编撰“库内村”祭祀、婚嫁、丧葬、节庆、季节与农耕、族规乡约、邻里互助等方面的经典故事，弘扬村落民风、民俗、民习，以及村落秩序与基层治理的优秀文化。《千村故事：手技手艺卷》收集和编撰“库内村”独特的工匠技术，石雕、砖雕、木雕、竹雕、竹编、绘画、书法、剪纸、刺绣、女红、戏曲、民歌、武术等乡土非物质文化遗产及其传人的故事，传承乡土手艺、技术和民间艺术。《千村故事：特产特品卷》收集和编撰“库内村”著名农产品、林果蔬产品、畜产品、“老字号”手工产品和特产、名吃及其背后的故事。

“形成一个成果”，就是利用“编撰一套丛书”的调查资料和数据，研究和总结江南历史文化村落变迁（兴衰更替或持续发展）的历史脉络、发展条件、阶段性特征和一般规律，以及文化遗产保护、传承、利用的浙江特色、中国经验。出版《浙江历史文化村落社会经济变迁研究》（专著），提出“浙江历史文化村落保护利用现状和持续发展调研报告”及其“政策建议”，编制“浙江省2016—2020年历史文化村落保护利用规划”。

“摄制一碟影像”，其目的在于用影像手段记忆乡愁，记录“库内村”保护利用现状，收集和保存“库内村”原有影像资料，宣传千村故事。任务包括：一是收集、整理“库内村”以往的纪录片、宣传片、新闻片，储备“千村故事”之“一馆展示”的馆藏影像资料；二是拍摄“库内村”的人居环境，记录“库内村”民居、宗祠、廊桥等历史建筑修复、保护、利用现状，复活“库内村”民风民俗、手技手艺等非物质文化遗产；三是按照“千村故事”一套丛书的8卷分类，挑选经典、精彩的故事，组织亲历者、传承人和典型代表人物讲述本村、本家和自己的故事，编辑成8集宣传性故事片。

“推出一馆展示”，是以浙江农林大学“浙江名村博物馆”建设为载体，设立浙江历史文化村落变迁展示馆。展示内容包括：一是农耕生产工具、手工业器具、传统生活用具、民间艺术作品等方面的实物；二是历史文化村落的村史、村志，名士、名人、名流传记和作品，档案及散落民间的契约文书等文献资料；三是村庄布局及其变迁的历史图片、碑刻拓片和影像资料；四是农村发展的对比材料，如村落景观变化对比、村域自然环境变化对比、农民居住条件对比、农户经济收入对比、生活质量和公共服务水平提升对比等，采集历史文化村落有记载的历史数据、图片、统计年报、记账农户资料、老照片、村集体经济组织所受的表彰及荣誉称号证件等数据、资料和图片。最终形成浙江历史文化村落数据库。

“培育一批基地”，是结合“库内村”保护利用重点村项目的实施，分“乡土历史文化保护传承示范村”“时代印记文化保护传承示范村”两种类型，培育“看得见山、望得见水、记得住乡愁”的示范基地。

上述任务是一个整体，其中，编撰一套丛书既是形成一个成果的资料源泉、摄制一碟影像的脚本、推出一馆展示的脉络和线条，又是培育一批基地的重要依据。一套丛书、一个成果、一碟影像、一馆展示和一批基地相互支撑，共同托起浙江历史文化村落物质和非物质文化遗存保护利用的历史殿堂。

三 价值

“千村故事”是浙江省在历史文化村落物质文化遗存修复、保护和利用的基础上，对非物质文化遗产抢救性挖掘、整理、记忆和传承的乡土文化建设的重大任务。“千村故事”将为千秋万代留下一份诗意情怀的传统村落变迁史料，将为现代农业中如何继承中华传统农业精华发挥启迪作用，将为世界留下一份悠扬的，具有人文底蕴的中国江南鱼米之乡的乡愁记忆。

中国农村变迁发展以村庄为载体。农村变迁史本质上是村庄变迁史。历史文化村落是中国乡土文化遗产的博物馆，是乡愁记忆的百科全书，也是中国国学的思想宝库。历史文化村落镌刻着古代中国农业、农村和农民发展的历史印记，承载着近现代中国共产党领导新民主主义革命、社会主义革命和建设、改革开放和社会主义现代化建设的伟大功勋，展示着中国农业、农村和农民现代化的巨大业绩，凝结着无数农民精英的历史贡献。我们从历史文化村落走过，仿佛走进了中国农耕文明、乡土文化及国学精髓的博物馆，走进了中国共产党领导农民革命和社会主义建设的纪念馆，走进了农业、农村和农民现代化的业绩馆，走进了祖宗先辈、农民精英和名人名流的传记馆。但是，“快速发展的工业文明正在疯狂地吞噬着农耕文明，乡村社会正在成片地急剧消失，作为整个人类摇篮的、绵延了数千年的带有中古韵味的原始村落正一个个地被五光十色的现代建筑群所取代”①。中国历史文化村落保护时不我待，中国历史文化村落社会经济变迁研究时不我待，中国历史文化村落影像资料摄制和农耕文明博物馆建设时不我待！

---

① 王先明：《从东方杂志看近代乡村社会变迁——近代中国乡村史研究的视角及其他》，《史学研究》2004年第12期。

浙江省历来高度重视历史文化村落的保护、利用工作，一直将其作为农村经济社会发展的重要支撑，作为美丽乡村建设的重要内容。2003 年浙江省启动“千村示范、万村整治”工程时，时任省委书记习近平就强调：“要正确处理保护历史文化与村庄建设的关系，对有价值的古村落、古民居和山水风光进行保护、整治和科学合理地开发利用。”[①] 2012 年，浙江省开全国传统村落保护、利用之先河，在一个省级区域内，有组织、有计划、大规模地展开历史文化村落保护、利用工作。自 2012 年始，浙江省委、省政府每年召开一次“全省历史文化村落保护利用工作推进会”，每年投入近 10 亿元资金[②]，连续三年（三批）对全省历史文化村落“库内村”中的 130 个重点村、649 个一般村开展了修缮和保护工作。浙江省各级党委、政府做了许许多多的好事、善事，提供了许许多多的新做法、新经验，功在当代，惠及子孙，得到了浙江农村干部和广大农民的肯定、赞扬和积极响应。而今浙委办［2012］38 号文件提出的关于“……到 2015 年，全省历史文化村落保有集中县规划全覆盖，历史文化村落得到基本修复和保护……的总目标”已经基本实现。

四　方法

“千村故事”是浙江省“政、学、研、民”合作、大规模调研、大团队协同调研的有益尝试。按照上级要求，“千村故事”由浙江省农办组织协调，省财政厅保障相关经费，浙江农林大学联合“中国名村变迁与农民发展协同创新中心”的力量组织实施。

浙江省农办与浙江农林大学研究团队密切合作，将“千村故事”的研究对象、故事收集撰写方法、要求与范本、工作进度等，通过省农办文件形式传达到各地。2015 年，省农办为“千村故事”发文、发函就有《关于组织开展“〈千村故事〉‘五个一’行动计划”的通知》（浙村整建办［2015］11 号）、《关于核对和完善“千村故事”千个历史文化村落名单的通知》（浙村整建办［2015］14 号）、《关于组织开展〈千村故事〉

① 转引自吴坚《箫鼓牵情古风淳——浙江历史文化村落保护利用工作纪实》，《今日浙江》2014 年第 16 期。

② 2013 年，浙江省、市、县三级共投入资金 9.29 亿元，其中省级下拨 2.3 亿元。参见王辉忠（浙江省委副书记）《在全省历史文化村落保护利用工作现场会上的讲话》（2014 年 7 月 1 日）。

丛书基础材料收集、整理编撰工作的通知》（浙村整建办［2015］18号）等。这些文件成为协同各方的重要依据。省农办要求：历史文化村落保有量大、入选“库内村”数量多的县（市、区）也要成立相应的指导委员会。要从县（市、区）文化局（文化馆）、方志办和档案馆等单位抽调专业人员，组成专门工作班子，负责有关乡镇（街道）、村的组织协调以及基础材料、经典故事、影像图片等的收集、整理、撰写、审读、修改和报送等工作。

定点定村是“千村故事”研究和编撰工作展开的基础。省农办以2012年六部门联合普查确定的历史文化村落“库内村”（971村）为基础，按照“有价值、有形态、有文脉、有故事、有人脉”的标准，对各地历史文化村落的保有数量和名单进行核实、退出或补充。截至2015年年末，全省普查纳入历史文化村落“库内村”1237个①。

浙江农林大学研究团队于2015年4月上旬召开“千村故事”培训会，统一研究思路、方法，随即组织农村经济、建筑、规划、历史、文化、旅游、民俗等方面的专家，两次深入“库内村”开展预调研。其目的为：一是通过预调研拟定“一套丛书”总框架，以及《古村概览》和8卷故事的章、节和故事范本，方便基层参与者在收集、整理、编撰千村故事基础材料时参照；二是摸索“政、学、研、民”合作联动的方法，以及研究团队联合攻关机制。至2015年6月下旬，上述目标全部达成，并形成了关于“千村故事”一套丛书编撰总要求、体例和方法等方面的共识。

第一，编撰总要求。一套丛书编撰要按照省政府领导批准的“千村故事”行动计划所列框架破题，展现历史文化村落“那村、那人、那故事”，最终形成一部故事与史志结合的系列编著。一套丛书编撰要坚持三性并重原则：故事挖掘、整理和编撰要具有史实性，是历史文化村落里事实存在、广为流传的故事；要体现知识性，可读、可藏、可传；要发挥教育性，弘扬和传承历史文化村落的优秀文化。

第二，编撰对象。“千村故事”研究和编撰对象为浙江历史文化村落“库内村”，非“库内村”但确有经典故事的，亦可选编，但数量要严格控制。凡以人物为中心的故事，必须遵循“生不立传，顺应时代与表现‘正

① 浙江历史文化村落“库内村”数量不断调整，三个阶段的数据分别为971个、1123个和1237个，因此，在“千村故事”研究过程中，不同时段撰写的研究成果中，其“库内村”数量不同，特予说明。

能量'，大人物写小事、小人物写大事"等基本原则，如果几个村落撰写同一个人物的故事，要合并为一个故事，但要体现这个人物在多个村庄的活动印记。以人物为中心的故事，不能异化为个人传记而见人不见村。

2015年6月25日，省农办根据上述共识，下发《关于组织开展〈千村故事〉基础材料收集、整理编撰工作的通知》，要求各县（市、区）农办会同文化、广电、史志、档案等部门，抽调相关专业人员，组成专门工作班子，按照上述要求扎实做好基础材料、影像图片等的收集、整理、编撰、审读、上报工作，于2015年8月1日前，分别上报省农办社会发展处与浙江农林大学"千村故事"工作室。

7月8日，浙江省农办社会发展处牵头，项目研究团队协助，召开了省、市、县农办分管领导和"千村故事"基础材料编撰业务骨干培训会(400余人参加)。一套丛书各卷主编，以及一个成果、一碟影像、一馆展示的主持人，分别宣讲各卷和各项目的主旨、框架、要求、范本、方法及注意事项，省农办分管领导、浙江农林大学分管副校长先后提出要求。省培训会议后，各地用不同方式逐级传达落实。一时间，"千村故事"讲述、编撰、求证等，在浙江历史文化村落里蔚成风气，家喻户晓。

2015年暑假期间，浙江农林大学研究团队组织11个联络组带领百名大学生分赴浙江省11个地级市"寻访千村故事"①、调查研究和巡回指导。其具体任务包括：一是选择典型村落，配合各地开展调查研究，寻访历史故事；二是接受邀请，为收集、编撰故事有困难的特别需要帮助的村落提供援助；三是在编撰一套丛书的同时，收集一个成果、一碟影像、一馆展示和一批基地的资料和实物。

截至2015年8月25日，"千村故事"工作室共收到"历史文化村落信息采集表"1244份，其中有效信息1158个村；故事基础材料1227篇，其中《礼仪道德卷》136篇，《清廉大义卷》130篇，《生态人居卷》287篇，《劝农劝学卷》84篇，《名人名流卷》228篇，《民风民俗卷》179篇，《手技手艺卷》99篇，《特产特品卷》84篇。8月26日，浙江农林大学研究团队举行了"千村故事"暑期调研汇报交流会，进一步讨论了历史文化村落保护、利用现状及对策，部署各组统计分析历史文化村落本底

---

① 浙江农林大学"寻访千村故事"暑期社会实践团，获中宣部、中央文明办、教育部、共青团中央、全国学联组织开展的"2015年全国大中专学生志愿者暑期'三下乡'社会实践活动优秀团队"荣誉称号。

数据，阅读筛选故事基础材料并提出修改意见。

“千村故事”研究团队调研和巡回指导村落，覆盖全省 11 个地级市、57 个县（市、区）、163 个村落，协助各（地）市修改或重写的故事达 259 篇。2015 年年末和 2016 年年初，8 卷故事初稿基本完成。2016 年春节（寒假）前后，浙江农林大学研究团队再次进村入户调研，进一步修改、补充和完善历史文化村落的历史故事。2016 年 4 月 8—10 日，浙江农林大学研究团队在湖州市南浔区荻港村召开了“千村故事”统稿会，“千村故事”专家委员会部分成员，中国社会科学出版社领导和相关编辑人员，以及“千村故事”一套丛书各卷主编和其他“四个一”的项目负责人齐聚一堂，审读一套丛书初稿，统一编撰要求，按照“表述精准、真正达到了史实性、知识性和教育性的作品，同时突出重点村，反映浙江区域特色”的原则，遴选《〈千村故事〉精选》（卷一、卷二、卷三）三卷样稿。至此“千村故事”一套丛书调研和编撰工作基本完成。接下来，“一套丛书”交由中国社会科学出版社进入辛苦而繁复的出版程序。

五 梗概

《古村概览卷》厘清了浙江历史文化村落物质文明遗存及其保护利用现状。据历史文化村落基础信息有效采集的 1158 个村统计数据显示，浙江历史文化村落主要集中在浙西、浙南、浙中的山区、丘陵地区，而杭嘉湖平原、宁绍平原地区、海岛地区相对较少，其中丽水市 228 个村、台州市 170 个村、衢州市 159 个村、温州市 150 个村。浙江传统村落历史悠久，唐代及以前始建的村落 160 个，占 13.82%，其中舟山市定海区马岙村被誉为“海上河姆渡”[①]、“海岛第一村”，嘉兴平湖市曹桥街办马厩村至迟在春秋齐景公时期（前 547—前 489）便有村落；嵊州市华堂村金庭王氏始迁祖王羲之东晋永和十一年（355）三月称病弃官，“携子操之由无锡徙居金庭”[②]；宋代始建的村落居多，共有 367 个村，占总数的 31.69%，元代始建的 103 个村，占 8.89%，明代始建的 297 个村，占 25.65%，清代始建的 149 个村，占 12.87%，民国及以后始建的 82 个村，占 7.08%。村落中所有古建筑等物质文化遗存中，有文物保护级别的共

① 1973 年，发现于浙江余姚河姆渡。它主要分布在杭州湾南岸的宁绍平原及舟山岛，经测定，它的年代为公元前 5000—前 3300 年，是新石器时代母系氏族公社时期的氏族村落遗址。

② 参见华堂村《金庭王氏族谱》。

有 4357 处，其中国家级文物有 375 处，省级文物有 699 处，市级文物有 400 处，县级文物有 2877 处，216 个村文物保护单位是古建筑群。各类古建筑数量主要统计各村的古民宅、古祠堂、古戏台、古牌坊、古桥、古道、古渠、古堰坝、古井泉、古街巷、古城墙、古塔、古寺庙、古墓十四类信息，汇总其数量达 3.6 万多处，其中最多的是古民宅，共 23071 处，古祠堂 1624 处，古城墙 91 处，古塔 69 处。有 1022 个村保存族谱，占"库内村"总数的 82.15%，一村多部族谱也是常见现象，本次调查统计大约有 4505 部族谱。有 295 个村落保存有古书、名人手稿、字画等文物资源。906 个村有古树名木，占村总数的 73%，有的村拥有古树名木群。据不完全统计，这些村落中 1000 年以上的古树有 135 棵，如丽水莲都区路湾村有 1600 年的香樟，建德石泉村有 1400 多年的樟树 7 棵，建德乌祥村有 1500 多年树龄的古香榧，余杭山沟沟村汤坑汤氏宗祠前有 1200 多年树龄的红豆杉和银杏，景宁畲族自治县大漈乡西一村有 1500 多年树龄的柳杉王……在村落的非物质文化遗产中，国家级有 89 个，省级有 187 个，市级有 172 个，县级有 237 个。浙江省重视历史文化村落保护和利用，2012 年至今，先后三期批准历史文化村落保护、利用重点建设村和一般村达到 779 个，占"库内村"总数的 62.6%。

《礼仪道德卷》述说浙江历史文化村落的价值追求。浙江历史文化村落里的人们，对礼仪道德的重视主要展现在三个方面：第一，有形载体众多，农村礼仪道德故事并不仅仅停留在村民的口耳相传之中，往往化身为物质载体，承载着村民的共同记忆。第二，注重传承，许多农村礼仪道德故事对于村民而言并不仅仅是一个传说，而是化身为族规家训，通过教育在子孙后代中传承。第三，影响深远，农村礼仪道德故事对于村民而言并非遥远的往事，而是真实地存在于村民的生活之中，影响着其中的每一个人。浙江历史文化村落礼仪道德故事中，以下几个方面显得尤为丰富：一是慈爱孝悌。浙江历史文化村落有大量父慈子孝的故事，许多村庄将"孝"作为立村之本。慈孝故事可分为严父慈母的故事、寸草春晖的故事、慈孝传家的故事、节孝流芳的故事四类。慈孝故事在传统农村社会最为丰富，影响也最为深远，对民风的端正起到了极大的作用。二是贵和尚中。浙江历史文化村落里的和谐故事大致可分三类：第一类为家和事兴；第二类为乌鹊通巢；第三类为民族和睦。三是见利思义。浙江历史文化村落的见利思义的故事也可分三类：第一类为勤俭诚信的故事；第二类为公而忘私的故事；第三类为积善得报的故事。四是乐善好施。乐善好施是浙江历史文化村落美德故事的重大主题，总体可分为三类：第一类为回报桑梓的故事；第二类为扶危济困的故事；第三类为造福一方的故事。中国传统农村社会典型地体现了对礼仪道德的注重，这些传统美德与农村社会生活密切相连，它们是农民创造的宝贵精神财富，是农村社会持续发展的不竭精神动力。

《清廉大义卷》传颂浙江“忠义廉正、光昭史策”的如林贤哲。忠诚爱国，廉洁奉公，心系天下是他们为官从政的基本价值取向，也是他们为官做宰的基本要求。他们在其位谋其政，勤于政事，为民请命，爱民如子，以民众和国家利益为先；他们志行修洁，清廉刚正，讲求以身任天下，把个人的安身立命与天下兴亡、百姓福祉联系在一起，得志时则兼济天下，不得志时则独善其身。在一乡则有益于一乡，在一邑则有益于一邑，在天下则有益于天下。每当国家兴盛时，士大夫多以廉洁自重，刻意砥砺德行；每当社稷衰颓之时，正是“义夫愤叹之日，烈士忘身之秋”（《晋书·慕容德载记》），竭忠效命、临难捐躯者指不胜屈。这充分显示：“腐败”乃是贯穿历史败亡的一条基线。故事主人公们在道德实践上主要依靠内省、自律去克制欲望，抵制诱惑，诉诸的是主体向内用力的道德自觉，而不完全依靠外在他律的规范和约束，养廉多于治廉。他们的政治实践则主要体现在：责君之过，以正君臣；律己之行，以严公私；爱民如子，以和官民；进思尽忠，退思补过；先忧后乐，用舍皆行；等等。他们的政治诉求则是一个“天—君—民”三位一体的政治架构，在这个传统的政治架构中，臣民可忠于君主，也可忠于社稷天下。忠于君主者，以君主利益为第一位，唯君主马首是瞻；忠于社稷天下者，以民众和国家利益为先。在官与民、权与理、君与国的矛盾前面，站在民、理、国这方面，“苟利国家生死以，岂因祸福避趋之”。而伴随着近代“国家”“民族”概念的传入，政统与道统、君主与国家区分更为明显。杀身成仁，舍生取义，近代以来，浙江无数的仁人志士为了革命理想信仰、为了救亡图存、为了至高无上的道义精神，他们大义凛然，慷慨就义。

《生态人居卷》集萃浙江先民人居环境建设的智慧。“人居环境的灵魂即在于它能够调动人们的心灵”，各村落因地形地貌、水土植被、经济发展程度的不同，形成富具地域特色的个性。浙江历史文化村落大多是有着宗族体系的血缘村落，宗族伦理观念强烈地影响着村落的空间布局和建筑形态，村落布局形态讲究道德伦理关系，重视等级制度和长幼之分。出现了以宗祠为核心，以主要商业街、道路或河流为发展轴，根据地形因地制宜的布局模式。浙中地区特别讲究形成山水环抱、聚气藏风的“风水”格局，甚至不惜人力、物力改造风水，比较典型的如武义郭洞村。浙江历史文化村落的历史建筑营造匠心独具，除建筑艺术精美之外，还体现了浓郁的人文理念。建筑群体组合往往有着严谨的秩序，祠堂大多设置在传统村落的中心位置，而亭、廊、桥等风景建筑则体现“天人合一”与“文以载道”的思想观念，巧妙结合地形地貌，承载伦理道德和美好的愿望。浙江水系众多，形成了清新、淡雅、古朴的历史文化村落风貌，村落中合理科学的水系规划，不仅调节了小气候，满足了日常饮用、灌溉、排污、消防等功能，同时又形成了优美的人居环境。浙江历史文化村落大多是望得见山、看得见水的“山水田园村落”，植根于周围山水自然环境，因地制宜进行家园建设，并辅以恰当的人文景观，形成质朴自然而又如诗如画的乡村风景园林。浙江自古以来人文鼎盛，历史文化村落中多有诗词歌咏、楹联题刻、文化典故等人文景观。在这些人文景观中，有的记录村落发展的重要历史事件，有的记录传说故事或歌颂风景名胜，彰显着村落的人文内涵之美。

《劝农劝学卷》夯实浙江历史文化村落兴村根基。耕读传统是浙江历史文化的重要传统之一，它的产生是与古代中国“劝农劝学”观念的内在要求和政策制度相契合的。浙江耕读传统产生于农本经济（物质基础）、科举入仕（制度保障）、兴家旺族（直接动力）、隐逸文化（思想渊源）、人口迁徙（促成因素）五大基石，其中农本经济、科举入仕和兴家旺族是浙江耕读传统产生的一般要素，隐逸文化和人口迁徙则是浙江耕读传统产生的特殊要素。在中国农业社会的历史长河中，耕读并重作为农民的生活模式，是一种可保进退自如的持家方略，二者相辅相成、相得益彰。源于此，“耕读传家”作为宗法制的历史文化村落根深蒂固的生活理想，是宗族（家庭）事务的头等大事，每个宗族都期望自己的族人可以中举中进士，入朝为官，光耀门楣。因此，族规家训都极为强调耕读之首要性；士绅乡贤则扮演着文化教育的继承者和推动者的双重角色；而庙祠牌坊既是族人对其丰功伟绩的一种铭记，也是对族中后人的一种鞭策；兴教办学则是文脉传承背后的助推力。耕读传统使得浙江地区人才辈出，尤显家族代传性特征。如温州瑞安曹村自南宋高宗绍兴二十七年（1157）

至明成祖永乐二年（1404），200多年一共出了82名进士，是全国闻名的“中华进士第一村”；永嘉屿北村的“一门三进士，父子两尚书”；江山广渡村的“四代十登科，六子七进士”；绍兴州山村的“父子两尚书”“祖孙四进士”“十八进士”等。近代以来，则有“状元村”之美誉的宁海梅枝田村和“博士村”之美誉的缙云姓潘村。劝农劝学观念的化身则是耕读传统在中国农耕社会中形成、发展和行将消亡的思想轨迹，鲜明地揭示了封建社会中富裕农家和仕宦之家对于家族（家庭）文化教育前景的企求实态，它表明，耕读传家观念不仅源远流长，而且深远地影响了农业中国的乡村社会。

《名人名流卷》镶嵌着浙江历史文化村落一颗颗璀璨明珠。浙江历史文化村落名人故事丰富多彩，所述人物故事涉及名儒名臣、名贾名商、诗画艺人、乡贤民硕、侠客义士等。名人故事都寄托了村民的情感，反映了时代心理，有一定史料研究意义。浙江历史文化村落的名人名流，明代到近现代的居多。这与浙江省历史文化名村形成的历史相适应。从时代变迁看，中国文化经济重心不断南移，与浙江名人辈出是顺向同步的。浙江由于地处东南，战争较少，经济和文化得到长足发展。南宋定都临安，给浙江带来前所未有的发展机遇，从而使浙江成为全国举足轻重的经济和文化重镇，造就了一批批优秀儿女，其中不乏从这些历史文化村落走出的。地理对文化、对名人名流分布的影响显著。从地理类型上看，浙江历史文化村落名人名流的分布大致代表了西南山地文化、浙北平原文化、海洋文化三种类型。山区名人名流的特点是崇文尚武、武术医家、义士将军等；平原地区多半为鱼米之乡，交通发达，文化基础本身较好，多出巧匠、商人、科学家、文艺人士等；沿海名人名流具有开放冒险、抵御外侮、漂洋经商的生活经历。浙江人祖先多半是中原移民，经过几次大规模南迁运动，很多北方家族南下，到浙江重新聚居，形成历史文化村落。新移民将北方的文明与本地特色结合，将优秀的中原文化传统延续下来，而传统意义上的吴越土著文化实际上自秦灭越之后特点不突出，浙江文化与中原汉文化实现了自然接轨。如朱熹与郭村、包山书院，陆羽与余杭、吴兴、长兴等，赵孟頫与下昂村等，他们的活动丰富了历史文化内涵。

《民风民俗卷》延续浙江历史文化村落鲜活历史。浙江历史文化村落保留的民俗不仅多种多样，而且具有深厚的人文底蕴和独特的地域色彩。比如，素有“鱼米之乡”“丝绸之府”之称的杭嘉湖地区，流传于该地区的蚕桑文化民俗即将民间喜闻乐见的范蠡与西施的传说融合在内，使原本单纯的生产习俗增加了浓郁的人文色彩。浙江地域面积不大，但依山濒海，江河纵流，自然环境复杂，地形地貌丰富。因此坐落于不同地区村落的村民，生产、生活习俗也各异，又都与其所生活的区域自然环境息息相关。浙西多山，山地村落流行的生产、生活风俗，即与村民千百年所依赖的山地环境关系密切，如流传于衢州洋坑村的“喝山节”——喝山祈福习俗即为典型一例。浙北多平原水乡，流行的民俗不少即与水上活动有关，如嘉兴地区民主村的水上庙会习俗。浙东南濒海、多岛屿，因此生活在滨海地区和离岛上的村落居民，其民俗就带有浓厚的海洋气息，如浙南洞头县东沙村祭祀妈祖（海神）习俗。浙江是畲族的主要聚居地区，景宁是中国第一个也是唯一一个畲族自治县，有“中国畲乡”之称，在景宁及周边的几个畲族分布的县域村落内，流传着畲族独有的生产、生活风俗，成为浙江历史文化村落民俗中极具鲜明地域风格的代表。浙江历史文化村落的民俗大体归为：一是传统的岁时节令类；二是人生历程中的婚嫁、生育、寿庆、丧葬类；三是反映家族文化的祭祖、修谱、族规类；四是农事生产类；五是乡村美食与风物特产（指手工制作的，与自然生产的不同）类。此外，还有一些涉及居住建筑、传统体育、游戏娱乐和口头文学等。民俗是过去生活的记忆与缩影，也是村居民落在千百年的生产、生活中积淀的文化遗产，随着社会经济的高速发展和城镇化的快速推进，不少良风美俗也都面临着湮没之危。我们希望“千村故事”能够让这些乡村记忆传之久远。

《手技手艺卷》展示浙江历史文化村落里百姓与“这方水土”相互厮守的故事。浙江省历史文化村落手技手艺体现于生产、生活的方方面面，比如，将传统的绘画与雕刻工艺应用于传统建筑与装潢，竹编或草编则在保持手工艺品基本特征的基础上，使其成为乡村旅游的一个品牌；剪纸、陶艺依然维系着一方水土的温馨记忆。浙江省的手技手艺是“一方水土”的百姓与这片山、这片水相互厮守的故事。从远古走来的浙江人民世世代代与这片土地同呼吸、共命运，并由此衍生了具有浓厚区域色彩的手技、手艺，这些手技、手艺曾经是普通百姓的重要经济手段，尤其是在农耕社会时期，生产力水平不发达，交通闭塞，对一个家庭乃至一个家族而言，一门手艺的掌握将给他们带来相对稳定的收入，由此贴补家用，贴补再生产，当然也贴补愿望。由于区域的相通性，即使有多达上千的历史文化村落，手技、手艺在许多村落间都是共通的，同时也展现出地域乡土性。传统技艺存在于生活之中，只要有适宜的环境，手工艺就会得到传承。比如，木作、雕琢、烧造、冶炼、纺织、印染、编织、彩扎、装潢、造纸、制笔、烹饪、酿造、印刷等，在当代社会的现实生活中仍然有着广阔的生存空间。费孝通先生曾说过，非物质文化遗产“之所以传下来就因为它们能满足当前人们的生活需要。既然能满足当前人的生活需要，它们也就是当前生活的一部分，它们就还是活着。这也等于说一个器物一种行为方式，之所以成为今日文化中的传统，是在它还发生‘功能’，能满足当前的人们的需要”。

《特产特品卷》印制浙江历史文化村落亮丽的名片。浙江历史文化村落的特产特品文化深厚，各地的每一种特产，都不是简单的自然馈赠品，而是各地居民在千百年的生产、生活中积淀下来的文化遗产，每一种产品都有其独特的种养、加工技巧和工艺流程，许多产品还有一套与其生产过程相配套的地方习俗和文化故事。浙江历史文化村落农特产品具有鲜明的地域差异性。比如，浙北杭嘉湖平原地区是种、养、加特产集中区，农特产品主要以种植产品、淡水养殖品及加工制品为主，传统种植产品以蚕桑种植最具特色，现代种植产品则主要以瓜果蔬菜为特色，如槜李、湖菱、大头菜、莼菜、雪藕等特色果蔬在区域内均有一定的分布；浙中金衢盆地地区是瓜果、药材、粮油肉加工产品集中区，如兰溪杨梅和枇杷、常山胡柚，磐安元胡、玄参和白芍等，金华火腿、金华两头乌猪、龙游乌猪、衢江三元猪，金华酥饼、龙游发糕、江山铜锣糕、常山山茶油等；浙西丘陵山地地区则是茶叶、竹木产品集中区；浙南山地地区是林木、山石产品集中区；浙东丘陵地区是特产多样性地区；浙东沿海平原地区则是蔬果、海产集中区；东南滨海岛屿地区则是海洋捕捞产品集中区，陆地特产相对较为贫乏。浙江历史文化村落的特产特品注入了深刻的文化印记，其中许多农特产品从一个村落发源，经过历代村民精心呵护与反复打磨，已经走出村落、走向世界，成为历史文化村落的名片。

（执笔：王景新，浙江农林大学中国农民发展研究中心暨浙江省农民发展研究中心常务副主任，中国名村变迁与农民发展协同创新中心首席专家；文中“梗概”由各卷主编撰写）

目　　录

第一章　概述

浙江是块古老、神奇而美丽的热土。考古人员在浙北长兴、安吉一带发现距今 80 万—100 万年的旧石器时代遗迹遗物表明，其时已有原始人类在这一带活动。而 20 世纪 70 年代余姚河姆渡文化遗址的发掘，则充分证明长江流域和黄河流域一样，也是中华文明起源的中心之一。而自夏商之后，这里一直是人类的重要栖息繁衍之地，尤其经历了五代吴越和南宋两度在杭州建都之后，只有弹丸之地的浙江一跃而成为中国最富活力、文化最为发达的地区之一。

古老悠久的历史、活跃发达的社会经济，造就了浙江地区人文教化之昌盛。反映在民俗文化中，浙江地区尤其是古村落保留的民俗不仅多种多样，且具有深厚的人文底蕴和独特的地域色彩。

杭嘉湖地区素称“鱼米之乡”“丝绸之府”，因此流传于该地区的蚕桑文化民俗独树一帜，如德清蠡山村流行的“西施送蚕花”习俗，将蚕桑习俗与民间喜闻乐见的范蠡与西施的传说亦融合在内，使原本单纯的生产习俗增加了浓郁的人文色彩。浙西龙游大公村的祭徐偃王习俗即是一例。徐偃王是春秋时期徐国的国君，在楚国大军入侵之时，他因不愿老百姓遭受战乱之苦而放弃抵抗，率领臣民避往江南。龙游是徐氏族人南迁的重要落脚点，徐姓也因此成为龙游的第一大姓，号称“南徐之宗”，境内有不少关于徐偃王的记载，大公殿就是其中一个重要的史迹。

江山凤林镇南坞村的“三月三”祭祖习俗也很有来历。南坞有 800 多户、2000 多人口，近千年的历史。村落素以耕读传家诗礼相延，历代都有学子拜官晋爵。明嘉庆刑部尚书毛恺曾为南坞杨氏题书“江阳望族”，南坞被后人称为“江南杨氏望族”第一古村落。追根溯源，三月三古称上巳节，是纪念黄帝诞辰的节日。黄帝是炎黄子孙的人文始祖和共同祖先。千百年来华夏子民向祖国的四面八方辐射绵延，三月三聚会祭祖这一华夏礼俗也随之一直绵延至今。

而兰溪的刘家“月半节”则为全国独有。兰溪黄店白露山及云山檀树村一带村庄，历来有“迎猪羊”、迎銮驾的“月半节”活动习俗。月半节又称大年月半、猪羊会，其最大的特色是节日周期，长达 8—10 年才举办一次，而其庆祝时间之长也是其他节日所不能比拟的：时间长达一年之久，在中国的各种传统节庆活动中也极其罕见。

百里不同风，十里不同俗。浙江虽然地域面积不大，但依山濒海，江河纵流，自然环境复杂，地形地貌丰富，境内有大海、平原、丘陵、山地、江河、湖泊等多种自然形胜。因此，坐落在浙江各个不同地区的村落的村民，生产、生活习俗也各各不一，又都与其所生活区域的自然环境息息相关。

浙西多山，山地村落流行的生产生活风俗，即与村民千百年所依赖的山地环境关系密切。如流传于衢州洋坑村的“喝山节”，其喝山祈福习俗即为典型一例。“喝山节”又名“护山节”，据说历史可追溯到明代末期，已有400余年历史，地方志中即有“宛人呼十月初八为喝山节，又意护山。乡民以谷、酒、土、木灰自门外委婉布入洋坑山前，旋绕庙宇，呼之为引山神，祭先祖”的记载。

浙北多平原水乡，流行的民俗不少即与水上活动有关，如嘉兴地区民主村的水上庙会习俗就是一例。位于嘉兴王江泾镇民主村莲泗荡景区的“江南网船会”是国内唯一的水上庙会，据说其历史可追溯到明万历年间，现已列入国家级非遗名录。

浙东南濒海，多岛屿，因此生活在滨海地区和离岛上的村落居民，其民俗就带有浓厚的海洋气息，如浙南洞头县的东沙村祭祀妈祖（海神）习俗。洞头是全国14个海岛县之一，共由168个岛屿组成，有“百岛县”之称。在全县近百个渔民聚居村落中，均建有风格、规模不一的“妈祖庙”。每年农历三月廿四和九月九日（妈祖诞生和羽化为神日），各个宫庙均要举行祭祀活动，尤其以东沙妈祖宫的祭祀规模、祭拜仪式、习俗传承、祭典内容等最为隆重，“妈祖”在海岛居民的心目中成了“救灾难，保平安”的不二灵神。

浙江是畲族的主要聚居地区，浙南的景宁是中国第一个也是唯一一个畲族自治县，有“中国畲乡”之称。因在景宁及周边的几个畲族分布的县域村落内保留有畲族独有的生产、生活风俗，遂成为浙江古村落民俗中极具鲜明地域风格的代表，如永嘉左溪村之畲乡婚嫁对歌习俗即为一例。

浙江历史文化名村风俗，大体可归为以下几类：一是传统的时令节气类；二是人生历程中的婚嫁、生育、寿庆、丧葬类；三是反映家族文化的祭祖、修谱、族规类；四是农事生产类；五是乡村美食与风物特产（指手工制作者，与自然生产的不同）类。此外，还有一些涉及居住建筑、传统体育、游戏娱乐和口头文学等，林林总总，亦归为一大类。

（一）传统时令节气风俗

如宁海联溪村元宵舞布龙、龙游星火村元宵舞貔貅狮子、桐庐茆坪村元宵舞板龙、天台街头村正月十四“迎财神”、兰溪刘家村大年过“月半节”、宁海西岙村正月十八游大龙、建德上吴方村正月二十办灯会、金华金东溪干村二月二划旱船、建德新叶村三月三雅会、泰顺徐岙村六月六禳神节、洞头东岙村四节连珠过七夕、淳安赤川口村中秋舞草龙、磐安大皿村重阳“炼火”、仙居上王村冬至“做梁皇”、临海杨家村冬至祭冬习俗等。

这些节庆风俗与中国其他地区的传统节庆风俗相类，但又具有鲜明地域特色，如衢州妙源村“九华立春祭”，有祭春神、敬土地、鞭春牛、吃青菜“尝春”、郊游“探春”、鸣炮“迎春”等活动内容。而有些节庆活动则为浙江地区所独有，如磐安大皿村的重阳“炼火”习俗。炼火俗称“踩火”，是一种古老的禳灾集体舞，也是一种大型的秋祭活动。炼火者光着膀子，赤着脚，将高高堆起的炽热炭火踩平，动作剽悍粗犷，一时火花四溅，气势壮观，惊心动魄，给人以神秘和神圣感。

有趣的是，中国传统的元宵舞龙、舞狮习俗，在浙江各地村落中也都有各自独特的风格，如乐清后垟村元宵节是舞板凳龙（板凳龙既是龙也是灯，“灯”“丁”谐音，舞“龙丁”即有求“龙子”之寓意），宁海联溪村则是舞布龙，淳安赤川口村则是中秋舞草龙，各有特色。舞狮习俗也各地不一，义乌尚阳村流行舞拉线狮子，龙游星火村则是舞貔貅狮子，其硬头狮子的“武、猛、威”之势堪称国内一绝。

（二）婚嫁、生育、寿庆、丧葬类风俗

在婚嫁习俗中，以浙南畲族的婚俗最有地方特色，如永嘉左溪村畲乡的婚嫁对歌习俗。对歌成婚是畲族先民的习俗，在畲乡左溪，畲族青年男女有自由恋爱的传统。在生产劳动中，青年男女通过对歌建立感情，即可成婚。婚姻形式主要是女嫁男，也有男嫁女、两头家，以及少数的子媳缘亲、姑换嫂等。左溪畲民婚嫁习俗古朴而隆重，必须经过说亲、订亲、娶亲三部曲，青年男女才能完婚。婚礼在对唱畲族山歌中进行，现场气氛十分热烈和欢快。

乐清柳市后西村的保嗣酒习俗也有特色。保嗣酒，顾名思义，即保佑子孙茁壮成长的酒席，据家谱记载和当地老人口述，该习俗已有300多年历史。保嗣酒一般在每年正月初三设宴举行，这个时间正好亲戚、朋友、邻居都在家过春节，大家欢聚一堂可以营造一种良好的节日氛围，促进邻里之间和睦相处。保嗣酒作为一项独特的民间习俗，一直深受当地人们的喜爱。

（三）家族文化的祭祖、修谱、族规类

婺州南宗榉溪村“祭孔典礼”习俗是其中代表。榉溪村位于盘峰乡西部，历史悠久，是“孔氏婺州南宗”所在地，也是孔氏婺州南宗的文化活动中心。榉溪村祭孔自明清以来分为“各家墓祭”和“合族庙祭”两部分，是目前遗存的典型的南宗家祭型典礼，具有传统家族风格。“合族庙祭”是全族人集中举行的既隆重又庄严的祭祖仪式，一般在清明节举行，参加人员为榉溪村孔氏子孙，出门在外的如能赶回来的都要赶回来，已迁移到外村的孔氏子孙也要派代表参加。主祭人一般为孔裔长孙，或推选德高望重的在族内辈分较高的族长担任；陪祭人员为族内理事人员和族谱负责人；宗室各房选派代表，参祭者有百余人或几百人；其他族人在场观祭，场面气势宏大，隆重庄严，其热闹程度超过各种传统节日。

其他如兰溪诸葛村祭祖、舟山六横岛十三太公祭、洞头妈祖平安节祭、淳安朱家村猪头祭祖、松阳竹溪村元宵摆祭等都是极具地方特色的祭祀习俗。

（四）农事生产类

农事生产类民俗与村落所在环境、生产类别有密切关系。浙北湖州地区的蚕桑习俗、沿海渔村如象山渔山岛的如意习俗、浙南山区遂昌王村口的乌溪江放排习俗等，均为典型代表。象山渔山岛如意习俗的产生，即源于渔业生产艰苦而风险叠生，渔民遂按朴素的理想和简单的生活逻辑，创造出本地独有的保护神如意娘娘。

（五）乡村美食与风物特产类

天台大柳溪村大年初一吃“天地粥”“果子酒”的习俗已延续千百年，表达了宗族对子息繁衍的希望和庆贺。在新年第一天，吃“果子酒”，敬拜祖先，庆贺新生男孩，也反映了“尊老爱幼”的传统美德。

泰顺张宅村的“百家宴”早已声名在外。“百家宴”原本为祭祖时吃的“祠堂饭”，后来外姓人也加入其中，逐渐演绎为与邻村之间的联谊聚餐，意为迎春之福，祈求新的一年风调雨顺、国泰民安，五谷丰登、六畜兴旺，渐渐又演变成了一场元宵节的大聚餐。

此外，像泰顺徐岙村的乌衣红粬酿酒、临安高山村的“过半年，吃馒头”习俗、台州三门的元宵吃馏等，都是富有浙江地方特色的饮食习俗。

（六）民间技艺与其他风俗类

还有一类民俗，涉及古村落的民间技艺与其他一些口头传说。如舟山定海紫薇村的双桥布袋木偶戏、奉化桐照村的农民画、诸暨十里坪村的“乱弹”、金华婺城山道村的山道山歌、诸暨花明泉村的武术、嵊州灵鹅村的化鹤归来传说与步云高跷技能等，也都具有鲜明的地域特色。

民俗是过去生活的记忆与缩影，也是传统村落在千百年的生产生活中积淀的文化遗产。然而随着社会经济的高速发展和城镇化的快速推进，不少良风美俗面临着湮没之危。我们希望通过“千村故事”五个一行动，发掘、记录、整理现在尚保存在浙江历史文化村落中的这些丰富多彩的民风民俗，让这些乡村的记忆能够传之久远。

第二章　岁时节令

宁海联溪村

联溪布龙闹元宵

从宁海出西门至黄坛街的徐霞客游线古道上，有个叫联溪村的古老村子。从枧头过来，经由一座五排石板并列，48孔、168米长的古石桥，就是联溪村了。村里90%以上都是陈姓人家，另有林、潘、邬等少数姓氏，多为入赘、迁徙或外来打工者。也曾用溪头陈、陈家村等名。从村谱里看，陈姓始祖始载于唐建中时期，渊源久远。

联溪村内原有古祠堂、古桥、古牌坊等众多遗迹，惜已在岁月中湮没，唯留一座百余年历史的古庙和村口一棵200年的古树，但联溪村的九节布龙、元宵行会等风俗仍在流传，远近闻名。

九节布龙之风俗，与求水有关。距联溪村十里左右有一水潭，名为白龙潭，是古代宁海著名的求雨圣地。宁海一带祈雨，又称为“取水”，“取水”队伍中有许多用以娱神的民间艺术形式，舞龙就是其中重要的一项。

据村里陈兴汉等老人说，联溪的九节布龙是由其先人陈守龙、陈守罗（明末清初人）等首创，并一代一代传了下来。至民国初年，他们的舞龙已不单为“取水”所用，每到春节、元宵都要表演，1949年后时断时续，1966年以后完全停止。2001年，联溪村在村委会的支持下，以财政补贴、社会集资等方式，重新制作了道具、服装，特邀胡全纯等老前辈指导舞龙，培训出了陈兴汉、王兴标等24名年轻的舞龙高手。在队长陈兴汉的带领下，舞龙队每逢重大节庆活动均会表演。2002年该舞龙队应邀在“黄坛镇元宵行会”“第二届中国（宁海）5·19徐霞客开游节”上做过表演，现服装、道具保管较好，舞龙队伍也相对稳定。现在联溪九节布龙已被列入宁波市非物质文化遗产。

联溪布龙有一对，每条龙九节，每节一个人，由于龙头和龙尾运动量大，往往需两个人轮换；伴奏乐器有长尖号一对（兼吹唢呐）；大鼓、大锣、大钹和小锣各一。表演时，先敲一番锣鼓，当长尖号发出“嘟嘟嘟”的声音时，“九节龙”出场。在不同的鼓点下，依次表演龙抬头、龙出宫、游龙、快龙、金龙打滚、双龙戏珠等套路，直至梅花结顶止。联溪九节布龙形体适中，讲求动作细腻有力，更因为他们舞的是双龙，表演是否对称，往往成为人们关注的焦点。队员服装主要是淡蓝、黄、白三色丝绸衣及头巾，大小视表演者身材而定。道具为黄白两条龙，龙头高 55 厘米，前额至后颈长 65 厘米，丝绸布裱褙，黄白底色上描以鳞片。

精美的联溪布龙给黄坛古有盛名的元宵灯会平添了几分风情。黄坛元宵灯会俗称“十四夜会”，又称“行会”，与全国各地“元宵过十五”有所不同。黄坛行会于正月十三开始，持续三个晚上，源自明清松坛主庙的“新春迎神赐福赛会”。黄坛古称松坛，其乡境囊括西郊村闾十五里方圆。自黄坛沿大溪至溪南，两岸包括联溪村在内的大小 22 个村庄，竞相参与灯会，故称赛会。各村组成的头牌、台阁、秋千、鼓亭、龙灯、舞狮、船灯、跑马灯、高跷、乐队等，表演各异的技艺，演奏不同的曲调，各具艺术特色。

黄坛行会曾有七月行会，起于宋末，盛于明清。这是一个声势浩大的旨在祈求五谷丰收的喜庆游行活动。后来黄坛更流行十四夜行会，会上鼓亭、抬阁、秋千、舞龙、舞狮，各民俗活动精彩纷呈。是夜，队伍从黄坛大庙出发，游遍黄坛各村，到半夜才结束。元宵行会盛会必有鼓亭、抬阁、秋千、舞狮等，以及前童行会所没有的联溪九节布龙舞龙，还配有专门的龙舞音乐。行会队伍先在黄坛大庙里集中，然后游转各村庄，目的是祈祷风调雨顺、康福平安。

十里花灯，二十里迂回，长龙漫游，火树银花，锣鼓欢快，其声势之大、规模之广、时间之长、路程之远，实属罕见。灯队行进中，三连铳排放，方盒焰火腾空。24 支古铜长号齐鸣，嘟嘟号声威震四野，催人奋进。台阁上戏剧将相人物，英姿风流；鼓亭花灯交相辉映，龙凤呈祥；高跷队伍竞技演艺，各显神奇；龙灯环绕吉祥宝珠，翻腾逐浪；狮舞争抢如意绣球，欢腾雀跃；马灯队健儿跃马牵缰，旋舞驰骋；轻挑船灯艄公摇桨，“水漫金山”；笙箫鼓乐演奏曲调，铿锵悠扬；八面大小铜锣声，响彻天空；幽悠丝管弦乐，顿挫抑扬；高明的唢呐手，悦耳清脆。这是一场民间才艺荟萃的演出。欢乐热闹的场面，连鲛城元宵花灯也远不及黄坛行会风光，极大地吸引了市民赶来黄坛“相会”。

元宵灯会中的黄坛，既是娱乐的场所，也是牵系红绳的鹊桥。男女青年在这喜庆热闹浪漫的“相会”中相亲，很多人因此终成眷属，据说著名左联作家柔石与其夫人吴素瑛就是在黄坛元宵灯会牵线相聚的一对有缘情侣。柔石在西门正学学堂就读时，结识了一批志趣相投的知心同学，其中有黄坛的严雅惠、胡兆宪、陈有才等。每年元宵节，柔石总是应邀到黄坛去观赏灯会。1919 年，在老同学严雅惠等陪同下，观赏黄坛元宵灯会。斯文秀气的青年柔石遇上了端庄、贤淑的吴素瑛，流萤飞旋、灯火灿烂，在熙来攘往的人流中，四目相对，各自心生好感。又经严雅惠牵线搭桥，柔石进而结识了吴素瑛。第二年，19 岁的柔石与吴素瑛结婚。虽然后来因为知识与思想上的差距日渐加剧，柔石与吴素瑛历经坎坷、心有隔阂，但初始也是相亲相爱的一对情侣，这不能不说是黄坛元宵灯会所促成的一段情缘。

现在宁海县前童古镇的元宵闻名遐迩，当年比其名声更盛的西乡黄坛元宵灯会也日渐复热。岁月更迭，日新月异，如今黄坛正在大踏步走向更时尚靓丽的新时代。时光给予了黄坛联溪美好的记忆，时光也将延续联溪村美好的未来。

（文：杨小娣）

龙游星火村

貔貅狮子舞星火

星火村位于龙游县东部的湖镇集镇上。湖镇通济街俗称湖头街，星火村原称湖头街下街，占据古街道的2/3以上，是旧时湖镇集镇的主体。星火村喜舞龙、舞狮由来已久，明代周氏三兄弟（明崇祯年间武进士周之桢、周之成、周之魁）倡导的硬头狮子，其“武、猛、威”之势堪称国内一绝。

早先，过春节玩狮舞龙的盛会，于每年农历正月初十即揭开序幕，由下街的狮子先舞。早晨，“狮子上街”的呼声传来，街上的商店就开始准备香烛、鞭炮、烧纸，准备迎接狮子，尤其是儿童们，都以雀跃兴奋的心情，在街上伫候观看狮子上街。

大约上午10时，一对新添加了许多狮毛的老狮子，在捧着香烛、五祀件的狮会人士簇拥护送下，缓缓地向街上走来。狮子先要到裕成布店去染靛青，并由该店对双狮予以“披红”，之后才开始以“双狮斗角舞”的形式向上街行走舞狮。在不断敲击的锣声中，在熙熙攘攘人群围观的热闹气氛中，一双硕大威武的神狮，沿着街市交互通过两旁商店，逐店逐户地舞去。此时，街上鞭炮声、锣声大作，再加上周围嘈杂的人声，使这条长街上弥漫在农历过年“舞狮”的热闹气氛中。

对于下街的狮子和貔貅，镇上的人们是把它们崇敬为神佛的。舞狮的重点是要“舞人家”，就是要挨门逐户，进入每户人家房内舞演。全镇计有一千多烟灶，下街的狮子与貔貅自正月十一日晚8时开始“舞人家”，要舞到翌日晚上8时多，等把最上街的弯口和下街的菜铺全部舞完，才算把整个湖镇的“舞人家”舞演完毕。

“舞人家”的舞狮，不纯为娱乐而舞，更是为祈求保平安驱邪恶而舞。舞狮不仅白昼要舞，而且是夜以继日，彻夜地舞。狮子“舞人家”以单狮独舞，一组舞狮包括：一提灯笼收取红包的，一敲镗锣引舞的，以及一头高大的狮子。当舞狮要进入人家房屋内去舞时，首先由提灯笼者先进入人家户厅内，收取供桌上所放置的红包，接着镗锣引道进入户内，在一连串急骤的锣声敲击下，舞狮以“三角头”展开舞演。其威武的仪表与娴熟的舞演技艺，令人对舞狮产生虔诚的肃然敬意。在寒冷的夤夜里，白发苍苍的年老贫妇，独自在堂前烧着香纸迎拜神狮。尚有些贫苦人家所住的茅屋太小，狮子无法进到户内去舞时，也得在其门口简略地舞演一下，才能轮到下一户去舞。

狮子如进深巷内“舞人家”，良久才出巷时，通常都要“跳街”。所谓狮子“跳街”，即敲击镗锣者以急激的节奏敲打镗锣，引导舞狮在长街上作一次往返的猛力飞跑。这一狮子“跳街”的舞演项目，引人入胜，十分紧张刺激。

农历正月十三日，是湖镇下街的“灯会”。在这天晚上，街市上灯火通明，异常热闹。晚餐后，镇上的人们，尤其是妇女小姐们，都穿戴鲜艳，兴致盎然地到街上来观赏这一年一度的花灯夜会。晚上8时，毛令公出巡，狮子、龙灯以及镇上的花灯队伍全都要出动，到街上来舞演。于是一场五彩缤纷、盛况空前的正月灯会正式揭幕。第一个项目是“狮子上殿”。“狮子上殿”是非常隆重庄严而精彩的一幕。当一对狮子临殿时，首先要燃放三响惊天动地的大铳，接着要连续燃放十五次的小铳。气势之大，令人肃然起敬。然后一对头部油光发亮，看上去水晶晶亮光射目的雄赳赳的舞狮，并肩而立面对金山殿毛令公神像，以精神抖擞、威风凛凛、庄严雄伟的姿态，在殿前那片石板地上展开一场娴熟敏捷而勇武的“双狮斗角舞”。在一片漆黑的夜色里，在四面八方高举着的火把、火斗的强烈火光照耀下，舞狮的头部愈发亮丽眩目，远远望去，使人颇有惊奇之感。轰雷一般的三响大铳声，与四周高举着的无数的火把、火斗的强烈火光，让“狮子上殿”这一幕无比雄伟勇武和庄严肃穆。

镇上的花灯，于将入夜时分，就已出灯。约在夜晚7时，花灯队伍浩浩荡荡地由菜铺出发，开始徐缓地进入街市。历年灯会的花灯队伍都是一连串阵容庞大、内容丰富、五彩缤纷的长列灯队。当长列的花灯队伍缓缓地游行街市时，灯队中间的锣鼓声不断地敲击，发出震耳的洪亮巨响，火海一般的灯光在人们的眼中闪烁着，在一片祥和欢乐的气氛与大小锣鼓齐击的奏乐声浪里，多彩多姿的花灯行列，展示在这条长街上，为这小镇带来了平时少有的繁华热闹。花灯除颜色上有多种色彩外，在形象上有大型灯、小型灯，有各类动物的形状与美艳的花朵形状。诸如狮子灯、蟠龙灯、凤鸟灯、猴子灯、金鱼灯，以及牡丹花灯、梅花灯、兰花灯、菊花灯等，琳琅满目，令人目不暇接。

当华丽夺目的长列花灯通过街市后，紧接着就是毛令公出巡的阵容。大约在入夜后8时，巡游的队伍由金山殿出发。狮子会的年长者和地方上的士绅耆宿等有七八位，穿着长袍马褂的中国礼服，双手捧着“五祀件”，或手提“檀香炉”，在毛令公的驾辇前导引。毛令公的神龛轿座是由八个人协力共抬的。出巡队伍之序次为：接龙灯在前，接着为狮子、貔貅，然后才是毛令公的神龛轿座。在入夜后的长街上，整个街市灯火辉煌，“咚咚锵！咚咚锵！……”的热闹声此起彼伏，整条街市上挤满了来观赏“灯会”的人。镇上的人们除了前去座龛换香外，各店户还要燃放鞭炮，以迎接毛令公大驾巡莅。

灯会之夜，尚有一特殊精彩的节目，就是“狮子抢龙头”。狮子抢龙头表演在中街猪市场空旷地区举行。其表演方式是，每一头狮子要抢三次，把狮子对准龙头向空中抛三次，能撞到龙头胡须则算狮子胜利。“狮子抢龙头”是一项令儿童和青少年们颇有兴趣的节目，很多人都会去观赏，眼巴巴地希冀狮子战胜，能抢到龙头。但让人失望的是，狮子却没有一次抢到龙头，都以失败而告终。这是怎么回事呢？原来那举龙头的人，每年都是挑个高个子，因人高手长，手里举的龙头的木棍又提举得高高的，而且还经常狡猾而机巧地把那上空的龙头向后一仰，借机躲避，所以抛上去的狮子总是没有办法触到龙须。

元宵节过后，镇上渐趋沉寂。但到了正月二十，尚有属于尾声的回响项目，那就是“散灯”。散灯在正月二十晚上，上下街的狮子、龙灯，均要在当晚同时在镇上出舞。因此上街的狮子与下街的狮子会在中街猪市场碰头。如双方互不相让街道，则容易发生冲突，甚至演变成群众械斗。此种情形，被湖镇人们称为“狮子打架”。因此在正月二十夜晚散灯的狮子舞街时，上下街之狮会人员及地方上的士绅，都会提着灯笼聚集在中街猪市场为双方斡旋调停，使上下街狮子不致发生冲突。到了每年正月二十散灯夜晚，中街猪市场隐隐笼罩在一片剑拔弩张的紧张气氛中，幸好每年双方士绅都能同时分别把己方狮子很快地拉过中街，免掉一场因争街冲突而引起的械斗。整个春节的欢乐活动，自正月二十夜晚散灯以后，即告落幕。

（文：梦缘）

桐庐茆坪村

茆坪元宵舞板龙

一年有四时八节，如果说哪一天最为热闹？恐怕就是一年一度的元宵节闹龙灯了！龙灯，俗称“花灯”，也叫“太平灯”，它是传统农业时代的一种文化产物，兼有生活功能与艺术特色。据说农历正月十五日汉武帝在皇宫设坛祭祀当时天神中最尊贵的太一神时，由于彻夜点灯照明，因此才有了元宵节点灯的风俗。

元宵灯会，这一天热闹就热闹在民间的一支支龙灯队伍。人们一到元宵自然会想到看龙灯，当然更会想起茆坪村那支最有民族特色的大板龙了。因为“灯”与“丁”同音，从前一般人会将闹龙灯视为人丁旺盛的佳兆，元宵闹龙灯其含意可谓深远。

茆坪板龙的表演是一种古老而又深受人们欢迎的民间艺术，其龙灯以大而美，因其大场面、大气势而闻名。茆坪板龙舞起来时，各种套路既大气粗放，又高雅精美，并配有欢快的传统吹打乐，激烈的民间阵铳焰火，气氛热烈奔放，让人们充满着愉悦向上的激情，反映了火热的民间生活和淳朴的民俗风貌，是最具桐庐地方特色的龙灯精品。

舞龙前，先要到陈坑龙门去接“龙水”。参加接龙水的人，要福气好的“全”人。正月初三，接水前先沐浴，天未亮前到达陈坑，待东方启明。接上龙水后，鸣锣开道送回祠堂，用来为板龙点睛。

板龙以木板、竹片和各类花纸为制作材料，由龙头、龙身、龙尾三部分组成。与平时所见的龙灯不太一样，板龙每段龙身用5—6寸阔、5—6尺长的木板当底座，上面装饰十二生肖动物及各种式样的花灯，木板的两端穿凿圆孔，舞的时候用1尺余长的木把手将全部的龙身串连在一起，组成一条百米长龙，既可直线游走，又能左右盘旋。

龙头、龙尾均用竹篾搭制成骨架，外边糊上彩纸，再辅以龙须、龙眼、龙眉、龙角、龙珠，画上龙鳞、龙鳍和彩云等花纹图案作为装饰和点缀。

板龙出灯阵势宏大，开道的是两面大铜锣，后面依次相随的是1面高3.5米、宽2.5米的大旗幡，后跟2面高高的蜈蚣旗，再接旗牌6面，黄罗伞1把，彩旗16面，大红圆擎灯4盏、扁方高照灯4盏、三足金蟾灯1盏、马牛羊鸡犬豕六畜灯6盏、花灯8盏，均由少女撑提。紧跟着的是大鼓、唢呐等民乐队，乐队后是龙灯。

出灯时，一盏绣球花灯由一壮男握擎灯杆，边高擎着灯边行进边用手旋动灯杆。在队伍向前行进时，大灯前两侧配有狮子一对，狮子由表演者高擎着前后两撑杆，时而在空中翻滚，时而张牙舞爪，十分逼真逗人。大灯两边紧跟着的是鲤鱼、虾儿、河蟹及蚌壳形的4盏水族灯。龙灯后有16支阵铳，最后还有火流星及一支小的乐队压阵。

从前茆坪村几乎年年舞龙灯，龙灯的节数一般为单数，最长的达200多米，最多时达170多人，显示了茆坪板龙的威武和壮观，其阵容之大在桐庐首屈一指。

每逢正月十五元宵，板龙便遨游在桐庐的田头农庄和街头小巷。如果有户主要接龙的话，要事先和执事约好，在自家门前摆上八仙桌，摆上供品，燃香点烛，并鸣炮，然后送红包、果品、粽子、年糕等礼品，迎接龙的到来。

茆坪板龙相传始于北宋大观年初。胡瑞官拜礼部侍郎以后，敕封为“文安郡公”，茆坪人在村中奉旨建造了“振德堂”，并且同时在村口建造了“大禹庙”。一为荣耀祖先，二为纪念大禹，祈求风调雨顺、国泰民安。为此，该村每年正月十五，人们便抬着“夏禹王”“陈孚佑侯”和“十三相公”三尊神像，在茆坪周围村子巡视；人们以舞龙相随神像，到各处起舞助兴，这一传统活动世代相传。

20世纪三四十年代，茆坪村艺人胡海根、胡庆祺等人，在原有简易花灯的制作基础上，加以改进丰富，使茆坪板龙在附近各乡镇成为人们争相观看的节目。近年来，茆坪村通过挖掘、整理，使舞板龙这一传统艺术又得以发扬光大。

过去，茆坪板龙全由男人舞动，1999年在村老年协会的倡议下，村民集资扎了一条龙头重100多斤、龙身89节、全长200多米的花灯板龙，此龙全由女子舞动。2000年再次改进创新，并参加了杭州市西博会“娃哈哈西湖狂欢节”和浙江省农业博览会表演。

表演时，板龙在龙珠的引导下活动，当变换阵式动作时，跟随龙珠的指挥而变。在每个阵式动作做完之后，会有一段缓冲的悠扬动作和走圆场，以便衔接下一个阵式动作。

舞龙通常在宽阔的场地上依次表演，起舞时引者挥动珠灯，和着粗犷的锣鼓节奏，引“龙”抢“珠”，逗“龙”游“舞”，盘舞阵式有盘龙阵、单元宝阵、双元宝阵、铁索阵、长蛇阵、梅花阵、连环阵等。阵式多变、敏捷灵巧、翻滚自如，乡土气息浓郁，深受群众喜爱。

龙灯舞的表演最适宜在夜间进行。夜间花灯内点燃蜡烛，龙的全身通明透亮，五彩缤纷，或穿屋上堂，或游弋村巷坪场。一条长长的灯龙，来回翻腾跳跃，如流动的火焰，美丽壮观，引人入胜。

表演阵式大起大落，带有来自乡土的亲和力，使观看者在由衷的喝彩声中得到精神愉悦。大花灯表演时的吹打乐有“新流水”“将军临”“敬酒调”“小过场”“大开门”“八仙调”等曲牌。龙灯一路浩浩荡荡，与炸鸣的阵铳与鞭炮声、激烈的打击鼓乐声交织在一起，热闹非凡，独具魅力。

（文：许马尔）

天台街头村

正月十四“迎财神”

街头镇古称“窦湖镇”，群山环抱，溪水交汇，是天台西部的商贸重镇。集镇所在地由街一、街二、街三、街四四个行政村组成。街头的名称始于清康熙十三年（1674），这一年，街头开始设市，时为农历逢二逢七，这是天台最西边的一个集市。

街头现还保存一条完整的古街，有一公里长，鹅卵石铺地。两旁均为二层木结构房子，大多建于民国年间，同江南的许多古街一样，也是前店后院的布局，门前还能看见旧时的一些石柜台，二楼的楼裙钉着杉树板，没有过多的装饰，透着山村特有的朴素与实在，只有荷花垂柱头在夕阳下保存着它昔日的风采。

民国初年，古街上商铺林立，陈剑峰布店、王贤记布店、徐品三烟庄、孙仁和烟酒店、齐大兴南货店、陈副东副食店、戴立人诊所、洪巨光诊所、丁玉生中药店、回春堂中药店、同寿春药店、茂祥兴布店、协利油漆店等……不长的街面上，竟然挤挨着500多家店铺，可见其时商贸的繁荣。民国33年（1944），浙江省政府浙东行署迁驻街头镇，辖浙东18个县市，指挥浙东抗日，改名“嘉图镇”，使得小镇的商贸变得空前繁荣。

正因古街有这样浓郁的商业氛围，商人们为祈求生意兴隆，财运旺盛，由此而形成的“迎财神”活动在街头镇非常活跃。自清末开始，每年正月十四日，街头镇民间都要举办“迎财神”活动。

街一和街二村之间有一座“财神殿”，殿里供奉的是财神赵公明元帅。镇上有四大族姓，为王、蔡、夏、俞等，民间称为“四扇”组织。活动由“四扇”的头脑人轮流带头组织实施。正月十三夜饭后，就有人在古街上一边敲锣，一边喊道：“正月十四迎财神，财神老爷明天卯时离位，辰时起身，圣丁老人送老爷。”正月十四天刚亮，又传来敲锣声：“今天迎财神，……”当锣敲过三遍时，人们从财神殿将“财神爷”抬出来，供在轿中。前面旗锣伞扇开道，两人抬香炉，一人捧大黄龙伞，两人捧大掌扇。财神轿由四人合抬，然后向西沿着古街缓缓地行进。锣鼓开道，清道旗飞扬，先香案、财神轿，后有称为“大吹细打”，即打集锦、莲子行、舞马、舞狮、舞龙的队伍。沿途商铺的主人则早早开门等候，备好祭礼，依次放炮仗，烧香跪拜。从古街东头到西头，满街爆竹声不断，烟雾弥漫，碎红的炮仗屑满天飞舞。

到中午时分，“财神老爷”来到古街西头茶亭地方，停了下来。财神老爷坐西向东，十多张八仙桌在财神爷前一溜摆开，上面陈设着全猪、全羊、水果、干果，各路商贩和四方百姓都涌来朝拜，临海、仙居、三门、东阳、永康各地口音都能听到。到了下午，古街依然十分热闹，从远近赶来的舞龙队、舞狮队、坐唱班、莲子行班等在一个个店铺前大展身手，店铺的老板则一脸喜气地出来递红包。这一日也成了一年中最为热闹的日子。

元宵之夜，古街两旁彩灯闪烁。男女老少如潮水一般涌上古街赏灯，也不忘在茶亭的财神爷前拜上一拜。子夜时分，爆竹声起，“财神爷”起驾回殿，古街上又是一阵接一阵的爆竹声，一直响到黎明时分。这一天是元宵节，财神爷走下神位，与百姓同喜同乐。财神爷走进古街的商铺，也走进了百姓的心里，它给商家新的一年带来滚滚的财源，也会给百姓带来丰收和幸福。

从20世纪50年代开始，古街上店铺生意日渐萧条。财神殿也在1958年“大跃进”时拆毁，街头镇的“迎财神”民俗活动中断。2007年，街头镇文化协会着手这一民俗活动史料的整理，并募捐资金，重雕财神像，置办“街头迎财神”的服装、乐器等，于2008年元宵节重新恢复出迎活动。

现在“街头迎财神”以街头镇集镇村、街一、街二、街三、街四村、叶宅村等六个村为活动区域。农历正月十四卯时，人们从镇台庙将财神像抬下来，抬进财神轿；辰时，迎会开始，迎会队伍前有清道旗、黄龙旗、锣鼓队、宫女队、铜锣、扛香案、财神座像轿，后是“打集锦”演奏队、莲子行队、舞马队、舞狮队、舞龙队等，参加人数往往上百人。巡游线路为：镇台庙——街头西街——东大街——嘉图大街——叶宅村——62省道——溪西东路——镇台庙。沿途商家会祭拜、放爆竹，送红包，祈求生意兴隆、财通三江。

“迎财神”是街头镇百姓过元宵节的一项重要的传统节庆活动。自清末开始，一直到现在，其活动发展也折射出时代的烙印，极具历史价值。它是古镇一项极具特色的民俗活动，也是古镇商贸繁荣发展的集中表现，通过迎财神、拜财神、求财神，表达了百姓对经济繁荣、生意兴隆的向往。在街头迎财会巡游活动中，伴有舞龙、舞狮、舞马、莲子行、打集锦等民间传统艺术表演，为民间艺术展示提供了很好的舞台。

（文：天台县农办）

兰溪刘家村

兰溪刘家月半节

刘家村位于兰溪市黄店白露山及云山街道一带，这一带历来有迎猪羊、接銮驾的“月半节”活动习俗。

月半节又称大年月半、猪羊会。它最大的特色就是节日的周期，中国各个传统的节日每年都有，而月半节则不是年年都有，它的周期为8—10年一次。另一个特点是这个节日并非全民共庆的盛会，而是以村为单位庆祝的一种节日盛会。在这一带，至今有白露山脚、王家、刘家、高井、太平桥、夏唐、东坞、百步岩、清塘何、下章等25个村有此节日。其中活动最为广泛、最为盛大、最有特色的是白露山脚、王家、刘家、高井4个村。第三个特色是月半节的庆祝时间之长是其他节日所不能比的。这个节日的庆祝时间长达一年之久，活动时间长达半个月，可以说在全国都极其罕见。

由于不是全国性或大范围的节日，因此在各种史料中都没有关于月半节的记载，甚至在当地也找不到关于它的起源记录，只能从祖祖辈辈口口相传下来的一些信息中了解月半节的起源。据当地流传最广的说法，月半节形成于明朝前期，兴盛于明末清初。但据分析，月半节的起源有可能早到南宋甚至更早的时期，因为它的一项重要内容是纪念晚唐时期因“甘露之变”而被害致死的宰相舒元舆。

舒元舆祖籍东阳市上卢泉塘，在其祖父这一代徙居今兰溪市万罗山（今白露山北麓）下的岘坦村。弟兄五人其为长，下有胞弟四个。后兄弟五人皆中进士（亦说兄弟四人），一时传为佳话。唐文宗大和九年（835），官至御史中丞（民间称丞相）的舒元舆为铲除宦官重振朝纲，同李训等人发动史称“甘露之变”的太平之策，后因计划败露惨遭腰斩。二十年后，即唐宣宗大中八年（854）得以昭雪，晋封为光禄大夫上柱国乘仙公。同年十一月，敕建乘仙祠（今乘仙殿），以祭元舆之功绩。次年其孙舒锡将其遗骸由长安移归故里安葬于今白露山西南棋盘石下，当地人称三相坟。

现今有此节日的 17 个村庄均分布在白露山麓周围，相距甚近。而这个节日的一项重要内容就是纪念舒元舆，而刘家村主要纪念的是舒元舆的母亲（刘家《刘氏宗谱》上称之为鸟母娘娘）。舒元舆归葬故里后，其直系后人肯定是每年都会通过某种祭奠仪式来纪念他们先祖的功绩，经过漫长的演变，周边其他姓氏的村庄也开始祭奠这位乘仙公，以至后来迁居于此的其他姓氏先祖也入乡随俗，共同祭祀乘仙公。当然，各姓氏先祖们祭祀祈福的愿望可能不尽相同。

关于月半节以 8—10 年为周期的原因，在当地知道的人也不多，只有一些上了年纪的人能说出一些来历。众所周知，祭祀活动必不可少的就是礼器与祭品，还要耗费大量的人力和财力。现在当地用来祭祀的礼器有銮驾、华盖、旗帜等，祭品则有全猪、全羊，当然还有必不可少的蜡烛、香、纸钱等。而对于古代贫苦的普通百姓来说，这样的祭祀活动肯定是一项沉重的负担，每年用全猪全羊来祭祀肯定是不现实的。因此就形成了一种风俗，即每年的祭祀活动由不同的姓氏村庄（姓氏家族）来承办。这样既减轻了老百姓的负担，而且举一村（族）之力来举办这种祭祀活动肯定能办得隆重盛大。

每次的月半节活动时间跨度长达一年，一般来说由两大部分组成，一是“认月半”，二是“过月半”（也称做月半）。“认月半”的时间一般在正月的十四至十六，具体举行活动的日子应去乘仙公塑像前祈讨，先从十四这一日祈讨，如果不成，再讨十五，依次循环类推，直到日子讨成为止。祈讨前要先进行简单的祭拜，祭拜完后拿顺告（当地方言，也称阴阳卦）往地上扔去，如果出现阴阳卦，那么日子就祈讨成功，如果出现阴卦或阳卦，则再祈讨下一个日子。

在“过月半”的过程中，刘家村是到蟠山殿去把蟠山大帝接回到宝训堂的，然后每家每户抬着装扮好的猪羊到祠堂祭祀蟠山大帝。祭祀时先把猪羊抬进祠堂，按规定的位置放好，然后再行祭拜，祭拜完后燃放烟花爆竹，以示庆祝。与此同时，邀请来的剧团也开幕献戏，同庆月半盛会。

正因为祭祀时要用全猪全羊，所以月半节也被称作猪羊会；而月半这一年因为要举行隆重的仪式来庆祝盛会，当地人把这一年称为“大年”，所以也就有大年月半一说。猪羊在祠堂的供奉一般会持续一天一夜，在供奉期间，亲朋好友、外姓村民、邀请的贵宾都可以到祠堂参观各家的猪羊。而本村的人们也可以从别家的猪羊打扮中学习借鉴，期待下一个月半节时把猪羊打扮得更漂亮。至于祭品为什么选择猪和羊，也有一种说法：猪肥为壮，羊大为美，即猪壮羊美，寓意着人们的生活丰衣足食，幸福美满；同时也祈求风调雨顺，国泰民安。

在供奉一天一夜以后，各家就可以把猪羊撤回。撤回家中后，把猪羊的头割下，再拿到祠堂祭拜蟠山大帝公。祭拜完后，就是把蟠山大帝送归蟠山殿，历时近一年的月半节活动也就宣告结束。

从民俗的角度来看，月半节应该是一种地方性的民俗活动，而不是一个传统意义上的节日。但当地人已经把这一古老的民俗活动看作他们的一个传统而又隆重盛大的节日，这也反映出月半节在当地人心中的神圣地位。从历史的角度来分析，月半节是为了纪念晚唐丞相舒元舆，但经过漫长的历史变迁，现在的月半节与其说是纪念乘仙公，还不如说是人们通过纪念乘仙公这一形式来祈福禳灾、庆祝丰收、求保平安吉祥、祈盼风调雨顺、国泰民安。从猪羊的装扮上也可看出人们的这一愿望，比如猪羊的口衔橘果，寓意为吉祥；插在上面的状元花，也是祈求族中的孩子将来能登科及第，光宗耀祖，惠及桑梓；还有诸如元宝、百合花、柏枝等都可以看出人们对丰衣足食、幸福美满生活的期盼。至于月半节这一名称的来历也不难理解，就是因为这种祭祀活动的日子在正月十五和十二月十五前后，久而久之，人们就把这种祭祀活动称为月半节。

（文：兰溪县农办）

宁海西岙村

正月十八游大龙

农历正月十八是宁海长街镇西岙村独有的节日，当地人把过春节称为“过小年”，过十八夜才是真正的过年。这一天，外出的西岙人一般都要返乡，亲戚朋友也都挑在这一天来西岙拜年。在西岙村，过去曾经流行一种正月十八游大龙的习俗，后来慢慢消失了。直到 2004 年，这一古老习俗又在西岙恢复，并在 2008 年应邀参加上海民间民俗博览会表演，荣获“江南第一大游龙”称号，西岙的正月十八夜游大龙因此更加声名远播。

西岙村是宁海最古老的村庄之一，因其地处东海三门湾车岙港之西，曾称西洲。西岙村山清水秀，风光旖旎，过去曾有西岙八景之说，八景分别为甲峰插汉、鞍山积雪、曲水流香、石桥钓月、官山晓日、古寺晚钟、白岩归樵、白石吞波。在民间则传颂有八处景观：古码头、更衣亭、缸盖岩、仙人棋盘、仙人喝水、麦裹岩、蛤蜊岩、后洞。西岙村中阡陌交错，绿树成荫，村民围聚在百年老树下，悠然自得；村庄周边果树环绕，几座山丘此起彼伏，四周皆为稻田，有桃花源之誉。

西岙村最辉煌时期当属宋朝。相传宋代西岙有 1000 多户人家，居住有“陈郑周王、蒋穆姚林、金祝阮蔡、叶程顾赖”十六大姓，村里大街和西山下仅打铜店就有 36 家。西岙读书氛围浓郁，人才济济，历代出过进士 12 名。自陈氏八世祖廷芬（字邦秀）登绍兴戊辰进士第后，其三弟廷兰（字邦玉）、四弟廷芝（字邦茂）相继登进士第。相传过去有一联，云：父御史、子御史、父子三御史；兄进士、弟进士、兄弟四进士，说的就是这一盛况。

辉煌的历史，当有隆重的仪式纪念留存。正月十八游大龙，即是其中最重要的纪念仪式。据《陈氏宗谱》记载：南宋宝祐元年（1253），陈氏十一世祖陈文纬从京城返乡，道经海湾时风浪大作，海上二龙飞舞显形。陈文纬即立香案祝祷，发愿祈福，霎时风平浪静。此后，陈氏立规，年年正月十八于村中舞游双龙庆贺祈福，这个习俗一直延续到民国 16 年

(1927)。

2003年，为挖掘和保护这一优秀的民间传统艺术，通过多方努力和筹集，在苏州制龙师傅的指导下，西岙村成功制作出一条头高3.8米、身长32米的大龙。2008年秋，西岙村专门邀请嵊州老工匠对西岙抬龙进行改进，另制作出一条头高3.5米、长39米的“青龙”，使之真正成为“江南第一大龙”。每年的正月十八夜，一条“青龙”，一条“黄龙”，双龙通体发光、双目圆睁，由80多名青年壮汉抬着，徐徐腾起，在绚丽的烟花和震天的鞭炮声中，摆动身体，一条往西一条往北，向村里游去。人流随着巡游的双龙游走，烟花流光溢彩，欢呼声、鞭炮声此起彼伏；近万名村民兴奋地抚摸着龙身，期盼能沾点喜气，再现了千年古村“双龙飞游”的盛景。双龙游走村巷，祈福风调雨顺、吉祥如意；双龙游走田头，寓意庄稼越踏越青，年丰人寿。

正月十八游大龙，为什么能长期留存民间？这里面还有故事。

西岙村本来就有实景九龙山，且村民间一直传颂着九龙抢珠的故事。这九条龙分别为大肚龙（集福寺北）、伏地龙（大塘里壁）、盘龙（里庵柏树脚）、卷岗龙（香山嘴头）、啸天龙（东坑山）、出洞龙（东坑）、喷水白龙（大岭脚）、斗水青龙（排门前地）、出海龙（缸盖岩），龙珠即指龙珠山。细看双龙游走，实有其深层蕴涵。

一说是为了纪念有情有义有功的白龙。故事说，少年叶梦鼎读书于归云洞，琅琅书声惊扰了龙潭中酣睡的白龙。白龙摇身一变，化成一位白衣秀才，踱进洞来。交谈中，少年梦鼎的博学折服了白龙。由于这个因缘，后来叶梦鼎拜相，向皇上奏明白龙家乡天台苍山九龙潭是龙居所在，却被贾似道诬为“九个牛屎潭”而否定。自此，白龙发誓：蒙蒙细雨落宁海，暴雨雹子打天台。叶梦鼎晚年为造福家乡，积极支持黄公渡造桥事业，得到白龙协助，借潮三天。事为贾似道所知，向皇上谎奏一本，说叶梦鼎在宁海五屿门造“五朝门”，在黄公渡造“皇宫”，招兵买马，要聚众造反。皇帝听了，立即传旨捉拿叶梦鼎，一到京师，便推出午门斩首。白龙为了证明叶梦鼎蒙冤，摄起黄公渡四根粘满蛎壳的石梁，飞向京师，路过归云洞上空，一算时间紧迫，丢下两根石梁，半搁在洞右老桂树上。白龙到了京师，叶梦鼎已被处斩，身首异处，白龙只得摄其尸身返回。叶梦鼎家乡的人们为这位为民造福的好丞相装上金铸的头，又建了36座疑冢，防止盗墓。至今，人们仍找不到叶梦鼎墓地的确切位置，并用游龙形式感恩这条摄回丞相尸身的白龙。

一说是为纪念造福百姓的先祖们。黄公渡登台桥实有其事，史有所载，由郑霖主建。郑霖为人纯良正直，是叶梦鼎的老师。郑霖在职二十余年，裁员简政，百废俱兴，保境安民，深受百姓爱戴。黄公渡港宽潮急，渡船常被风浪所覆，当地百姓不胜其苦。郑霖为太学生时，即“慨然有利人济物之志”，早与弟季杰及灵峰寺僧人元海商议建桥。后公事虽繁，仍关心建桥事，每每节衣缩食，接济元海建桥。但因堤防屡遭海浪溃毁，桥基多次崩塌，元海四方捐募，十年辛勤，桥仍未建成，人却因积劳成疾而去世。郑霖感痛之余，又嘱咐元海二徒清隐、惠畴继承师志，完成此举，并一再割俸倾囊相助。后经两僧及当地百姓艰苦奋斗，历二十个寒暑，桥终于在淳祐十年（1250）五月建成，命名“登台桥”，涵二十四洞，上可驱驷马车辕，下可通五丈篷船，为宁海古代建桥史上的一大壮举。

西岙游大龙为整个长街周边春节活动的压轴节目。长街镇从正月初八到十八整十天时间，每天都有舞狮、舞龙、灯人等表演，如塘里十二、山头十三、长街十四、大湖十五等都有灯日活动，西岙的游大龙是整个长街春节活动的结尾。

双龙飞游，表达了村民怀念、崇敬先祖的丰富情感，洋溢着春节过年的喜庆氛围，使长街百姓过年的欢乐气氛达至高潮。

（文：袁伟望）

乐清后垟村

板凳龙舞前后垟

乐清市芙蓉镇后垟村坐落在风景秀丽的雁荡山南麓。每年正月期间，在与雁荡山山水相连的“花村”芙蓉，板凳龙滚舞之时，一会儿蛟龙出海，排成一字长蛇，尽显威武之势，一会儿游龙嬉水，旋转成大圆形，火树银花满街舞。舞板凳龙是芙蓉的一种传统习俗，是地道的群众文化。

关于后垟村板凳龙的起源，当地流传一个故事：说是很久以前，沿海某地发生了一场空前的旱灾，万物枯萎，百姓备受煎熬。这事被一条海龙知晓，它不顾禁忌，跃出海面，降下一场大雨，于是大地万物复苏，百姓得到解救。可海龙也因此受到天庭惩罚，身体被剁成一段段，撒向人间。百姓忍着悲痛，把龙体放在一条条板凳上，并把它连接起来，日夜奔走相告，希望它永远存活下来。后来人们称这条特殊的龙为“板凳龙”，而舞“板凳龙”这一习俗便在沿海地区流传开来。

另一个起源故事则说，在元末明初之时，芙蓉后垟村林氏祖先林世明（世称“林九太”）迎娶蔡宅（今芙蓉镇海口村）蔡氏女。之后每年元宵节前后，林姓甥辈都会去蔡宅娘舅家拜年，逢夜黑时，会成群结队地提着灯笼前行，山林间因此灯光闪烁。到了明朝末年，林氏祖先林世明忽生奇思妙想，将零星的灯笼演变成连贯的板凳（由溪椤木制成）上安装着灯笼的龙灯。于是，到了夜晚，成串的龙灯游走在山间，灯光熠熠，绚丽多姿，犹如一条龙游行于山林之间，闻名一方的板凳龙灯就这样诞生了。

板凳龙由龙头、龙身和龙尾三部分组成。龙头、龙尾外壳均以竹篾编成，糊以透光白纸，绘上鳞甲和各种彩色花纹。龙尾背上有鬃，高低起伏，状如九座山峰。无论龙头还是龙尾，体内都装有灯座，夜里点上蜡烛，显得通体透明，十分漂亮。

龙身是由许多只“短板凳”组接而成的“长板凳”。这些“短板凳”又称灯板，每块长约 1.5 米、宽 0.12 米、厚 0.02 米，上装有彩色花灯，两端凿有榫孔。在当地，一条短凳板叫一档，档与档相连时，就用活梢穿入那些榫孔。值得强调的是，龙身确实像一条“长板凳”，它长有许多“脚”，而这些“脚”其实就是滚龙时人要抓的手柄——滚龙的人各就各位时，均将各自的“短板凳”扛在肩上，抓住手柄，这样就可以按照规定的动作表演了。

板凳龙除了龙头、龙尾之外，龙身无法翩翩起舞，也无法上下左右自由翻滚，它只能从“拉”、“盘”、“穿”、“撞”等基本动作上变出花招，从而使队形变出诸如“双元宝”、“单元宝”、“剪刀阵”、“梅花阵”、“荷花阵”等阵式。

芙蓉舞板凳龙，在相当长的一段时间里，跟大荆、白溪等地的做法一样，主要扮演神灵崇拜的角色。因为龙是华夏民族的图腾，是农耕民族所崇拜的神灵，历史上各地都建有不少龙亭、龙王庙，在敬神、请神活动中，以滚龙灯来祈求风调雨顺、国泰民安、五谷丰登、六畜兴旺。芙蓉当地老百姓的想法很朴素；划板凳龙时，大家只要看看龙，摸摸龙，拜拜龙，或听听龙词，给龙烧上几炷香，放几串鞭炮就已满足，要是能扯到几根龙须就更好了，那就能讨到吉利。

舞板凳龙，一般安排在正月元宵节前后。龙启动时，叫“出龙”，龙结束出游并在庙堂举行交香之礼，叫“安龙”。“出龙”和“安龙”，均要举行隆重的祭祀仪式。村民中不少人坚信，板凳龙在锣鼓鞭炮声中绕村转一圈，在操场上盘一盘，然后在祠堂里舞一舞，就是“金龙绕村，百事亨通”，“龙头抬抬，大家发财”，“龙尾摆摆，年年增产”，在这一年中就会保佑村里邪驱除瘟、五谷丰登、人畜平安。因此板凳龙所经之地，村民们会点香烛，放鞭炮，礼拜不已，划龙人即使踩坏了庄稼也无人责怪。当板凳龙舞到新屋落成人家时，这户人家的妇女往往会摸“龙须”和“龙角”（象征性地与龙交合），并让其小孩“站龙门”（和“登龙门”意同）。而要是舞过某大姓人家宅院门口而没有停下来，那家人就会觉得晦气，于是就齐齐冲出去拉龙，而旁边观看热闹的人也往往一哄而上——有时候，由于龙身太长，龙被拉断了，前面的人不知道还自顾自往前划呢。

板凳龙既是龙，也是灯，“灯”与“丁”谐音，而“龙灯”就是“龙丁”，“龙丁”就是“龙子”，所以企求“龙子”，兴旺人丁是舞板凳龙的深层寓意。在外地，元宵节“添灯”（谐“添丁”）、送灯（谐“送丁”），做橘灯（谐“吉丁”），做莲灯（谐“连丁”），迎花灯（谐“迎花丁”），制十二生肖灯（生肖和人丁密切）以及挂子孙灯，燃“照光灯”等，其实都是表达了人们的这种朴素诉求。

岁月变迁，时光流逝，芙蓉板凳龙逐渐形成了与众不同的魅力和风格。以前，村民舞板凳龙表达的是求风调雨顺、五谷丰登的朴素愿望。如今，舞板凳龙更多的是一种文化活动。

（文：赵顺龙）

建德上吴方村

上吴方正月廿灯会

建德市大慈岩镇上吴方村正月二十的灯会极具特色。

早在正月十八这一天，整个上吴方村就开始热闹起来。村里人先后来到位于村南屯田畈里的仙翁庙，把庙里庙外打扫得干干净净，拂去仙翁（方储）塑像上的尘土，接着是鞭炮齐鸣、鼓乐声声，几个年轻人抬起方储塑像，朝着村里行进。一路上，前有铜锣开道，后有众村人随从，早有人在村里放起鞭炮，以示迎接。方储的塑像一直被抬到村中央的方氏宗祠——方正堂的后进“坐下”。然后，村里的老少都手捧香烛，争相来到方储塑像前，燃香礼拜。等全村人拜得差不多了，被请来演戏的全体演员，也来到方储塑像前礼拜。接着锣鼓响起，婺剧演出开始。全村的祭祖活动正式拉开帷幕。

两天之后，也就是正月二十，整个祭祖活动进入高潮。

这天一大早，男人们搬出存放在堂前一年之久的桥皮板灯，精心擦拭，重新装点花灯；女人们则开始准备请客的美酒佳肴；孩子们更是快乐，他们欢快地穿行在村里的大小弄堂间，或放着小鞭炮，或吃着小零食，追逐嬉戏。

上吴方的拧龙灯（又名花灯、桥皮灯）习俗开始于明天启六年（1626），距今已有390余年，其间因为种种原因虽有中断，但一到太平盛世，拧灯习俗又会重启。

整条龙灯由龙首、龙身两部分构成，龙头和每一节龙身，都是由各家各户分别来做的。一般来说，龙头由村里德高望重，子嗣齐全，家中较为“清洁”的家庭承担扎糊，外表图案如果自己能画更好，自己不会画，则要请专人来画。

龙身由一节一节的条板相互联结而成，每一节条板1.2—1.5米，和一条长板凳差不多长，两头各钻一个洞，洞中插一根大约80厘米长的黄檀木，把前后两条桥板联结起来，同时又可当“凳脚”用。每条桥板上，分别放置三盏花灯，花灯上画着各式图案，有山水，有人物，有花卉，都是些吉祥如意的画。花灯呈正方体，两头空，中间插一根蜡烛，外边还饰有柏枝、天竺等常青叶。因为所有的桥板都是各家各户各自制作的，所以风格不尽相同，但整体是一致的。

上吴方村后有一道小山岗，是从玉华山上延伸下来的，村里人认为，这是上吴方方氏家族赖以兴旺的风水之山，所以，他们把这道小山岗叫做仙坛岗，无论何人，无论何原因，岗上的一草一木，一土一石，都不能随意乱动。说起这个规矩，村里的老人还讲了这么一个故事：

说最早定下这个规矩的是某代方氏族长。为了让全族人都遵守这个规矩，某一天，他故意让自己家的放牛小鬼把牛牵到仙坛岗上去吃草。有人看见了，就跑去报告族长。族长一听，立马带人赶到岗上。大家上岗一看，是族长家的放牛小鬼和牛，都面面相觑起来。这时，族长开口了：不管是谁家的牛，都要重重地罚。于是，回到家里，族长让人挑了十担稻谷到方正堂，作为罚金。从此，再也没人敢动仙坛岗上的一草一木、一土一石了。

正月二十这一天，负责扎糊龙头的人家，把做好的龙头扛到仙坛岗上，上香礼拜，接着，各家各户也把已经装饰一新的桥板扛到仙坛岗上，一节一节地从龙头开始往后接，每一节之间，都要保持着大约120度的拐角，为的是让整个龙身能用一条“腿”站稳。从村后的岗背开始，一直向着岗后的玉华山脚延伸，看上去非常气派。少的年份一般都有一百多节，多的年份可达两百节左右。

这个“接龙”过程，要延续一个下午。等到太阳落山之后，整个村里陆陆续续开始飘起了美酒佳肴的香味，一些来到村里看灯的人，不管是不是认识，都会被村里人热情地邀请进家门，坐上上横头。主人端出自家酿制的土曲酒，主妇端上热气腾腾的鸡鸭鱼肉，与客人一起共进晚餐。

酒足饭饱之后，只听一声炮响，拧龙灯开始了。先是村里的两条布龙从不同的方向，来到仙坛岗上，迎接龙灯。每家各派一个身强力壮的代表，来到仙坛岗，扛起自家的那节桥板，在大铜锣的引导下，从岗上下来，首先来到方正堂，然后再往各条弄堂“拧”去。一时间，村里所有人，以及客人，都拥出家门来看龙灯。各家的主妇则早早地在自家门口放一张八仙桌，上面摆上馒头，点上香烛，地上放着烟花，准备迎接龙灯的到来。

那么长的龙灯，要在村里那么多那么狭窄的巷道、弄堂之间穿行，没有一定的功夫，是难以做到的。

整个拧龙灯活动，从天黑开始，一直要持续到半夜方歇。最后，龙灯重新回到仙坛岗，只听领头的一声令下：拆灯，于是，各人以最快的速度，抽出黄檀木，拆下自己的桥板，越快越好，越快就预示着这一年越吉利，所以，这个时候的岗上是一片欢腾。桥板拆下之后，各人自行背回家，放在堂前，上香礼拜，等到第二年再拿出来用。

拧龙灯虽然结束了，但方正堂上的大戏还在演着，并且一直要演到廿三、廿四，甚至更迟才歇。戏演歇了，方储的像才被重新抬回仙翁庙里去，整个拧龙灯活动才算结束。

（文：沈伟富）

金华金东区溪干村

二月初二划旱船

溪干村位于金华市金东区塘雅镇，是北宋著名思想家和文学家范仲淹后裔清江支派最大的聚居地。这里流传着一种二月初二划旱龙舟的习俗。

农历二月初二，是塘雅镇溪干村的传统节日，溪干村的范氏后裔，"不以过新年为重，而以二月二划龙船为荣"。每到这一天，周边民众都会蜂拥前来，观龙船、看大戏。划旱船活动热闹壮观，瞧那24名妇女划船手，连续几个小时"划"船下来，都不觉得累，铜铳开道，鞭炮不断，鼓乐齐鸣，人头攒动……龙船划进大街小巷，家家户户虔诚相迎，祈盼来年风调雨顺、平平安安。

溪干二月二划旱船缘来已久。据考证，明宣德二年（1427）正月，范仲淹之子范纯礼玄孙范泉回溪干村省亲祭祖后，二月初二从婺江溪干渡口乘船返程赴任，船行至楼下殿潭江面，正遇风急浪高，加之江水旋涡，结果船翻沉江。范泉尸体漂至下游方子潭才被捞上岸，安葬于明墓旁辛山上。次年就沿袭了二月初二划龙船的习俗，以划龙船方式，一为寄托对范泉的追思，呼唤魂归故里；二为怀念范仲淹对溪干范姓始祖范纯诚的养育之恩；三为表达对范仲淹先忧后乐，普天同庆伟大胸怀的崇拜。

溪干村二月初二划龙船，原先是在村南的婺江里进行。这一天，全村披红挂绿，鞭炮齐鸣，锣鼓喧天，龙船张灯结彩，船头书有范仲淹的惊世之作《岳阳楼记》，船中置放范仲淹雕像，族人称之"第三相公"（苏国公第三个儿子）。划船手个个都是年轻力壮，虎虎有生气；婺江两岸围观者人山人海，穿红着绿，热闹非凡。后又演变为赛龙船。赛龙船时，配有曲乐唱词，其曲调为："辛山搭船，快快划哩，划哩、划哩、划哩、咳！里拦喂，外拦喂，上拦喂，下拦喂，拦住英魂回故里，喂得罗喂。辛山搭船，快快划哩，划哩、划哩、划哩、咳！里拦喂，外拦喂，上拦喂，下拦喂，拦住金山银山来，喂得罗喂。"意思非常明白，范纯诚和范泉葬于辛山，拦住先祖英灵，拦住金山银山，就能安居乐业了。划龙船之日，还需请戏班演戏三天三夜。

溪干村二月初二划龙船，一声铜铳响后，打击乐吹奏乐齐起，划龙船就开始了。划龙船时还配有乐曲唱词，一人领唱，其余人和唱。划龙船之日，请草班开演唱戏，连续演三天三夜。演三天三夜戏的习俗也有典故，因为范仲淹从子溪干村始祖范纯诚生于三月初三，恰为两个“三”，即演三天三夜戏为祭祀。二月二夜间，溪干村边婺江里渔火通明，溪干八景诗就是有《溪干渔火》诗，诗云：“暝色天外来，溪干聚渔火。停泊避风波，醉饮呼尔我。”范纯诚墓地也为一景，题为“石壁凝云”，诗云：“怪石云如壁，年深绿苔长。此间无俗客，只有云往来。”此外，还有“菱塘春雨”“古松挺秀”等诗，诗意幽美，广为吟诵。

溪干村二月初二划龙船习俗，清朝时因翻船时发，改以跑旱船替代。1966年“文化大革命”时，禁演古装戏，破除传统习俗，就改为连放三个晚上的电影来继承传统习俗。1980年后，又演古装戏。由此可见，传统习俗之魅力是无穷的。溪干村二月初二习俗，以缅怀范仲淹、范纯诚范泉等范氏先祖，追思他们先忧后乐的情操和品格而起，至今580余年，可谓源远流长。民国36年（1947）年10月续修《清江范氏宗谱》时，时金华县县长杨振（安徽桐城人），深被范仲淹的高风亮节折腰，欣然为范氏宗谱作序。序云：“尝读范文正公文，至先天下之忧而忧，后天下之乐而乐，不禁油然感之……清江山明水秀，土地美沃，俨然为一农垦区，是范族处焉。范氏为婺之望族，其先世自文正公侄子明公，宋元丰六年举进士，历官至婺州保宁节度使，卒于任，遂葬清溪，次子正辞公任婺州教谕，墓庐于斯，遂蕃衍。”凡族谱之序，难免有溢美之词，然此序实而不艳。所以，溪干村二月初二划龙船习俗，并非一种封建迷信习俗，而是怀念祖先，已超脱封建士大夫情操的“先忧后乐”的忧国忧民思想精髓的一种实践。

（文：金华金东区农办）

建德新叶村

新叶雅会三月三

每年的农历三月初三，是新叶人最隆重、最开心、最浪漫的日子。

“三月三”是中国传统的“上巳节”，这个传统节日一直可以上溯到先秦。东晋的王羲之也是在这一天，与一批风流雅士在兰亭集会，并写下了千古第一行书——《兰亭序》。

宋末元初，金仁山先生在重乐书院讲学期间，与玉华叶氏三世祖叶克诚，以及金华的许谦、浦江的柳贯等儒源四先生，也效仿兰亭雅集，在每年的三月初三这一天相聚吟诗。到了六世祖叶仙璥（新叶叶氏敬称之为九思公）首倡在这一天举行迎神祭祀活动，以祈求风调雨顺、五谷丰登、文运亨通、功名有成。从此，“三月三”就成了新叶叶氏最为重要的节日，甚至胜过春节。

在新叶通往儒源的路上有一座庙，此庙始建于南宋初，最早时，庙中只供奉关帝，后来增加了观音、胡公、吕祖等，成了一座神佛并存的“杂庙”。叶姓迁来并逐渐壮大之后，又把自己的先祖也供奉到庙里，统称为“五圣”，庙名就叫五圣庙。在当地方言中，“圣”与“星”音近，故又叫五星庙。金仁山、叶克诚、许谦、柳贯等儒源四先生去儒源讲学，都要经过五星庙，每次路过，都要进庙小憩，诗兴一来，还随手在寺壁上题诗。时间久了，他们觉得，不管是五圣庙还是五星庙，其名都不够雅，于是改名为玉泉寺。

叶仙璥首倡的迎神祭祀活动就是把玉泉寺中的五座神像一起抬到村中的厅堂里来，接受全体叶氏的祭祀。

新叶叶氏共有七个主要支派，每年的迎神祭祀活动由这七个支派轮流操办，以一个甲子（60年）为一个大轮回。在一个轮回中，共设大祭40次，也叫大年，其余20次为小年。小年只迎神，不举行其他活动。大年就要隆重多了，除迎神外，还要举行各种各样的祭祀活动和文娱活动。

轮到值大年的支派，要提前三年选好猪崽、羊崽各一只，到玉泉寺中去向神祷告，然后饲养。所选的猪崽、羊崽一定要经过阉割的公猪、公羊，选定后的猪崽、羊崽就成了圣猪、圣羊，饲养时间也要达到两年以上，他们认为，只有这样，才是最上等的祭品。除此之外，还要准备其他祭品，比如用各种糕点叠置而成的亭台楼阁，用四时干果制成的狮、象、虎、马、麒麟，用全鹅做成的老寿星，用全鸭做成的姜太公等，花样繁多，千姿百态，每一件不仅是祭品，更是艺术品。

到了二月底，族人就开始忙碌起来。首先忙碌起来的是村里的一些读书人，他们要编对联、写对联，布置好厅堂，除了"一年花市九月九，千古兰亭三月三"这一副对联外，其余的对联都要自己创作。

从三月初一开始，杀猪宰羊，陈列祭品，布置戏场，全村上下，忙得不亦乐乎。所有的圣猪、圣羊都要宰好，并在口中含一个橙子，头顶左右两边插上状元花，背上披着红绫，一路吹吹打打，抬到厅堂里去。

三月初三一大早，迎神的人在厅堂前集合。只听一声火铳响，一支由几百人组成的迎神队伍浩浩荡荡地向着玉泉寺进发。玉泉寺方面也早已做好了准备，他们也放起鞭炮迎接。

迎神队伍来到庙前，先向"五圣"祷告，然后把"五圣"请上轿，抬回村。一路上鞭炮齐鸣，鼓乐相和，所到之处，人们也以燃放鞭炮等方式迎接"五圣"。

"五圣"抬到厅堂里，祭祀的高潮到来了，一时间，厅堂上下，人声鼎沸，香烟缭绕，一拨又一拨的人跪到神像前祭拜。整个活动一直要进行到中午时分，才渐渐地停了下来。从下午开始，厅堂上开始演戏，时间要持续七八天甚至十来天。在这几天时间当中，玉华山下彻夜不眠，四方百姓也都像赶集一样，涌到新叶村里。新叶人特别好客，无论是亲戚，还是朋友，抑或是陌生人，只要来到家中，他们都会拿出他们的大曲酒、沉浆馃、水米糕、肉圆等土特产来招待你，会喝酒的你不喝高兴还不让走。

迎神活动结束后，"五圣"被重新抬回玉泉寺，新叶村又恢复了平静和安详，这个时候，春耕也将开始，该上山的上山，该下田的下田，该进学堂的进学堂，所有的人都进入自己的角色，一年的生活重新开始。

新叶，这个古老的村庄已经在玉华山下韬养了800年，在几十代新叶人的共同努力下，新叶已经成为众多专家认可的中国农耕文化的活标本。

（文：沈伟富）

泰顺徐岙村

泰顺禳神六月六

泰顺的六月六禳神节，是独具特色的山区地方神信仰习俗活动。源于唐末，兴盛于明代，主要祭祀地方神祇有徐三翁、陈十四、马仙、陈大翁、陶大翁等，历时15天左右，每年农历六月期间都举行庙会盛典，在浙南传统民俗生活中占有重要地位。据清代地方志书泰顺《分疆录》记载，“六月初六日各乡，以农隙，迎社神巡村，演戏祭赛，或有用上元及九十月者”。说明泰顺境内自古就有不少乡村在每年六月六日这天祭祀地方神的习俗，泰顺六月六禳神节最具代表性的地方是原发地筱村镇的徐岙村。

徐岙一直以来都是吴姓的血缘村落，村中无徐姓之人。徐岙之名便是源于六月六禳神节所祭祀的地方神祇——徐震。“禳神”的意思是迎接神灵的到来。神灵一般为在泰顺民间流传的一些神灵，泰顺筱村徐岙徐三翁信仰是从历史人物演变而来，是浙江此类人神信仰中具有代表性的一尊神祇。徐震系泰顺仙居人，生于宋英宗甲辰年（1064）。少年不负先训，好书力学，官至温州府判，职上秉公廉政，为时人所敬佩。宣和三年（1121）四月，方腊所部攻进温州，紧逼瑞安境，驻兵吹台山（今瑞安丽岙镇北），县令招募“义勇”4万，分守吹台山等要道。徐震率兵领战，激战中牺牲，时年58岁，宋帝赠封其为忠训郎，并立庙祭祀。明朝洪武三年（1370）朝廷又加封徐震为忠训侯王，入乡贤忠义二祠，清雍正七年（1729）官府还拨出银两修葺徐震祠墓，并示禁樵祠墓周围林木。相传，徐震牺牲后，其灵柩扶归乡里，途经玉溪（今徐岙前之溪流）时显灵，天降甘霖，当地因久旱而歉收的田地连年丰收。乡民为纪念他便将此地命名为“徐岙”，就地建祠祭祀，以示纪念。

现在徐岙村口的千年苦槠下的小宫庙，就是当年祭祀徐震的徐三翁庙，约清乾隆年间，筱村吴、林等姓氏又在北坑建了一座徐三翁宫，建筑规模比较大，可惜在“文化大革命”中被破坏，后又被改建。尽管北坑的徐三翁宫规模较大，但虔诚感恩的徐岙村民并未将村内的徐三翁庙废弃，而是九百年来坚持代代祭祀，宫庙烟火从未断绝。吴氏始祖吴莱羡搬迁至徐岙后，并没有将徐岙改名为吴岙，想来也是借助英雄的灵气来泽被后世。心诚则灵，正是这种虔诚感恩之心形成了徐三翁信仰文化，并成为一个家族勇于开拓、继往开来的精神支柱。

徐三翁庙建成之后，徐三翁信仰也由此在泰顺境内的传布，以筱村徐岙村与武庵洋两处最为兴盛。每年农历六月六日，筱村当地七个村庄围绕徐三翁信仰形成地方特有的大型民俗活动——六月六绕境游神，即禳神活动。每逢六月初六日，筱村徐岙、东洋、长洋、北坑、玉溪、枫林、新楼七村的村民都要到大翁宫为徐三翁祝福圣诞。其中，每村需供一头活猪，杀神猪祭祀用，还要请木偶戏班来演戏酬神，期望徐三翁能够保佑筱村一带风调雨顺、庄稼丰收，免受虫害水灾。初六当天徐三翁宫庙内举行祝圣酬神活动，商议徐三翁出宫巡游活动相关事项。筱村的六月六禳神节兴盛于明朝中期，新中国成立后曾一度因历史原因中断，后于 1993 年重新恢复禳神节活动。

禳神活动中，出巡踩街是禳神节中最为壮观和隆重的，那天开始的前一天，人们就要将神灵经过的地方打扫得干干净净，同时还要禁止挑粪桶等行为，以示对神灵的敬重，一路上，迎神队伍抬着神灵，人们手里拿着彩旗、匾额等护送，禳神节一开始，先由民间道士进行祭奠仪式，意为先把神灵从天上请来，祭奠方式是在供桌上摆上各种各样的祭食，主要是各种果和冥斋（用粳米做成，大小不一，最大的有 2 米多高，最小的一般为 5 厘米高），然后由道路士念祭奠祷文，祷文念完毕之后，人们抬着神灵的塑像从宫庙出发，然后各村按顺序依次轮流将徐三翁请到各村的迎神厅，走在最前面的那些人鸣锣开道，每走一段路，就要停下来进行禳神鼓表演。

表演有一定的程式，其特点有点类似道教的“踩灵”等步伐，表演动作较简单原始，但粗犷、热烈、火爆。音乐也很简单，主要以锣鼓伴奏，人声帮衬。场面颇为壮观，唢呐、锣鼓、花炮喧天，气势磅礴，震撼人心，同时需相互配合才能表演好，才能敲出禳神节的气势。

徐岙禳神活动通常按序是接在东洋之后，绕村一周，经文兴桥最后将徐三翁迎回徐岙底古村的迎神厅内，供人们祭拜，以示美好的祝福和愿望。禳神之后还有福宴，菜品通常为筱村拉面、什锦菜、红烧肉等十多道农家菜，好的年份，村里还会请来木偶戏团为村内的男女老少演上三天，穰神节活动俨然成为徐岙村民尤为重视的一项活动。

六月六穰神节活动被乡间民众一直传承延续至今，体现出民间信仰的强大生命力，这一极富鲜明的地域特色与农耕文化特色的穰神活动，已成为一种强大的农耕文化凝聚力，有利于邻里团结，维系宗族情感，加深亲情，构造了一种人与自然、人与人之间的和谐关系。如今，人们利用“六月六穰神”纪念徐三翁活动为引线，又将筱村“三古”文化搬上舞台。在启蒙礼上，正衣冠、行拜师礼、朱砂点智、开笔破蒙、诵读《弟子规》总叙……每位少年儿童端庄地接受传统古文化洗礼，这个热潮影响深远，每次的穰神节及三古文化活动后，徐三翁的忠烈之气就扑面而来，为子孙后代带来了无穷的榜样的力量！

（文：王叶婕）

洞头东岙村

四节连珠过七夕

在有“百岛县”之称的洞头，有一个东岙渔村，每年的农历七月是一个民俗文化活动最闹猛的时候，儿童节、成人节、情人节和乞巧节都要在七月七日这一天举行，被称为“四节连珠，双珠合璧”。

首先是过儿童节。未满16岁的男女少年，在节日到来前，父母要举一只七色香坛（竹篾和色纸扎糊），并用米粉拌着红色粉一同搅和，加水揉搓成粉泥，再制成小人儿馃（用木板刻上小人像，把粉团放上去印成长方形），然后蒸熟，又称“库人”，作为敬奉“七星娘娘”（又叫“七星妈”）的供品。再为每个孩子备一条“长命带”，系上一枚铜钱，制成挂件，先挂在七星坛上，待拜过“七星娘娘”后，再挂在孩子脖子上，以示消灾化厄。到了七夕傍晚，家家门口摆一张方桌，把七星坛摆上桌前，放上供品——小人儿馃一盆，茶酒各上三杯，鲜花一盆，菜肴和水果若干，母亲点灼燃香，领孩子跪拜“七星娘娘”后，取下“长命带”挂在孩子脖子上，同时把七星坛和金箔放在焚金炉内烧化，鸣炮，然后全家欢度节日。

所谓成人节，即家有满16岁的男女孩儿，称十六成丁，意已长大成人，要过成人礼。其内容为：把一层的七星坛换成三层或五层的，把小人儿馃换成红圆和红龟（含团圆、长寿），每只红龟一公斤重，在祭供过“七星娘娘”后，分发给邻居和亲朋好友，告知他们孩子十六岁成丁了。也不再挂长命的红带子了，换上项链（或金或银，也可以是其他挂件），祭供礼物仪式与儿童节同。

这一天又是情人节（取牛郎织女故事）和乞巧节（现换成“示心愿，卜机缘”活动）。不论已婚、未婚的年轻女人，吃过节日晚餐后，均相约到海滩、山坡上，有的则到古寺庙，仰对一弦新月，或向北斗七星（七仙女星）庙神说出1—3个心愿。每说一个心愿，就用铜钱（又称方钱、元宝，现改用一元硬币）正面向上往地上丢，连丢三次，以两正一反

（背面）为吉，三个心愿连丢九次，看谁的心愿最成功、机缘（运气）最好。以前，乞巧行动比较隐秘，未出嫁的姑娘不愿心事让人知道，且乞巧不仅讨吉利，还带有乞智慧（祈求织女赐她们一双巧手），现在大多公开，成了一种时尚、有趣的习俗活动。而情侣们也成双入对加入乞巧的人群，与大众同乐，讨未来幸福，成珠联璧合。

新世纪以来，东岙村的“七夕”双节（四个节日相连）活动在当地政府文化部门的牵引下，成了洞头百岛乃至温州地区民俗文化的亮点，“七夕”民俗风情节活动，吸引了国内各地大批游客参与。在七夕儿童节和成人节活动中，加入了亲子游——仿照七夕牛郎偕一双儿女到天河与织女相会，一家骨肉团聚的故事，丰富了海洋文化习俗的内容，颇受欢迎。2013年由中国民俗协会牵头，组织国内及台湾地区一批民俗专家聚会洞头，体验东岙渔村的“七夕”民俗活动盛况，有关方给予很高评价，一致同意将其纳入“国家级非物质文化遗产保护名录”。近年来，东岙村的“七夕民俗风情节”越办越精彩，规模越大，通过亲子游、情侣游、配对游，并以“百岛渔家乐食海鲜第一村”的品牌，吸引了大量游客，在“七夕”这一天，举办的海鲜宴达二三百桌，很多人要首先预订，方能占有一席，且价廉物美，让人玩得开心，食得满意。

东岙村的“七月廿五作普度”更展现了海岛渔村古老习俗的原始性和传统文化的质朴精神，东岙普渡节已有150多年历史，它源于一座在清同治年间建造的大士庙。庙里的菩萨为观世音，观世音“救苦救难，大慈大悲”的济世佛心，深受海岛渔区民众的敬仰，海岛人一年四季以海为田，耕海捕鱼，海上作业，风浪无情，且海盗猖獗，劫船杀人，所以船翻人亡的海难和海贼抢劫杀人的横祸，屡屡发生，无法逃避，由此而造成的海上死难者不计其数。按观世音菩萨的佛心善性，当地村民不忍那些游魂孤鬼漂泊海上，便以大士庙为依托，以渔港中心位置为场地，仿照农历七月十五中元节（称鬼节）闽南一带有超度孤魂野鬼的习俗，自行创出具海岛特色的“普度节”，意为：普度众生，去灾消难，超度鬼魂，往生极乐。

普度节一般在七月二十三至二十五举行（海候小潮，生产不忙），主要内容有：1. 请道士团作道场；2. 用竹木和色纸扎糊一艘渔船，船上放置生产、生活用具、配备船员（均竹篾、色纸扎成）；3. 制作几百盏水灯（又称孔明灯）；4. 用竹篾和色纸编扎一个宝塔形的七层旋转空心架（含七级浮屠意)；5. 准备盐、米和各项食品及冥币、钱币，香、蜡烛和鞭炮等。普度节开场时，道士们在大士庙内摆设祭坛，先向大士爷献供作祭，然后到海滩上进行招魂，表演各种动作，向海上撒米和抛食物；举五色旗招游魂；请四海龙王和鱼兵虾将放禁、引路，让鬼魂脱离苦海；引领鬼魂上岸；敬请上天诸神和阴司地府给屈死鬼魂赦罪，前往投生等。由村民自愿参加进行“牵转”，所谓“牵转”即把宝塔型的七层旋转空心架中间套上一根粗毛竹竖立在地上，然后由三五个人手把空心架，按逆时针方向拉动旋转，直至有人爬上架子，口吐“真言”方告结束。

普度节活动一般进行三天三夜，最后一夜放水灯，漂流“纸船儿”，几百只、上千只水灯和小纸船放在岙口海面上随潮流，海风飘荡，闪闪灯光映红一片，别具一番特色，亦让鬼魂在灯光的照耀下搭上船儿，脱离苦海。同时把纸船抬到海滩上，架起柴火焚烧，凡准备好的一切食物、用品和冥钱等均放在船上，一齐烧化，供鬼魂享用。

至此，普度节结束，参加普度节活动的每年超过千人，临近的各渔村都来参加，并捐献赞助资金，非常隆重热烈。

（文：郭温林）

淳安赤川口村

中秋佳节舞草龙

赤川口村位于淳安县汾口镇，是一个文化底蕴深厚的传统村落，全村现由赤川口、赤川源、西坞三个自然村组成。在赤川口村，保留着一种中秋节舞草龙的特有习俗。

关于中秋舞草龙的来源，当地有一个奇妙的传说。

据传明嘉靖年间，赤川口村的来龙山上出现了一种“叽叽叽”的怪叫声，特别是到了晚上让人听了毛骨悚然。当时天气特别恶劣，天空乌云笼罩，雷电闪闪，倾盆大雨一连下了好几天，致使洪水暴涨，到处一片汪洋，农田被淹、民宅进水，吓得村民一个个都不敢外出，都躲在家里烧香拜天，祈求上天保佑家人、财产相安无事。

在一个伸手不见五指的夜晚，在象山脚下孕育千年的老龙托梦给本村村民余四山，说是它要急于从本村来龙山脉脚下出山，望明日一早组织身强力壮的村民，从来龙山脚直到赤川口溪的房屋顶上和弄堂里搭好水笕，它要变成一条小龙从水笕里游到小溪直到大海，只有这样村民才能免遭伤害。当时只有18岁的余四山，身高马大，相貌堂堂，为人正直，受村民信赖。第二天一早，余四山按梦中所托，组织发动年轻后生好几十人，不顾滔天洪水，上山砍伐毛竹对半破开，做成水笕，只用了半天时间就完成了梦中的所有重托。中午时分，果然雨停了，水退了，天晴了，全村村民安然无恙。当天正好农历八月十五中秋，是一个丰收的季节。为了纪念这条善龙，受惊后的村民吃了中秋团圆饭后，在皎洁的月光下，纷纷来到来龙山脚下的出龙口，用毛竹、稻草、柴枝条、山藤等编成了一条30余米长的草龙，并在龙身上插上充满希望的香火，通过仪式祭拜后起身，舞遍全村能到的每条小街、弄堂。全村家家户户燃放鞭炮恭身迎接，燃香求福、求财、求仕途、求平安。这就是赤川口村中秋舞草龙的由来。

草龙的制作包括精选稻草、细打草辫、妙缝龙身、巧捧龙头、点缀龙尾、安装手柄六大步骤。

一是精选稻草。首先，稻草从割倒直到收藏为止，从未被雨淋湿过，这样保持稻草金黄色带青；其次稻草秆要稍长一点，太短的稻草秆，草辫结疤太多影响美观；再次捋好稻草，用多指铁耙将外部茅壳全部捋干净。

二是细打草辫，这是关键的一环。将精选的稻草，用手搓成一段绳子，一端固定在柱子上，然后将稻草分成五股，打五股花辫，辫子的每股由两根稻草组成。每当某股偏细的时候需要添草，在添草的时候草根与草梢相叠，要基本保持粗细匀称，将草辫打成龙身需要的长度，然后修剪茅衣茅头，草辫就算完成了。

三是妙缝龙身。龙身是否精致，缝合是难关。缝草辫也不是随便缝合就算好了，而是要顺着龙身的内侧加以缝合，这样就不会露出线疤。另外，在缝草辫的时候要对对双双缝，既省力也省工，只有这样很快就会完成龙身的缝制。

四是巧捧龙头。龙头的大小没有固定的尺寸和模式，完全凭借艺人的心灵和巧手捧扎而成。龙头，首先用毛竹破开，主径约 2.5 厘米，次径 2 厘米许，艺人用手量个大致的尺寸，画上记号，然后在小火堆上加热到一定程度时，按照艺人心中的模样在记号处折成一个需要的弯度，用绳固定成相应的角度，放至水中冷却就成了。然后把多块固定好的篾用铁丝把它扎成大致的篾箍龙头，最后在篾龙头外面铺上稻草就成了。

五是点缀龙尾。俗话说死头活尾，充分说明龙尾的重要性，用竹篾扎成龙尾状的模样，在龙尾上缝上草辫鳞条，这样的龙尾既美观又轻巧，舞动时相当管用。

六是安装手柄。龙头龙身龙尾连接后，从龙头开始约 1.5 米，均等安上木手柄，草龙的编制安装就算是完成了。

草龙舞属广场舞蹈。草龙的演出是一阵阵或者叫一套套的，在走完全村所有弄堂小巷后，来到余氏家厅门前的文化广场上开始布阵演出，通常情况下草龙的舞蹈有如下几阵：

一是“龙腾盛世”。在民间打击锣鼓《急急风》的催促下，草龙双双腾出广场，欢快地在广场上起伏奔腾，快速地跑动。时间四十秒至一分钟。

二是“龙到人间”。龙在急快奔腾下，腾云驾雾来到了人间，当看到人间翻天覆地的变化时喜气冲天，草龙时高时低，又分又合，表现出兴奋与激动的心情。

三是“龙游农家”。龙在人间激动的游荡后，慢慢地来到了农家，看到农家享受着比神仙还富裕的物质生活时，全身倾倒了，草龙侧着身子，伴随着轻声的打击乐曲，游完了这家游那家，最后游遍全村。

四是“龙穿喜门”。龙游完了农家，确实感到人间快乐与幸福，于是有一条龙就用自己长长的身子，拱起几道半圆形的门，另一条龙就在这个喜门（也称龙门）内反复穿梭嬉游。

五是“龙团献瑞”。长长的龙在经过长时间的观光游玩，看到人间的喜事太多太多了，对人类征服自然改造自然的能力表示佩服，于是慢慢地绕成一团，像一座金字塔，祝福人间风调雨顺、五谷丰登、人丁兴旺。

六是“龙回大海”。人间再美再好，都不是它的家，虽然有点依依不舍，但最终还得回归大海，草龙在锣鼓的配合下，优哉游哉地回到了大海。

赤川口村舞草龙的习俗代代流传，后来声名远扬。2007 年汾口草龙被浙江省人民政府公布为非物质文化遗产。2010 年上海世博会召开，6 月 6 日这天，赤川口村草龙还应邀到上海世博会杭州馆演出。一天三场演出，场场爆满。草龙远看黄色金龙一条，近看竟是稻草编成，那些不同肤色的各国朋友和住杭州各国大使及使节们，无不伸出大拇指，连称 OK！OK！

（文：余新苏）

玉环坎门村

花龙灯舞讨海人

玉环县坎门渔区的“花龙”，是一种富有渔乡风格的布龙，以大幅度跳跃和“龙绕柱”为其主要特色，当地民众又称其为“滚龙”或“弄龙”。

玉环岛地处海隅，靠近温、台二州，是浙闽沿海的重要门户，历来都是移民垦荒、泊港定居的处所。“花龙”只在海边岙口居住的从事捕鱼的闽籍渔民中流传，人们一般都认为“花龙”习俗是从福建闽南随移民迁徙而传入的。

坎门渔乡“花龙”被认为是“海龙”。龙口衔珠而舞，渔民说这是“已经成正果的海里的龙”。扎制花龙，有一定的仪式程序。一般都以供有本宗保护神的村庙（如天后宫、五显庙、三官庙）为组织单位，或由船主、渔船股东和龙灯队的“头手”合当“头家”，牵头集资置办，或从庙产及香火钱中抽取，或向各家各户摊派一些。择腊月中吉日“起档”，开始扎制龙头、龙尾（各龙节可经年使用），至送灶日后，还要摆香案、供五牲、祀福果、请赞龙师唱“请龙词”，杀公鸡取血为“龙”点眼。然后在正月初开始举行活动，元宵节时达到高潮。当地方志“元宵”条下，就有“里社各制龙灯，鸣锣击鼓，旋绕为盛；制禽兽鳞鱼各种花灯，入人家串演戏阵，笙歌达旦，环观如堵”的记载，可见当时盛况。至正月十八晚，还要举行“化龙”（把龙头、尾烧掉）仪式，祭化龙神，送龙归“海”。玉环岛上几乎所有村庙都有“龙”灯舞班。据说，在抗战胜利那年，坎门大商号“郭源顺”，曾接过120多个龙灯队发放的舞龙帖子。

现今保留的坎门“花龙”的各种传统套路和阵式，据说还与戚继光抗倭的业绩有关。据当地老人讲述，明嘉靖年间，有一股倭匪在附近海域频繁窜扰，民众深受其苦。有一渔家女子，想出了邀请各地舞龙队来坎门共度元宵、诱敌深入的计谋，得到正在就近一带抗倭的戚继光的赞许，便下令将士改穿便装，混入舞龙队中。待进入坎门，以点亮贴有“令”字的灯笼为号，伺机伏击进犯的倭匪。是晚，戚家军在各路舞龙队的配合下，一举歼灭了倭匪。戚继光举起龙头，带领大家舞出了各种阵式和套路。正因如此，至今凡龙灯队都必备“令”字红灯，都要到坎门聚舞一番，坎门家家户户都要在元宵节“接龙”。凡此种种，都是那时的遗风。

坎门花龙和别地龙舞相比，有其独到之处。首先，在道具的制作上，讲究形似和神似。用纵横交错、脉络合理的细竹篾，在“T”形手柄上编织出龙头、龙尾的框架，然后蒙上白漂布，绘以彩色图纹。八节龙身，也以“T”形木为架，围以竹篾，呈圆筒形，披以“龙布”，使各节串联。首、身、尾相连，便构成一副逼真而威严的“海龙”形象，格调一致，体态适中，稍一舞动，便栩栩如生。全身各部位都可以插烛点灯，夜间起舞，更富于动感。

新年一到，渔乡各地便见龙鳞熠烁。人们举着龙灯，上山进村，各家各户喜气洋洋，笑接龙灯，到处是一派欢乐热闹景象。花龙到达接龙人家之前，必有一人先行“放帖”，各家备茶点时果，焚香点烛于中堂。花龙到达各家后，置“龙头”“龙尾”于门首，由一个手提“令”字灯的赞龙师进入中堂，唱“招财进宝、风调雨顺、国泰民安、人丁兴旺”之类内容编排的颂赞词，称为“赞龙”。接龙人家要为龙头系红布条，称为“挂红”；并把原先系在龙头上的红布解下，贴钉在自家门楣上，称为“换红”。然后，龙灯队就为这户人家舞上一场。

坎门花龙的“龙头”“龙尾”和八段龙节各由一人舞动。舞的过程中可以接替换人。凡庙宇广场、人家庭院、晒场海滩、道路村口，都可以表演。舞龙人身穿渔民常服，不作任何修饰，只是间或增戴头巾和围脖，以防爆竹烟火。花龙以龙头为主舞，龙尾相辅，第五、六龙节至关重要，除作为整个舞蹈的中间环节外，还要做架门、设槛等动作。

花龙表演动作多姿多彩。“龙头”基本动作有举、甩、扑、腾、转、跳等；“龙尾”基本动作有蹲、蹦、逗、引、串、摆；各龙节的动作则以盘、游、翻、钻、串为主。各个环节配合默契，有条不紊，互相顾盼，步调一致。在欢快热烈的鼓点和唢呐声中，鞭炮齐鸣，“龙头”“龙尾”同时快步向外迂回，名为“出洞”，然后“甩头”“摆尾”，转身腾跃。传统的主要套路有大、小“开门”“跳三档”“穿针”“翻肚”“打半回”等。表演时随着气氛的高涨，只见场上龙头昂然、龙尾腾卷，时而逶迤走蹿，时而悠然遨游，整个舞蹈豪放奔突、热烈洒脱，表达了渔村节日的欢乐、丰收的喜悦和胜利的欢欣；也是渔民们豪爽粗犷的性格和热烈追求的感情流露。坎门花龙以壮观的场面和大幅度的腾跳动作，将稳健、热烈的气氛一贯到底。

坎门花龙突出的是“龙绕柱”这一技艺。八段龙节和龙尾在龙头的带领下，在庙堂、寺院或人家天井廊柱的32根甚至64根柱子间穿插迂回。龙头围绕柱子，从龙节间以“钻裆步”俯首穿过，然后立即高举过顶，紧绕柱子，从龙节间大跨步腾跳而过，其余各龙节紧紧相随，首尾相顾，时起时伏，左腾右滚，柱柱盘绕而线路不乱。整条龙旋绕廊柱所呈现出来的各种姿态，既显示了舞龙者不一般的技艺，又强化了舞龙的动作和节奏上的对比，丰富了表现内容。

坎门花龙的形成和发展与其所处的特殊地理环境有关。坎门地处沿海地区，在这里，“龙”是神化了的、既令人敬畏又不得不加以崇拜的海洋主宰，人们通过花龙灯舞，托物达意，娱神娱人。因此，坎门花龙从形式到内容，都与海洋生活、渔乡民俗息息相关，海韵十足，被人们称为“海龙”，表现的是“海龙”倨傲威赫、激越雄健的形象和恣肆遨游、翻波逐浪的姿态。

近年来，坎门花龙灯队常活跃在群众文化的舞台。文化工作者们也不断探索改良道具，改进舞技，编排出许多崭新的舞蹈程序和形式。如近年创作的女子拼字龙、抢珠海鳅龙等节目，就在花龙灯舞的创新之路上迈出了重要的一步。坎门花龙将以更加神奇的姿态，将“讨海人”的生活舞得更加红红火火。

（文：轩歌）

义乌尚阳村

尚阳拉线狮子舞

尚阳村位于义乌市最高山大寒尖脚下，三面环山，双溪环绕，风景秀丽。前溪、后溪如同护村河，从大山狭缝中流出，一年四季溪水常流，“门前屋后清水流，家家户户有埠头”，生动形象地描绘了当地的地理风貌，是一处山环水绕、藏风聚气的世外桃源。

拉线狮子舞，俗称狮子抢球，是赤岸镇尚阳、毛店村和佛堂镇倍磊村一带独特的民间喜闻乐见的传统文化娱乐活动。

关于尚阳村名的由来，流传着一个美丽的传说。据传，尚阳这里原是一片溪滩地，只在附近零零星星地住着几户杨姓、陈姓人家。明朝万历年间，居住在义乌南门有个毛五一的大户人家，家道殷实，在廿八都置有田产，且在现今仓里建有粮仓。他有个儿子叫普霖，自幼不务正业，游手好闲，五一瞧不起他，屡劝无果后，一气之下把他赶出了家门。为人豪爽仗义的毛普霖就选择了祖辈生活的廿八都的三丫塘村作为落脚点，搭了间茅屋，暂住了下来，至今尚留有一口毛井遗迹。生存环境的艰辛使他改掉了好吃懒做的坏毛病，决心痛改前非，产生另谋住处的念头，就从三丫塘村迁到如今尚阳这个地方。

聪明的毛普霖一边勤勤恳恳干活劳作，一边努力赚钱准备造房子。三年过去了，毛普霖有了一定的积蓄，他开始建造一幢九厅的房子，可是房子刚建到一半，手头的积蓄就已花光，再也没有能力买瓦片盖房顶。18根柱子光秃秃地立在地上日晒雨淋，毛普霖看得心如刀绞。为了防止柱子被毁坏，无奈之下只好买了18顶箬帽盖在柱子上，权当是瓦片，人们叫它为箬帽厅。

一日，有位乡邻到城里办事，碰巧遇到毛普霖的父亲，不由对他说起了箬帽盖柱的事情，最后感慨地说：“你有万贯家财，而你儿子盖间房连瓦片都无钱买，你为何不帮他一把呢?”毛普霖的父亲听了这位乡邻夸他儿子浪子回头、勤俭持家的消息后，半信半疑。为了确认真假，毛五一特意赶到廿八都探个究竟。几年不见，儿子果然真的脱胎换骨了。毛普霖的父亲心里既惊又喜，不过他还想试探一下儿子是否有依赖性，因此半点不提此行的目的。毛普霖热情地接待了远道而来的父亲，对自己的困境却只字不提。当日父亲回转城里，一路上两人一句话也不说，知子莫若父，毛普霖送了一程又一程，终于父亲停下来对他说："你回去吧。"同时扔下了一把钥匙，原来那是毛家库仓的钥匙。

在父亲的帮助下，毛普霖终于把厅堂建起来了。房子有九间厅，称"九厅"，毛普霖在此娶妻生子，繁衍子孙，后人为了纪念毛普霖，便以他的别号南阳演绎尚阳为村名，流传至今，把他现存的房子叫"旧厅"。

尚阳村拉线狮子舞的历史源远流长。据古稀老人回忆，听毛姓太公口传，拉线狮子起源于明初，是春节和清明节期间民间自发组织编排的一种舞蹈表演活动。到了明代中叶，自建立尚阳胡公庙后，每年开展的迎胡公庙会活动中，拉线狮子舞是其中的重要表演内容。进入清雍正年间，尚阳拉线狮子舞表现活动更加盛行。清代晚期，胡公庙会不仅有舞狮活动，还增添迎花烛、迎銮驾和斗牛等表演项目，气氛非常热烈。民国年间，尚阳拉线狮子舞，曾几度应邀去兰溪县参加清明节舞狮表演，其独特的工艺制作和高超的表演技艺，赢得了兰溪民众的好评。那时期，在金华八县区域，尚阳拉线狮子表演活动频繁，享有盛名。新中国成立后，以破除封建迷信为由，拉线狮子舞表演活动一度被叫停，直至1980年改革开放以后，拉线狮子舞这项民俗活动才又重获生机，得到了恢复和发展，传承人一代接一代，表演技艺不断创新。20世纪90年代还先后到乔亭、佛堂、稠城等地参加舞狮表演，丰富了当地人们的文化生活。

拉线狮子，主要由舞狮台和狮子组成。舞狮台由一个3米见方的木柜构成，表演又称"狮子房"，木柜原由4人抬行，现改轮车推着走。木柜顶上装有一根6米长的木制臂杆，向前方伸出去，末端挂上一只彩球（狮子抢球时，就在这木质臂杆上进行）。柜子内，装有一大（直径80厘米）二小（直径30厘米）3只狮子（用篦扎成狮臂架，外用苎麻包扎），每只狮子用两根线拉着，拉线孔部位，用竹插拴紧，现改为用备轮固定。

行走时，三只狮子（一大两小）安装于一个长1.5米、宽1.2米见方的狮子房内。狮房下方配有两根木杆，分别由四位壮汉扛在肩上。狮房的上方装有一根6米长的木制臂杆，向前延伸，顶端挂一彩球。狮子房极像一个装扮得十分华丽的小舞台，三只狮子的头、颈、四肢及脊梁等处都装有拉线，每根拉线都由专人负责拉动；每只狮子或上或下，或前或后，都由拉线人所拉线的长短距离决定。一般都是两个人合拉一只狮子，其中一人负责狮子的上下表演动作，另一人负责狮子的前后跳跃动作。只有两人配合默契，才能使狮子动作自如、活灵活现。三只表演狮子的狮房后面必定跟着七位拉线艺人，六个人拉三只狮子，一个人拉木制臂杆外端的一只绣球。七位拉线艺人的后面跟随着表演队伍，以及一支民间鼓乐队，整个拉线狮子表演队伍在鼓乐队欢快的乐曲中有序地向前行进。

拉线狮子表演活动是走街串巷行走，在较宽场地进行表演，整个表演活动由四支队伍组成，按前后次序有：仪仗队手持镲架或彩旗 40 人；吹奏乐队 6 人（先锋 2 支，唢呐 4 支）；打击乐队，婺剧五响锣鼓班 5 人；舞狮队 24 人（拉线 4 人，推车 20 人）。拉线狮子表演时，根据锣鼓声音的节奏，由两个人拉着线，并相互紧密配合，表演狮子抖毛、跳板、抢球、抛球等内容动作，充分表现狮子有时张牙舞爪，有时腾空跃起，有时又迅速转头，各种动作，形象逼真，栩栩如生。观众看得津津有味，大饱眼福。

从尚阳毛氏太公开始，拉线狮子舞一代一代传承下来，后继有人，其传承人：一代毛祯显、毛樟时、毛项法；二代毛应其、毛林海、毛猪兰；三代毛国清、毛世红；现尚阳拉线狮子由技艺高超的毛应其主持。

（文：何一行）

嘉兴民主村

莲泗荡水上庙会

民主村的历史文化悠远，江南旅游名胜莲泗荡风景区就位于民主村内。莲泗荡景区的“江南网船会”是国内唯一的水上庙会，从明朝万历年间开始，是国内罕见的水上庙会，距今已有400多年的历史，于2011年列入国家级非物质文化遗产名录。

每年的清明、中秋、除夕时节，江浙沪一带渔民、船民数万人，纷纷驾船前来赶会，船只汇集荡面，最多时不下数千艘，蔚为壮观，是国内罕见的水上庙会。他们以家族和会社为单位，高举大纛（旗），纷至沓来。庙会期间，各地渔民、船民吟唱宝卷、神歌，自发表演高跷、戏文、舞龙、舞狮、打莲湘、挑花篮、荡湖船等民间活动，人山人海，热闹非凡。百余年来，网船会成为太湖流域渔民、船民的特殊节日。

网船会的形成有诸多历史原因，主要有两个方面：一是旧时渔民、船民没有房屋土地，一年四季以船为家，长年四处漂泊劳作，平时难有见面的机会，无法通信联络，需要一个固定的场所交流信息、联络感情、认祖归宗；二是旧时渔民、船民生活困苦，风险较大，社会地位低下，需要一种精神寄托和信仰，需要有一个自己的神。

清末民初时期的网船会盛极一时，规模宏大。清光绪年间的《点石斋画报》有一幅直接反映网船会的图画，云“远近赴会者扁舟巨舰不下四五千艘，自王江泾长虹桥至庙前十余里内排泊如鳞”。民国36年（1947）记载，有“十八万三千之多的猪头献上神座”，“高高竖着桅杆的大船约有八百余艘，轮船二十四艘，其他汉口船三艘，青岛和香港来的船各一艘，其余小网船和民船更不知凡几”；民国37年（1948）8月28日的庙会有“五十万人虔诚顶礼”，敬献给刘王的纱帽“价值黄金六两”，由此可见网船会规模之大。

网船会信仰祭祀的主神“刘猛将”，与中国历史上的蝗灾有密切关系。我国农民为抵御蝗灾而形成的“蝗神信仰”分布极广，历史久远，如今大多已衰落，而嘉兴网船会硕果仅存，因而具有不可替代的史料价值。

对于网船会信仰祭祀主神“刘猛将”的原型，在各地方志史都有表述，但说法不一。

一种说法是南宋抗金名将刘琦，另一种说法为南宋刘宰，而清朝顾震涛《吴门表隐》这样记载南宋中期苏州城内的情况：“瓦塔在宋仙洲苍吉祥庵。宋景定间建，即大猛将堂。神姓刘名锐，……亦作刘武穆名奇，冯班作刘信叔，又作刘韦，又作南唐刘仁瞻，有吉祥上义中天王之封，旁列八蜡神像，……其封神敕命碑在灵岩山前丰盈庄，宋景定四年（1263）二月正书。”

由此可见，清以前这位“刘猛将”的身世并没有明确的定论。但不管这位“刘猛将”的身世有几种说法，原型基本为抗金将领，而清前身与金渊源极深，这不符合清朝统治需要。于是雍正皇帝从巩固清朝统治需要出发，将元代武将刘承忠封为“刘猛将”，驱蝗正神，列入国家祀典。此后，有关“刘猛将”身世的说法便统一为刘承忠。嘉庆《莒州志》记载刘承忠：“吴川人，元末授指挥，弱冠临戎，兵不血刃，盗皆鼠窜，适江淮千里飞蝗遍野，将军挥剑追逐，须臾蝗飞境外。”宣统三年（1910）铅印的《闻川志稿》记载：“神姓刘名承忠，元时官指挥，为民驱蝗。元亡，自沉于河，世称刘猛将军”。

许瑶光任嘉兴知府时编撰的《嘉兴府志》记载：“雍正二年（1724）列入祀典，同治皇帝赠赐‘普佑上天王’匾额。”之后“刘猛将”又不断得到加封，咸丰五年（1857），加“保康”；同治元年（1862），加“普佑”，七年（1868）加“显应”；光绪四年（1878）加“灵惠”，五年（1879），加“襄济”，七年（1881），加“翊化”，十二年（1886），加“灵孚”。从此，驱蝗正神“刘猛将”被抬到一个极高的地位，供奉“刘猛将”的莲泗荡刘王庙影响越来越大，为方便祭祀，刘王庙也逐渐遍布到全国各地。

“刘猛将”有许多民间传说，刘王庙内抄本《刘王宝忏》《猛将神歌》所记“刘猛将”故事比较简单，“刘猛将”原身是刘相之子刘阿大（刘佛），幼时饱受后娘虐待之苦，后来被外公所救，得道成神，灭蝗受封。民间流传“刘猛将”的传说有很多相似之处，基本上都是年幼受苦，被后娘欺凌，后来得道成仙，法力高强，但却充满浓厚的生活气息，如因为年幼受苦，常年赤脚，百姓称其为“赤脚刘千岁”。渔民不小心掉在河里，快要淹死了，只要喊一声“赤脚刘千岁救命”，就会自动浮出水面；船只开到湖荡里，碰到天气变化，风大浪急，眼看快要翻船，只要喊一声“赤脚刘千岁救命”，就会风平浪静，确保平安。

这些朴素的民间传说，使百姓亲切地认为“刘猛将”是自己的神，是自己人，纷纷称其为“寄爸（干爹）”，以干女儿或干儿子自居。各地乡村的猛将像，有的光头赤脚，短衫短裤，完全是个孩子的形象；有的神像头上还扎着一条红布，那是因为被后娘打破了头，鲜血将扎头布都染红了，称他为“扎头猛将”；有的猛将塑像的嘴唇还豁了一块，连牙齿也露了出来，大家说是被蝗虫咬掉的；还有的猛将神像，不仅赤脚、光头，旁边还有两座小的立像，说是他的亲戚，左边是他的娘舅，右边是他的外公；有的还给这些神像配上夫人、公子，充满了人情味。

（文：嘉兴秀洲区农办）

平湖鱼圻塘村

蜡烛庙会祭刘琦

历年的重阳节期间，在浙江省平湖市新埭镇鱼圻塘村内，总有来自江浙沪地区的3万多游人不约而同地会聚于此，自发地举行一次原生态、盛况空前的“鱼圻塘大蜡烛庙会”。该庙会已有800多年的历史，是当时及周边地区的人们为纪念南宋抗金名将刘琦而举行的。而用来祭奠抗金名将刘琦的大蜡烛高大量重，工艺独特，精美绝伦，堪称“江南一绝”。

据史料记载，南宋时这一带经常有水贼、海盗出没，商船迭遭劫掠，百姓难以安生，苦不堪言。刘琦驻兵于此，出兵平定，水上匪患遂从此绝迹，地方赖以安宁，百姓深受其惠。刘琦故后，鱼圻塘人民为追思一代民族英豪，醵资在刘将军当年的军营故址“即宅为祠”，尊以“刘千岁”，并塑像视其为保护神。800多年来，每年重阳节及春节，鱼圻塘村当地必用大蜡烛祭奠刘将军，并延请戏班公演社戏三天。

“庙指鱼圻六里遥，秋来报赛集尘嚣；田中插遍莲花炬，十丈光芒火树摇。”这是清朝末年里人俞蕴甫，在《泖水乡歌》中对鱼圻塘大蜡烛庙会盛况空前之生动真实的写照。数百年来，当地人民还袭传着请烛、迎烛、点烛那种独到讲究的民俗民风。每年，鱼圻塘村和附近星光、石桥及上海市金山区兴塔、山阳等地的百姓，都会自发性地奉行请烛风俗。九月初四为迎烛日，平湖大蜡烛庙派人带着各地香主，敲着钹子、扁鼓，威风凛凛，彩旗飘飘，将大蜡烛迎到庙宇。庙内有附近村民用起重机把大蜡烛吊下车后，用绳索、扛棒抬进点烛亭，竖起安放好大蜡烛，燃放高升（即爆竹）鞭炮，村民们喜气洋洋。

农历九月初八、初九两天为点烛日，由香主带着醵资的百姓到祠内点烛许愿，先点大蜡烛，再点附烛。鱼圻塘的大蜡烛重超两千斤，高达2.6米，外绘精美图案，题有祝愿诗句，工艺独特，在全世界属首屈一指。2004年初，为了进一步提升大蜡烛的文化品位，鱼圻塘村成立了申报“大世界吉尼斯之最”领导小组，向“吉尼斯总部”提出了巨烛最粗最重夺冠申请。经吉尼斯总部综合审核同意后，村里就着手进行巨烛的制作和申报资料的准备。同年，一对经过精心制作，平均底部周长 1.6 米，上部周长 2.1 米，高 2.6 米，总重 1259 公斤，刚劲挺拔、精美绝伦的巨烛终于“重压群雄”，一举摘取了“大世界吉尼斯之最”的桂冠。曾有一位来自青浦八十多岁的老人激动地说：“大蜡烛庙，真名不虚传，我活了这么大岁数，游了许多名胜古迹，这样大的蜡烛，还是第一次见到。”

同时，为保护传承大蜡烛庙会的民俗文化，也为使民间文艺表演有一个理想的场所，1997 年村里投资 50 万元建造了“鱼乡戏苑”。戏台有三层，飞檐黑瓦，古色古香，台面向东，台面积有 250 平方米。壁上绘有江南水乡风景的彩色图案，观众看戏的场地面积为 2580 平方米，是迄今为止浙北地区最大的戏台。“鱼乡戏苑”的建成为庙会演出提供了平台，浙江省京昆艺术剧团、嘉兴市小百花越剧团等都来演出过。1998 年，著名越剧演员、越剧“十姐妹”之一的王文娟老人也兴致勃勃来“鱼乡戏苑”为游人上演了五场富有特色的连台好戏。戏苑的建成也推动了民间文艺的挖掘创作。2002 年，在平湖市文化馆的指导下，鱼圻塘村挖掘、编排了一套《威风锣鼓舞》，象征当年刘将军点将、出征、战斗、凯旋的恢宏场面。《威风锣鼓舞》有大鼓 1 只，中鼓 2 只，小鼓 3 只，盘鼓 18 只，大锣 2 面，大钗 2 把，小钗 18 把，共有 50 多人参加。其中大鼓直径有 1.8 米，高 1.6 米，由 4 名身强力壮的鼓手同时擂鼓。锣鼓舞节奏刚劲激昂，如雷霆万钧，江河奔腾。

编排后，在新的刘公祠大殿建造上大梁时，第一次献演。那天，人、车挤得水泄不通，锣鼓就放在当时大殿西侧的田地里，随着指挥员一声令下，一边锣鼓震天动地，一边高升鞭炮窜天齐鸣。一批批游客如潮水般涌入，有的游客开着大巴车直接进来，有的摇船而来，祭拜用的一蒸笼一蒸笼尺糕、圆糰装在大卡车里叠得高高的、挤得满满的；有的一担担挑进来，这样热烈的场面，使每一个身临其境的人都激动不已。《威风锣鼓舞》不仅在庙会期间演出，还多次参加了平湖市“西瓜灯文化节”的开幕式、行街表演和民间舞蹈表演，使观赏的数万群众耳目一新，惊叹不已。如今，“鱼乡戏苑”每年都有十来场大戏上演，在使村民大饱眼福的同时，也成为了大蜡烛庙民俗文化的一大特色。

除了点蜡烛、听戏文，大蜡烛庙会上，民间的各类活动也是精彩纷呈，钹子书、舞龙队、舞狮队、挑花篮、打莲湘等节目轮番上演；传统小吃、特色点心、时令水果、农资物品、香烛锡箔等各种商品琳琅满目。大街上人头攒动，游人如织，游客总量达三万以上，除了嘉兴地区的游客之外，还有从上海、江苏等地慕名而来的游客。大蜡烛自九月初八、初九点燃后，一年四季常明不灭，昼夜照耀，寓意四季平安，长年吉利。

鱼圻塘大蜡烛庙会传统节日这一民间文化习俗，跨越800余年的时空，在当今仍以其顽强的生命力存在、发展着，足见其文化传承价值的魅力所在。该传统节日文化的内涵，通过在继承传统的基础上挖掘，吐故纳新其形式和载体，倡导了和谐喜庆、健康向上、文明节俭的节日理念，使传统节日与现代生活方式更适应融洽，更提升了传统节日的文化价值。一方面，它凝聚了民众对民族英雄刘将军最为朴素的情感和精神归依。蜡烛是光明的象征，又是平安吉祥的化身。民众用荣获“大世界吉尼斯之最”的巨烛，用这样全世界独一无二的载体祭奠刘将军，借用壁画讴歌刘将军剿匪安民的丰功伟绩，反映出了民众对先贤强烈、深厚的乡土感情、民族感情，激发着民众热爱家乡、热爱民族、热爱国家的深厚情感；另一方面，大蜡烛庙会培育了民众的文化生态环境，丰富了农民的文化生活，满足了农民求知、求美、求乐心理的需求，提高了农民的整体素质，促进了农村乡风的文明和社会整体的和谐。

鱼圻塘大蜡烛庙每年举行的庙会活动，融商贸活动、观光旅游、文艺表演、走亲访友等社会活动于一体，成了人们物质和精神的交流大会，成了人们传递信息、交流感情、文化娱乐的纽带和桥梁，也成了农民生活中每年翘首企盼的一大美事、乐事。

（文：平湖市农办）

磐安大皿村

大皿村重阳“炼火”

“炼火”流传在浙江磐安一带，具有神秘的地域文化色彩。“炼火”起源于先民对火的崇拜，是古代“祓除”习俗的遗存。“炼火”与先民狩猎归来围着大堆篝火庆祝狂欢的场景极为相似，因赤脚在通红的炭火上表演而得名。后来，“炼火”又与永康“方岩胡公”等地方神祇信仰相结合，兼具驱瘟、避邪、祈福、治病、求平安等目的，形成了一整套规范的仪式，在磐安这方古老的土地上世代传承，每年重阳节和胡公祭日均要举行大型“炼火”活动。

大皿村是磐安“炼火”的主要发源地。炼火俗称“踩火”，是一种古老的禳灾集体舞，也是一种大型的秋祭活动。炼火者光着膀子，赤着脚，将高高堆起的炽热炭火踩平，动作剽悍粗犷，一时火花四溅，气势壮观，惊心动魄。现在“炼火”一般一年举行一次，日子多选在重阳节这一天。

“炼火”是高难度表演绝技，通常在夜间举行，参炼人数少则几十人，多则上百人（常有邻村人一起参加），其中有山人（道教）、降童（神汉）各一名，其他均为村民壮汉。参加炼火的必须是男子，且必须沐浴斋戒三天以上（一般在一周左右），休息养神，确保精神饱满，精力充沛。

大皿的“炼火”是磐安“炼火”的重要组成部分，与其他乡镇炼火有所不同。炼火用炭，往往由村民募集而来，俗称“兜炭”。炼火开始前，村民会家家户户扛着一箩箩木炭（数十筐至上百筐不等）到炼火场（村民的传统习俗认为交了木炭就可得到诸神保佑）。场子一般为大门堂或稻田中，堆成馒头小山样，傍晚时分，待各路神祇请到后，用毛柴起火，把木炭火生得通红。

炼火场设有“龙王坛”及“天坛”，分别立有“龙君”及“真武玄帝”之神位。“炼火”仪式由“山人”主持。等火性要过时，山人开始焚香祷告，不一会儿，“降童”端着“净水”，带领手持平头刀的十八弟兄来到现场。先行至溪边把脚洗净，接着上身赤膊，着短裤围腰，回到“神桌”前，站成两列纵队，然后由“降童”向他们喷洒“净水”。

“降童”跳到神桌上，开始大声吆喝，称“喝山”。词云：“羊家头首，胡公大帝，外出游戏，脚踏云头，游过九州，到此地安歇一夜之后，保得乡方五谷丰登，风调雨顺，国泰民安，六畜兴旺，栏头高强。”喝山完毕，“降童”跳下“神桌”，带领十八弟兄跑炼乌金，鸣锣放炮，向火堆四周喷洒“净水”，准备打开“水火门”。“水火门”打开后，“降童”手持“净水”，从北往南从火堆上踩踏而过，十八弟兄紧随其后，用手中的平头刀在通红的火堆左右挑拨，扬起数条飞舞的火龙，壮士们就在“火龙”之间来回穿梭，更有壮士在火堆之中做出各种花样动作，煞是壮观精彩；而后再是从西而东……，这样来回经数十次的踩炼，高耸的火堆已是平坦一片，越平坦就预示着越是平平安安（象征平安吉庆，故炼火又称平安火）。

此时，烈火金刚般的十八弟兄重新站成两列纵队，站在神桌前，“降童”再次跳上神桌，大声喝道：“羊家头首，胡公大帝，外出游戏，脚踏云头，游过九州，到此地安歇一夜之后，保得乡方五谷丰登，风调雨顺，国泰民安，六畜兴旺，栏头高强；将五瘟六孝，豺狼虎豹，山前山后，庙前庙后，飞禽走兽，伤风咳嗽，七十二小孝，三十六大孝，一起带到祈民山上超化。”喝毕，跳下神桌，用扫帚将桌上祭品中的茶叶、豆、米扫进簸箕，而后从残余火堆里用大锣舀了一些残余炭火，带领十八弟兄自西而东冲过火堆，快速地送出村庄之外，意为“送神”。

“炼火”样式中最典型的是“踏火山”和“闯火海”两种。“踏火山”即把烧红的木炭堆成 80 厘米高的“火山”，“炼火”者赤脚赤膊上阵，手执平头刀冲上“火山”，奋力拨弄，将通红的木炭拨得火星四起，人从火炭中踏过，循环往复，直至把“火山”踏平，称为“踏火山炼平安火”，也叫“炼平安火”。“闯火海”是把烧红的木炭平铺成直径 10 多米的火坛，厚约 20 厘米，众多炼火者赤脚赤膊，手执钢叉冲入火坛，在火坛中狂舞。

整个炼火场景宏大，气势壮观，热闹非凡，表演集音乐、舞蹈、体育、武术、戏曲于一身，是一门综合性艺术。整个演练过程伴随着“四方乐”“大头舞”等舞蹈形式，有锣鼓、唢呐伴奏，山民念唱，还有侯阳高腔、婺剧乱弹、时调等戏曲演唱，曲牌多选“点绛唇”“满江红”“朝天子”“小桃红”等。2010 年，大皿村组织了老中青“炼火”人员一百多人，在保留项目原汁原味的基础上，整合其他民间艺术项目，融入现代元素，进行了精心排练，尝试在传统项目基础上增加了钻火箍、在火堆中滚叉、武术等表演与阵图，使整个活动更具地方特色和古老的艺术氛围，磐安炼火的艺术水准得到了极大提升。

对于磐安人来说，“炼火”是他们世代传承下来的祈福求平安的传统习俗，是研究传统民俗文化的“活化石”。这个古老的民俗，在新的时代又被赋予了新的意义——不仅传承守护着祖先的遗产，也吸引了不少游客好奇的目光，带给村子新的发展契机。

（文：童笑笑　杨适时　付中平）

仙居上王村

仙居冬至做“梁皇”

仙居县双庙乡上王村因地处山区与平原交界地带，传统的民俗节日活动既保持了原始的历史习俗，又融入了现代的文明气息。特别是冬至节活动已成为当地传统民俗节日的一大盛事，盛及百年，流传至今。冬至节在当地有三种叫法：冬节、过小年、贺冬。主要活动内容包括吃“冬至圆”、祭祖、庙会、人会、“抢私下堂（仙居方言）”等，其中最具地方特色的是庙会中的一项，叫做“梁皇”。

做“梁皇”的习俗，据上王的老人相传，始自后梁武帝萧衍天监壬午（502年）。据佛教典籍记载，梁武帝之皇后郗氏去世后数月，梁武帝常追悼哀念，昼则闷闷不乐，夜则耿耿难眠。一夜居寝宫，闻外有窸窣之声，视之，只见一蟒盘踞殿上，瞪睛哑口，以向于帝。帝大骇，无所逃遁，不得已蹙然而起，对蛇说：“朕宫殿严谨，非尔蛇类所生之处，必是妖孽，欲祟腾耶。”蛇为人语启帝曰：“蟒则昔之郗氏，妾生时曾嫉妒六宫，其性残毒，怒一发则火烙矢射，损物害人。死后受尽折腾，投胎为蟒。无饭食可充口，无窑穴可蔽身，饥窘困迫，力不自胜，又每一鳞甲则有多虫在啃啮肌肉，痛苦甚剧，若加刀锥于身。非常蛇亦复变化而至，不以皇居深重为阻耳，感帝平昔眷妾之厚，故托丑行骇露于帝，一切功德，以见拯拔也。”帝闻之呜咽流涕，允蟒，遂不复见。翌日，帝大集沙门于殿，宣其由善之最，以赎其若。志公对曰：“须礼佛忏除烟疑方可。”帝乃然其言，搜索佛经，录其名号，兼亲抒塾洒圣谕，撰悔文成十卷，皆采摭佛语，为其忏礼。又一日，闻宫室内异香馥郁，良久不已。初不知所来，帝因仰视，乃见一天人，容仪端丽。谓帝曰：“此则蟒后身也，祟帝功德，已得生利天，今呈本身以为明验也。”并殷勤致谢，言绝不见。因为有此传说，自此以后，做“梁皇”之俗遂得以传播流行。

也有传说是北宋时期，杨家将为了保卫大宋江山，不少战士战死沙场。为使这些死难将士不致成为孤魂野鬼，杨五郎别娘亲抛妻子，上了五台山当了和尚，为那些死难的战士做道场，念经诵佛，送他们走向极乐的西天。佛门为了纪念杨五郎的那份慈心，就把此事记载下来。后来的善男信女们也经常效仿杨五郎，做起了法事。这种来历的法事，就叫“做粮王”。

双庙一带的做“梁皇”，大致有两种含义：一是为溺水而死的亡灵超度。传说凡溺水而死，其魂魄就在该处为水鬼，若要转生投胎，须找一个代替水鬼者，才可能转生投胎。为使溺水死者顺利转生投胎，避免替代轮流无尽，以做“梁皇”圆满功德而终止。二是“散”梁皇，将做“梁皇”用的斋饭供品、纸帛经忏烧给那些无后人祭祀的孤魂野鬼，使这些孤魂野鬼不再作祟，危害邻里乡村，其功德无量。虽然这些说法子虚乌有，属怪诞谬论，不着边际，但本着“可能”“也许有”的唯心思维，善良的民众还是纷纷解囊施舍。

做“梁皇”的所有开支都是善男信女们自己筹集的。资金筹集好了之后，他们就开始自己念一些经文，如《寿生经》《高皇经》《更生经》《心经》等一系列的经文。

做“梁皇”的主要流程有：先在寺庵内拜《梁皇宝忏》，包括发文书、写疏文度牒、放焰口；其次制作花船数只，每只花船长达至少5米，用毛竹做骨架，外观用细白纸糊上，绘有龙凤图案，同时建有灯塔一座，犹如鼓亭灯，为八角玲珑，花船上放有经卷、钱物等。然后在溪岸排成十里长廊再将花船上的蜡烛点亮。这项活动观赏性较强，很有节日味道。

花船为做“梁皇”必需之物，也是做“梁皇”法事的专用道具，花船内舱装有纸帛、经卷，分施孤魂野鬼后，能避免饿鬼作祟。花船能救度众生，能使溺水死者投生极乐。按佛家说法：人生愚昧，红尘纷争，苦海无边，回头是岸。花船能超度苦海，登到彼岸极乐世界，也就是西方净土，佛家有“觉海慈航”之说法。因此，做“梁皇”必须要扮花船及“七妙宝塔”。花船制作流程：把把毛竹按花船长度裁截，劈成篾片，用木板做成底架，按船的形状，中央阔，船头尖，船尾狭，用篾片装钉船身及船沿。用纸或布将整只船糊包起来，填上颜料，画上花纹。再装饰上船篷、桅杆，船尾的舱板上扮一个船老大，头戴斗笠，身穿蓑衣，在使劲地划船。

做“梁皇”还请来和尚登台表演，和尚手摇摄魂铃，向过往的孤魂野鬼们邀请，并向台下四周广散糖果之类的物品。然后和尚就为这些孤魂野鬼们念《梁王忏》以及《三昧水忏》等。和尚的铃声和着念经的声音交杂在一起，很是好听。和尚登台表演差不多耗时两个小时。

拜《梁皇宝忏》须在佛殿庙庵内举行，而且要三天三夜。花船应放在水岸边，在溪滩的水岸上搭建厂蓬，拜《慈悲水忏》一日一夜，然后再将花船焚烧。规定凡走过魇间（这间房屋有人亡故，未满五十日的)、血间（产妇生产的房屋，未满一个月）的人，忌入寺庵内拜忏，拜忏期间，忌食腥荤食物。

据秀溪王氏族谱记载，双庙冬至节做“梁皇”等习俗流传至今已达八百年之久，不但一直没有中断，而且已成为当地百姓自发的一种群众性民间文化活动。它寄托了人们对先祖的哀思，反映了老百姓对先人的深切缅怀之情，也成为当地人们修心养性的一个有效载体。

（文：仙居县农办）

临海杨家村

杨家村冬至祭冬

在临海市桃渚镇杨家村，冬至时节会举行一种隆重而庄严的拜冬祭祖活动。祭冬由取长流水、祷告祈天、聚族祭祖、祠堂演戏、行敬老礼、设老人宴等活动仪式组成。

杨家村民间流传有“冬至大如年”“清明吃苦燕，冬至吃甜圆”之说。康熙《临海县志·风俗》载：“冬至，粉秫米为丸，谓之冬至圆。设牲醴食馔荐之祖先。”光绪《宁海县志》载：“冬至屑糯米粉作汤圆，以赤小豆作馅礼神及祖考。”在杨家村族谱中亦有祭冬的记载，可见这种习俗由来已久。

祭冬习俗一定要在冬至日寅时准时开始祭祖，祭祖后接着演冬至戏。祭冬值年由杨家五房轮流。杨家村分东西两派，东派为一年与六年两房；西派由上园、井头、三房组成，共三房，全村合计五房。轮到值年的一房，负责全部祭祖仪式，祭礼制作摆设，以及请戏班演戏，大办酒席，招待宾朋等事宜。平时，家庙的三扇大门都是关闭。祭冬时三扇祠堂大门只能开左右两扇，中门不能随便乱开。每年祭冬时，轮到值年的一房，必须在冬至前三天开祠堂左右大门。开祠堂大门时，由值年这一房的首事人，率领房内轮值人员开门入内打扫，同时携带三盘福礼（肉、豆腐、面）、香烛，在祖宗灵前供请，以告知冬至的到来。然后挂宫灯，悬锦彩，贴对联，张布幔，杀猪宰鸡，筹备酒筵。

祭冬由值年的一房总负其责，各房监督其是否按传统规例执行。主祭一人，必须在房内有三代或三代以上的福禄寿喜齐全的子孙中筛选，以两老双全、子孙兴旺无损伤的长者作为首选标准。如一房内具备同样条件的老人多，则选辈分高、代数多的为主祭，其他作陪祭。陪祭四人，读祝一人，喝礼一人，执事八人，童男、童女各一人，都必须在轮值的房内中挑选。

凡参加祭冬仪式的，祭祀前都必须斋戒沐浴，冬至日寅时前先到家庙旁的更衣室，戴上礼帽，换上长衫、马褂等礼服，用稻秆烟熏手，再跨过稻秆烟，解除一切秽气，以示对列祖列宗的虔诚尊敬。新中国成立后，凡参加祭礼仪式主要人员，均由村两委及老人协会总负其责，在全村中择优挑选。

祭品的摆设既是物质财富的展示，也是族人艺术才华的展示。供桌摆设的祭礼品种繁多，摆放最前的是“五祀”，就是用镴铸造的大型香炉与烛台，小型精雕的茶谷米格，内放茶、谷、米，摆在五祀前，一大一小，陪衬恰当，这是第一大档。

第二大档是大盘，首先是“五牲”。“五牲”原指牛、羊、豕、犬、鸡，但杨家族人利用这些肉，巧妙地制成各种形状的祭礼。如用猪脚制成龙头，用全鸡制成姜太公钓鱼，羊肚制成老虎，鲜鱼巧扮成鲤鱼跳龙门，猪肺制成眠牛等。紧接着是六大盘，放的是猪头、鸡、馒头、鱼、馍糍、豆面等。

第三大档是小碟，首排是五谷：稻（谷）、稷、麦、豆、麻，也有的用麻、黍、稷、麦、菽（豆）的。五谷后是用水果、糕点、药材、小草、树叶，巧妙地利用其特殊形状，制成渔樵耕读、琴棋书画及亭台楼阁等图案。用胶水在碟上书写源远流长、子孙昌盛、五谷丰登、六畜兴旺等吉利词语，筛上白、黑芝麻或彩色纸屑，以显出字样。也有的用泥塑或木雕的八仙、十二生肖、瑞兽等工艺品。小碟花样繁多，能充分发挥族人的聪明才智，各显专长。在小碟档里，还要摆设文房四宝——笔、墨、纸、砚。

第四大档是大碗，盛放在大碗的祭品，大都用熟面团捏成宝塔形，再用各种颜色的瓜子或各类果子镶插成各种图案花纹，并缠绕红绿丝线。大碗中还有亭旁地区婚筵惯用的“五荤五素大碗”，如鱼、肉、参、胶、丸、冬笋、木耳、香菇、金针菜等山珍海味。还有特有食品冬至圆及千张等。最后才是酒、汤等饮品。

“十大碗”上斜搁筷子。事前精心培养的结穗的大麦与开花结果的豌豆，也是不可缺少的，以示常年长春，兴旺发达之意。又如族人制作有精致的盆景、根雕之类的工艺品，也可放在桌上展览观赏。桌旁还盛放着三天前特意取来的长流水，以备主祭者净手之用。长流水取自高山大溪中的龙潭水，以显示杨氏源远流长、子孙绵延不断的意思。桌前地上铺竹簟，簟上覆苫茨，以供族人祭拜。

祭礼都是由轮值到这一房负责制作的，都是聪明手巧的族人，年年目睹口传，代代传承，各房轮流制作祭礼，互相竞争，看哪一房的祭礼最丰富美观，以使年年创新，日臻完善。

过去冬至日子时一到，由地保负责敲锣召唤，杨家村所有墙弄街巷都必须巡到，并要连续地到处敲唤，直到寅时祭冬仪式开始为止。族中凡年满 60 岁及 60 岁以上的男性及考中科举功名的人士，都要携香烛到家庙拜冬（不满 60 岁的子孙亦可前来拜冬，但不作限制）。更多的是观看祭冬的男女，挤满宗祠大院天井。凡 60 岁及以上的杨姓男子，拜冬后都可领到一斤猪肉，七十、八十的可以增加到两斤、三斤，功名高的，职业显赫的亦按规定递增。

凡是杨家村分迁各村的子孙，以及各地杨氏族人，都要派代表前来拜冬，共进午餐。分肉聚餐的规例，新中国成立后一度中断，改革开放后，这种习俗又恢复。自 2007 年起，凡居住在杨家村，参加老人协会的，不分男女，不论姓氏，只要年满 80 岁的，都可领到五斤猪肉，以作尊老之举。20 世纪 80 年代后，杨氏子孙生活富裕，人数日益增多，香烛的大小也互相竞争，重的达 120 斤，整个宗祠红烛高烧，蔚为壮观。

杨家祭冬具有鲜明的地方和区域文化特色，是保存至今的冬至节气民俗活动的代表，入选第四批国家级非物质文化遗产代表性项目名录。杨氏族人通过祭冬，深切地表达了对天地、自然与祖先的感恩之情，传达尊祖聚族的人伦大义，凸显崇尚祖德、尊老爱老的道德理念，实现聚族睦亲和谐相处的根本目的。

（文：吴强）

松阳黄山头村

黄山头村重习俗

黄山头村坐落在海拔650米至750米的燕形山坳中，北靠高山，左右两翼山峦环抱村庄。黄山头村历史悠久，传统文化积淀深厚，村里至今保留着各种各样的年俗活动。

杀年猪

一直以来在黄山头村家家都有杀猪过年的习俗，它和做红糕、打年糕、做豆腐一样是农家过年的几件重要的事。因现在不是每户人家都养猪，杀猪过年已经不像以前一样家家户户都有了，但每到年关杀猪过年的这种习俗依然流传。

每年到年底农村家家户户就忙开了，家里准备了黄豆、糯米，用水浸泡，准备过年磨老豆腐、打年糕、做红糕用。家里的那些猪也长得膘肥体壮，过年全靠它了。农村过年杀猪有个习惯，谁家杀猪左邻右舍都要来捧场，过年猪杀了以后把猪的头、脚和剁下来的鲜肉，风干几天，除了招待邻居食用外，其余都腌制成腊肉。那时谁家的腊肉腌得多、晒得多，说明谁家的日子就好过，是农村当时生活富裕的象征。

最主要是主人家请邻居、亲友吃年猪饭。年猪饭主要以猪肉为主，还有猪血、猪下水，加上豆腐、烧粉丝、炖冬笋、农家土鸡等。每桌最起码有十多碗菜。酒水当然是自家酿制的红曲酒。邻居们放开肚皮吃喝。在以前当地农村亲友们一年到头忙着自家的农活，难得有机会在一起，吃年猪饭，亲友邻居正好喝酒、聊家常。

吃年夜饭前要祭祖

春节祭祖，是我国农村传统风俗之一。一直以来黄山头村仍保留着这一传统习俗。

祭祖活动一般是在吃年夜饭前开始的，除夕到来之前，家家户户都要把祖先像供于家中上厅，安放供桌，摆好香炉、供品。意在通过春节祭祖表达对先祖的敬重、缅怀之情，让先祖神灵保佑子孙平安健康、兴旺发达。先列菜肴（猪头一个、鸡一只，一定要有豆腐、肉、米饭），点起红烛，摆好酒盅、筷子，在两扇大门旁边各烧三个“元宝”（纸钱），寓意让门神放行。在酒盅里斟上酒，然后点上三炷香邀请逝去的“爷爷奶奶、外公外婆”等祖先进来吃饭。

在整个拜祖过程中，酒要筛三遍，每隔3—5分钟筛一次。桌上的菜、酒杯、筷子和长椅都不准动，否则，被认为是对祖宗的不敬。拜祖时，全家人都会虔诚地跪在地上默默祈祷先祖保佑全家平安，人丁兴旺，财源滚滚。即将结束时，开始烧纸钱，烧纸钱也是非常有讲究的，一般家中年龄最大的长辈才有资格焚烧纸钱，在烧纸钱过程中，烧纸人合理分配财产，使先祖们每个人都能拿上“红包”。

正月初一至初五集中祭祖仪式

祭祀先祖，是春节期间一项隆重的民俗活动。按照民间的观念，自己的祖先和天、地、神、佛一样是应该认真顶礼膜拜的。因为列祖列宗的“在天之灵”，时时刻刻在关心和注视着后代的子孙们，尘世的人要通过祭祀来祈求和报答他们的庇护和保佑。正月初一早上每家每户在早饭前要将准备好的供品送到村厚德堂自家先祖像前的供桌上，供品主要有鸡一只、红糕两块，放置于托盘内，豆腐三片、五花肉一片，放于一个碟子内，以及热腾腾的米饭一碗。饭后全村所有的男丁都集中来到厚德堂，在祖先遗像前，点着香烛，行跪拜礼，而后燃放烟花、鞭炮。祭祖结束后，回到厚德堂拿出锣鼓乐器进行一番活动，以示对先祖的欢迎。下午将所送的供品收回家中，晚饭后每家每户再到祖先遗像前点上香烛。一天的祭祖就算完成了。

正月初二在供奉的祭品上有所改变。在原有的基础上要加上鱼冻和肉冻各一碗。在这一天还有一个重要的婚俗祭祀活动。即上一年村民家中有新娶入的媳妇都要在这一天早上举行认祖祭祀活动。这一天是最热闹的一天，全村所有男女老少都聚集在厚德堂，见证这一祭祀活动。参加的家庭在祖先遗像前，点着香烛，由婆婆带着媳妇行跪拜礼而后燃放烟花、鞭炮。新婚夫妇家庭准备了大量的香烟和喜糖，分发给前来参加的村民，并给每人奉上一杯红糖水，一是为了让大家能够认识一下新娘子，二是也让村民能够在以后的生活中能多多帮助，和睦相处。婚俗最热闹的要数最后俗称“筑田埂”的活动。新娘在行完跪拜礼后，门槛上已经由未结婚的小青年一个挨着一个地拦着，看这架势，新娘子是很难从里面出来了。新娘子的亲人由里面往外推，拦门的小伙子又使劲地向里推，来来回回，边上观看的村民一个劲地起哄、鼓掌，真是热闹至极，新娘想出来还是有难度的。这时候新郎就拿出烟和糖向拦门的小伙子们分发，和大家讨价还价，以求大伙放新娘出来。可是拦门的小伙子也不是好打发的，一次、两次、三次……在很多次的索取之后，直到口袋都装了满满的香烟和喜糖后，才会慢慢地放松警惕，新娘子趁大伙注意力不集中的空隙，才能冲出大家的包围圈，一阵欢笑过后，整个活动就算结束了。正月初三供奉的祭品上又有所改变。初二供奉过的鱼冻和肉冻不用再上了，要新添一份由粉丝、年糕、红糕混搭而成的供品，并要把前两天供奉使用的鸡汤加热一下。

正月初四、初五供奉的祭品不变，正月初五供奉至九点后，全村所有的男丁又都集中到厚德堂，在祖先遗像前，点着香烛，烧纸钱、行跪拜礼。燃放鞭炮完毕后，各家各户把香灯接回家，而后收回供品，整个春节的祭祀活动就结束了。

（文：胡慧强、苏国成）

第三章　婚丧嫁娶

泰顺左溪村

畲乡对歌庆婚嫁

对歌成婚是畲族先民的习俗。因此，在畲乡左溪，畲族青年男女有自由恋爱的传统。在生产劳动中，青年男女通过对歌建立感情，即可成婚。婚姻形式主要是女嫁男，也有男嫁女、两头家，以及少数的子媳缘亲、姑换嫂等。左溪畲民婚嫁习俗古朴而隆重，必须经过说亲、定亲、娶亲三部曲，青年男女才能完婚。婚礼在对唱畲族山歌中进行，现场气氛十分热烈和欢快。

先说“说亲”。畲族青年男女在劳动生活中，通过对歌而产生爱情，若双方有意结合，白头到老，男方就会委托和女方父母关系较密切的媒人去女家说亲，将男方的个人及家庭情况向女方父母做详细介绍，然后征求女方父母的意见。如果说“我女还未大，过几年再说”，这就表示不愿意缔结这门亲事；如果说“我和家人、女儿商量一下再说”，这说明有一点希望了。第二次，媒人去询问意见时，如果同意这门亲事，女方家长会把女儿的“八字”交给媒人带给男方，看看男女双方的“八字”是否合得来。如果八字相合，媒人就和男方家长一起去女方家，就聘礼等财物问题进行商谈。媒人从中协调，谈妥后，男方家长邀请女方在母亲的陪同下到男方“看人家”。来时，男方设宴热情招待，临走时还要给女方守身钱、布料等，也就是男方给女方的定情物。如果女方同意就高兴地收下，如果不同意就会婉言谢绝。

也有男青年自己去女方家相亲，一般由媒人陪同，畲语称“肰布尼崽”，意为“看女孩子”。如果女方烧点心招待男方则表示同意，不烧点心则表示不同意。男方同意就吃点心，不同意就不吃。如果同意，女方也要去男方家相亲，一般由母亲或姑嫂陪同，畲语称“肰人家”，意为“看人家”。男方热情招待，临行前送给女方守身钱及布料等。女方同意婚配就收下，如果不同意就谢绝拒收。男女双方同意后，即由媒人与双方家长协商男方送给女方的聘礼。

其次是“定亲”。男女双方同意结合，男方就择定良辰吉日（一般都是逢双月，即二、八、十、十二月。日也选双日，即二、六、八、十日。四不选，因四在畲语中与死同音，不吉利），办八盂（蛏子、明蛹、螺肉、香菇、面、年糕、红蛋、猪脚等八样菜品），还有给女方的银手镯、银戒指、布料等，由族人亲戚挑去给女方。女方家长就在定亲之日中午，邀请亲戚族人来吃定酒。男方也在同日晚上邀请亲朋好友、族人来吃定酒。

定亲又分大定、小定两种。小定是双方同意结合时，因经济、物资困难或尚不具备条件所采取的临时定亲措施，称为小定，男方只需备少量礼物送往女方即可，以后再择吉日大定。也有的经双方家长同意，不进行大定。定亲时就将择定的娶亲日子单交给女方家长，也有另择吉日送交的。定亲后，双方以亲戚来往，使用婚后的称呼。

畲家姑娘出嫁前，要到舅母姨姑家“做表姐”，与表兄弟们对歌，实际上是考验姑娘的对歌本领。

最后是重头戏“娶亲”。在双方约定娶亲日子的前一天，男方组织娶亲队伍去女方。娶亲队伍中有亲家（即男方父母的代理人）1人、“赤郎”（即能说会道、善于对歌、懂规矩、父母双全的青年男子）1人、陪伴新娘的“赤娘”（即未婚的青年女子）2人、行郎（轿夫）若干人，由媒人带领，挑着礼物去女方家。队伍人数凑双，娶亲队伍到女方村口时，媒人放三只双响鞭炮，报讯娶亲队伍来到。这时，女方的阿姨舅母们随即拿杉树枝拦在路上，意即告诉对方夜里对歌。赤郎肩挑盂担（宴请女方亲朋好友的礼盒，一般为明蛹、白弓、红枣、面、年糕、糖、衣八盒，表示八仙吉祥，还有猪肉、米，公鸡母鸡一对），右手将杉树枝折三小枝抛在路上，再折一支丢路下，然后送上“接礼包”给阿姨舅母们，她们随即把杉树枝搬走。媒人点响百连鞭炮，娶亲队伍在鞭炮声中进村入大门，把轿子放在天井。娶亲队伍到中堂（中厅），规定男方的4人站在中堂右边，女方也来4人站在左边，对对作揖，换边作揖，这个礼节叫“捡田螺”。礼毕，阿姨舅母端来洗脚水，拿来布鞋，请娶亲人洗脚后穿上布鞋。女方请娶亲人员吃点心，称“脱草鞋”。然后，男方家将所带礼品交女方父亲清点收下，给岳母的礼品叫“老鼠尾”。送给新娘子的是几套针绣的民族服装，有年青时穿的服装、中年时穿的服装，还有一套青色老年衣。其中最漂亮的是浅红色的新娘装，衣襟上钉有八仙银装饰，出嫁时穿。除衣服外，还有一副“笄”。

晚上办出嫁酒。媒人坐第二席首位。席间，女方姐妹兄嫂会去媒人那里去“撬坑鸡”（捉石蛙），即讨红包。第一个端来一盘特制菜：盘内盛着一只鸡腿，一个大蛋饼盖在鸡腿上面，蛋饼上有贴成“十”字形的红纸，鸡腿象征“石蛙”，蛋饼象征大石块，其意是大石块下面藏着一只大石蛙。第二个提来一壶酒。第三、四个各拿一把火蔑把，口曰“捉石蛙”。如果不喜欢开玩笑的媒人会立即把红包放在“大石块上”。如果有备而来、喜欢开玩笑的媒人就会特意装聋作哑，不拿出红包。姐嫂们就用唱歌“骂”，媒人也用唱歌驳：

……

媒人：石蛙浮在塘中央，浮在塘中看着人；看出人来蛙就走，伏在水底妹难寻。

姐嫂：石蛙跳到塘中央，头若钻入身朝上；夹头夹脚捺不倒，分妹抓到脸吓黄。

……

双方一边对歌一边喝酒。如果对歌、喝酒难不倒媒人，或媒人不认输，不肯交出红包。姐妹们就开始照“坑”了，她们把火把伸进桌下，口曰：“石蛙在哪里？”故意把媒人熏烤得眼泪直流，有时不小心还会把媒人的裤脚烧着了，弄得大家哄堂大笑，最后媒人不得不把红包放在“大石块上”。

席间，女方请来善于对歌的姑娘（赤娘）来劝酒，赤娘端来一个“桶盘”（长方形木盘），盘内点一对红烛，放一双酒杯，一个红包，由新娘的姐妹提酒壶陪同。首先来首席劝吃，由新娘的姐妹先介绍客人的称呼，然后赤娘开始唱劝酒歌：

一双酒盏花又红，

端来桌上劝××（新娘对客人的称呼）。

劝你××食双酒，

酒筵完满结成双。

赤娘唱完，姐妹斟一杯酒给客人，客人放一个红包到桶盘内，接过酒一饮而尽。首席的客人一一劝过，每个客人也都给劝酒人一个红包。然后到各桌劝酒，一般只给一个红包。这些红包分给姐妹，叫“姐妹钱”。大部分给赤娘作手薪。

席间，赤郎也会代表男方出来敬酒，先敬功劳最大的亲家翁、亲家，然后是新娘的兄弟姐妹、嫂子，接着是六亲、媒人、行郎，最后是邻里。每敬上一杯酒都会唱上一句劝酒歌：

一盏酒哩劝亲翁，亲翁食酒面红葱；
爷娘养女功劳大，今日奉上酒三盏。
二盏酒哩劝亲家，亲家食酒笑哈哈；
两家作亲百年合，永久同心结琵琶。
三盏酒哩劝大舅，大舅食酒眼泪流；
细时姐妹作陈大，分开好比手脚丢。
四盏酒哩劝姐妹，姐妹食酒紧相催；
细时姐妹作陈大，姐乃嫁了就嫁妹。
五盏酒哩劝阿公，阿公食酒放面风；
女大当嫁是本分，不用留恋娘家中。
六盏酒哩劝契姆，契姆食酒冇奈烦；
在寮姐嫂同做事，如今各自奉公婆。
七盏酒哩劝六亲，六亲吃酒笑盈盈；
贺喜姻缘多和合，祝愿夫妻久同心。
八盏酒哩劝媒人，媒人食酒就起身；
一头来讲人嫁女，一头去讲人罗亲。
九盏酒哩劝行郎，行郎食酒起身扛；
这边上轿红花女，那边落轿是新娘。
十盏酒哩劝村人，两边倚满几多人；
大里喊笑拍巴掌，新娘打扮胜观音。

在赤娘、赤郎劝完酒之后，赤娘就开始寻赤郎对歌。

赤娘：今脯听说赤郎来，姐妹双双站门背；
姐妹双双去修路，修条大路赤郎来。

赤郎：今日寮里起身来，收拾南货（礼品）两三回；
收拾南货饼搭面，担落娘峒（女家）度花栽。

起歌头后就边吃边唱。酒席结束后，来的歌手更多，场面更热闹。唱的有度亲歌、嫁女歌、采茶歌、结成双、恩爱夫妻等。对歌对到半夜，客人吃点心，赤郎即唱点心歌：

赤郎：新打酒壶颈下乌，我郎斟酒你无顾；

我郎斟酒你无食，无是嫌淡就嫌浓。

赤娘：酒壶装酒浓又香，双手捧盏尽斟上；

句句劝郎莫斟酒，酒醉吴好唱还郎。

……

酒足饭饱，歌已尽兴。新娘准备起行时，要唱《催亲歌》，该歌最后一首是：

五更鸡啼催天光，劝你主家扮新娘；

子时出门把路赶，卯时夫妻好拜堂。

最后，还要唱《十二生肖》歌以送“歌神”。

新娘起身前，还有哭别爹、娘、舅和溜箸、分风水、吃姐妹饭的习俗。轿顶拿去请轿神，新娘头戴凤冠，身穿八仙紫红色的畲族新娘装，下身着花裤、花鞋，跪在爹娘面前，以歌代哭：

爹哎娘啊！当时等我不的大哎娘啊！

头毛未留就叫定，头毛未长就叫扛哎爹啊！

爹哎娘啊！乃是养崽分田地哎爹啊！

乃是养女分家妆！女乃大来就叫扛哎娘呀！

爹娘扶起女儿站起递给脚跪头红包。接着姐妹将新娘牵到外舅面前跪，要外舅背外甥女上轿。新娘以歌代哭：

外舅啊！外舅！爹娘留我压楼栋，舅啊舅！

你心乖埋心乖粗，今日一定要你送我去哎！外舅！

临行前，新娘还要溜箸、分风水、吃姐妹饭。在厅堂中央，米箩装上半箩米，点上七星灯，放上尺、镜子。新娘拜过香火，姐嫂就在新娘身后把两把筷子递上去，新娘需用双手交叉接过，举到肩膀后一丢，意为与兄嫂分家了。接着在地上放一碗清水，新娘用脚轻轻一绊，将水倒去一半留一半，意为借娘家风水去夫家。姐嫂还会端上“姐妹饭”让新娘含一口，意为不要忘记爹娘的养育恩情。然后，外舅将新娘背到轿门外，站在米斗、米筛上，钱串衔嘴吐给兄弟接去，然后坐入轿内。轿夫把轿抬起，花轿在院内前进三步，又后退二步，新娘在一步一哭声中，依依不舍地离开娘家，前往夫家。

新娘子要在天亮前赶到夫家，出门后不准回头看，意为回头看了要走回头路，夫妻不长久。如果有两个新娘子同一天出嫁，同走一条路或同走其中一段路，在这种特殊情况下，一般都事先协商好，让路远的先走，以免发生抢先的情况。后走的新娘子就得有一头角系红布、插着红花的黄牛在前面踏路，意为牛踏过的路又是新路。

新娘子到夫家大门，放鞭炮迎接。新娘在赤娘陪同下来到中堂（正厅），赤娘将灯笼送到祖宗香案左右，再带新娘子到香案前经过，到厨房灶前坐一会儿，等祖宗香案摆好祭品，新郎新娘子进行拜堂。先向天地拜三拜，再向祖宗拜三拜。拜堂完毕，夫妻双双入洞房，坐在床前，厨师端来一桌点心，放在床前的桌子上。赤娘、送新娘子来的小舅子、村上父母双全的小男孩小女孩凑齐一桌，夫妻开排坐在床边同吃，吃罢开始自由活动。

婚礼当天，男方置办迎亲酒招待亲朋好友、乡亲邻里。迎亲酒和女方出嫁酒基本相同，但更为隆重和热烈一些。婚礼现场洋溢着歌声笑语，胜似山歌的海洋。

第七天，新郎新娘去认亲与回门，俗称做头客。办一担礼品分给岳父家亲房，一家一份。岳父叔伯请新郎新娘吃酒。回家后，夫妻双双开始生产劳动。也有第二年春节去做新客的。

（文：雷朝兴　蓝晓波）

洞头花岗村

花岗村婚嫁习俗

花岗村位于洞头县元觉街道东部，由花岗岛、金笠屿、孤岛等岛屿组成，村庄建筑以石头房屋为主，错落有致，古朴大方，具有浓厚海岛渔村的气息。“男大当婚，女大当嫁。”花岗村的婚嫁习俗，颇具地方特色。

首先是“合婚”。

20世纪50年代及以前，家里有男孩子长到婚娶的年龄时，这家大人总要请人帮儿子做媒，找一个门当户对的媳妇，俗称“做亲”。媒人物色好对象后，把各方面的条件向对方作介绍，征得双方基本满意后，还要将双方的生辰八字（庚贴）拿来，请道士（俗称“司公”）合婚，卜算是否会命运相克。如果不会命运相克，就把双方的婚姻关系确定下来；倘若命运相克，则作罢。后来随着青年男女自由恋爱增多，合婚的仪式越来越少了。

合婚后，还要举行行聘（俗称“送定”），即定婚。

行聘就是男方家择吉日给女方家送聘礼——通过媒人传递。聘礼大多是糖果糕饼、呢绒衣料、金银首饰等，也有送现金的，送的数量不等。过去富者行聘，送金银首饰，且相互间攀比数量以炫耀自己；而穷者行聘，扯上几尺布也就过得去了。20世纪60年代与70年代中前期，送现金的较普遍，有62元、82元、102元、120元者不等，取偶数和出头以图吉利。但也有许多自由恋爱的男女青年，移风易俗，只分送点糖果糕饼与亲朋同事，即宣告婚姻关系确定。

择定行聘吉日的这天，媒人受男方委托，把聘礼送到女方家。女方家接待媒人，收下聘礼后，要给媒人送红包（钱）或礼物表示谢意，还要烧点心请媒人吃。送走媒人后，女方家用聘礼中的糖果糕饼祭拜神祖，祈求保佑这门亲事确定后婚姻美满幸福。媒人返回后，男方家也要给媒人送红包或礼物表示谢意。

订婚后，未婚女婿第一次上丈母娘家，称“做新女婿”，要带“纸蓬包”（礼物）作为见面礼。丈母娘则要烧“红枣茶”（鸡蛋和红枣烧成甜食）给新女婿吃。行聘（订婚）以后，操闽南语方言者有送节的习惯，即在主要的岁时节令——清明、端午、中秋、冬至、除夕来临前，男方给女方家送节日贺礼。所送的礼品大多为食物，有鱼、肉、糯米、年糕、面条、粉丝、酒、食糖等。

当男方准备结婚（俗称“娶亲”）时，要跟女方协商，征得同意，然后确定具体的结婚日期。日期由男方请“司公”（道士）卜算，择定之后，男方托媒人转告女方家，称为“送日”，使之明确，以便对终身大事做充分准备。

送彩礼，俗称“挑盘”。在结婚前若干天内举行。所送彩礼主要是猪肉、糖果糕饼和线面等。20 世纪 50 年代及以前，彩礼多用竹盘盛放，装成一担一担，故俗称“盘担”。男方把这些“盘担”挑到女方家去，俗称“挑盘”。每一“盘担”上面都要扎上红布或贴红纸，以示吉利。送彩礼的一路上要燃放鞭炮，女方家要接待送彩礼的人，除烧点心还要送红包。

女方家对送的彩礼不能全部收下，而是每种礼物都要留下少许，和嫁妆一起让送彩礼的人们带回去。主家具如床、大橱、柜等都是男方准备的，女方嫁妆一般是棉被、水桶、脚桶、碗筷等；枕头和灯（2 盏）是必不可少的。枕头——表示夫妻俩同床共枕，恩爱幸福；灯——取其谐音“丁”，表示早生贵子，人丁兴旺。也有送梳妆台等，20 世纪 60 年代始有人送缝纫机作嫁妆；70 年代后期发展到送电视机、洗衣机、收录机、电冰箱、自行车等作为嫁妆的。

结婚的前两、三天，男方家要烧些汤圆分送邻居，每家一碗。汤圆要用食物颜料染红，象征着婚事红火，亦表示与邻同喜。邻居收下汤圆后，大多在空碗内放 2 个鸡蛋表示回敬。

结婚前夕，家庭经济条件好或讲究信仰仪式的男方，要举行祭敬活动，即祭拜神祖，保佑儿子结婚成家后，美满幸福，早生贵子，百世其昌。祭敬，要用全猪、全羊和米面、水果等；要请道士（司公）来祝福，道士亦歌亦舞，唱着祝辞；要焚烧香烛，燃放鞭炮。

结婚的前一天，准新娘要“摘脸”，即修容，去掉脸上汗毛。开脸往往要请一位比较有福分的大嫂来做，是用线绞摘汗毛。开脸后，扑上香粉。现在姑娘结婚时也有美容，形式大不相同，传统形式的开脸已很罕见。

结婚前，男方家有请亲友邻舍中福命较好的长辈替其“安床”的，即布置洞房张放喜床时，在四个床脚各垫上一枚铜钱，并默默地祈祷，祝新婚夫妻百年和好，子孙满堂。

出嫁的这一天凌晨，新娘要梳头打扮。原来都是打辫子的，是日始改为在脑后盘发髻，用丝线网兜罩着，再插上一双金钗或银钗，俗称“束头”。20世纪50年代以来，姑娘结婚扎发髻者越来越少，至今基本上都不盘发髻。

出嫁当天早上，父母亲要烧“肉骨饭”给当新娘的女儿吃，既祝福女儿出嫁后夫妻恩爱，情同骨肉，又希望女儿出嫁后，以“肉白骨”的精神创建家业。

结婚当天，由男家请几个年轻、标致的姑娘媳妇做“伴姑”，来接新娘；同时要请一个男孩（十二三岁）挑着一对大红灯笼同行。男家挑的称“大灯”。男家来接后，等时辰到（海水涨潮后），送新娘出嫁。

送新娘出嫁时，由原来帮新娘梳头打扮者给新娘盖上红头巾，俗称“头红”，然后牵着新娘的手送她上轿。新娘上轿坐定后，牵新娘上轿者把一个盘子递给新娘，让她托着。盘上盛着糖果。送新娘出嫁，娘家也请一个男孩挑着一对大红灯笼在队伍后面送行。女方家挑的称“纱灯”。1930年以前，姑娘结婚出嫁时绝大多数是坐轿的，洞头解放（1952年）后，姑娘出嫁就大多不坐轿了，现改坐车子者居多。

男方会请来较有福分的大嫂，俗称“牵新娘者”，请新娘下轿，引其入内。新娘进门后，首先要跨过事先预备好的火炉（燃着炭火）和扫帚。接着，拜堂成亲，送入洞房。

结婚的这天中午，要新房里摆一桌酒席，俗称“请伴房”，入席的对象是新郎、新娘、媒人、伴姑等。现在逐渐变为结婚当天将“请伴房”和请亲戚同时进行。亲朋有闹新娘的，一般从菜上到一半时开始。这时上的一道菜是毛芋，“芋”在闽南方言中与“闹”谐音，故上毛芋时，表示开始闹新娘，后来毛芋被“方肉”（即整块红烧的肉）取代了。

结婚的第二天早上，新媳妇要向公婆敬茶。公婆喝了茶后，要给新媳妇压“红包”，表示对新媳妇孝顺的回报。

结婚后14天，新郎陪新娘回娘家。新郎婚后第一次见岳父、岳母要带“纸蓬包”，即礼品——红枣、桂圆、荔枝等，用草纸包装，上贴红纸。“纸蓬包”的数量根据岳父家的本家近邻而定。新娘第一次回娘家要提“红桶”孝敬父母。所谓“红桶”，就用大鱼大肉烧成的食物，盛在小的红漆木桶里，故称。到娘家后，新娘把“红桶”敬奉父母；新郎把“红蓬包”分送给岳父的本家和近邻，表示相互认识，开始往来，多加关照。本家和邻居收下“纸蓬包”后，要烧点心给新郎吃，一般是鸡蛋加红枣，俗称“红枣茶”。新郎吃了“红枣茶”后，退回空碗时，要在碗内压“红包”(少量零钱)。“红枣茶”不一定都吃；但退碗时都要压“红包”。这天中午，岳父宴请新姑爷，请新娘的姑姑、姑父、阿姨、姨丈、姐夫等作陪，也是让他们与新姑爷相互见面认识。新娘回娘家后大多当天返回婆家，亦有新郎陪新娘在娘家住一天再回的。新娘返回婆家时，娘家要做“红圆”给女儿带回去分送婆家亲戚邻居。20 世纪 60 年代始，有用其他糕饼、罐头食品替代“红圆”的。至回娘家结束，完整的婚嫁过程之礼仪便告完成。

（文：杨志林　苏娅）

景宁金垟村

畲寨婚俗有情趣

金垟村位于距景宁县城 7 公里的澄照乡。宋淳祐年间（1241—1252），浙江畲族蓝姓始祖蓝敬泉支族由福建罗源迁徙至金垟驮磨庵，自此金垟村成了景宁畲民的聚居地和蓝姓畲民入浙的最早发祥地。因当年垦地掘得黄金数斤，故取名金垟。

古老神奇的畲寨金垟村，自有着灿烂的畲族文化。带有宗教色彩、古朴、极富浓郁风情的畲族婚嫁习俗便是其中一瑰宝。每逢周末或节假日，一群穿红着绿、敲锣打鼓的迎亲队伍穿梭其间，向世人演绎着最具特色、最富情趣的民俗活动。

畲族婚俗实行一夫一妻制，初时实行族内远房成婚，对歌找恋人，自许终身，后来逐渐演变为经媒人介绍，双方同意后聘礼成婚。嫁妆是以犁、耙、锄、棕衣等劳动工具和木制家具为主，用稻、麦、豆、花生等种子作伴嫁，寓意落脚生根、开花结果。婚嫁仪式有拦路、举礼、喝宝塔茶、脱草鞋、借镬、杀鸡、撬蛙、对歌、对盏、留箸、留风水、行嫁、拜堂、传代、回门等礼仪环节。其中拦路对歌、借镬杀鸡等仪式极具趣味、富有特色。

结婚这天，迎亲队伍到女方大门时，有一个热闹的场面叫“拦路”，也叫“拦门”。意在让迎新队伍多放鞭炮、多递小红包，增添喜庆气氛。媒人放三只双响鞭炮，报讯迎亲队伍来到，女方也随即放两只鞭炮接应，表示做好迎接。女方阿姨舅姆姑嫂们拿着杉枝拦在门外不让进，既要求对方多放鞭炮，又要求对歌，考验迎亲队伍的应对水平。亲家伯赤郎作出回应，唱拦路歌：

山顶有花山脚香，
桥底有水桥面凉，
今来你寨迎凤凰哩，
为何杉枝把路拦？

并用右手折下杉枝三枝抛路边，再折一枝抛路下，递给“接礼包”，姨姆姑嫂接过红包拿掉杉枝放行。此时鼓乐鞭炮齐鸣，喜迎迎亲队伍入门。礼物收后，给迎亲队伍每人一碗肉丝面，吃后，脱草鞋，洗脚，换上新鞋，叫做“脱鞋礼”。

接着，迎亲队伍进到新娘家中堂举行“捉田螺”仪式，表达彼此间的感激之情。此时，在家族中比较有威望的女方、男方长辈排成两行，每两人一对，相互作揖，作揖时为了表示对对方的尊重和敬意，力求手掌碰地，这姿势就像在田间捉田螺，所以也叫“捉田螺”仪式。

婚宴的晚餐由男方来宴请女方客人，感谢他们对新娘的养育之恩，叫“请大酒”。男方必须向女方借炊具才能完成办酒席，这就是诙谐有趣的“借镬”仪式。

“借镬”时，中堂祖宗香案点燃香烛，赤郎来到灶前，阿姨舅姆端来一面盛有一块猪肉、两块豆腐、香烛俱全的米筛，向赤郎作个揖，赤郎接过并作回揖，再向灶神作揖，将米筛放在灶台上，唱山歌以示对女方家乡美景的赞美：

今日来到太公乡，
太公住的好寮场；
门前麒麟对狮子，
寮后金鸡对凤凰；
龙马相会在寮场，
观音坐落在中央；
金字寮门八字开；
郎儿借锅上门来。

姑嫂们把能藏的炊具都藏起来，赤郎念“借镬”词，念一样给拿一样，如有遗漏未念到的，就不拿出来，也不告诉还有什么，而要赤郎重新“借”全部的东西。“谜语”词是按炊具形象由赤郎顺口编的，如：

四四方方一堵墙（灶台）
中央开个大龙潭（铁锅）
铜镜双双对月光（锅盖）
三足落地火焰山（风炉）
二耳朝天喜洋洋（二耳锅）
青龙引泉茗茶香（茶壶）

仙女点香来洗坛（竹刷）
鲤鱼扳白凑成双（菜刀）
凤凰穿腰五味香（锅锹）
四方落木四角方（切菜板）
黄龙找水东海上（水桶）
……

念完“借镬”词，“借”齐炊具后，由赤郎执刀杀鸡。杀鸡时，地上摆着碗，如果有血滴到地上，就要罚酒，一滴罚一碗。爱耍的赤娘们会乘机故意推搡，使鸡血滴到碗外，罚赤郎喝酒。甚至把锅灰抹到他脸上去，以此嬉耍热闹。借镬过程充满着欢乐和情趣，是畲族婚礼独特的习俗。

为什么要借镬呢？其来历很早。传说畲族始祖三公主那人才出众、聪明伶俐的女儿蓝爱莲与钟智深结婚。因担心钟智深是外族异姓，不懂畲家习俗，当他备酒前来迎亲时，蓝爱莲就趁机试探下钟智深的才能，看他是否懂得畲家的礼俗和人情世故。于是蓝爱莲只用酒款待，席上不陈一物，必等钟一一指名而歌。钟智深见此情景，亦即一一以歌回答，有一物即吟一物。蓝爱莲和之，其物即应声而出。二人对答如流，长辈和众人听之无不称赞和佩服。从此，其仪式一直在畲寨广泛流传。后来演变为在灶房中举行，由赤郎代替。

晚餐由“亲家”主位，请女方贵宾如舅公、舅舅等坐中堂首席。开宴时有举盘劝酒的礼仪活动，新嫁女表达对长辈自己的养育之恩的感激，长辈则对新嫁女表示由衷的祝福。新嫁女手托木盘或米筛，上面放着一双银质手镯，一只九连环银质戒指，点一对红蜡烛，放三只酒杯，由陪伴的赤娘逐桌唱劝酒歌。歌毕，每人都给一个红包，畲语叫“撬蛙”。宴后是热闹风趣的对歌活动，赤郎赤娘彼此赛“肚才”，唱的有度亲歌、嫁女歌、点心歌、盘古歌、对成双、恩爱夫妻唱春耕等，给婚礼增添了喜庆气氛和无限的情趣。

长夜对歌，天将分晓时唱“催亲歌”：“鸡啼报晓天将亮，奉劝主家扮新娘，丑时上路慢慢走，卯时夫妻好拜堂。”歌华，新娘亦打扮完毕，对歌就此结束。

接着就“别亲上轿”，有“溜筷子”和“衔千金饭”仪式。随着三响鞭炮齐鸣，中堂方桌上摆上供奉祖先的祭品，有全鸡一只、猪肉一块、豆腐一块、三杯茶、三杯酒，俗称“三牲一付”（祭祀或拜神用的祭品称呼，“一付”是数量词)，后面摆一大碗饭。新娘父母家有几个人就拿出几双筷子，分成两把，放饭碗后面。请本族一老人讲祝福语，大致意思是某某嫁到什么地方去成家立业，要祖宗神灵保佑她平安无事。新娘由哥或弟抱至中堂，站在凳上，开始“溜筷子”：新娘双手拿起放在桌子的两把筷子，交叉递给站在后面的哥或弟，哥或弟又将筷子从新娘腋下放回原来的位置上，连续进行三次，“溜筷子”结束。接着“衔千金饭”，新娘开口叫声“爸，妈”，接着说：“我离开你们身边，落人家去了（出嫁之意)。”这时新娘热泪盈眶，低下头衔起三口饭，吐在事先准备好的摊在桌子上的手绢里，由哥哥或弟弟包扎好，放进新娘的衣袋，有“带来娘家饭，养大夫家猪，年年兆丰年”的寓意。事后新娘接伞遮头动身起步。到了中堂要进二步、退三步，畲语叫“留风水”。然后“传代（袋）”出门。这时大小鞭炮齐响，“踏路牛”（角系红布、头顶红花的陪嫁牛）在前头开路，新娘上轿行嫁。婚后第三天，新郎置办一担礼物陪新娘回娘家，俗称“回门”。

传统的畲族婚嫁习俗是畲族文化的经典之作，被列入国家级非物质文化遗产名录，如今在现实生活中已不采用，但经过提炼、创新和加工，删繁就简，应用于畲乡旅游开发项目，成为一大亮点，在封金山、大均等风景区上演，吸引着大批游客前来欣赏和体验。

（文：任惜春）

遂昌奕山村

奕山习俗重生育

遂昌县湖山乡奕山村的朱姓是当地的大姓。朱姓人秉承耕读为本，礼仪传家的家风，明清以来人才辈出，村容规模不断扩大，崇礼向善蔚然成风。忠贞、孝悌、诚信、勤俭的族规家风与人们在生活中积累和总结经验结合，形成了系统的具有当地特色人生礼俗，包含了丰富的民俗文化。本文择其生育习俗介绍如下。

生儿育女是人生的大事。传宗接代、养儿防老是民间传统的生育观念。“不孝有三，无后为大”的思想在民间有较大的影响。多子多福，早生儿早享福，重男轻女的思想在过去的农村普遍存在。

求子

过去，人家里想生儿子，会去求神拜佛。多数人去拜观音娘娘，盖因观音送子的观念在民间有较深的影响。有的人到夫人庙拜夫人，有的许愿写缘，保佑家里生儿子。等到家里生了儿子，三朝后，家人要准备三牲香纸，到佛殿去还愿，谢老佛。

有的人为了生孩子，想方设法请先生给开药吃。有的人结婚后多年无子，就到别人家去带个小孩来，俗称“叠踏步”，踏步脚叠牢了，以后自己就会生小孩。有的人家前几个都生女儿，盼望生个儿子，就将女儿取名“招弟”等带“招”字的名。

民间有新母鸡蛋给小姑娘吃的习俗。新养的母鸡生的第一个鸡蛋，蛋壳上还带有血丝。传说，新母鸡生的第一个蛋给小姑娘吃了，姑娘嫁人后，就像母鸡娘一样，一个一个连着生儿子。

保育

女人怀孕为有喜，俗称“有了”。怀孕的妇女称“带身”的人。

女人怀孕后，有的人会喜欢吃酸的东西，有的人会有呕吐等反应，民间习惯称其为“病儿”。一般的人呕吐反应一段时间后就好了，有的人呕吐较为严重，就要请医生诊治。

怀孕后，要吃安胎茶保养。怀孕前三个月，孕妇行动要小心，手不能伸高，不能做重活，防止胎掉了。五个月后，怀胎较为稳定，干活无要求，一般的活都可以做。过去人们都很苦，怀孕后什么事仍都得做。到了八九个月，孕妇要多活动，多干活，临产时会好产一些。

怀孕的人坐的姿势要端正，屁股不能后垂，否则胎位会不好。

饮食方面，怀孕前几个月，营养要好。七八个月后，要控制营养，防止胎儿生长过大导致难产。怀孕时要多吃猪肚，说吃了猪肚肚皮松些，生产时更顺利。

民间有看肚子知男女的说法，怀孕七八个月时，肚子尖是男孩，肚子圆是女儿。

催生

孕妇到产期未生，娘家要做“催生饭”，送一碗饭，饭内两个鸡蛋，一个整个的，一个剖开的。有的人娘家无人，会请邻居代送。孕妇临产前腹痛时，煎金珠莲（草药）给孕妇喝，俗称“催生茶”。

做产

临产前，房间内要安“夫人”神位，备一碗米，上插三支香，放一个鸡蛋。鸡蛋大头朝下，表示出生时小孩头朝下。小孩生下后，把碗内的蛋大头朝上摆，表示小孩出生后顺头顺脑。夫人神位安在房间里摆三日，三日后在厅堂点香灯，摆茶酒，把那碗米拿到天空下谢夫人。

产房有血房的讲法，一般人都不好进血房，男人更不能进血房。产妇临产时要少让人知道，说知道的人多了，产妇不好产。传说加一个人知道，做产会加一个时辰。产床内只产妇、母亲和接生娘等几个人。

小孩生出后，接生娘将肚脐带剪断，用温开水洗清小孩身上的血污，帮小孩穿上衣裙。穿和尚衣时，在小孩左右胳膊处要用红头绳扎起，以防小孩的手从袖中抽出。左右衿布带从两侧到背后绕至胸前打结，穿着结实，保暖。在小孩的腹部缚一根布条，俗称“缚腹带”，用于扎尿片。布裙系在小孩腰部，两边向里包裹，下截多余部分向上折，包紧小孩脚，以便保暖。俗话说“冻头莫冻脚”，脚部保暖对小孩尤为重要。

小孩出生后，要泡黄连汤给孩子喝，有祛火、消毒作用。再泡甘草汤给孩子喝，有祛痰解毒作用。黄连味苦，甘草味甜，给小孩吃了寓意先苦后甜。有的会先喝黄连汤后再给小孩吃奶，也含有先苦后甜之意。

地方习俗小孩出生后都穿和尚衣。民间传说，和尚是出家人，王法管不着，不纳皇粮，不派差役。小孩穿和尚衣，胆子大些，无忧无虑，健康长大。

胞衣

小孩出生后，接生娘要检查胞衣是否完整，检查无误后，将胞衣、血包拿到外面处理。有的地方把胞衣埋到棕树底下，意喻传宗接代，有的人把胞衣埋到种有葱的地里，期盼小孩子聪明一些。

胞衣药名叫“紫河车”，可治痨伤和虚弱等症。过去，胞衣都不肯给人拿去吃，都说吃胞衣是罪孽的。也有说胞衣给人拿去吃了，小孩不好带。

做生母

女人生小孩叫“做生母”，生产后称“生母娘”。生母娘产后要穿暖，防止受冷。月内要少讲话，传说产后百骨都开了，多讲话会受风寒。产妇要多卧，少坐，少活动，多坐了会腰痛。不能哭，月内哭了，以后眼睛会经常流泪。不能吃酸，酸的吃了以后牙会浮。总之，若产妇月内得了病，以后都很难医。

产妇产后要多吃红糖，补血。一般吃红糖煮煎蛋，加姜，吃了这些，对产妇身体好。甜酒、鱼、猪脚汤，吃了奶水足些。当地有“生母菜”，如春风豆干、豇豆干、捞汤菜等干菜，专门备好给产妇吃。要少吃水菜，水菜太寒，对产妇不利，而且会过奶影响婴儿。半个月内不能吃荤油，荤油吃了会“油奶”，即无奶。

产妇产后，一般要禁水四五十日。漱洗都用开水。禁好了，对妇女一生都有好处。产妇月内一般不洗牙齿，说洗了对牙齿不好，多用纱布蘸开水擦牙齿。

如在夏天生产，要用蒲扇扇凉，传说蒲扇是《白蛇传》中白娘子蒲出来的，扇了不怕风。不能用其他扇，如用其他扇，生母娘会受风。

报生

婴儿出生后，其生父要到岳母家报生。报生时带红糖酒、熟鸡蛋、麻糍等。酒壶盖上贴圆形或方形的红纸，圆的表示生男，方的表示生女。岳母家人提着酒壶，拿着鸡蛋、麻糍分给邻里亲友，一般一小杯酒，四个鸡蛋，四块麻糍。吃过酒，分到鸡蛋、麻糍的人要准备送生母。送生母一般都送鸡、蛋、生母菜、衣裳等。送生母的蛋一般送九个，取“九”字吉利。

取名

小孩取名遵祠堂排行命名，一般由自家父母和长辈商议取名。有的人家小孩不好带，就要到老佛那里去请老佛给小孩取名字，把事先选好想用的几个名字，到老佛前点香烛，准铰杯，准着升铰，就用那个名字。

三朝

小孩出生第三日称“三朝”。三朝内，有客人到家来，主人家都要送上一杯砂糖酒，俗称“香嘴”。

三朝日，要给小孩洗浴，俗称“洗三朝”。用柏、油麻壳、菖蒲、艾叶等煎汤，称“百草汤”，在房内给小孩洗浴。洗三朝要洗干净，传说三朝洗干净了小孩长大后皮肤好些。如腋下没洗干净，小孩长大后会狐臭；手脚没洗干净，长大后手脚会皲裂。

浴洗好后，给小孩穿好和尚衣，用红头绳缚小孩两胳膊，连到胸前，当中结一只戒指，俗称“缚手骨”。传说小孩缚了手，长大手不会搔。如缚的时间过长，长大后做事手脚慢。

接生娘用鸡子在小孩头上滚几下，表示小孩头圆些；用石玄壳在小孩头上滚几下，表示小孩头硬些；用绿葱在小孩头上摸几下，表示小孩长大后聪明些。之后，接生娘抱小孩拉屎，口中念：“你很听话的，一日三次尿，三日一次屎。”祝小孩清爽些。

三朝日，宴请送了生母的亲友，俗称“做三朝”。席上必上一盘鸡子，俗称“剥子”。桌上一般每人二个鸡子。每碗要多一个鸡子，余下来。

禁忌

婴儿在月内，不抱出外，以防小孩受冻伤风。

婴儿睡着时，自己会笑、会哭、会讲，传说是夫人娘娘教小孩笑、哭、讲。大人看了，不能说，不能叫。如果说了，小孩会受到惊吓。小孩晚上好睡，小孩好带、漂亮，大人都不能说，说了会变。

另外，还有剃满月头、剪指甲、开荤、百家包、认亲爹、认亲娘、认樟树娘、认石玄壳娘等习俗。

（文：罗兆荣）

三门梅坑胡村

梅坑胡丧葬习俗

亭旁镇梅坑胡村位于三门县城西南14公里。村前的溪坑边，早年梅树很多，村民姓胡，故名梅坑胡。整个村庄群山环绕，村前后各有一条溪水缠绕。相传，梅坑在很久以前居住着陶、陈、张和王等姓，在漫长的历史变迁中，他们都先后衰败，散迁他乡，唯胡氏独兴。

梅坑胡村在漫长的历史发展长河中，胡氏祖先留下了具有地方特色的风俗习惯，特别是丧葬习俗，保留着较为完整的原始信仰和地域特色。透过这些传统习俗，我们可以领略古代民间“重死轻生，厚葬薄养”，致有“生时不孝顺，死后哄鬼神”之谚。

梅坑村丧葬习俗涵盖了儒、道、佛三家的思想理念，是胡氏族人在不断繁衍生息中，逐渐形成的生者对逝者的悼念，希望逝者在阴间生活如意美满。时至今日，虽然丧葬品准备及丧葬程序不断简化，但是梅坑村丧葬习俗的主要内容并没有太大变化。

在梅坑，谁家有长辈去世，按出殡日期，设置灵堂，事先准备祭品，祭拜长辈。

做坟　过去，依梅坑村习俗，人去世要寄放在野外三年，才能做坟下葬。后来此习俗不再沿用，但人去世或做生坟，都要请风水先生相好墓穴，择好日子，选一吉时，上山请过山神土地等方可动土或棺材下葬，至于坟墓结构，因贫富而殊异。

送终　长辈临去世时，召集子女眷属，到床前看望守护，子女手捏香，焚化千张，直至长辈断气，称“送终”。

离床　老人去世后，由媳妇或抬棺材的人，替死者沐浴洁身，梳头更衣，将尸体移至中堂，男居左，女居右，脚朝外，点上清油灯，昼夜不熄，称“脚头灯”。旁放一张卷好的新蒿席，周围遮以竹箪，摆上麦饼、豆腐、猪肉等供品和三盘福礼，焚化千张、九龙会等，并将死者睡过的草席拿到村头路口焚化。

守夜 老人去世，尸体摆在中堂，亲人昼夜轮流看守。一则以示对死者行孝之礼仪；二则以防动物来偷食。

报丧 也叫“报信”。人去世后，主家择好出丧日期，派男性亲属或朋友，头戴白帽，不论晴雨，手倒挟一把雨伞，亲戚见状便知。报丧者到客人家，雨伞钩要朝上，点心要备两碗，一碗给报丧者吃，另一碗给亡灵吃。报丧者回家，亲戚要哭送，鸣炮或撒碎碗。出嫁女儿接到噩耗后，路近的要立即回娘家奔丧，边走边“哭丧”，路远的则在村口开始“哭丧”。近房亲属皆发白帽，谓之“散白”，散到白的要送千张、蜡烛。

入殓 也叫“下棺”。择日定时，拈香秉烛，摆宴设祭，焚化千张等，称“祭下棺”。死者口里塞入一枚铜钱或金、银、珠、玉，称“含口宝”。棺材底部放垫草席、被褥，然后将死者移入棺材内，子女眷属跪拜号哭，并将死者的床板与凳子放到路边，让露水或雨水淋洗去污。

守灵 设孝堂，孝子侍守棺旁，儿媳亲属转坐左右，致哀。近亲远戚前来吊孝，孝子跪迎，媳妇号哭。这种哀举一般宾至则哭，宾去则止。

拜经 人去世后，丧家要在出殡头夜，请当地僧尼到家奉佛设供宣经礼忏，超度亡灵，以报父母养育之恩，称“拜经”或叫“拜板头忏”。拜经有六人参加为半堂，十二人为全堂。主要内容有启钵献斋、串八字叭佛阵、晚堂课诵、蒙山施食、拜诵壬申开路宝忏（男拜冥府阎王大忏，女拜慈悲血盆宝忏）等，直至天亮。

封棺 死者穿着的衣裳和眷属、亲友送来的“寿被”要报衣裳帐和寿被帐，死者从头到脚穿着什么颜色及所陪葬的物品一一报清。揭开盖被让子女看最后一面，先垫女儿面肉被，娘家被、媳妇被、客被依次盖上，再放入日常用品等，然后盖棺封钉。钉棺材时，子女媳妇等抚棺板边哭泣边呼号：“留丁留财”“丁财两旺”。抬棺材的人在封棺盖被时，要讲好话，儿媳等要赏给红包。

吊孝 出丧这天，在孝堂前立灵位，设祭礼，奏哀乐，由当地先生主持祭礼，称“喝礼”。子女媳妇等在幕后穿好麻布孝衣，戴麻布孝头须。孝子戴“三梁冠”，穿草鞋，执孝竹棒，腰系稻草绳。吊孝开始，由先生边念祭语边传食祭品，意在晚辈敬献给死者食用。孝子跪接祭品，敬献故父（母）之灵前，一件件传食侑食数次，先生宣读祭文，再四叩头敬拜。其他子女手执孝竹棒成横跪拜，传食须三次敬献。女婿戴毛帽着孝衣穿蒲鞋，要三十六拜，并侑食数次，称“做祭”。然而近亲远戚，依次跪拜。

拜毕，先生宣读报单，清理孝堂，才可出殡行丧。

出殡　又称“出丧”。棺材抬出台门外，锯子要在门槛上锯几下，如没有门槛，用一根木头代替，意思是从此阴阳两隔，永不再来。鸣炮起柩，幡幢引路，大锣开道，沿路丢散千张，称“买路钱”。孝子手执孝竹棒，长左次右扶棺而行，媳妇女儿披麻戴孝，一路号哭，亲朋戚眷头戴白帽，孙戴红帽，曾孙戴绿帽，玄孙戴黄帽，列队随后。在行丧途中遇到桥、水沟等，子女要提醒死者小心走好。棺材途经他人门口，他人要倒倚扫把在墙壁上，稻草打个圈，上放粗糠燃烧，意在防止亡灵侵入。

谢哭声　出殡后，要清理孝堂，谢绝哭声，扫除秽气，摆上麦饼、豆腐、猪肉三盘福礼，焚香秉烛拜请天地神灵和四方神祇等，祈求出柩以后，亡灵保佑子孙后代兴隆发达。

安葬　棺至墓地，进圹时，抬棺的人及子女等将三梁冠、孝竹棒、稻草绳、草鞋等放在棺材脚上，然后关圹封土，设供致祭，立牌位，由先生宣读祝文，喝山，儿媳等手牵红被单接子孙米。安葬完毕，去白穿红，手提灯笼，迎回灵牌，到祠堂焚化（过去牌位用木板刻上名讳，供在祠堂），叫“牌位落祠堂”。丧家备筵席留饮，称“落山饭”。晚饭前，孝子要头戴白帽，身穿孝衣，手执火烛，送汤到死者坟前，称“送脚汤”。

做七　人死后，须过三天后才可做七。做七以七不撞七为佳，必要时男撞头女撞脚也可，共七个七。按旧习，设灵座于中堂，立牌位，早中送饭送水，到满七除灵座。做七要请先生、僧人，奉佛设供，诵经礼忏，焚化千张等，叫“笃经”。孝子戴白帽，穿孝衣到死者坟前点上三支清香叫回亡灵回家来受食，称“请灵”。请灵途中不能回头看，不能与他人搭话。送灵时子女等戴白帽，穿孝衣，鸣炮哭送到村外路边，将牌位焚化，称“送灵”。将亡者椅、火笼、桌、锅等物让露水、雨水淋洗去污，称“除灵”。四七为女儿七，要办酒席，叫送葬帮过忙的人来吃。五七为子孙七，要请僧人、道士做法事。

（文：陈建华）

临海张家渡村

张家渡出丧不拣日

张家渡，原名湖阜，地处括苍山主峰北麓，永安溪和方溪的交汇处，宋宝祐年间（1253—1258），黄沙进士张汝楷丁忧后来此隐居，因溪水阻隔，出资筑埠头，购置渡船，以便行人。人们感怀张汝楷的恩德，将此地改名“张家渡”。

自宋宝祐年间开始延续至今，张家渡村有这样一个风俗习惯，就是村民死了不用拣日子出丧。村里有语：“男单女双，死了就扛。”意思是男的死了逢单日出丧，女的死了逢双日出丧，单日、双日都要以阴历为准。

早在宋宝祐年间，张家渡有许、金、李三姓，由于当地土地贫瘠，生产落后，村民过着清贫的生活，不巧一户姓金家里死了顶梁柱，准备请拣日子先生择个好日子，讨个吉利，择日子先生所拣的出葬日子对死者很吉利，但对活着的人不利，需作解法，即要做水陆道场才能出丧。所谓水陆道场，就是请来道士、和尚祭作解法，讲究排场，起码要用4个和尚、4个道士，设坛念佛经超度七七四十九日道场。如此一来，要花费很多钱，本就揭不开锅的金氏如雪上加霜，急得家人哭天喊地，哀悲大哭，在场的人无不为之动情。正当束手无策、走投无路时，忽然来了一位满面红光满头银发，一绺银须长到肚脐，身穿长衫的形象高大的老翁，呈现在众人面前，并说：“男单女双，死了就扛。”当人们未回过神，想仔细看一眼老翁时，人却不见了，邻居都说这一定是个仙人，为你家解难来了，仙人所讲的日子一定是好日子，百无禁忌。这户人家就按仙人说法出了丧。后来村民们回忆，此人好像面熟，最后都说像是下街土地庙里的土地公显灵，从今往后，按老人的说法，男人死了，逢阴历一三五……单日出殡，女的按二四六……双日出殡。

话说回来，土地公是怎么回事？张汝楷（1195—1269），字俞仲，号竹屋，原籍黄河双娄人，1241 年考进士第，先后做过宋学博士，于

1253—1258年间，丁忧还乡，看到张家渡三面环水，为方便乡民隔江过河，选择风景秀丽的岩下山脚，自己出资，建竹屋三间，庭院如一朵绽放梅花，并造渡船，为百姓义渡。张汝楷去世后，张家渡村民为纪念他把原湖阜改成张家渡，并在下街用毛竹建了一座土地庙，把张汝楷夫妇称作土地公土地婆。张汝楷活着全心全意为民做好事，死后照样不忘张家渡人民，为人民排忧解难，变作仙人下凡，不拣日子出丧的习俗代代相传。

基本流程如下：

1. 人亡故后，亲人为其洗浴、剃头（女的梳头）、换衣服，富裕人家穿上七套、五套，普通人家里单衫、中夹袄、外棉袄三套新做寿衣，换下来的衣服叫子孙衣，意味着从今往后不愁穿，兄弟各户都要均分。

2. 把死人用板或门，用两条高凳平放在板上，头用稻草捆当枕头，外壁用草席围着，脚穿上定制鞋底有花的寿鞋，点上日夜不灭的灯叫脚头灯，这可能意味着到阴间夜里都能看得到（男的扛在堂前右手面，女的在左手面）。

3. 拣日子。把家里人出生年月写出来，拣日子先生拣出对主家人不冲不忌（起码对儿子不冲不忌）的时间、出殡的时辰。拣好出殡时间后叫鼓乐队，亲自到亲戚家报丧。

4. 出丧头一日。中午鼓乐队必须到场，所有亲戚朋友都要来送丧礼，鼓乐见有客人都要敲锣打鼓迎接，主人去门外把客人接进来，先跪下，拜三拜，男的长子陪拜，女的长媳陪拜，并且跪小手面，女的要哭几声，心疼亲人不辞而别；自己有什么不顺心或受打击的苦，向亲人诉说；哭得厉害会兴旺发达。

念夜佛：叫七八个妇女围坐八仙桌，用千张一片片边念边用手传过去，一般从下午3点到晚上12点（富人做道场，叫几个和尚念经）。

布置灵堂：吊孝，表示对死者的哀悼。

5. 出门头夜。午后一两点钟年轻力壮者到墓葬地挖土，平墓基，这叫开金井；先准备一碗面饭，到墓地请山神、土地，再用盐米在墓地上散，边念“卟咄哨，盐米落地，百样无忌，四方大利，主家兴天发地”，随后再挖土平基。

6. 出丧日。亲人请和尚或道士，先用6碗菜食饼筒请死者叫做小修，请后叫讨饭人或扛棺材客倒去。接着做祭，先本家祭，娘家祭，接下囡祭（根据出殡时间，可以并祭，也可借祭）或道士一碗一碗边唱边传给跪拜者。亲人（儿子、女婿等）头戴孝子帽（用麻布做成），身穿孝服，腰系草绳，脚穿蒲，手拿孝棒，手挽抬杠送到墓葬地。儿媳、囡孝服有区别，儿媳裙子系孝服里面，囡系孝服外面（表示囡已出嫁，不是家里人，所以外露，儿媳不露。古人有云，嫁出去的女，泼出去的水）。

哭灵。一般儿媳、囡等在左上角哭灵，寓意兴旺发达。

7. 落材。先准备一包黄蜡，放死者嘴里，叫含口包或黄金包。另一包用少许白银放身上，叫白银包。

棺材：当地都用杉木，12 块，足三寸不等，老者去世用漆红色，年轻的用黑色，二、三十岁的用原色，有句老话叫“做死白着，棺材夹白”。先在棺材底倒上木炭，称“乌金”，摊上草席，垫被，放上尸体后叫亲人都来看，是否已经居中（民间流传说：死人偏右手边爱长子，偏左手边爱小子，当中最好，公平合理）。

盖被：棺材头高喊“高升、发财”等讲好话，目的是向送被的亲人讨要红包。

8. 盖棺。有一枚约 20 厘米长的铁钉，系上苎麻，亲人都朝棺材跪，每人拉一绺苎麻绳，棺材头拿斧头边敲边喊“留丁，留财”，亲人跟着喊“丁要旺财也要，丁财两旺”。

9. 起轿。用麻绳系两头，两边穿上各一根竹杠，两头再穿一根短杠，一般人家用四人抬，有老人家的用八人招，道士念经咒，手摇铜铃，扛到百步把棺材放凳子上，由道士念完再上路。前面唢呐，两个敲 13 响锣（前面 10 响慢敲，后面三响快连敲，两个人敲快慢要一致），后面引路（百步内不鸣锣），两人举帆叫旗牌，由两根带叶子小竹竿，竹脑头吊挂纸剪的胡白花。一个人挑墓地用的纸币，妇女回来换的衣服、鞋及祭品等满满两大筐。带芝麻秆一捆，一碗东邻西舍的面饭要求邻舍帮忙，芝麻捆象征生活越过越好。

10. 路上。鼓乐引路，吹哀乐后鸣锣，轿夫扛一段拄一拄，拄得越多下世占地越多。老话讲“连短柱头屋都没有”，说明穷得可怜。过水坑、转弯都要叫一声，使亡灵记住。儿子、女婿挽棺材杠，叫防材。

账房到百步外发手巾布（土话叫包头白布），剪一块白布戴在头上表示孝敬，儿辈用白，孙辈红，曾孙辈绿色不等，跟在后面送到墓地。

11. 墓地。风水先生按朝向吉利、山形定。先在墓地烧纸，请左邻右舍，两头放一块岩石叫上马石，对准朝山，由儿子鸣锣，顺三圈、倒三圈，再在棺材背盖上稻草，妇女哭娘哭爷后更换衣服，点上灯笼回来，叫转山。

家里由道士念经，牵头一个人手拿扫帚先扫主家，再左邻右舍全部扫，叫扫净，意为整座房子都干净了。

把跪拜过的稻草捆绕百步外路当中，让转山的亲友跨过草灰（表示晦气清除干净），事先点上神香发给他们，让他们到门口插在指定地方。中餐吃面，不喝酒，吃汤饭粥。

送丧者不能留宿，账房先生事先包好礼金，除囡祭以外，其他都送红包，称折白，祭礼担多点被少点，把他们送出门。晚上，主家准备五盘象征性的如红鸡蛋、红花生、糖果、钱币、铁钉等分给大家，表示“利时”；把纸糊的房子、纸箱烧给亡灵。

道士在主家堂前设孝堂，奉牌位，给亡灵做七。“七”就是过七天请道士念经，解关难，连续七次即四十九日，晚辈必在家守孝 49 日，最后满七，叫端灵，牌位放祠堂。其中三七、囡儿七由囡出资做七。

牌位一般高约 30 厘米宽约 15 厘米，插入底座，上出“某×公××之灵位”，两旁书出生年月与亡故日期，中间用另外一块，拔篓插入。较讲究的两旁雕花，中间描金字，比一般高大许多，各种各样，这与当地艺术水平与经济条件有关。

（文：何达舟）

云和黄处村

黄处畲村“拜树亲”

在距云和县城约10公里，安溪畲族乡西北部与雾溪畲族乡坪垟岗村交界处，有一个畲族聚居的村落——黄处村，这里至今还保留着许多古老独特的畲族习俗，成了不可多得的畲族原生态文化展示中心。

黄处村的畲族婚嫁习俗大约分为两个阶段。第一阶段是婚姻前奏曲，主要由说亲、相亲、定亲三个环节组成。畲族说亲环节需媒人三顾女方，前两次是询问女方父母及女孩本人的意思，第三次媒人会把男方家庭及经济状况带给女方，如果没有其他意见，就进入相亲环节，相亲环节男方父母及小伙本人来到女方家中，对心仪女孩的容貌、人品进行探测。当然，女孩也可从中更加直观地了解小伙子的德、勤、貌及才智情况，即男女双方面对面相互了解。如果双方无异议，女方就会与媒人商定日期，由媒人带着女孩到男方家，即畲族所说的“看人家”。看人家后，就进入定亲环节，男方把定钱给女孩，女孩则把亲手织的一条彩带送给男方。交换定情信物后，男方会请风水先生选定一个吉日，男方备好礼物，礼物需要分送给女方至亲长辈各一份。以前男方还要给女方送上年庚八字、婚帖等，畲族人叫送定。第二阶段为婚礼进行曲，即迎娶阶段。这个阶段是畲族婚礼最为热闹的部分，分为拦赤郎、中堂对揖（捡田螺）、借锅、以歌敬酒、夜行嫁五个环节。

黄处村畲族人还有一种古老的“拜树亲”习俗。

梨花盛开的季节，黄处村的千亩梨园漫山飘白、绿叶争翠，绵延数公里。这个时候，村前茂密的风水林里，聚集了数十个村民，放下手中的竹篮，揭开上面的盖布，小心翼翼地把竹篮内的菜肴一一摆放在一棵大樟树下，然后虔诚地跪下，嘴里念念有词。

原来黄处村畲家人正在村前的风水林里举行“拜树亲”活动。

在黄处村，只要谁家里生了孩子，不管男孩还是女孩，家族中的长辈就会给孩子指认一个“亲娘”。这个亲娘不是指某一个人，而是村口那些经历千年的大树（黄处村的村口长有一大片茂盛的风水林）。自古以来，黄处村人认为村口的这些大树经历了无数的风风雨雨，在村民的心目当中早已经成为了护佑一方的树神。村民们都说这些树给居住在这里的人带来好运的大树，庇护了他们的幸福生活。黄处村人畲家人认为“让小孩认树为亲，好生养”，所以，黄处村的畲家人每遇农历有大的庆典之日，家长定会带着小孩前去看望“亲娘”，祭拜树神。

祭拜仪式分为两部分。第一部分是祭拜仪式，以中国农历大的节日最为隆重，多供奉猪头、全鸡、全鸭和肉包子等食物；其他时间祭拜则随意一些，只要点几炷香，祭拜一下即可。第二部分为许心愿的阶段，这也是祭拜树亲活动当中非常重要的一个环节。之前村民许的心愿大多是祈盼孩子好好念书、健康成长之类，随着社会的发展，许的心愿也日渐增多起来。

什么人许什么心愿，可以从树上挂的带子颜色上看得出来。挂彩带子的，基本上是许愿孩子好好念书和工作生活如意类型的；挂绿带子的，则基本上是一些祝愿父母或子女身体安康、生活幸福如意类型的；挂红带子的，则是希望婚姻美满，彩带和绿带子一般不是很长，能系挂就行。红带子则不然，系在树上的红带子都是很长的，有的红带子甚至把整棵树都绕了过来，寓意着爱情长长久远远、婚姻永永久久、家庭美美满满。

“三月三做花枕”也是黄处村畲民的一种有趣风俗。

黄处村周围的山上植被丰茂，树木高大而茂密，山中长着许多知名不知名的花花草草，聪明的畲家人利用大自然馈赠的草本植物，创造了许许多多治病养生的好方法，其中“三月三做花枕”的习俗既有治病之能又具保健养生之效，非常神奇。

三月三的时候山中的花卉品种丰富、制作材料充沛，正是制作花枕的最佳时节。在这个季节，黄处村人往往成群结队到山中采集所需的花儿，然后晒干，再用自己织的土蓝布一针一线地缝制成具有不同功效的花枕。

黄处村制作的花枕大都依据畲医对植物药理的研究原理，其制作的花枕不仅芳香怡人，还蕴含着许许多多的养生和治病的功能，能有效缓解头痛、头晕，具可安神、稳定情绪、舒解郁闷的作用，有着良好的保健、养颜、美容功效。这里的畲家人制作花枕时，会根据自家人的体质和健康情况，选择不同的花卉，制作具有保健养生和治病功能的花枕，从而在睡眠当中起到积极的改善体质作用。

在黄处村这片土地上，还有许许多多神奇的风俗，这些古老的风俗，都深深蕴含着文化的精髓。浪漫的畲族婚嫁习俗、古老的“拜树亲”习俗、神奇的“三月三做花枕”习俗不过是其中三种而已，还有许多风俗有待后人去发掘。

（文：魏建荣）

松阳松庄村

松庄村民俗故事

在距松阳县城东北 15 公里，三都乡政府 7 公里的群山之间，山溪河谷之地，坐落着一个小桥、流水、人家，一如梦中烟雨江南般美丽的村庄——松庄。松庄以宋姓、叶姓为主，又以宋姓为多，古称宋庄，因周边山林多松树，又谐音，故称松庄。

松庄建村于明正德年间（1482—1505），距今已有 500 多年历史，悠久的历史孕育了松庄村独特的风土人情。

大年三十不吃年夜饭吃早饭

中国人过春节，都是在大年三十晚上烧上满满的一桌菜，全家人围在一起热热闹闹吃年夜饭，听着屋外爆竹声声，等待辞旧迎新一刻的到来。而松庄不同，松庄村的村民当然也过大年三十，但他们却不是吃年夜饭，而是吃早饭。大清早起得早早的，烧上满满一桌菜，全家围在一起美美地吃早饭，这就是松庄人过春节的独特传统。

松庄村这个不吃年夜饭吃早饭的习俗最早可以追溯到始祖叶万一。叶万一在松庄造房后，还是给凉连财主当长工，平时都很忙。到了大年三十这一天，就更忙了，要帮财主家做里忙外，等事情都干完，晚上都很晚了，还要从凉连下到松庄陪家人吃年夜饭，家里人怎么等得起呢。这样过了几年后，叶万一想了一个办法，就是早上起得早早的，烧好早饭，全家人聚在一起过大年三十，再去凉连给财主做事，这样就不会让家人等了。

随着叶万一辛勤劳动，不断积累，家业越来越大，虽然后来他不当长工了，但为了让家人铭记自己创业艰难，大年三十仍然是吃早饭，不吃年夜饭。后世叶姓子孙不断繁衍、开枝散叶，为了纪念祖先，牢记祖先创业之辛，也不约而同在大年三十这天吃早饭，不吃年夜饭，并逐渐演变为整个松庄村所有村民的独特风俗。

“上新丁”仪式

松庄村自古远离城镇喧嚣，村内叶、宋两族守望相助，不断通婚，繁衍生息。两族族内团结，成员互相帮助，每代均设有族长一名、理事若干筹谋族中诸般大事，每年中元、上元等农历节气均要隆重举办宗族活动，并沿袭至今，其中尤以小孩“上新丁”仪式最为隆重。

“上新丁”是指在正月初八举行的春节活动。叶氏、宋氏家族每年对家族成员“添丁发甲”名单登记造册，祭告先人，遍告亲朋好友，添丁户要准备茶点供族人分享，吃的人越多所得到的祝福也就越多。松庄人在叶氏祠堂、宋氏祠堂上演“上新丁”。祠堂大门侧墙上红纸黑墨书写着《诚信立世》等警世之语、做人之道，厅堂上摆放着祭品、蜡烛、香火、族谱，平添一种庄重与肃穆。厅堂侧，铺着红绸缎的条桌上摆着新丁登录册，用于记载新丁增添动态。方桌上摆满各家的茶点，开心地接受客人们的祝福。在震天爆竹声中，拉开了“上新丁”活动序幕，村民用一种独特的方言念着“上新丁”祭文，标榜“上新丁”的内涵，传承孝道文化。最后在烟花爆竹声中将整个活动推向高潮。

“上新丁”结束后，小孩姓名录入族谱，正式成为族内一员，传承血脉香火。

龙安新社是松庄村的社殿，逢年过节村民在此开展拜祭活动，祈求社公庇佑国泰民安、五谷丰登。社殿香火旺盛，时间久远，至于究竟源于何时，今已无法考证，只记得与十八罗汉相关。故老相传，从前松庄出过十八罗汉，村口外有一块半亩田的地，现在挖下去还有瓦片，土名叫墙头记，过去就是十八罗汉的房屋。十八罗汉要娶亲，路过雅溪石鼓村，那村有一个陈把司，是京城内的扫地官，不准娶亲的轿子抬着通过，要新娘下轿走路通过。十八罗汉兄弟们听着十分恼火，但没办法，就到荒田凉亭的山坳里挖地，今天挖好明天又恢复回去，如此折腾土地公，让土地社公给他们想办法。连挖了三四天，真个把土地社公辛苦得不得了，于是社公就托梦给十八罗汉兄弟，告诉他们用白狗血和铜钱埋到陈把司家的地里去，他们就按照土地公讲的去做，果真把陈家龙脉挖断了，后来陈把司削职回家，十八罗汉顺利娶回了媳妇。从那以后，十八罗汉为土地公盖社庙，香火供奉。后被他们的后辈取名龙安新社，至今松庄人仍感怀社公，龙安新社愈加香火旺盛，并沿袭至今。

松庄人视建房为三件大事之一，与婚嫁、生子并列。建房有诸多讲究，其中动土仪式和结顶上梁仪式最为隆重。

在房子动土开建前，必须找算命先生挑一个黄道吉日，算命先生根据房子主人生辰八字相合情况，选定日期、时辰，主人在这个特定时辰内用锄头挖第一块土，然后放鞭炮庆祝，其他施工人员才可以正式施工。如此，则寓意着房子盖得顺利。

上梁时有出煞、放爆竹、给主梁挂红绸、抢馒头、摆放千年运、万年青等，寓意“福、禄、寿、喜，千年好运，万古长青”。

（文：黄夏芳）

第四章　祭祀礼仪

磐安榉溪村

南宗“祭孔”看榉溪

磐安县榉溪村位于盘峰乡西部，历史悠久，人杰地灵，是“孔氏婺州南宗”所在地，也是孔氏婺州南宗的文化活动中心。

“孔氏婺州南宗”和“孔氏衢州南宗”是中国南方最重要的两个孔氏宗支，《孔氏宗谱》里将其与山东曲阜“孔氏北宗”并称为“三宗鼎列”。“孔氏婺州南宗”的祖先是孔子第48代孙孔端躬，现今榉溪村的孔氏家庙便是“婺州南宗祭孔典礼”的传承地。

孔端躬（？—1138），字子敬，原籍山东曲阜厥里，自幼勤奋好学，长大后考中进士。宋宣和三年（1121），授承事郎、大理寺评事。建炎四年（1130），金兵南侵，孔端躬与父孔若钧、伯孔若传、兄孔端友随行护驾宋高宗南渡。伯与兄留在了留州，孔端躬则和父亲一起随驾，一直到台州的章安镇。当时孔端躬目睹朝廷腐败、奸臣揽权，叹息不已，认为自己对这一切无能为力，枉为朝官，于是打算辞官弃禄，做一个平民百姓，找一处栖身之所，自食其力，与草木为邻。在途经永康榉川（今盘峰乡榉溪）时，父亲孔若钧病逝，孔端躬便将父亲葬于钟山之后坞，并在榉溪隐居下来，建了山庄古寨“南宗厥里”。

南宋宝祐年间（1253—1258），宋理宗给予“婺州南孔”五级恩典：一、按照“衢州孔氏南宋”之例，赐造至圣家庙于榉川南岸杏檀园；二、子孙豁免一切劳役；三、恩准每代一人（后增至数人）世袭礼祀生，编入仕籍（相当于贡士、秀才待遇）并为特邀宴宾，便利出入衙门；四、赐“白身最长者”荐朝录用；五、御赐“至尊先师”直书金匾一块。这些都代表了朝廷对榉溪孔氏后裔的认可。

南宋理宗时建立的婺州南宗孔氏家庙后来多次倒塌，清中期在榉溪村东边重建了孔子家庙。清晚期，家庙中又设有戏台，变成家庙与祠堂合一的建筑。榉溪孔氏家庙的神圣性得到国内专家的一致支持，有“孔氏阙里第三圣地”之称。

自汉朝开始，祭祀孔子即成国定礼仪。南方的祭孔礼仪，自南宋绍兴年间（1131—1162）开始兴起，并颁布了祭孔的礼仪条例。榉溪祭孔以族祭、家祭为特点，在近现代虽有停顿，但家祭基本未断，风脉相传，祭祀文化源远流长。

南宋宝祐年间，宋理宗先后赐建衢州孔氏家庙、婺州孔氏家庙，两地均有祭孔典礼传承。到了元代，孔子第五十三世孙孔洙让爵于北宗曲阜后，“衢州南宗”第五十九世孙孔彦绳世袭“五经博士”，“婺州南宗”孔彦铎世袭“奉祀礼生”。

婺州南宗祭孔自明清代以来分为“各家墓祭”“合族庙祭”两部分，是目前遗存的典型的南宗家祭型典礼，具有传统家族风格。严格意义上的“婺州南宗祭孔典礼”是“合族庙祭”。“合族庙祭”是全族人集中举行的既隆重又庄严的祭祖仪式，一般在清明节举行，其他如重修族谱或分谱也要祭孔，则需另外选定吉日良辰。祭孔人员为榉溪村孔氏子孙，出门在外的如能赶回来的都要赶回来，已迁移到外村的孔氏子孙须派代表参加。主祭人一般为孔裔长孙，或推选德高望重的在族内辈分较高的族长担任；陪祭为族内理事人员和族谱负责人；宗室各房选派代表，参祭者有百余人或几百人；其他族人则在场观祭，场景气势宏大，隆重庄严，其热闹程度超过各种传统节日。

传统仪式如下：

1. 扫墓合祭婺州孔氏后裔的先祖孔若钧、孔端躬父子，扫墓、标坟、烧纸钱等仪式，这与“各家墓祭”仪式相同。

2. 举行“大常祭”。扫墓结束后，主要祭祀人员着青布长衫，依序入孔氏家庙。堂上高挂孔子及婺州南宗先祖遗像和牌位，两旁挂上灯笼。堂前设供桌，点上大红蜡烛，祭品以全猪、全羊、鸡、鸭、豆腐、五谷及果类为主。司祭人宣读祭祀事项。主祭人与助祭人率众进入家庙，点香，对祖宗遗像和牌位行“三跪九叩”大礼。

3. 主祭人宣读祭文，奏乐，鸣炮。

4. 宣读子孙中求得功名人员名单，发榜。

5. 如果是重修族谱落成的“族祭”，则进行领谱仪式。

6. 分清明铜钱（一般是族内留着的公常田的田租收入），享祖宗福气，寓鼓励子孙后代奋发读书求取功名之意。

7. 吃“老民饭”。年满60岁（如果人数太多，也有定七十岁以上的）的人就可到族里用餐，饭菜比较丰盛，意在提倡不忘先祖，尊敬老人。

8. 拜斗与老马等民间艺术表演。

20世纪80年代以来，婺州南宗祭孔典礼重新恢复，已基本形成以下祭礼主要程序：一、典礼开始，鸣炮，点烛，打九锣；二、献礼，猪、羊、五谷、瓜果等祭品由礼宾人员捧献；三、主祭人就位，陪祭人入场，并奏雅乐；四、上香；五、敬酒：一敬天，二敬地，三敬祖宗，礼宾送酒后行三鞠躬；六、诵祭文；七、宣读子孙求得功名者名单；八、儿童诵《论语》章句或《三字经》；九、祭拜，行三跪九叩大礼，一跪三叩、二跪三叩、三跪三叩，继而奏乐、打九锣；十、礼成，乐队出庙，鸣炮、打九锣；十一、乐舞，举行拜斗、走马等民间艺术表演；十二、孔氏后裔分发胙肉。

榉溪孔氏家庙的“婺州南宗祭孔”与“衢州南宗祭孔”的公祭形式有所不同，“婺州南宗祭孔”更多的是保留传统祭孔的形式，以族祭为特点，主要分墓祭与庙祭两部分。“婺州南宗祭孔”至今仍以榉溪村孔氏家族后人为参加对象，并不对外公开，是目前遗存的典型的南宗家祭型的典礼，因而具有其传统家族风格。

传统的“婺州南宗祭孔典礼”的主要形式是行三跪九叩礼，但在传承过程中又受到本地祭祖仪式的影响，并逐渐与之相结合，形成了自己独特的祭孔风格。“婺州南宗”自重新恢复祭孔以来，在保留传统仪式的基础上（如行三跪九叩大礼），用太牢或少牢祭品，并融入磐安民间艺术表演形式，如“铜钿鞭”“走马”“拜斗”等，使得庄严肃穆的祭孔典礼成为具有山乡特色的“婺州南宗祭孔”仪式，这在一定程度上丰富了中国孔氏家庙祭孔仪式，也促进了祭孔典礼的进一步传承与发展。榉溪孔氏家庙的“婺州南宗祭孔”是儒家文化“和为贵”精神的集中体现，对南方儒家文化传播起到了良好的推动作用。

（文：陈臻祯　杨适时　付中平）

兰溪诸葛村

诸葛祭祖传遗训

兰溪市诸葛镇诸葛村是全国最大的诸葛亮后裔聚居地，为三国时期蜀汉丞相诸葛亮后裔，南宋末年诸葛亮27世孙诸葛大狮公迁居此地后，今有第43—55代共4000多人居住村中，诸葛村以其“原汁原味”的神秘文化与文物古迹而闻名。现有保存完整的明清古民居及厅堂200多处。诸葛村村落布局十分奇巧罕见，高低错落有致，气势雄伟壮观，结构精巧别致，是为纪念先祖诸葛亮而按九宫八卦阵图式精心设计构建的。

诸葛亮（181—234），字孔明，徐州琅琊阳都（今山东省沂南县）人，三国时期蜀汉丞相，中国历史上著名的政治家、军事家、散文家、发明家。诸葛亮青年时耕读于荆州襄阳城郊，人称卧龙、伏龙。后受刘备邀请出仕，随刘备转战四方，蜀汉政权建立后，官封丞相。223年，刘备死后，刘禅继位为蜀汉皇帝，诸葛亮受封武乡侯，成为蜀汉政治、军事上的实际领导者。234年，诸葛亮逝世，享年54岁，辞世后追谥为忠武侯。后世常以武侯、诸葛武侯尊称诸葛亮，是中国传统文化中忠臣与智者的代表人物。

诸葛亮家训流传至今，为民间所传唱，口口相传，有口皆碑。其内容有：

其一，远观山色年年依旧常青，近看人情朝朝不如往日。花开时蜂蝶聚，人困时亲朋疏。茶朋酒友日会三千，有事相求百中无一。吾生志愿积善读书，不敢望名声动地，不敢望富贵惊天，不敢望一言定国，不敢望七步成篇，不敢望珊瑚树高百尺，不敢望琉璃瓦盖千层；但愿父母康健夫妻偕老，兄友弟恭子孝孙贤，无荣无辱骨肉团圆。采茶青山之上，钓鱼渭水江边，无忧无虑在眼前。一日平安一日福，一日快乐一日仙。家不缺粮灶不断烟，茅舍不漏布衣常缠。退一步依然儒雅，让三分快活神仙。青天不管人闲事，绿水何能退是非。交有道之朋，绝无义之友，饮清泉之茶，戒乱性之酒。学有二三事之能，终身用之有余，平生之愿至此足矣！

其二，诫子书：夫君子之行，静以修身，俭以养德。非澹泊无以明志，非宁静无以致远。夫学须静也，才须学也，非学无以广才，非志无以成学。淫慢则不能励精，险躁则不能治性。年与时驰，意与日去，遂成枯落，多不接世，悲守穷庐，将复何及！

其三，诫外甥书：夫志当存高远，慕先贤，绝情欲，弃凝滞，使庶几之志，揭然有所存，恻然有所感；忍屈伸，去细碎，广咨问，除嫌吝，虽有淹留，何损于美趣，何患于不济。若志不强毅，意不慷慨，徒碌碌滞于俗，默默束于情，永窜伏于凡庸，不免于下流矣！

大公堂位于钟池北侧，始建于明代，据说是江南地区仅存的诸葛亮纪念堂。祠堂前后五进，建筑面积700平方米。门两旁分书斗大的“忠”“武”二字。整座建筑古朴典雅，气势恢宏，保存完好。堂内壁上绘有三顾茅庐、舌战群儒、草船借箭、白帝托孤等有关诸葛亮的故事壁画。堂外围墙旁现存六株龙柏，暗示诸葛后人六族繁衍、人丁兴旺。门庭飞阁重檐，高约10米，上悬一块横匾“敕旌尚义之门”。顶层有明英宗于正统四年（1439）所赐盘龙圣旨立匾一方，表彰诸葛彦祥赈灾捐谷千余石的义举。

大公堂正中有四根金柱，全由直径50厘米的松树、柏树、桐树、椿树组成，意为“松柏同春”。四根金柱上方雕有九头木雕雄狮，汇合成“九世同堂”。中堂正中高悬诸葛武侯像。金柱上书有加拿大46世孙诸葛培根撰写的楹联：

溯汉室以来，祀文庙、祀乡贤、祀名宦、祀忠孝义烈，不少传人自有史书标姓氏；

迁浙江而后，历绍兴、历寿昌、历常村、历南塘水阁，干滋启宇可从谱牒证渊源。

诸葛村诸葛氏遵承祖训，每年农历四月十四、八月廿四，即诸葛亮诞、忌纪念日举行祭祖大典。诸葛亮后裔子孙齐聚享堂，在《汉丞相武乡侯诸葛》神主前开展祭祀活动，行三献大礼，焚香、登祠、叩首，钟鼓齐鸣，笙箫阵阵，追忆诸葛孔明的智谋德行。

祭祀完毕后，年高八旬者入寿宴。八旬以上者，即便只有一、两位，也独享一桌寿宴，年轻者按辈分围着寿席用餐。用餐完毕，分给每个年轻人两个馒头，以纪念诸葛亮安抚南蛮的事迹。馒头分毕，当年出生的婴儿，按宗谱行辈用字，由年长辈高者上谱，录入《高隆诸葛氏宗谱》。

诸葛亮后裔遵照诸葛孔明遗训的敬老习俗，崇尚礼仪，使得村里安定祥和，因而感动了皇上。元朝元贞年间（1295—1297），兰溪由县升格为州，成宗皇帝派蒙古人怯失烈（字吉甫）任兰溪州达鲁花赤监州。吉甫到兰溪后，看到这里百姓安定，民风淳朴，敬老爱幼之风盛行，已经成为一种习俗，于是便奏请皇上予以嘉奖。成宗帝诏赐天下："高年九十者，年赐帛二匹；八十者年赐帛一匹。君周历境内，虽穷山绝壑，悉临其家，手授之帛，且召其子孙而勖孝焉。"

如今，诸葛村建立起民俗文化馆等一些爱国主义教育基地，在中小学生中开展学唱《戒子书》活动，诸葛孔明的遗训成了兰溪一带百姓的座右铭，文明风尚代代相传。

（文：刘鑫）

淳安朱家村

朱家村猪头祭祖

朱家村位于淳安县金峰乡，据村保存完好的《紫阳朱氏宗谱》记载，宋末元初，朱熹的第四代孙朱澹厌倦官场，便生隐退之心。一次偶经青溪锦沙，雅爱此地山川风土，遂隐居于锦沙源头的朱家村，过着世外桃源般的生活。他建造祠堂庙宇，兴“天台书舍”，教导子孙课读农耕，摈弃一切仕途之念。因此，至今还流传着一首民谣：“锦坑源，弯又弯，只出能人不出官。”

朱家村的猪头祭祖习俗，据传是始祖朱澹从婺源迁淳安时带来的，至今已有近800年的历史。猪头祭祖在皖南、浙西一带古村颇为流行，但都是一家一户进行的，俗称“还福”“还愿”。像朱家村这样全村定时集中到祠堂祭祖，在全国绝无仅有，堪称一绝。

朱家村的猪头祭祖，到明朝开始鼎盛。相传朱元璋当上皇帝后，想和徽州朱家后裔认同宗，便御书一块“紫阳世家”的匾额，派礼部侍郎送去。那时交通不便，到徽州要从杭州坐船经新安江而上，船经锦坑源口时，见源里有人扁担上挂书，有人一边走路一边看书，便上岸打听，一问才知道是朱熹后代，住朱家村，于是就将匾额送到朱家祠堂挂上。后来，朱元璋知道匾额所挂之地不是徽州的朱家村，也未责怪，只是说：“我姓朱，他们也姓朱，都是朱熹后代，都是一家。”从此淳安朱家村人便有了这份殊荣。因朱元璋是皇帝，皇帝开了金口与朱家村人认本家，是光宗耀祖的事，所以全村朱姓子孙都要到祠堂祭祖，遂形成习俗，一直持续至今。

每年农历过年，祠堂头首（值年的人）都要将朱氏宗祠打扫得干干净净，张灯结彩，张贴春联，挂好朱买臣夫妇、朱熹夫妇、朱澹夫妇等“太公、太娘”像和龙、虎、鱼等画像。大年初一开门，必须先祠堂开门，爆竹响起，各家各户才可开门放鞭炮，这是朱家村世世代代传下的规矩。而祠堂则是全村人议事、修谱、休闲之地。

猪头祭祖的仪式非常隆重，每年的正月初六，是朱家村人最高兴也是最隆重的节日，全村各家各户用猪头祭拜他们的祖宗朱熹、朱澹以及香火神，以祈求安居乐业。

正月初五，要做好祭祖前的一切准备工作。初五由头首负责人召集村里人聚集在一起，鸣锣开道，一路锦旗飘展，“肃静”“回避”避退左右，煞是威严壮观，全体村民用非常精美的古轿把供奉的祖宗一起抬往坛主殿，烧过香纸，然后抬回祠堂，一路上烟花鞭炮大作，经过门口的农户也都要燃放爆竹迎接，显得异常庄严神圣。接着摆放供桌，以待各家各户的猪头入祠。初五晚上 12 时，值班的头首第一次敲响铜锣，告诉各家准备煮猪头。第二遍锣在凌晨 3 点左右，告诉大家准备进祠堂祭祖。凌晨 4 点，待第三遍锣响过后，各家的大门陆续打开，大家或捧或提或挎或挑着猪头，带上香纸、鞭炮等，争先恐后地涌向祠堂，心里想的都一样，都想第一个到，摆在最前面，烧头香，图个吉利，而且路上相遇时，大家都似陌生人，一般都不相互问候，说是忌讳的，唯恐对祖宗不敬。

大家把猪头摆放在朱氏祖宗像前的桌上，然后焚香点烛，燃放烟花爆竹，一般香纸烧四个地方，中间天地，正上方上横头太公太娘，即朱买臣夫妇和朱熹夫妇，左边香火神牌，右边各家祖先牌位。整个过程中，头首们一直敲打着锣鼓，鼓乐队演奏民间乐曲“三吹三打”，气氛非常热烈。大家祭祖完毕后，一般都要到村脚坛主殿去祭拜，有些讲究的还要到村外五神殿去祭拜，然后折回，或回家，或再到祠堂。待大家差不多都祭祀过后，看着 100 余个猪头将十余张红漆八仙供桌摆满，排排齐，大红大绿，花枝招展，非常壮观，再相互议论谁家的猪头大，谁家的猪头装扮得好看等。

从 1985 年开始，为弘扬农村新风尚、新文明、村民间的和谐，鼓励村民勤劳致富，养好猪、养大猪，以示对祖宗更敬重更虔诚，猪头祭祖注入了新的内涵——猪头大赛。经过多年的传承，猪头比赛现已成为猪头祭祖的压轴戏。初六吃过早饭，由族长带领头首或管事（在村里有威信的人）到祠堂评比猪头。现场一般由族长带领头首或有威望的人组成评议小组，一阵烟花爆竹过后，族长宣布猪头比赛隆重开始，同时一面敲锣打鼓，一面有选择性地对那些大点的猪头进行过秤，秤用的是农村的杆秤，称重时喊出猪头的重量，大家也齐声附和，呐喊声伴随着锣鼓声响彻整座祠堂，此时比赛也进入白热化阶段。评议小组评出最大的猪头和装饰最精美的猪头，评出名次，并举行隆重的颁奖仪式，由族长分别授予礼品或红包，或派送年画作为奖励。

中饭后，下午一至三时，大家便陆陆续续到祠堂提猪头，此时亦敲锣打鼓，燃放爆竹，焚香点烛，每家每户都给祖宗上祀，将猪头拎往坛主殿和五神殿祭祀，再将猪头拿到自家的祖坟上去祭拜，然后将猪头拿回家，放在堂前的上横头祭拜。

初六下午，村里还要举行戏剧演出、舞狮、跳财神、玩杂耍等。晚上，全村到祠堂吃“团聚酒”。前一年生了小孩的人家，都要自酿一坛糯米陈酒，也称“喜丁酒”，请全村人喝，期间猜拳行令，一派亲睦景象。村中上年“添丁”的农户摆酒给村民喝，表示朱氏家族添丁加口，后继有人。只要是朱家村人，即使户口已迁出去的也可以，所以头年添孩子的都很高兴，引以为荣，能让全体村民喝上自己子女的酒的，都很乐意。当然去的人也都带个红包给孩子讨个吉利，一般酒（白酒、米酒、杨梅酒等）都是自己酿造的，菜基本也都是自家种的，为节省资源，“添丁”的家族也一起统筹出资合拼合办。大家在祠堂祖宗面前猜拳行令，热情高涨，给“添丁”农户增添喜庆气氛，他们亦抱着孩子逐一敬酒，感谢大家的光临。以前到正月十五元宵撑龙灯结束时，祠堂头首都会敲锣打鼓把龙灯头里用过的蜡烛和从龙头上拔下的龙须及龙鳞，带上红包送到头年“添丁”者的家里，以示吉利，“添丁”村民也以鞭炮迎接，这一习俗亘古不变，如今“喜丁酒”这一风俗成为朱家村人的精神依托，一直沿袭，代代相传。

各家的猪头一般到元宵节才开始掰吃，这个年才算真正过完。

（文：淳安县农办）

舟山定海马岙村

林“半岙”与林氏祖堂

舟山定海的马岙镇，有林“半岙”之称，因村中半数以上人口都姓林。

清康熙《定海县志·山川》载：马岙“唐开元时议置城邑于此，缘南北土硗，不果”。说马岙土地贫瘠不宜建城，这实在有点冤。常听老一辈人说，当时定海人与马岙人都争相要在自己的地盘上建城池，双方相持不下，朝廷只得以“秤土”分高低，定海人暗暗在土里掺了铁砂，结果取胜。实际上正是由于马岙土地肥腴，才有了号称“海上河姆渡”的6000年人类居住史。

定海居民绝大多数都是在清代中晚期自沿海一带迁入，唯马岙林氏早在南宋的宝庆年间（1225—1227）就从福建莆田迁入马岙定居。是除石礁顺利村余氏（南宋宁宗时期迁入本岛）外，大陆迁居定海最早的一族，已有近800年的生息繁衍历史。

马岙林氏先祖子显公极有可能是通过捕鱼或是海运，从福建莆田八角井出发经海上到达马岙定居的。由此看来，其宗祠自然在福建莆田。马岙林氏先祖像其他迁居舟山的先民一样，经过一代又一代“筚路蓝缕，开辟草莱”的艰辛创业，才逐步形成了这一大族。

由于马岙林氏族谱在十年浩劫中已佚，随着老一辈的逝去，林氏的后辈对自己宗族的发展史也日益茫然。为追溯渊源，弘扬祖德，21世纪之初林福军等林氏后裔曾经自发组成一个“寻根”小组，深入福建的相关县区，辗转福鼎、霞浦、宁德、福州等市县的山区“寻根问祖”，行程5000余里，不但与福建的林氏氏族委员会建立了联系，并且查阅了林氏总族谱和大量支族的族谱，了解林姓的缘起和发展过程，至此，被尘封的林家历史才逐渐清晰起来。原来，林姓的起源可以追溯到3000多年前的殷商时代。

据传，帝乙和比干是同胞兄弟，是黄帝33世孙，帝乙之子帝辛就是商代的纣王，因此比干是纣王的叔父，纣王宠幸妲己，暴虐无道，作为叔父兼忠臣良相的比干以死进谏。纣王问比干：“你为何如此大胆?”比干道：“善行仁义，而敢如此。”纣王大怒，杀比干。时比干夫人妫氏有孕三月，恐遭祸殃，避难于长林，在石室中产一子，取名为泉。周武王灭纣后，妫夫人带儿子归周，因比干之子产于长林，周武王便赐其姓为林，改名坚。可见林坚乃林氏受姓之始祖，而比干乃林氏之太祖。坚公之后居博陵，其子孙封官晋级，遂成望族。

林氏传至东晋成帝年间（325），林禄（林皋40世孙）迁入福建，林禄引进中原生产技术，大力发展农业生产，兴教办学，民气顿开。林禄卒后葬温陵九龙岗（今泉州肖厝涂岭），故称其后裔为九龙系衍。林禄16世孙林披（福建莆田人），于天宝十一年（752）明经擢第，任将乐令，迁潭州刺史、沣州刺史，贬临汀曹椽，致临汀令。时至今日，林披施政之地仍歌其政德。林披生九子，其中八子均为刺史，合本人一家九刺史，即为历史上有名的“唐九牧”。二子林藻、六子林蕴，登进士第，折桂蟾宫，故其后裔有“双桂遗风”称谓；林默娘史称妈祖，乃林蕴七世孙女；林则徐（福州人）、林彪（湖北黄冈人）等名人均为“双桂”之后。双桂后裔衍至南宋宝庆年间（1225—1227），子显公从莆田八角井迁入马岙，娶朱氏、张氏，育有三子，即为马岙林氏大房、二房、三房。历宋、元、明、清，约在明末清初年间，先贤集资建成“林氏宗祠（祖堂）”，并列出排行。

所幸的是，在马岙社区这座“林氏宗祠”尚完整保留，尽管历尽劫难，迄今仍存。堂名曰“二桂堂”（又名双桂堂），堂前有楹联：“九龙系衍永增辉；双桂遗风长焕彩”，联中隐含了林氏一脉发迹的历史典故。它位于马岙镇茂盛村，坐北朝南。现有前屋、天井、戏台、东西台门和围墙、后屋等建筑。后屋的二桂堂3间通面，阔12米，通进深11.4米，用7桁，均为穿斗式，前檐设卷棚顶走廊，单檐硬山顶，屋面盖的是小青瓦。

林氏祖堂建筑一个最大的特点是其戏台是活动的。平时不演戏的时候，戏台台板便可以卸下来，于是就成了进门的主要通道，演戏时将台板搭上，人流就从两边的门房进出，显得非常灵活。该宗祠在20世纪90年代被定海区以“林氏祖堂”条目列入古建筑文物加以保护，至于条目未写作“宗祠”，很可能是由于林氏的宗祠仍在福建的原因吧。

林氏祖堂除了外表稍加修葺外，没有因为重修或大修改变基本的框架，仍然原汁原味地保持了原有的格局。即便从明末清初算起，至少也已有300多年的历史。1941年9月7日，日寇在马岙大肆烧杀抢掠，单是林姓房屋就烧掉300多间。当时日军冲进林氏祖堂后，在二桂堂的花格门下堆上麦秸柴草点上火后离去。万幸的是，大火没能把祖堂引燃，可能是因为花格门的木材是用优质的硬木制作的，一时不易着火。“文化大革命”时期林氏祖堂曾被辟作供销社的仓库，所有的族谱资料均被付之一炬。进入21世纪后，林氏后裔集资重修祖堂，如今方能以完整之态重现新颜。

祠堂包含着极为丰富的民俗文化内容，每一个家族都有一部自己的历史，而祠堂则是记录家族史的最好见证。它不但是一个家族供奉先祖、珍藏家谱、排列辈分、族内举行红白大事的所在，同时还是制定和执行家训族规和维护传统家风的地方。例如，马岙林氏的《传世家训》中有“崇孝道，重教养、齐家政、正礼节”等语，《族规家法》中有“明德修身、维护家业”等语。家族作为社会形成的细胞，是维系我们这个民族的根本，是民族巨大凝聚力的象征。多少海外游子和侨胞，关山万里，“认祖归宗”牵动着他们无限的乡愁，“数典忘祖者”被认为是最为大逆不道的逆子。林氏祖堂的完整保存及其中体现出的儒家浓重礼教文化气息，是该地区宝贵的物质与非物质文化双重遗产之一。

（文：庄世维）

舟山普陀里岙村

六横十三太公祭

舟山群岛的最南端有个六横岛，岛的西南部有个里岙村。里岙因与靠海口的外岙村相邻，位于海口里，故称里岙。同六横和整个舟山一样，迁入定居后的住民多来自浙东，尤以宁波镇海、北仑一带者为众。六横与宁波相近，交往频繁，里岙的民风习俗、民间信仰沿袭而来，十分相似，甚至亲族称谓、方言语音也十分相近。唯独祭祖祀神方面非常独特，与大陆差异较大。

祭祖祀神，是中国各民族共同的良风厚俗，尤其是祭拜祖宗，被当作是众多仪式极为重要的一项，追念先人，具有水源木本之义，报本返始之意；同时温习生死两面的感情，庆幸家庭的连续莘传，甚至子孙的繁衍、后裔的发达，亦莫不归功于祖宗的荫德。但此祭祖均指有直接血统关系的过世者，如曾祖父、高祖父及年代更远的故人。而里岙村则不同，每逢过年过节，同六横全岛一样，必定同时祭拜没有直接血缘关系的“十三太公”。“十三太公”是谁？为何受此厚待？这要从里岙西南边海口的双屿港说起。

据传明朝洪武年间，东南沿海一带经常遭受倭寇侵扰，时有海盗出入。到明嘉靖年间，福建、安徽的李光头、王直等商人以双屿港为基地，与佛郎机（葡萄牙）、倭人（日本）开展贸易，规模日渐扩大。来自日本、西班牙的白银，从这里被源源不断地运到中国，换取中国的丝绸、瓷器、棉布等商品，当时的双屿港商贸繁荣，被称为“16世纪的上海”。

双屿港的国际贸易，得到沿海百姓、富豪及不少地方官吏的暗中支持，但与明朝“寸板不许下海”的海禁政策相悖。随着贸易规模的日益扩大及抢劫越货事件的不断发生，“濒海千里告急”，震动朝廷，促使嘉靖帝决定动用武力剿灭。

嘉靖二十七年（1548）春，朝廷任命朱纨为浙江巡抚兼福建军务提督，负责剿灭这些海寇。朱纨委派福建都司卢镗率三千余兵，在九山洋与走私分子交锋，首战大捷，活捉走私头目许栋等近 60 人；次日活捉了头目李光头；第三天，官兵将双屿港区围得密不透风，追杀堵截妄图突围的走私分子，活捉许六、姚大总、顾良玉、祝良贵、刘奇十四等众头目，将天妃宫 10 余间、寮室 20 余间及遗弃的大小船只全部烧毁，这就是历史上著名的双屿港之役。

双屿港之战后，因为双屿四面濒海，地势孤危，难以立营守卫，且福建兵不肯守卫，用浙江兵又不放心，五月二十五日，朱纨下令“聚桩采石”，填塞了双屿港进出的“港门”，热闹 20 余年的双屿港区从此消失。

一不作二不休，嘉靖王朝以“小小海岛，天高皇帝远，百姓不由管束，疆域不得安宁”为由，下了一道圣旨，要舟山百姓统统迁往大陆，若不在限定时间内撤离，斩立决。

当时，六横岛的岑山、干岩两山之间，有条小巷，海水两头直通，把六横分隔成上庄和下庄两个小岛，里岙就在上庄的那个岛上。岛上的居民不多，住在靠海边的几个岙口里。

皇帝圣旨到里岙，大家都愁煞了。俗话讲：金窝银窝不如自己的狗窝好，屋里再穷再苦，谁肯背井离乡迁到大陆去？可王命又不得不遵，众人只是无奈。一日，突然驶来了好几条官船。这些官兵一上岸，个个像活无常一样，用棍打、鞭抽，把老百姓赶上官船，还放火烧村。那时都是茅草屋，火一点就着。有些老年人走路不便，还未来得及出门，就被活活烧死了。有些犟头倔脑的后生，不愿离开家乡，不肯上官船。几次催赶不听，官兵不由分说，就把他们拖去吊在树上，用皮鞭抽，抽得鲜血嗒嗒滴。啥人还敢反抗！就这样洗劫了三日三夜，岛上的房屋烧得精光，人赶得一个不剩，这些官兵才押着老百姓离开里岙，离开六横。

可是，没过几日工夫，岛上又有人了陆陆续续出来了。原来，当官兵来抓的时候，几个灵活反应快的人，一看势头不对，马上找个地方躲起来。这几个人一碰面交流，才知有人是逃到老鹰嘴山洞藏好了，有人躲在后山柴篷里，还有人趁官兵不防，跳海游回来的。后来，这几个人走拢一数，下庄留下了七个人。他们爬上干岩头山墩，看岑山岗墩上也有人，一问才晓得上庄也留下六个人。整个六横共留下了十三人。从此，逢年过节，双方都要爬上岑山、干岩山岗墩，互相打打招呼。

这样过了好几年，有些迁到大陆的人，实在无法生活下去，便偷偷摸摸逃回六横。留在岛上的人，看见乡亲回来，都非常热心，帮他们搭茅篷，安顿吃住。慢慢地，回来的人越来越多，大家互助团结，重建家园，六横岛又兴旺了起来，里岙也有了生气。后来，这十三位先祖相继去世，为纪念这些无法得知身世的先祖，也为追思他们当初的勇敢和机智，后代人把他们称作是六横岛的十三位祖宗大人，也就是“十三太公”。直到现在，里岙人给自己上辈亡者做忌日羹饭，总要在屋门口摆上 13 双筷、13 碗饭，同时祭祀这 13 位祖宗大人。

里岙人对“十三太公”的追思和行孝胜过对自家的亲人。一般来说，对于自己的长辈，在他们去世后，“忌日羹饭”做到满一百周岁为止。但对“十三太公”，600 年后的今天，六横岛上的里岙人还在每年的春节、清明、立夏和七月半四个节日举行祭拜，尤以春节“送年羹饭”最为隆重。祭神后，敬祀祖宗（含“十三太公”）的“送年羹饭”，必须要有十六盘以上供品，即四海鲜、四素菜、四糕点、四鲜水果、四干果等，作为主祭人，一般是家里的男性当家人，事前要沐浴，穿着整洁。供祭用八仙桌，菜肴要五畜俱全，并要用大碗大盆装盛。在鸡、猪头上放葱和小刀，葱象征春天，小刀驱邪除害。上祭时先燃香、点烛，然后轮番斟酒，每斟一次酒，主祭人都要向祖先祭拜，并念念有词，说些感恩戴德、祈求庇荫、保佑平安的吉祥话。一般依程序要敬三次酒，到最后一次祭拜时，主祭人要带领全家向祖先跪拜。祭毕，还要放三个爆竹。

（文：舟山普陀区农办）

洞头东沙村

妈祖圣灵保东沙

洞头县属全国 14 个海岛县之一，由 168 个岛屿组成，称“百岛县”，在全县近百个渔民聚居的村落中，建有不同风格、大小规模不一的“妈祖庙”，又称天后宫 14 座。每年农历三月二十四日和九月九日在妈祖诞生和羽化为神的日子里，各个宫庙都要举行祭祀活动，尤以妈祖发祥地——东沙妈祖宫的祭祀仪式、祭典内容等最为隆重。

东沙妈祖宫坐落在洞头第二渔港——东沙渔港的港湾内，背靠西北苍翠山岗，朝向东南浩瀚的海洋，被视为“妈祖圣灵镇宝地，渔村渔民护平安”的圣迹。关于这座宫庙的由来，在当地流传着很多美丽的传说。

洞头为浙南第二大渔场，内海诸岛屿间港湾密布，盛产鱼虾贝类和海洋藻类，是浙、闽沿海渔民捕捞的好场所。自明代以来，就有福建沿海渔民前来洞头海上捕捞作业。为求平安，福建渔民把海神妈祖的塑像也带到洞头，在东沙岙里盖一间茅棚屋，专供“妈祖”香火，每天早、晚烧香礼拜，祈求平安。渔汛期结束，渔民们返回老家时，又把妈祖的塑像带回去，年复一年，一直如此。

福建渔民笃信妈祖的习俗，逐渐影响了当地人，到“妈祖庙”烧香求平安的人也日益多了起来。当福建渔民把“妈祖神”带回去后，当地人便失去了叩拜的对象，有一种失落感。传说清乾隆年间，有一年渔汛结束，福建渔民携家眷、带“妈祖神”像欢喜地回家。不料海上突然掀起巨浪，携带“妈祖神”像的那艘渔船突被一个巨浪掀翻，那尊“妈祖神”像不知去向。第二天，东沙村一位渔民看见水面上漂着一样东西，忽隐忽现，慢慢向岙口沙滩边漂来。他卷起裤腿，涉水去拾取，一看竟是“妈祖神”像，不禁喜出望外。后来告诉全村人，大家都说：“怪不得晴天无风起大浪，原来是‘妈祖神’不肯回家。”于是把“妈祖神”依旧供奉在原来的茅屋里。后来，村民又在岙口左边山峦下盖了一座木石结构、规模较大的寺庙，称为“妈祖宫”，有人叫它为“不肯去妈祖宫”。

因为敬仰“妈祖神”，妈祖宫的香火也一年比一年鼎盛。后来逐渐兴起祭拜妈祖神的大型活动，在每年妈祖诞辰纪念日和羽化升天这一天，都要举行隆重的祭拜妈祖仪式，每次祭拜活动持续3—5天，其中主祭活动1—2天，余为演戏。自始至终，祭祀活动组织有序，规模较大，仪式热闹非常。

佛事活动的主要内容是请师公（道士）“作敬”（道场），“作敬”又分小作（又称“大头敬”，时间一昼夜）、中作（时间两昼夜）和大作（时间三昼夜）。大、中、小的道场规格，内容各不相同，师公的作功和收费也不一样，每逢太平丰收年大庆，就作“大作”，一般年成，以“中作”居多。

开祭前，先在宫庙内设祭坛（主坛、分坛等）及道场一切应用摆设，祭坛分三层九坛，前、中、后三层，左、中、右三排，形成对称，每坛由两张长条凳和一张四方桌搭成，四方桌放在长条凳上，在每个祭坛下边设一拜场，用木板搭成，上铺设填具（如草席、地毯）供师公和信徒祭拜。中一坛为地坛，供地藏王菩萨，后一坛为神坛，供妈祖神，前一坛为天坛，供玉皇大帝，左边三坛为福星、寿星、财星，称三星坛。

信徒们由师公带领，先拜妈祖坛，次拜地坛，再拜天坛，然后拜左坛转右坛，巡回一周祭拜，拜毕，再转到天坛祭拜，六人一组，轮流祭拜，由师公分发给每人一支燃香，鞠躬三拜，把香插进香炉，然后接过师公手中的一杯清茶或黄酒，对着玉皇大帝一饮而尽，以示饮天赐神茶（酒），消灾祛厄，无病无痛，长寿健康。妈祖诞辰日正式开祭。开坛时，师公要引领一众人员，念净天地法语。

念完后，绕坛一周，然后法师手拿一只盛满清水的碗，用芒草蘸碗中的水，为众信徒净身，念净身咒。众信徒散去，祭祀进入程序。其祭祀内容有：

1. 请水。由相关祭拜人员组成请水队伍，师公及其鼓乐人员走在前头，随后是两个手提一对大红灯笼的人，后面紧跟主持本次活动的“头家”，双手捧着一个红木盘，上面放置着太上老君神像，称“祖师盘”，其后是两面大红旗——龙旗和虎旗，在龙虎旗后面跟随着一班双手拈香的信众。请水队伍到了海滩，由师公举行请水仪式，祈求四海龙王赐予一年风调雨顺，鱼虾丰收，渔船平安。

2. 请神。又名帖坛醮，由师公发帖迎请各路神仙前来参加妈祖盛会，师公要念“三出经文”，每念一遍，烧化一张黄帖子，以示盛情三请，并向降临的八方神祇致谢。

3. 祭北斗。排七张或九张方桌，每张桌上设一香坛，并用黄纸写上北斗星名称，插在一个盛米的盆斗上，每个盆斗前点上菜油灯（现用蜡烛），师公要逐个祭拜，踏云步，摇道铃，念法语，祷求北斗星君为一方百姓降福消灾，男女老少添福增寿。

4. 祭三界。设置三界灯。祭拜天、地、水三官。敬请三官爷降临盛会，保佑一方平安，风调雨顺，五谷丰登。

5. 请灶神、祭醮、进表。灶神奉行“上天奏好事，下地保平安”，并托付灶神爷向各路尊神送达“醮表”。发表请應、祷求：上天赐福，鱼虾入网，风平浪静，船只平安。

6. 献敬。又名祭祀，把民间五谷、各项食物、生活用品、金银首饰等献给众神和妈祖享用。

7. 玉皇赦。由师公带领一班法事活动的信众，手拈燃香，跪在玉皇大帝神像前，由师公把民间的种种罪孽，有三十六种，一一诉状，进行忏悔，祈求天帝宽恕、原谅。

8. 解厄。仪式与玉皇赦相似，由师公带领一众信徒在南北斗神坛前赎罪，并祈求去除厄运，赐给好运。

9. 东岳醮。东岳大帝上通三十三天，下彻十殿阎王和十八层地狱，是褒善贬恶、保佑好人平安、惩治恶人遭报应的圣灵福神，致祭东岳大帝，让万民百姓在和谐安定的社会环境中过上好日子。

10. 入敬。又名送神。由师公带领一众佛事人员先向妈祖和各路神祇行答拜礼，称谢坛，一谢白虎神，二谢瘟疫神（赵、马、温、康四瘟神）祈求无灾难、无瘟疫、无鬼怪作祟，万家平安。然后大众上香礼拜，烧化“金银元宝”，放鞭炮，谢坛，以示法事圆满结束。

作敬祭祀活动结束后，举行宴席，一般20—30席，宴后，进行演戏，戏班子多为南戏。一般演三天三夜，最多五天五夜。下午、晚上各演一场戏，大多为“才子佳人悲欢离合”的古装剧，内容丰富多彩。

除了一年两祭大型活动外，还有六次佛会，佛会活动以会员为主。妈祖佛会成立于20世纪80年代，由邻近十多个村庄的信徒组成。一年六次佛会的时间分别为：农历二月十八日，称“年头会”，比较隆重，并设便宴接待宾客；四月十八日、六月十八日、八月十八日和十月十八日为一般佛会；十二月十八日为年尾会，给妈祖拜年，也称过年，这次佛会规模较大，场面很是热闹，并设宴款待各方来客。

（文：郭温林）

天台水南村

水南村敬宗尊祖

从天台县城向南远望，会看到三座并立的山，形状极像三龟并立。山下有台州市第一大自然村——水南村。水南村因在始丰溪水之南而得名。水南村分为新联、三联、星光、建明、光明、民主6个行政村。新联村坐落在水南村西北部，许氏二房祠堂坐落于新联村。

明宣德年间，许涧南和三弟许穆由城里的义里迁居水南上村。当时上村已有鲁姓居住，此外还有齐、陈、葛零星散居小村，均以姓氏立村，共称上水南。明末清初，上水南已经连成一村。现许氏族裔占了94%，成为水南村主要的宗族。

水南许氏现存七座宗祠，十房大宗祠为总祠，又称许氏大宗祠，其余为各房的分祠，有二房祠堂、三房祠堂、五房祠堂和六房祠堂，八房堂祠在前山里葛，村中还有莲舫公祠。

新联村的许氏二房祠堂建于1949年，坐西北朝东南，为三合院格局，正厅三开间，左右厢房二开间，大门为石质拱门，门柱两侧各有一只石刻倒挂狮子。财神楼建于过街楼二楼，内供奉财神赵元帅，过街楼称二房门头，为以前许氏二房居民出入的门头，上有“熏风南来”石匾。

庞大的家族，需要一套严格而权威的族规。水南许氏成功而有效的宗法传统，长期以来达到了治理村落的目的。民国年间，水南许氏宗族会为宗族最高的权力机构，由十分房的家长与众多绅耆组成，主要通过族制、族规来规范族众，起到促进族人和睦和安定社会秩序的作用。《水南村志》一书收录的许氏族规共八条，从中我们能感受到宗法社会的威严。

在众多的许氏宗祠中，“许氏十房大宗祠”最为重要，因为它是总祠，同时建筑也最为宏伟。祠堂位于村北，坐北朝南，始建于清乾隆四十八年（1783），现存正厅、两厢、大门等建筑，为四合院形式。正厅面宽五间，五柱九檩，硬山顶屋面，大门前建有照壁，门前曾立五对旗杆礅。祠堂的正厅为“绳武堂”，建筑高大巍峨。厅内悬有不少匾额，记载了许氏家族的历史，额顶三块直匾，中匾题“钦赐翰林院修编”，左匾系同治皇帝谕旨“圣朝人瑞”，右匾题“民国人瑞”。

水南许氏自建宗祠以来祭祀代代相传。根据祀典规定：春节、元宵、清明、中元、中秋、重阳六节，由各房承值承办祭品及致祭；端阳、冬至两节由义祭会诸绅衿承办及致祭。

春节：悬像宗祠，设筵致祭，大碗8、炒菜4、点心4、冷盘4、道食4、汤水5。监祭4人，礼拜读祝毕，点心肉丸面各一餐。大年三十摆祭，初一至初三下祭。

元宵：悬像，悬挂历代入祀祖宗像。

挂灯，正月13日起，张灯结彩，正祠大珠灯1盏、6页珠灯1盏、大明角灯4盏、玻璃灯14盏、金夹灯4盏、里外廊下6盏、洋灯2盏。前厅猪腰灯4盏。东小庙玻璃纱灯10盏。西小庙玻璃纱灯5盏。灯棚下小照角灯、小珠灯10盏。大门外高照2串。

燃灯，晚间油烛两回，初则通堂皆点，二回则中堂5盏，两后进及两厢各1盏，山槽内外共4盏。

庆赏，舞大龙者铜钱100文，狮子150文，花鼓70文。

供桌，俗称“看桌”“摆看桌”。正厅设筵汤水盏20盏，开碟20盏，大碗16碗，燕窝、鱼翅、羊蹄筋、明胶、鲍鱼、刺参、鸭等为上八碗；海参、鸡、鱼胶、鳖、鱼、蹄、肚、肺为下八碗；莲子、扁豆、乌莲、银杏、海带、鸡爪菜、紫菜、香茸为八素；外加5走、5飞、5虎将，以及各种宗器陈列。监祭4人，礼拜读祝毕，点心与春节同，至十五日夜落祭，十六夜散祭，族长、绅耆同享，十八日落灯。

清明：祭品为汤水猪羊。

颁胙，俗称“分羹饭猪肉”，又称“羹饭胙”。规定清明日午时。午前各人应入祠礼拜，

交午时，放炮开始颁票（发分胙肉的票据），不得延误。不入祠礼拜的人除胙。如若不肯入祠礼拜而请人挟带，承值祭祀的房派有权不发胙票。此外，还有如下各种规定：

老成绅衿（耆），于清明前一日到祠礼拜，其本身胙票与加名胙票可先行颁给。

旧例清明颁胙每名半斤，现在子姓繁衍都住远处，领肉亦多停待，今议折钱（铜元）24文，领票后按照各向领钱最为妥当。但不得搭入私铸

小铜钿，违者由族长重罚。

养老重士旧有成典，70 岁加胙半斤、80 岁加胙一斤、90 岁加胙一斤半。入学捐监各加胙半斤，廪生与贡生各加胙一斤，推而广之，照例增加（以上俱依数折钱）。

清明监祭 4 人，依旧挨轮，读祝文读祭文者给肉一斤（折钱 48 文）。

中元：农历七月十五，俗称七月半。祭品为汤水、猪头、肉、鹅等。祭祖礼毕，监祭 4 人及族长午膳食饼 1 桌（余俱折）。

中秋：农历八月十五。祭品同端阳。祭祖礼毕，监祭、族长午膳食饼 1 桌，余俱折钱。外加每人月饼一双。

重阳：农历九月初九，俗称重阳。祭品同上。祭祖礼毕，监祭、族长午膳，余俱同各节。

除了这六节之外，端阳、冬至两节也有祭祀活动。

端阳：农历五月初五，俗称端午或端五。节前一日，凡加入义祭会者，到祠祭祖礼毕后午膳，海参、梅圆、肉、扁豆、蛏干、炒、汤、酒、饭、段（胙肉角黍现折）。

冬至：系二十四节气中的一节，多在农历十一月内，古称三元节。由义祭会承办祭品及致祭。祭祖礼毕，午膳酒菜与就膳人同端阳。

以上八个节次的祭祀经费耗巨，概由许氏宗族祀产收入中开支，并有严格的规定，在许氏大宗祠祀典规定条例第十四条中，明文规定如下：祖祀承值虽颇可支，但收租在承值之年，而办费多在收租之前，今在公举内揭钱十千予承值之房派，承值之房需在前一年先行收办，至本年重阳值祭之房派交出十千文与下房收管，亦得先时办祭，以下承办之房亦如是。

现在的祭祀活动，依旧举行，但时代不同，与旧时的做法也会有所改变，但不变的是族人尊祖敬宗的理念。

（文：天台县农办）

衢州衢江洋坑村

“喝山节”喝山祈福

洋坑村地处衢州市南部山区，位于乌溪江水源地上游，海拔600多米，因一眼望去广阔如海洋，而又多山坑，故得名洋坑。

洋坑喝山节祭祀活动的历史可追溯到明代末期，距今已有400余年历史，《蓝氏祭祀节日谱》有“宛人呼十月八为喝山节又意护山。乡民用谷、酒、土、木灰自门外委婉布入洋坑山前，旋绕庙宇，呼之为引山神、祭先祖、其音乐回落”的记载。

喝山的“喝”其意为呼喊，通过对大自然的呼唤达到天、地、人之间的呼应，因“喝”与“护”在当地方言中同音，百姓也称之为护山节，护有护苏的意思。护苏是当地畲族蓝氏的先祖，他从小聪明过人，能文善武，喜好乐律，传说韩湘子在周游四方路过洋坑岭时送给他一管箫，并传授百余种韵律，临别时告诫已改名蓝箫子的护苏百曲中的《降雨咒》除非万不得已不可轻易吹奏，否则会冒犯天条，遭灭顶之灾。有一次连年干旱，洋坑岭上燃起熊熊大火，为救黎民，蓝箫子拿起箫子对着火海吹起了《降雨咒》。顷刻狂风暴雨，大火被灭，蓝萧子却葬身火海，化身为神灵守护山林，长箫亦化为山泉瀑布，恩泽百姓。后人为纪念护苏，每年在他的祭日农历十月初八都要祭拜这位先祖，从而逐渐演变为喝山节。喝山节祭祀可分为祭拜佛主、祭拜天地、祭拜山神、祭拜先祖和添土祈福等，形式有公祭、家祭、墓祭、重社祭等多种。祭祀活动用以教育后代要重品行、讲修养、珍惜山林中的一草一木。

祭祀活动在当地有较大的影响力，其民众参与程度之高、文化积淀之深，是乡间其他民俗不可比拟的。节俗内涵丰富、生动，充满了人性伦理之美、情感之美、艺术与智慧之美，凸显了鲜明的地方特色。

每年农历十月初八，一大早村民们就携带祭品聚集在古寺庙前参加神圣的祭祀活动，祭祖仪式在祠堂正厅中进行，先供奉五谷祭品，按照一祭诸佛、二祭天地、三祭山神、四祭祖先、五祭古树的先后顺序进行祭拜。

焚香拜揖，向天地神灵表达感恩之情，向祖先表达虔诚的敬仰之情，祈祷神灵和祖先护佑，确保一方平安、风调雨顺、五谷丰登。祭仪结束之后或分猪肉给各户，或操办祭宴，供祭祀人和宾客分享，人神共度祭祀的欢乐时光。与此同时，在交通不便的村落还就地举办相对简单的家祭、墓祭、重社祭等，组合成完整的喝山节祭祀活动。

喝山节由祭拜佛主、祭拜天地、祭祀山神、祭拜祖先和添土祈福五大部分组成。

祭拜佛主：全体村民在洋坑殿集中，祭拜神王太子、平水禹王、观音娘娘和陈林李奶（养育山神，从福建传入）。祭拜佛主仪程为：供奉祭品、焚香点烛、祭拜祈祷。

祭拜天地：由主祭人率全村村民步出大殿祭拜天地。祭拜天地仪程为：焚香点纸、鸣炮奏乐、跪拜感恩、祈祷。

祭祀山神：全体村民在山神庙聚会，通过献祭品、主祭人献祭词、众人和祭词等形式来祭拜山神。祭祀山神仪程为：先在山神庙贡上由三牲构成的祭品。由族长率先焚香、点烛、跪拜，然后率众村民鸣炮祭拜，然后由主祭人献祭祀词，众乡亲和应祭祀词。

祭祀祖先：每年农历的十月初八，由村中长者率本族村民在祠堂按照俗规拜祭祖宗。祭祖仪程为：焚香、点烛、击鼓鸣乐、祭祀人焚香化裱，跪告诸事。

添土祈福：全体村民聚集在古草榧树下，由族长率众乡亲添土祈福。添土祈福议程为：先在古草榧树前摆上祭品，焚香、点烛、跪拜，先由族长添土，然后众乡亲轮流为古草榧树添土祈福。

2014 年 10 月 15 日，洋坑村举行了一年一度的喝山节，祭祀队伍分为主祭司、副祭司、陪祭、礼炮队、仪仗队和祭旗队。

主要器具有戒方一块、小锣白二块、摇铃一个、罗盘一块、告副一块、犀牛角号一只、喝山旗帜、香纸、蜡烛等。

器乐有锣鼓、唢呐、二胡、钹等。曲目有《十番锣鼓》的“满堂红”“跳锣”“四拍子”等。

主要祭品有猪、鸡、鸭、鱼、虾、酒浆、谷物、馃类等。

主要服饰如下：祭祀群众身着畲族服装，有胸衣、对襟衫、膝裤等。男人腰缠枝藤，女人身戴肚兜。主祭人戴士帽，身披斗篷。

祭祀开始前所有祭祀人员各自分工，祭旗队上山砍细竹，购买祭旗，制作祭祀用祭旗，并在祭祀线路两旁插上三角祭旗，主祭祀沐浴洁身，准备祭文以及祭祀道具，副祭祀沐浴洁身，准备祭品以及香纸，陪祭准备好祭祀流程，礼炮队准备礼炮，并事先在各点放置好礼炮，仪仗队排练好祭乐，安排村里部分妇女准备好宴席，宴请全村村民。

祭祀开始时所有队伍在祭祀广场集合，副祭摆好祭品，九点整由陪祭宣布祭祀开始，鸣炮、奏乐，整个祭祀过程严格按照五大祭祀部分进行。

据传承谱系记载，喝山节每个年代的传承人有：蓝名正（明代末期）——蓝哲芝（清代初期）——蓝传彩（清代初期）——蓝芳焕（清代中期）——蓝庆期（清代中期）——蓝立时（清代末期）——蓝本忠（民国时期）——蓝兴瑄（民国时期）——蓝石美、蓝显洁（解放初至“文革”时期）——蓝法浩、吴锡富、王金洪（现今）。

喝山节作为农村的一种祭祀活动，不仅是对传统文化的继承与发展，更是联系全村人情感的纽带，在喝山节上村民们团结一心，祈天纳福。喝山节于2009年和茶灯戏、木偶戏一起被列入浙江省第三批非物质文化遗产名录，共同组成了洋坑村三项“非遗”，它不仅提高了洋坑村的精神文明建设水平，更是丰富了洋坑人的精神文化需求，它告诫后人要不忘历史，要学会感恩与奉献。

（文：吴笛）

龙游大公村

大公清明祭徐王

清明时节，大山深处。龙游县大公村的村民，又一次迎来了纪念徐偃王的清明灯会。

龙游县社阳乡大公村，位于龙游县东南方的仙霞岭余脉大山深处，有茶园、老鹰岩、经堂口、金钩、苦株潭头等12个自然村，距县城约40公里，东与金华市接壤。芝溪由南而北穿村而过，四面群山环抱，流水清浅，竹木成林，环境优美，风光如画。村庄因建有大公殿而得名。村民以朱姓为多，村中建有朱氏祠堂，始建于清嘉庆年间，已有近300年历史。饰有众多的木雕和大面积的青砖浮雕，工艺精湛，装饰考究。尤其是大门前的六块旗杆石，昭示着朱氏家族历史上的显赫功名和深厚的文化底蕴，也为整幢建筑增添了不凡的气势。

大公殿位于芝溪东岸，临溪而建，单檐歇山顶门楼，翼角高翘，殿门中间横书“保障一方”四个大字。大公殿建于清朝雍正年间，至今已有将近300年的历史。檐柱上有楹联一副：“惟徐国乃为梓里；由彭城而到芝源。”表明是为纪念声名显赫的徐偃王而建。

徐偃王是春秋时期徐国的国君，在楚国大军入侵之时，他因不愿老百姓遭受战乱之苦而放弃抵抗，率领臣民避往江南。我国历史上素有“春秋无义战”之说，当时的统治者为了扩张领土和势力，不断进行“争城以战，杀人盈城；争地以战，杀人盈野”的战争，徐偃王的行为因而被誉为“爱民不斗，以国易仁”，成为历史上有名的“仁义之君”。龙游是徐氏族人南迁的重要落脚点，徐姓也就成了龙游的第一大姓，号称“南徐之宗”，境内有不少关于徐偃王的记载，大公殿就是其中一个重要的史迹。

朱氏族人数百年来一直对村中的大公殿妥善维护，完全是出于对徐偃王的敬仰，也体现出朱氏家族的宽大胸怀。村中设有庙会组织，置有田产，以其收入作为徐偃王祭典的开支。清道光二十二年（1842），大公殿重修，同时铸大公殿钟，定于翌年八月初一开光。举人朱焕然倡导清明花灯展览和巡游，将花灯展和纪念徐偃王的盛典结合起来，全村每户出一盏灯，白天陈列于大公殿内供大家观赏、评点，晚上结队巡游，簇拥着徐偃王像，按规定线路巡游一周。这一活动往往需四个小时。清明灯会隔年举办一次，一般跟着春笋的小年走，被称为“三年两头灯”。清明灯会从1844年开始，至今已170多年。

由于村民的坚守，如今我们才有机会领略百年清明灯会之盛况，看到这一延续百年的传统香火。

清明当日的大公殿，气氛欢乐而热闹。各家各户制作的花灯，已早早地陈列在大门外，供人们参观评点。多姿多彩的花灯，是村民多姿多彩现实生活的反映，也寄寓着大家对美好生活的无限憧憬和良好祝愿。各种准备工作正在紧张进行，虽然多少有些忙乱，却能明显地感受到村民内心深处的那一份虔诚，那一份执着和期盼。

祭礼开始了，行礼如仪，一切都按老规矩一丝不苟地进行。

主祭念祭辞：“千年太末，万古偃王，以国易仁，泽被四方。民思王恩，立庙以祀。今逢盛世，祠宇重光。春秋释奠，俎豆蒸尝。”

徐偃王徙走江南的最大功绩，就是把中原地区的先进文化带入江南，推进了我国历史上南北文化的大融合。凡是对历史作出贡献的人，老百姓都不会忘记！

主祭：“更愿万民无疾疫之虞，四时无水旱之灾。风调雨顺，国富民安。敢藉馨香而达意，尚祈昭鉴于愚忱。敬布俚言，神其来格。”

按照规定，祭典中还要以“偃王神露”赐福。

主祭：“一洒神露，一帆风顺；二洒神露，二龙腾天；三洒神露，三羊开泰；四洒神露，四季平安；五洒神露，五谷丰登；六洒神露，六六大顺；七洒神露，七星高照；八洒神露，八方进宝；九洒神露，九九同心；十洒神露，十全十美。”

大公村是个山清水秀的好地方，社阳乡也是浙江省的生态乡，村民深知，要保持一方生态并不容易，于是，在徐偃王的祭祀典礼中，又恰如其分地增添了新的内容。

主祭：“洒扫浚沟，公物溥惠。修桥建路，倾量出资。”

傍晚6点钟，祭祀仪式结束，花灯巡游开始。暮色降临，花灯队伍按规定路线，把节日的欢乐，把吉祥的祝福，送到全村的家家户户。

随着人民生活水平的不断提高，以及人民视野的日益开拓，现在大公村的花灯制作已日益丰富，不但有传统的各种表达吉祥意愿的如意灯、长寿灯、招财进宝灯、鲤鱼跳龙门灯等，更多了一些反映生活及寄托人们愿望的各种动物灯、故事灯、戏曲人物灯、十二生肖灯以及各种彩电、轿车、电脑等的造型灯。队伍以鼓乐为前导，鞭炮齐鸣，烟花绽放，灯火闪烁，足有一里多长，在山岗田野中蜿蜒。

清明致祭徐偃王是大公村的一次盛会，因为活动本身就是当今美好生活的写照和反映。在人们的内心，永远都有那么一份对先贤的追思和对美好生活的期盼。

（文：劳乃强）

衢州妙源村

九华妙源立春祭

祭春神、敬土地、鞭春牛、吃青菜“尝春”、郊游“探春”、鸣炮“迎春”……这是衢州市九华乡妙源村在每逢立春节气时举行的传统民俗“九华立春祭”。2011年，九华立春祭被列入国家级非遗名录。

妙源村有一处名为“梧桐祖殿”的古庙，历史上一直在立春节气举办祭祀活动，经过多年的沉寂，当地的“立春祭”于2005年恢复。这处古庙祭祀的是人们比较陌生的春神“句芒”。据《礼记》《吕氏春秋》《山海经》等记载，句芒是辅佐伏羲的大臣，死后化为东方之神、草木之神和生命之神。

为迎接祭典，村民们提前好几天便开始忙碌。梧桐祖殿被打扫一新，门口贴上了新的春联：“黄道轮回，四时节令从今始；春神下界，千树梅花报喜来。”殿门口则挂上了一排排红色的大灯笼，里面堂上挂起了代表二十四节气的小灯笼。句芒的祭台前贴着“迎春接福”的红色标语，旁边摆着一头竹制的、身裹绿绸和红巾、头戴大红花的“春牛”。厨房里准备了好几百斤的大米，成箩成筐的白菜、萝卜、豆腐等，用来招待工作人员和来宾香客。

农历二月四日上午9时，全体进入大殿，祭祀开始。由于场地狭窄，村委会对入场人数进行了严格控制，只有几十名村民代表在场，分老中青三拨，从老到幼且男女对称地分列在上堂和天井的两边。老年人都穿着平常的服装，青壮年参加抬佛巡游活动的，则穿黄色绸服，戴黄巾，儿童们(共八男八女)都穿着绿衣绿裤，头戴竹枝编成的花环，脸上化了妆。

仪式开始时先在户外燃放鞭炮，奏乐。然后分成三大拨向春神献礼：第一拨为公共的祭品，有20多样，分别装在漆成红色的木盘里或直接摆在案前，包括饭甑（即在木制的饭桶里将蒸好的米饭摞成高高的小山似的模样，表面压入一排排红枣，上盖红色剪纸，并插上一枝翠柏做装饰、牛头（当日用猪头代替）、猪头、羊头、清茶、苹果、香蕉、橘子、桂圆、金橘、蛋糕、红糕、芙蓉糕、油爪（江米条）、麻球、年糕、粽子、青粿、青菜、五谷种子、甘蔗，还有梅花、松柏枝和一对大蜡烛等。第二拨是由领导和来宾敬献给春神的花篮，都已提前摆在了大门口，届时只象征性地把其中两个抬到祭台上。第三拨是村民们自发准备的祭品。当日有40多名男女老人排着队、有序地献上了自家的装有祭品的竹篮或木盆，其内容和摆设大同小异：一条肉、一把青菜、两个粽子、一杯开水、一碗米饭（也要压成山形，嵌上红枣）、两条年糕、青白米粿、水果、糕点等，上面同样用红色的剪纸和翠柏枝条装饰起来。

祭品、鲜花献完后，由主祭、陪祭和群众代表到天井的香炉前焚香祭拜。之后主祭宣读《迎春接福祭词》。词曰："四时复始，万象更新。金龙报喜，岁序壬辰。木神下界，大地回春。调风度雨，惠泽民生。自然和谐，天道遵循。十龙治水，七牛躬耕。天泰地泰，寿臻福臻。三衢大地，物阜风淳。国强民富，五谷丰登。"仪式的最后一项，是由陪祭导唱《祭春喝彩谣》。其形式是陪祭喊一句话，在场所有人就接一声"好啊"。共有八句：

壬辰立春，金龙报喜普天庆。——好啊！
春回大地，周而复始万象新。——好啊！
迎春接福，天泰地泰三阳泰。——好啊！
春神护佑，世荫福祉惠万民。——好啊！
春色满园，沃野千里江山好。——好啊！
春风浩荡，国泰民安遍地金。——好啊！
春华秋实，风调雨顺粮仓满。——好啊！
春赐万福，人寿年丰万家欣。——好啊！

殿内仪式结束后，众人移至殿外的一块地头，观看"鞭春牛"仪式。"春牛"是跟一位名叫王六古的村民借的，老人穿着蓑衣，戴着斗笠，扮演着人们印象中的"老农"形象。而鞭打春牛的"芒神"，却不像古礼所规定的那样由男童扮演，而是由一位12岁少女来装扮。她头扎发髻，披一件白色斗篷，一边象征性地鞭打牛的头部、左身、右身、尾部和背部，口中一边念诵道："一鞭春牛，风调雨顺；二鞭春牛，幸福安康；三鞭春牛，三阳开泰；四鞭春牛，万事顺利；五鞭春牛，五谷丰登。"

古俗中的"抢春"仪式没有进行，取而代之的是将糖果、花生等分撒给围观的人群。有人提了两篮祭品，代表村民们在田头焚香烧纸，祭拜天地。王六古开始来回犁地，之后两村民一在前平地，一在后播种，并将几株小青菜整齐地栽到地里。此时，有人在地头放起了鞭炮。在一片硝烟弥漫之中，穿着黄色绸衣的村民们抬着纸糊的春牛、关公和四大“灵公”的坐像来到殿外，后面跟着一条绿色的长“龙”。他们在广场上转了几圈之后，就开始浩浩荡荡地沿村巡游。在事先约好的一些人家门口，他们停下来，让神灵们接受祭拜。村民们把盛有整套祭品的篮子摆出来供奉，并将事先准备好的红包放在牛头上和神灵们脚跟的“功德箱”里，然后焚香烧纸，为家人祈福。等祭拜结束，他们会把祭品拿回家去给小孩们吃，因为相信这样他们会长得“蛮气”（壮实）一点。

跑在巡游队伍最前面的，还有一位“报春人”。他手中拿着一叠红纸，每到捐过钱、做过奉献的人家，就贴一张在门口或墙上，或直接交到主人手里。红纸上的文字为“九华乡外陈村梧桐祖殿祭祀”，下有两幅图，一幅是春神像，上方写着“新春大吉”，左右分别写着“风调雨顺”“国泰民安”的条幅；另一幅是儿童在日光下、田地里鞭打春牛的图像。文字部分主要介绍梧桐祖殿及其“立春大典”。

巡游队伍在本村转完一圈之后，吃过午饭，又到临近的各村去继续巡游，直到下午三点多钟才回到庙里。这边庙里中午摆满了饭桌，香客们可以免费用餐。饭是白饭，菜以白菜、萝卜为主，都是素食。

以上这些仅仅只是“迎春”的前奏，因为当天交春的时刻是在黄昏。这时，来宾都已离开，香客也大都散去，只剩下外陈村的村民和他们的亲朋好友。时辰到来之前，殿门紧闭。时辰一到，殿门即被打开，在一群打着灯笼的儿童的引领下，手拿香烛的村民们一涌而出，纷纷在殿门口点上蜡烛，焚香烧纸，迎接春神降临。一时间，鞭炮大作，烟花四起，几位村民代表捧着两枝象征“春天”的树枝回到庙中，将它们摆到祭台前。又在庙中祭拜之后，仪式才告结束。之后戏台上好戏开场，以飨春神等各位神灵。

（文：衢州市农办）

江山南坞村

南坞三月三祭祖

江山市凤林镇南坞村位于市区南部，毗邻江西广丰、玉山两县，有800多户、2000多人口。村子历经千年历史，耕读传家诗礼相延，历代都有学子拜官晋爵。明嘉靖刑部尚书毛恺曾为南坞杨氏题书“江阳望族”，南坞被后人称为“江南杨氏望族”第一古村落。

每年三月初三，南坞村都要举行盛大的祭祀活动。三月三古称上巳节，是纪念轩辕黄帝诞辰的节日。千百年来华夏子民向祖国的四面八方辐射，三月三聚会祭祖这一古老习俗也随着子民的迁徙而进村入寨，绵延至今。

据族谱记载，南宋理宗端平二年（1235），杨氏79世孙南宋御史杨尹中迁南峰（南坞），是为南坞村之始祖，自此杨氏开始在南坞繁衍生息。巧的是，南坞始祖尹中公生于南宋宁宗开禧二年（1206）三月初三，与华夏始祖黄帝属同一诞辰日。后世子孙为纪念始祖尹中公，每年在他的诞辰之日“三月初三”进行祭祖活动，就有了双重意义，在祭奠始祖尹中公的同时又祭奠了黄帝，二祖并祭。

三月三祭祀活动，现已发展演变成南坞三月三民俗文化节。活动形式除传统的杨氏祭祖、沿路巡游、分发香饼、祖寺庙会（峡山寺）、亲友会聚以外，还有民俗文化表演及展示、商品交易等大型民俗文化活动。

但不管如何演变，杨氏祭祖始终是三月三的重头戏，地点在南坞外祠古戏台。

三月三上午8点，悠扬的号角声从外祠堂传向南坞的四面八方，告知民众杨氏后裔祭祖即将正式开始。只见南坞杨氏后裔23代孙杨荷生站在队伍的最前面，所有的杨氏子孙都修冠、整衣、束带、神情肃穆。祭台上供着祖宗画像，摆满了各色各样的供品，红烛高烧香烟缭绕，到处彩旗飘扬。随着主祭人杨荷生一声开始，杨氏子孙跟着主祭人一起有条不紊地进行上香、跪拜、酹酒、行叩首礼等祭拜流程，主祭人诵读祭文，焚祷告文，再一叩首，二叩首，三叩首，礼成。整个祭祀活动始终保持着庄严肃穆的气氛。杨荷生说：“虽然每年祭祀的程序都一样，但我们都非常虔诚认真地对待，从不会有一丁点儿马虎敷衍。”完全延合儒家的祭祀理念：祭如在。

慎终追远。虔诚地祭祀远代先祖，既是对先祖的哀思追怀，也是教育子孙后代不忘根本。南坞的杨氏子孙绵延着一次次的祭祖跪拜，在一场场祭祀中成熟长大，刻印在记忆中的祭祖仪式将承载着华夏传承千年的传统文化，伴随他们一生且传承后人。

诵读传承杨氏家训族规也是杨氏祭祖不可或缺的部分，只见一批黄发垂髫、手持竹简卷轴、身穿汉服的杨氏后裔新一代，朗声诵读杨氏家训族规。

杨氏家训包括：敬祖宗、孝父母、和兄弟、谨择配、睦宗族、慎交友、训子弟、勤职业、崇节俭、守身家等十个部分。杨氏族规包括：祭祀、崇祠、祀田、睦族、婚娶、丧葬、惩罚等相关规定及约束。

如族规规定祭祀岁凡四举：冬至、元日祭于祠，清明、重阳祭于墓；祭祀之前，须斋戒致谨，洒扫庭除，洁净祭器，毋得怠忽亵渎；祭祀必肃衣冠，极尽诚敬，俨如祖宗在上，子孙不得行礼不恭，跛倚欠伸，哕咳嚏喷，与夫一切失容之事，尊长当加谴责；元日，入祠报新丁，冬至，入祠报亡故，逐一申报后交长房面登草谱内，待异日续修族谱之用，以免遗漏；族谱收藏宜密，每当冬至日缴验，如有损污，则受惩戒，且另择贤者收管。

长篇幅的杨氏家训族规，涵盖了子孙行事为人的方方面面，杨氏后裔通过对家训族规的诵读进一步弘扬民族文化，发扬杨氏爱国、爱家、清廉、清正的传统精神和杨氏家风。

再接下来是子孙沿路巡游。在吉时的唱喝声中巡游正式开始，只见身着华服的杨氏后裔缓缓抬起香炉、祖先画像，扛起各色彩旗，从杨氏外祠堂出发，沿着古老的街巷蛇行。巡游时有专门的开锣队、先锋队、护旗队、社火队、香炉队、祖宗画像抬轿队、清白传家旗队、百世流芳旗队、国泰民安旗队、风调雨顺旗队、五谷丰登旗队、六畜兴旺旗队、忠孝礼义旗队、灯笼队、吹打队……数百人的巡游队伍像一条弯弯曲曲的长龙，沿着南坞村大小巷子中沧桑斑驳的青石板路巡游，边游边敲锣打鼓燃放爆竹，杨氏子孙盛装出迎，喜气洋洋，最后巡游队伍回到杨氏外祠。是日，南坞村到处张灯结彩，披红挂绿，沿途村头巷尾皆挤满观赏民众，热闹非凡。随处可见龙灯、舞狮、高跷、花船，一派国泰民安盛世繁荣景象。

巡游结束后还有一个重要的议程，就是杨氏子孙都集中到杨氏祠堂分（也有说“关”）香饼，以前是只有男丁有份，现在是男女都一样，只要是杨氏子孙人人有份，分了香饼带着好运带着祖宗的庇护高高兴兴回家，也把欢乐太平的美好祈愿和记忆带回家，三月三祭祀活动结束。

每年南坞的三月三，都有数万之众从四面八方赶来，有的是在外打工的村民、有的是求学宦游在外的乡绅名士、有的是村民的亲朋故旧……如南坞村村民杨忠煌所说：“我平时都在外地，离村外出谋生已有十几年，但我的根在这里，每年三月三杨氏祭祖活动我都回来的，因为我是南坞的一分子，家乡的每一件事都和我息息相关。”

南坞三月三是村民的盛大节日，家家杀鸡宰鹅除尘打扫祭祀祖先，迎接从外地赶回的亲人及招待前来参会的亲戚朋友，场面热烈喜庆的程度远远超过春节。每年这一天，杨氏子孙都要举行献牲酬祭以禳灾祛祸，保五谷丰登人畜两旺，祭拜祖先并借此机会为子孙后代祈福。

如今的南坞三月三，在当地已形成了以民间民俗文化活动为主体，以文艺表演、手工艺展示、体育竞技项目以及有当地传统特色的民间特技杂耍等节目为辅的村民聚会祭祖的大型文化活动。其中的文艺表演多种多样，除了跑马灯、舞龙灯、彩阁巡游，还有跳龙灯舞、狮子舞、鱼灯舞等，更有根据民间故事改编的现代“抛绣球招亲”等表演。

（文：江山市农办）

象山渔山村

如意娘娘连两岸

如意娘娘信仰起源于象山石浦渔山列岛。渔山岛是悬岙离岛，由北渔山和南渔山等54个岛礁组成。渔山岛人世代以捕鱼为业，从事艰苦而风险丛生的渔业工作，朴素的理想、简单的生活逻辑，滋生出渔山岛独创的保护神如意娘娘。

传说宋朝时，渔山岛就有福建兴化、台州和黄岩人来捕鱼、铲淡菜。一日，某采贝人落海身亡。其女从家乡赶来，纵身跃入海中，但见投身处浮上一块木板。人们为其孝道所感动，遂以木板塑少女像，塑像是坐身，双手搁在膝上，扶着一块约20厘米乘以100厘米见方的木板，建庙于该岛，称为如意娘娘庙。

1955年1月18日，解放军攻下江山岛。浙东大陈岛、渔山岛一带的国民党军队撤离，渔山岛93户人家487人也归入撤退行列，村子整体迁移到台东富冈村。撤离前，以柯位林为代表的渔民决心要把本岛如意娘娘装箱带去台湾。士兵阻拦时，柯位林斗胆向上岛巡视的“国防会议副秘书长”蒋经国先生求助。蒋经国先生说：“可以，可以。搬上去，搬上去。”从此如意娘娘习俗在台湾也有了发展。

去台渔民在富冈建村时，同时建造娘娘庙，因考虑到富冈新村“以渔为业，应祀海神，以祈充裕而保平安”，遂改名为“海神庙”。海神庙占地600多平方米，内有戏台，庙里供奉如意娘娘、二娘娘、三娘娘、李府元帅、广泽尊王、保生大帝、池府王爷、泉州王爷、北极王爷、德福正神、关公、关平、周仓、三太子、观世音菩萨、南渔山王爷等神像，又有将军的“兵马”和“太岁”，如意娘娘的护法“虎爷”和“船神”（石浦传统古渔船“绿眉毛”）等，合100余尊。

海神庙还有专门的管理委员会，“主委”是最高管理人员，由所有委员评选。两名“副主委”由主委选派，协助主委工作。副主委下的职位叫“炉主”，配有“副炉主”若干名，负责日常事务。炉主由如意娘娘“钦定”。在农历七月初六（如意娘娘生日），其中一项祭祀活动就是掷筶杯，选炉主。筶杯是一种占卜用具，半月形的竹根，平面为阳，凸面为阴。祈祷神灵时，一对筶杯合于手中，掷于地上，观其阴阳，以占吉凶。两片都是阳面，称“笑筶”，表示神在冷笑，即无效。两片都是阴面，称“伏筶”，表示神在生气，即否定。一阴一阳，称“圣筶”，神表示肯定和接纳。

如意信俗的祭祀程式叫“请五营”。“五营”指神祇的开路先锋——“东、南、西、北、中”五位将军，由5面令旗表示。另外有各种法器：一口红色的“东西南北”斗；装着祛邪的盐米；五块红色的“法旨”形如惊堂木；一条长长的“法绳”麻质鞭子状；五将的兵器是“五宝”，分别是“七星剑”“鲨鱼剑”“月斧”“铜棍”“刺球”。通过五位将军“操练兵马”，才能请出各位神祇。“请五营”是祭祀者与神灵“沟通”的媒介，通过这种仪式，神灵“附身”，为大众指点迷津、消灾赐福。

仪式开始，八九个祭祀人员轮流担任五将，念“请神咒”和“本坛咒”，咒语浑厚粗犷，像曲谱。然后五将轮流上场，手执法绳，手舞足蹈，念念有词，如入迷幻状态。战鼓擂起，五位将军赤裸上身，手执兵器，“操练兵马”，顿时，祭祀现场“刀光剑影”。操练完毕，东西南北中放着的5个红色铁桶开始焚烧金箔纸，一将舞动法绳，登坛作法，正式请神祇。如意信俗是多神信俗，如意娘娘一般在重大的活动中“现身”，平时请出的可能是池府王爷，或其他神祇。请出的神像，两将各执一端，像拉锯一样，相互拉扯争夺。其他各将念咒语，訇然如梦。在梦幻般的“拉锯战”中，凡人如有难题，即可由神灵来解答。

“请五营”结束，村民们排出鱼肉酒菜等供品，面向大海，祭海谢神。祭祀过程叫“扶乩”。“乩童”是神祇的代言人，是神与人互相沟通的媒介，神灵上身称为“起乩”。海神庙的乩童叫柯为民，1946年出生，16岁时进入海神庙“做禁”7天。“做禁”就是在紧闭的庙门里，通过老五将作法请神，使“神灵附身”，“神定”乩童，传承各种“法术”。

富冈村至今还保留着许多故土习俗：逢年过节，家家户户包麦饼筒、做鱼滋面、鱼丸、八宝饭、春卷。除夕“要吃三十夜”，36道菜层层叠叠摆在桌上。元宵节在海神庙外烧平安茶，几口大锅用姜、红糖、红枣和上等好香等配料烧汤。然后请神，请来泉州王爷，“指定”两个人上山采药。采的草药，数量、地方，神灵都会“告知”采药人。草药放入沸腾的汤料里一起煎熬。平安茶烧成后，全村家家户户都来取茶，男女老少争相喝平安茶，祈求岁岁平安，生活安康。

随着时间的推移，两岸兵戎对峙的坚冰已融。富冈新村村民想念家乡，渐渐地和大陆相通。20世纪80年代，台湾解禁开放大陆探亲，台湾同胞纷纷来到家乡旅游、修坟、祭祖。2007年7月间，在象山县台办的支持下，海神庙始建人柯位林发起如意省亲活动，率令旗队、锣鼓队、七星阵、八卦阵等回乡祭祖团54人，敬奉如意娘娘小塑身及池府王爷、广泽尊王、阵头八将等神像回到渔山岛娘娘庙省亲。这是阔别50多年的如意娘娘第一次踏上故土祈福祭祖，开创了两岸娘娘省亲的迎亲习俗。

2008年，象山县以“中国开渔节”为平台，邀请台东富冈村参加“妈祖如意省亲迎亲”仪式，祈福巡安活动。富冈村村民捐资60万元，在东门岛合资兴建新的如意娘娘庙，如意娘娘真身叶落归根，重归故里。石浦—富冈省亲迎亲仪式在传统仪式中有所创新，包括：

起身祭。如意娘娘在富冈海神庙动身启程前，庙里供奉祭品，颁经祭拜。

落地祭。如意娘娘到达家乡目的地，祭桌上放各类牺牲。锣鼓队开道，吹打乐队迎候。置香炉，忏拜娘娘。如意娘娘进娘娘庙，居中停放。

如意娘娘在东门妈祖庙省亲，妈祖是姐姐，居中堂，如意是妹妹，居大殿中堂小位（即左侧）。双方信徒守夜。负责通宵上香陪护。

赠礼。神明往来如凡人，相互赠礼。

客祭。信徒自由上香祭拜，不设祭品。

送别祭。如意娘娘回程，众信徒在村口祭拜欢送。

回庙祭。如意娘娘返回台湾海神庙，众人祭拜娘娘，慰其辛劳。

如意信俗产生于渔山岛，发展到台湾，后海峡两岸天各一方，一别就是半个世纪，基于两岸民众的文化认同、孝慈理念、故里祭祖、祈福消灾等愿景的一致性，如意省亲迎亲习俗成为两岸文化交流的纽带，是我国唯一一个横跨海峡两岸的非物质文化遗产。

（文：沈学东）

象山井头村

井头村上灯祈福

井头村地处象山县新桥镇西北，据县志载，元末顾氏祖自南田迁此建村，因旁有水井，故名井头。以“井”命名，对井头村来说可谓是名副其实。现村内有古井6口，村民自挖水井40口，俨然的“井”然有序。

井头村是个农业村，村民大多以务农为主，常年种植水稻、番薯、麦类等农作植物。在科学不发达的年代，自然灾害是农民们最为担心的事，因此百姓们用各种民间活动祈求老天爷赐恩赐福，祈求风调雨顺、五谷丰登，成为生活中较为重要的大事。上灯祈福就是其中之一。

井头村的上灯祈福习俗已有几百年的历史，在旧时十分盛行，解放后曾一度停止，改革开放后重又兴起。近年来更有兴盛之势，所上的灯分为天灯、塔灯两种。

点天灯

天灯是一种圆柱形的灯笼，骨架由篾条和细铅丝箍成，外面用油纸布包裹，中间可点红蜡烛（现在可装电子灯），直径长约15厘米。点天灯是农户人家向上苍祈求消灾祛病、添寿保平安的信仰活动，时间为每年的大年除夕夜，地点就放在农户家里的地道。点天灯是一项庄严而神圣的信仰活动，不能家家都随便点。每年年底，由村里的族长从各姓家族中选一比较有威望的农户，负责执行点灯的仪式，以后依次在各个家族中轮回，一族轮一年。

轮到点天灯的农户，年前早早备好一株（有时两株）长毛竹，用作点灯的灯竿。毛竹从山上砍来后，去掉上面的毛竹梢细，将去掉的竹梢细合成一束系在竹顶上，再在竹顶上安装滑轮，给滑轮穿上灯绳，将竹竿固定在家里大房前面的地道里。

要点天灯了，吃过年夜饭，整个家族的人都来到点天灯的农户家里。大家把供桌搬出来放在竹竿边，放上供品。供品为猪肉1盘、黄鱼鲞1盘、豆腐1盘、大糕1盘、茶叶8杯、筷子8双、白米饭1碗、各类果品五盆（称五果）、香烛、烛台1双、老酒8杯。上完供品，点燃香烛，大家在族长的带领下向上苍跪拜祈求。一般在放关门炮前，由族中男人拉动灯绳，将点亮的灯笼缓缓升入空中，挂在毛竹竿顶。第二天天亮后，降下灯，到晚上又点上灯（只有首次点灯举行祭祀仪式）。这样持续至次年农历二月二，点灯祈福才算结束。

上塔灯

据民间传，塔灯始于康熙二十年（1681），距今已有300多年的历史。井头村的上塔灯祈福习俗，至今也已流传了200多年。

塔灯虽然以“塔”命名，但井头村的塔灯形状还是仿椭圆形的灯笼，上小，下小，中间圆胖，直径长约15厘米。灯骨架由篾条和细铅丝箍成，外蒙油纸布，内可插红蜡烛（现可装电子灯）。每盏灯上分别写“五谷丰登”“国泰民安”“风调雨顺”等字。中国佛塔“尚奇”，其层数大多为奇数，从一层、三层、五层到十七层不等。井头村每年所上的塔灯共有七层，每一层有七盏灯，即坊间所说的“七星灯”，上完塔灯后，整个灯阵由七七四十九盏灯组成。井头村上塔灯的仪式每年举行一次，时间为正月十三夜吉时上灯，正月十八上午吉时下灯，历时五天，整个仪式才告正式结束。

在井头村的一块空地上，有个地点名叫塔灯基，塔灯基上竖有一块长方形的茶盘石，用来固定灯杆。解放前，人们要去温州买来很长的长梢杉树，固定在地上，用作上塔灯的灯杆。因“文化大革命”期间“破四旧”，上塔灯一度被禁止，塔灯也被捣毁。改革开放后，井头村村民李敏杰、顾贤才带头做塔灯，恢复上塔灯习俗，并将原先的长梢杉树灯杆改为水泥柱灯杆，这样被固定后的灯杆更为稳固。

正月十三夜，井头村的上灯仪式开始了。旧时长梢杉树做灯杆，上灯前，村民要先将杉树从祠堂抬到上灯地点。现在有了水泥灯杆，只需将放在祠堂的塔灯“请”到塔灯基即可。

仪式开始了，七七四十九盏塔灯已被点亮，放在一边等待升空。塔灯基的空地上摆着两张长条供桌，供品为猪肉一盘、黄鱼鲞一盘、豆腐一盘、大糕一盘、茶叶八杯、筷子八双、白米饭一碗、各类果品五盆（称五果）、香烛、烛台一双、老酒八杯。是时，天空中烟花四绽，鞭炮齐鸣，观看上灯仪式的村民蜂拥而来，人涌如潮。主持仪式的总族长带领村里的四房族长，在塔灯基行跪拜祭祀大礼，并向上苍祈求，祈求语是：“风调雨顺，国泰民安，五谷丰登，六畜兴旺，老者如山不动，小者如水长流，文者福星高照，仕者平步青云，商者一本万利，企业者捷报频传，族众健康平安，生活幸福如意，得以如愿。”

族长带头祭祀时，周边的村民皆双手合十，喃喃向上苍祈祷。开始上灯了，村民们将七盏灯以灯杆为轴心沿着灯盘摆放，摆完后形成一个大圆形的花环状。族长宣布上灯，几个壮年村民拉动灯绳，将塔灯缓缓升入空中。一层灯升毕，族长再行祭祀之礼，接着上第二层，如此周而复始，直至将七层灯全部升入空中。

七七四十九盏灯上毕，绚丽的光芒照亮了整个井头村，也照亮了人们的脸。七层高的塔灯高悬于半空，在夜幕的映衬下显得格外灿烂，让围观的村民发出阵阵惊叹。赶来观灯的村民越聚越多，灯塔基周围全是攒动的人头。村民们怀着虔诚而激动的心情，双手合十，喃喃向上苍祈福。此时，天空华光大放，地面人声鼎沸，在众灯的照耀下，井头村亮如白昼，如集市般欢腾热闹，场面十分壮观，整个村庄充满了祥和喜庆的气氛。

在上塔灯的同时，村民家家户户也在家门口挂起各式小灯，有鱼灯、虾灯、白鹤灯、蝴蝶灯、白兔灯、榔头灯等，以示迎接塔灯的升空。村民们一边放烟花爆竹，一边祈求上苍赐福。

点天灯、上塔灯的习俗，寄托了井头村百姓对美好生活的憧憬和向往。在象山境内的民间，还盛行着其他很多信仰活动，这些传统习俗的存在和延续，给老百姓的生活带来了盼头和希望。

（文：象山县农办）

慈溪任佳溪村

任佳溪端午龙廷会

任佳溪村地处慈溪市掌起镇南部，由原上宅、下宅、湖墩三个村合并而成。村内古迹甚多，有千年古刹洞山寺、宋代古塔、白云洞、呼童庵、任氏宗祠等。最具特色当属灵龙宫。任佳溪村有句俗语：“天下龙廷两个半，一个是东海龙王龙廷，一个是皇帝上朝龙廷，另半个就是任佳溪下宅灵龙宫的龙廷。”

灵龙宫俗称龙廷，初建于清乾隆二十八年（1763），把原在沙湖庙内附祀的石陡龙神单独供奉。道光二十年（1840）又改建成灵龙宫。灵龙宫为宫殿式建筑，坐北朝南，东依灵绪胡，南对狮子山，西邻沙湖庙，宫前是清澈静缓的任佳溪。灵龙宫红墙黛瓦，重檐歇山顶，龙头吻脊，雄伟庄严。依中轴线有宫门、戏台、大殿及左右厢房五个单元，占地700多平方米。

宫门为五开间硬山顶楼房，明间与戏台衔接。双龙吻脊歇山顶屋面，藻井四角素枋斜撑趴梁，中心层叠宋明样式的八角攒尖小斗拱，四周以龙首、云形昂做装饰，雕工精致，结构严谨。戏台两旁石柱上“洒满恩膏长使人间鼓舞，拨开云雾会闻天上笙歌”的对联，表达了村民的美好祝愿。此戏台可拆装，因为旧时祈雨，要把龙神抬出去，不好走侧门，便设计了可拆装的戏台以方便行会求雨。大殿面宽五开间，梁柱粗壮，合抱的柏木金刚柱高近20米。东西二壁绘有“云龙化水”大型壁画，虽隔着几百年时光，依然气势磅礴。廊沿装饰卷篷式抬头轩，雀替、月梁上雕刻着精美的双凤、花卉等吉祥图案，使灵龙宫充满了祥瑞之气。

关于灵龙宫的来历，传说不一。一说是沙湖庙建成之后，为行走方便，村民又在庙东的任溪上架设仁美桥。打桩的时候，忽听得异样的声音，每敲一下，地下便传来“嗯”的声音，宛若龙吟，又似叹息。村民们倍感奇怪，仔细掘找，发现了一尊木雕神龙，长约一尺，雕像威武。在那个吃饭靠天的年代，龙是人们心中的神灵，呼风唤雨无所不能，大伙们很是敬畏。造桥挖出木雕神龙，村民都认为是龙神显灵，于是在仁美桥附近即现在的灵龙宫位置建造龙祠以供奉。

还有传说是与一个土裁缝有关。说清朝某一年，任家溪又遭旱灾，人们食不果腹，有个任裁缝到京城去谋生，却被公差抓去给皇帝做新衣。原来京城的裁缝师傅们做的衣裳都不合皇帝的心意，一个个都被砍了头。任裁缝本是个土裁缝，一听原委心头就更慌了，一慌乱，就把衣服裁错了，前短后长，原本是前襟开叉后肩圆，他一紧张就把领子开到了后面，纽扣也缝到了后边。谁知皇帝年纪大了，有点驼背，后颈长了“峰墩”，所以穿别的衣服总是前拖地后吊起，不能体现王者威严，脖子还卡着不舒服。而任裁缝错裁的衣服，前短后长刚好合身，领口开在后面，纽扣可以松开，非常舒服。于是龙颜大悦，立即封任裁缝为浙江布政司。任裁缝想起老家任佳溪正闹旱灾，于是请辞了封官，愿在家乡建造龙宫，祭祀龙王，以保风调雨顺、国泰民安。这样，奉旨造龙宫，灵龙宫就造起来了。

灵龙宫建成之后，备受当地民众爱护，当时的乡规民约规定，哪怕折桂花一枝，也要罚瓦千片。据村内的老人称，他们曾见到过灵龙宫内悬挂的两块匾额，一块为乾隆癸未年（1763），上题“遂灵百昌”四字，红底金字，外有黑底金色花边；一块为道光庚子年（1840），上题“龙宫福地”四字，红底金色。还有一对很大的篆书抱柱对联，也是乾隆年间的，可惜都毁于“文化大革命”。

灵龙宫是旧时敬奉龙神的重要场所，正殿供奉三位龙神，东边侧殿则供奉葛仙翁与勉一先师。葛仙翁就是东晋道教著名炼丹家葛洪。勉一先师在《镇海县志》方外传中有记载，是任氏的一位先祖，据说得道成神，供奉于灵龙宫。如此一来，灵龙宫既求风调雨顺，又能求治病救人，还供奉祖先以求人丁兴旺光宗耀祖，故长年香火不绝，特别是每年的五月初四和七月初四，三北一带善男信女云集，上香静坐，念佛祈福，希望龙神保佑风调雨顺、国泰民安。五月初四夜是端午龙廷会，祈求龙神保佑风调雨顺、五谷丰登。七月初四称吃西瓜老酒，问年岁收成。另外天旱与山上虫发时还要抬菩萨行会求雨与治虫。

端午龙廷会是三北民俗的一项重要活动。旧时在端午节前一天，三北一带的百姓云集于此，备纸钱、香烛和供品，祭祀龙神，善男信女坐成一排排，虔诚地念经祈福，到第二天清晨才结束，在这期间灵龙宫内烛火通明，香烟缭绕，人流如潮，热闹非凡。有病的向葛仙翁求药，无儿的向勉一先师求子。年岁好时，戏台上还有绍兴大班演出，一直要持续三天。

遇到连年干旱时就要请龙行会求雨，仪式更加隆重。端午节正日，由族中长者主持公祭，人们齐跪大厅下，首先由主祭人上香，之后行三拜九叩大礼，公祭人读祭文歌颂龙神的功德，并祈求风调雨顺，最后焚表，将愿望送达龙廷。仪式后即行会，前有旗幡锣鼓开道，后面依次是抬阁队、舞龙队、车子灯，最后面才是三尊龙神。从任佳溪出发，往西到东埠头，然后折向北到掌起桥陈家，再到范市，转到王家、河头、潘岙，再回到任佳溪，一般要一天时间，队伍有一里多长。所到各处也会参与祭祀，以求各地风调雨顺、国泰民安。

在特别干旱的日子也会举行请龙求雨活动，不过仪式又有不同。先由族内长辈到灵龙宫内焚香祈祷，然后将龙神移至门口烈日下暴晒一天，称为晒龙王，第二天即举行求雨行会。

七月里，沿山有时会旺发松毛虫，导致松树枯死，人碰到皮肤起肿块。村里这时就要行松虫会。松虫会的行会仪式与求雨相似，路线一般往南由焕岭到通天庙、上圣庙，然后到高巷、西蔡、东蔡、潘岙，经湖墩回到灵龙宫。最后一次行松虫会是在 70 多年前，据说行会到湖墩白石庙，龙神尚未进殿，雷雨随之而下，松虫打落大片，浮满溪坑。

直至今日，五月初四与七月初四，来自四面八方的百姓依然会到灵龙宫赶庙会祈福求平安。平时的农历初一与月半，灵龙宫也会有不少村民自发祈福求平安。任佳溪村端午节龙廷会已被列入慈溪市第三批非物质遗产名录。

（文：张巧慧）

松阳平卿村

平卿村福日祈福

在浙西南的山村，历史上由于地处偏僻、交通不便，村与村之间的往来交流不多，处于相对封闭的状态，故虽有相近的民间信仰，且村村都有还愿、祈福、祭祀的活动，但历经千百年的演变，各村形成了独特的祭祀习俗。以松阳为例，除了较为出名的石仓请年神、大竹溪摆祭、小竹溪排祭、高亭迎神赛会等民俗活动外，还有不少值得挖掘的民间信仰习俗，其中新兴镇平卿村的“福日祈福”习俗就很有代表性，值得一书。

平卿村坐落在谢村源高高的山岗上，四周青山环绕，绿树掩映，梯田层叠，美不胜收。百余座传统民居黄墙黛瓦，借山势而建，错落有致。穿过村中的石子路，经过柳杉古树群，沿蜿蜒的山道继续前行，就到了山岗的一块空地上，社庙“八保新兴社”就建于此，背靠青山，树林荫蔽。庙前视线开阔，可以远眺对面的山水、梯田、村落，乡野美景尽收眼底，令人心旷神怡、流连忘返。

福日祈福，就是平卿村的村民选取黄道吉日，合众向“八保新兴社”中的“平水禹王”还愿、祈福的民俗活动。平水禹王就是上古时代治理黄河有功，受舜禅让而继承帝位，成为夏朝开国君王的大禹。大禹在汉族民间的信仰度较高，浙江各地多有供奉，而平水禹王或者平水大王是汉族民间对大禹的俗称。

福日每年八个，“大福日”和“小福日”各四个。大福大祭，每次杀一头大黑猪作为主要的祭品；小福小祭，仅用肉、饭等相对简单的祭品。正月初八前（“上八日”），村里请道士先生选好一年各个福日的良辰吉日，并采用抓阄的方法在本村男丁中确定四位村民担任“头首”，轮流负责全年大小福日祭祀的具体事务。一人一生只能当一年头首，已经当过头首的就不能再参与抓阄了。

福日和时令节气紧密相关，也与当时农耕生产的技术条件密不可分。大福日有四个，分别是：

一、“上山福”：在谷雨前后。以前种田缺少肥料，村民就上山割下柴草叶，挑到田里，埋于土中，以作肥料使用。做福祈祷上山作业平安。

二、“落山福”：在小满前后。这时村民结束割叶作肥，准备下田播种插秧。做福祈祷播种作业平安。

三、“立秋福”：在立秋前后。这时稻谷处于抽穗阶段，也是虫害肆虐的时节，古时没有农药杀虫，只有祈求“社公”帮忙了。

四、“八月福”：在白露前后。此时庄稼即将收割，丰收在望，做福感谢“社公”功德。这是一年中最大的福日，由道士主持，还会邀请戏班来村里演出。

小福日也是四个，与大福日交叉进行。六月初一还要包粽子祭祀神灵。每年通过数次祭祀，祈求神灵保佑来年风调雨顺、五谷丰登。

大福日的凌晨，天刚发亮，头首们就起床忙碌开了。请来师傅杀好大黑猪，猪头要煮熟，剔除骨头，将肉切成碎片。其他猪肉，当地俗称“光膀”的，则不用煮熟，剔除骨头（骨头也要煮熟拆肉），切成小块状。熟猪肉和生猪肉都要按照参加祭祀活动的男丁人数，予以平分。熟猪肉平均分摊于社庙正中的桌子上祭祀，生猪肉则用稻草当绳捆扎，悬挂于社庙两侧的墙板上祭祀。一般每个参加祭祀的人均可以分到一斤多生猪肉、米饭以及几两熟猪肉。

村里18—59岁的男丁都可以自愿参加祭祀，家里没有这个年龄段的男丁的，也可以将年龄延至60岁以上。平卿村560余人，每个大福日都有160余位男丁参加祭祀。

大福日那天，四位头首是很辛苦的，有时也请几个村民前来帮忙。除了准备社庙里的祭品外，还要准备肉、饭等祭品，遥对山下的四相公殿（已毁）祭拜，或在香火堂、风水古树等处祭拜。当上述一切准备工作就绪，放了鞭炮，烧了纸香，已是中午时分，所有祭品供奉神灵慢慢享用，大家各自回家吃饭。

午饭后，村里一通锣鼓响，村民纷纷拿着锅、碗、篮子、袋子等盛器，陆续到社庙里领取祭祀过的祭品。有不少男丁因学习、工作、务工、经商等原因外出，不在家，无法参加祭祀活动，可以叫家里或邻里的老人、妇女前来代领。

村民里三层外三层地围在社庙内外，场面好生热闹。四位头首分工明确，一位高呼村民的姓名，其他三位则分别将生猪肉、熟猪肉和米饭授给该村民，其顺序按照抓阄确定。小孩子嘴馋，早就等不及了，拿过熟猪肉和米饭，就津津有味地吃起来。大人们则将生猪肉拿回家里，再做一番摆祭，才将生猪肉煮熟了与家人共享。通过分发、食用猪肉、米饭等祭品，将神灵的佑护和福气带给家家户户。

福日祈福的习俗究竟始于何时，现已不可考。据村里的老人介绍，应该从村子成立时就有了，世代沿袭，流传至今，仅在“文化大革命”期间停办过。平卿村的村民以周姓和张姓居多。据周氏族谱记载，该村周姓始祖三道公于元至正 25 年（1365）从新兴镇大岭根村迁至平卿，建立村庄，子孙后代在此繁衍生息。如此算来，福日祈福的习俗应有 600 余年的历史了。

平卿村的村民世代以农耕为生，靠天吃饭，万事由神灵做主的思想根深蒂固，祈求神灵保佑风调雨顺、五谷丰登是他们最大的愿望。通过合众祈福，还能增进家族邻里的团结和睦，增强克服困难、战胜灾难的信念。这或许是平卿人将这一传统祭祀习俗代代相传、生生不息的缘由吧。

如今，平卿村的不少村民在外地工作、务工或者做生意，留在村里的村民主要种植茶叶和高山蔬菜，生活条件不断改善，日子过得越来越好，却仍没有忘记将福日祈福这一具有悠久历史的祭祀习俗一年一年地传承下去，其中蕴含了村民对祖先的感恩，对故乡的情怀，以及对未来更加美好生活的期冀。

（文：郑忠民）

松阳石仓村

石仓村阙氏祭祖

浙南松阳县的石仓村，向有“江南客乡，水墨石仓”之誉。这里有4000左右的阙氏宗亲，最早从福建迁入，在此居住已有300多年。

客家人十分盛行祖宗崇拜，对历代祖宗，大都建有宗祠、家祠、香火堂，以作纪念，春祀冬祭，年年不断。对迁至本地的第一代始祖，族谱上往往特地注明。作为祭祀的老祖宗，其祭祖分祠祭、墓祭和家祭。石仓七村住着的多为阙姓，是客家人，他们的祖先在明清时期从闽西迁来，至今仍然延续着闽西客家人的生活习俗，讲的仍然是闽西汀州客家方言，保留着客家文化的古韵，有着独特生活气息和淳朴的民俗民风。他们保持着尊宗爱祖的传统美德，他们敬祖宗过于敬神，信神敬神者，各有所崇，而敬祖者并无二义，一是出于氏族传宗观念，二是认为先祖也是神，俗称神祖，有双重认识。家境好者，认为是先祖神灵庇佑，家境贫寒者，也不埋怨先祖，而自认为命运不佳，所以一代又一代，一年又一年，他们始终不会忘记自己的祖宗。

宗祠祭祖

石仓七村阙氏与其他村阙氏拥有同一宗祠——维则堂。古时中国传统社会是宗族社会，宗祠是传统宗族社会管理的场所，宗祠神龛供奉的是历代祖宗，传承的是祖宗至上宗族管理理念。维则堂建于道光元年(1821)，由石仓阙氏后宅村如祥公、茶排村盛宗公、下宅街村弼文公等天、地、人三房合建，营建花费超过银元1200两，是整个清代石仓地区最昂贵的一座建筑。维则堂1972年被拆除建小学。

据《石仓阙氏宗谱》记载的维则堂祠规和祠田置业数目，可以看出新中国建立前维则堂祭祖的隆重。祭祖对于孝子贤孙来说是一件非常紧要的事情，每年的春分、冬至祭祖时全族男丁齐齐出动，纷纷到祠堂参加祭祀。祭祖时要杀猪宰鸡，以整猪整鸡鱼为祭品，同时还有酒、菜摆在神位前的方桌上。祖先牌位前有香炉、供果、糕点。点香蜡、黄表、纸钱，这些蜡、纸为各家自带，少则几十斤，多则几百斤。然后放鞭炮，依次磕头作揖，香蜡燃完即收供品会餐。祭祀后把祭祀的猪肉分发给各家，俗称“太公分猪肉——人人有份”，古称“分胙”。胙，即胙肉，祭祀供神之肉。猪肉分予各房子孙，意在勉励子孙恪守祖业，谨遵孝道。从民国版石仓《阙氏宗谱》中祠规关于“胙肉”分配的记载可以看出胙肉在家族管理中的重要作用，在当时其还是家族管理的奖惩工具之一。

宗祠除宗族组织祭祖外，每当逢年过节，每家每户也要到祠堂祭祀，根据节气不同，祭祀程序也不一。以大年三十最丰盛热闹，祭品有猪头鸡鱼等，外出工作的也会赶来祭祀。而清明、端午、七月十五、中秋等节则相对简单。初一、十五族里也会轮值向祖宗敬香敬茶。

家祠、香火堂祭祖

石仓七村阙氏家祠位于水井头 9 号，建造年代在康熙末期至乾隆早年间，是从福建迁来第一世始祖阙盛宗香火堂。是阙盛宗子孙共同的祭祀之所，堂号“余庆堂”。阙氏家祠占地面积 674.4 平方米，坐北朝南，厅堂结构，进深一进，为对称布局，五间二厢房外加辅房。外墙门楣题额墨书“阙氏家祠”，厅堂中间设有神龛，神龛中间立有祖宗牌位。神龛前四根立柱上为两对楹联：“千载蒸尝昭祖德，万年俎豆颂宗功”和“左昭右穆幽光远，木本水源世泽长”。神龛两侧是松阳知县闽人陈朝栋所题的楹联：“松柏真含天地色，蕙兰香泛露风情”。神龛上方是乾隆四十六年（1782）松阳县儒学教谕李麟显、训导胡秉谦为太学生阙懋贤立的“芹藻增辉”牌匾。厅堂两旁柱上挂有楹联“汉代溯源世居松地，下邳开郡派延石仓”。厅堂外梁正中上方悬挂的是光绪乙亥年（1875）钦命兵部侍郎都察院右副都御史巡抚浙江提都军务节制水陆各镇兼管两浙盐政杨为举人阙进璋立的“武魁”牌匾。在这小小的阙氏家祠中，我们可以深深地感受到，茶排阙氏家庭仍然保存着“重明义，重孝悌，重文教，重信议”的客家文化意识。

在石仓七村，还完整保存着七幢清嘉庆、道光年间建造的豪宅，它们既是住宅，居住着建造房子祖先的后人，也是香火堂，供奉着房子的祖先。敦睦堂，于清嘉庆年间由阙天贵建造，占地 2068 平方米，建筑 1841 平方米。楼屋下，于清嘉庆年间由阙天培建造，面积 1824 平方米。乐善堂，于清道光年间由阙氏第四代阙德琏建造，建筑面积 1642 平方米。德为福基，于清道光年间由阙德琈建造，建筑面积 1844 平方米。德善堂，于清道光年间由阙德璁建造，建筑面积1865平方米。怀德堂，于清道光年间由阙德琗建造，面积1024平方米。这一幢幢古宅不仅规模宏大，气势磅礴，而且装饰精雕细刻，非常精美。在它们的上厅，都设有精细讲究的神龛，并立有祖先牌位，供子孙拜祭。

阙氏家祠、众多香火堂至今仍然是阙氏后人祭祖的场所。每逢佳节和红白事、阴阳祝寿，人们都要到家祠、自己先祖的香火堂进行祭祀，告慰祖先神灵。

大年三十祭祖

石仓各村大年三十祭祖，家家户户都非常重视。一大早家里就开始准备祭品，祭品一般是“三牲”，如猪肉、鸡和鱼以及年糕、豆腐、果品等，猪肉一般用猪头，没有猪头的用肋条肉代替，猪肉和鸡都要煮熟。所以，一大早家里就得开始大锅大火煮猪头。祭祀从家里开始，一般由当家的男人和其他男丁进行，他们将擦净的桌子移到大门口，摆上祭品，点上香烛，斟上米酒，请年神仪式就开始了。燃烛、点香、拜祭、插香、烧纸钱、放鞭炮，结束后收起祭品，男人挑或抬着祭品依次赶往祠堂、庙宇、社殿、土地庙、河神、树神等处，按相同的仪式一一祭拜。然后到最祖上的香火堂、自家分支香火堂祭拜。多数人家要祭拜五六处，有的人家要祭拜十来处，一圈下来要足足半天。这一天的石仓是一年中最热闹的，特别是祠堂、庙宇、香火堂，人来人往，门庭若市。阙姓族人不管是远在他乡经商、打工、学习的，还是在本县工作的，都会赶回来参加祭祖仪式。祭祀祖宗，既表孝心和谢意，又祈求来年风调雨顺、五谷丰登，日子过得一天比一天好。

（文：叶高兴）

松阳小竹溪村

小竹溪元宵摆祭

松阳小竹溪村因地处小竹溪而得名，距县城 10 公里许。小竹溪村下辖创古基、紫坞、甫弄三个自然村。此地四面环山，山上竹林郁郁葱葱，一条清澈见底的竹源溪穿村而过，是个山清水秀之地。

小竹溪村四周群山环绕，门前山坑和源头坑汇聚成的竹源溪由南向北蜿蜒穿村而过，溪上有多座石梁桥及水泥桥，泥墙黛瓦的民居与竹海、古树浑然一体。现存有吴氏宗祠、潘氏宗祠、墨口殿等古迹，古村落风貌依旧。全村有吴、潘、叶、王、孙、何、周等姓，其中吴姓约占全村一半人口。据《吴氏族谱》记载，明时，吴姓始祖万八公之父一魁公任处州太守，安居丽邑小水门，万八公见竹溪山高水秀，竹密松茂，于是由丽迁松聚族于斯。

松阳境内有两地谓“竹溪”，一是位于竹溪源源口，县城南去十里，依山傍水，却无毛竹；一是位于竹溪源源头，顺溪流再进去十里的竹溪村，真正盛产毛竹的地方。两个竹溪本无大小之分，但是为了争大小，两村人早先曾对簿公堂。县衙大堂上，小竹溪人挑选两个壮汉汗流浃背地抬来最大的毛竹，大竹溪人则称竹子抬不动，捎来了一袋三寸多宽、一尺多长的“竹叶”（箬叶）。县官据此判决“竹叶”大的名大竹溪，大竹溪人因此喜气洋洋，小竹溪人则满腹委屈。他们谁也没想到，堂堂县太爷连竹叶和箬叶都分辨不出。

小竹溪村从明末清初至今，就流传着元宵摆祭的习俗，“摆祭”也称“排祭”“拜祭”，活动一般定在每年正月十五至月底这段时间，从中挑选一个黄道吉日，并将这一吉日告知全体村民，而这一日也将是全村最热闹的时候。

祭祀当天，全村以户为单位，每户或两户合摆一桌，家家户户均可参加，在沿村的主道上摆上八仙桌，将各自准备的供品摆上，鸡、肉、墨鱼、面条、豆腐是必须有的，水果、糕饼就靠主妇们巧妙的构思和精心制作了，供桌上缤纷斑斓的供品令人目不暇接。用于摆祭的桌子有100多张，前后相连，酷似长龙，故人们也称其为“长龙祭”。而这长龙里，排在龙头位置的第一张桌子，必须是村里的一位长者所供，长者为尊。

早上7点，全村人扛着各色龙凤大旗，敲锣打鼓、鞭炮开道，到离村约1公里的五龙山脚“墨口殿”，恭请“徐候大王”，用八抬大轿把“大王”接回村里观灯、祭奉。进村时，村民们叩首拜迎，“大王”安坐在排祭的头桌，排祭之尾有道士吟经诵法，为全村每位村民打珓杯、卜吉凶，祈求新年出入平安、五谷丰登。摆祭时，每家香火、燃烛不断，并不时燃放鞭炮。下午3时许，摆祭进入尾声，道士一手执一条树枝，另一手端一碗清水，沿街将清水洒向每桌祭品，意为祭品洗尘。之后，道士与两名村民沿摆祭长桌跳起舞蹈，名曰“三人阵”。舞至长桌之尾，则与六名村民一起跳“七人阵”舞，口中念念有词，祈求新年安康吉祥。从村头第一桌开始放鞭炮，一桌接一桌，一直到最后一桌放完才能撤桌。

当然，最热闹的还属晚上的“送灯”活动。夜幕降临时，“送灯”活动便开始了，其时焰火齐放、鼓乐齐鸣，不管是老人还是小孩，都提着自制的灯笼加入到送灯队伍中，上千盏灯笼排成长龙，整个村庄成了灯的海洋。他们将守护神送回庙殿，意寓送走所有灾难和不幸，迎来风调雨顺、国泰民安新的一年。

小竹溪村民举行这一活动主要是为了纪念“徐候大王”。相传在小竹溪一带曾发生瘟疫，尸横遍野，哀号动天，无人能治，也无人敢治。这时，龙泉留地的大法师徐候经过松阳，听到这一消息就在村口的五龙山脚作法祛除瘟疫，拯救了小竹溪的老百姓。人们为了纪念他，就在法师作法的五龙山脚下为他建了一座殿，称“墨口殿”，又称“徐候殿”“大王殿”，位于小竹溪村东南公路边。殿内正堂供奉着五尊佛像，中间是徐候大王，两边分别是徐一相公、徐二相公、徐三相公和大夫先生。殿脊檩上留有“大清嘉庆拾玖年岁次重建”等字，为小竹溪村村民捐资所建。建筑坐南朝北，占地面积119平方米。屋面硬山式，阴阳合瓦，为一进三开间单檐泥木结构，明间前接亭阁，亭阁为歇山顶。明间抬梁式，次间穿斗结构，为五架梁带前后单步用四柱，檐柱牛腿雕曲线纹间含凤凰、狮子、松鹤图案。明间神龛塑徐候大王神像，两侧塑有土地神、王母娘娘等雕像，柱上刻有“一狮名山五位并坐，百姓安危十目共睹”等五副楹联。村民们外出打工或办厂，在外出前都会带上供品前去祭拜、许愿，祈求平安、健康、富贵。对于该殿所处的地形，村民谓之“狮象把水口”，顾名思义，狮子和大象两种瑞兽把守着小竹溪村的水口，使风水不外流。于是有村民说近年来村里大老板越来越多，就是因为这风水把得好，虽然是戏言，但却表达了村民的一种美好愿望。

小竹溪村不仅有着秀丽的风光，更有独具特色的摆祭习俗，在口耳相传的记忆中，变成一种故事和传说，更是心灵守护的精神家园。梧桐树下，凤凰起舞，桃花源般的小竹溪村引来了周边的市民、外地的游客、无数的摄影采风者、新闻记者，只因这里有一种独特的美，一个遥远的记忆还存在于生活中。

（文：黄淑梅）

长兴上泗安村

上泗安出会承古俗

坐落于仙山湖下游的泗安镇，具有1400多年的历史，处在苏浙皖三省四县交界，也是历代军事重地。隋大业九年（613），就在此地设置军府“鹰扬府”。历史上因战乱有过多次外籍移民迁来定居，泗安每年农历三月的“泗安出会”，就能体现多地元素融入的文化习俗。

在民国时期，泗安出会由泗安镇上的工商联会发起，确定出会的路线、时间、范围，并报镇公所备案。前来参与出会的有泗安周边的四乡八社。出会时，人们如遇盛节，身着新衣从四面八方汇集而来，这时，泗安古街上酒店商铺敞开，满街尽见各类民间杂玩，地方小吃。泗安出会可称集祭神求安、民俗表演、商贾交易、休闲游乐为一体的地方民间集会。泗安出会的行游线路绕泗安十里长街，一个来回有十五华里。出会一般连续三天。每天要抬出一座行游的敬拜神像。分别有上泗安头天门庙中的“东岳大帝”，世称治鬼之神，长潮岕太子庙的“箫太子”，传说为求雨之神，二天门的“刘猛将军”，史称为灭蝗之神。

按照泗安出会的规矩，由上泗安为聚会头。出会的那天早上，聚头人手持一块绣有青龙的旗子，以此旗为号，在上泗安街的长春堂药店门口集会。舞起头有上泗安的两条青龙（绸制和布制的各一条），每条青龙由13个年轻力壮的汉子手持龙棍舞动，还有一位舞龙珠的在前面引路，行游时，随着锣鼓的伴击，两条青龙同时追逐龙珠而起舞，上下左右，迂回曲折，气势不凡，因此当地人把泗安出会也称作“青龙老会”。

上泗安还有“扮台阁”的民俗文艺展示。台阁有两层高，四个平方大小，由木板、铁条组成，上面用彩绸、绢花装饰。台阁上由两位童男童女装扮成民间称颂的传统戏剧人物造型，有“千里送金娘”中手捏棍棒的赵匡胤和秀丽动人的金娘；有“白蛇盗仙草”躺在假山边的白娘子，由小巧的姑娘扮装的白鹤，其鹤爪蹬在蛇头上，栩栩似生；还有“哪吒闹海”，哪吒直接骑在龙头上，右手拿着乾坤圈，左手抓龙头。为了稳实，台阁下压着石条，由八个人抬着。到上泗安聚会的还有广德东亭湖乡来的高跷和舞狮。待到齐后，会首的行游队伍方可出发。行游队伍经头天门时，由四人抬出头天门庙中“东岳大帝”的神像，汇入出会的人流中。

行游队伍到了中泗安，中泗安开设盐埠，隶属官盐，其官盐要供应泗安及安徽广德等地。为此，这里除有一条黄色的舞龙外，还有20位脸上化妆丑陋的“私盐贩子”。行游表演时，“私盐贩子”每人担着箩筐，东倒西歪地走着，后面还有一位戴着面具，唤作“向大人”的人物，紧跟在20位“私盐贩子”后面，意思是朝廷官员缉拿“私盐贩子”。

行游队伍行至泗安古街的中心地带“公官基”大场地时，街道两侧木楼的窗口已挤满了伸长脖子观出会的人们。这里的所有出会表演项目都由“杨开泰”米行老板出资包揽。表演项目有“高台阁”“平台阁”“千秋架子”，三项“台阁”，都有古典戏剧人物造型。其中“千秋架子”也由八人抬着，但艺术制作独具匠心，其形状像台风谷车，上面分作四挡风叶，每挡风叶坐一位扮相的小演员，能自动做径向的上下转动，别具一格。还有“调大头菩萨”的民俗表演。“调大头菩萨”由一个成人撑根足有3米高的竹竿，套着黑白财神的袍服，跟从锣鼓的节奏，来回甩动，煞是好看。

接着行游队伍要越过泗安镇第一高桥——顺心桥。当地百姓俗称高桥或新桥。该桥为单孔石拱古桥，两桥堍各有32节台阶，打造精致，突兀高耸。行游队伍过此桥时，都要尽兴表演一番，让围观的众人鼓掌喝彩。遗憾的是这座石拱古桥在20世纪70年代为便利通车而被拆除。行游队伍越过顺心桥，在桥东等候的下泗安街的那条白龙也舞进了出会的队伍。没待多时，行游的队伍沿着泗安塘进入塘边一块占地有十多亩的沙滩，各项民间表演又要在此展示一番，然后穿过三座石筑古牌坊，经老镇公所门口，向北绕进柴湾街。这时，由长潮岕、云峰岕、槐坎、澄心寺等地前来参加出会的人们，舞着紫色游龙，跃腾着舞狮，骑赶着马灯汇集而来。由此参会的四乡八社的人众才算全部到齐。

然后，队伍回到老镇公所门口略为休息，重整队伍次序。待青龙旗号令一出，一时间锣鼓喧鸣，丝弦齐奏，龙游狮跃，台阁挪动，人们簇拥着当天的敬神，徐徐地向上泗安回返行游。在返回路上，队伍必须要全部越过顺心桥（新桥），若因天降大雨，会尾未能通过顺心桥，此次出会得重新来过。所以，泗安当地有句俗语叫作“老会过新桥”，这有两层意思，一层是出会队伍最后必须过新桥；另一层是出会的队伍已过了新桥，然而还有人没跟上出会队伍，有人对那些迟到而没赶上队伍的人说："老会过新桥了！"以后"老会过新桥"便成了泗安人的口头禅，讥讽那些办事拖拉迟到的人。

出会的队伍回到上泗安时，一般已是暮色降临，队伍要经过塌水桥，沿着泗安塘边的石板古道经"荆竹潭"村，再经压鱼桥，将出会的神像抬进所供奉的庙宇安顿好，烧香燃烛，许愿叩拜一番，出会队伍这才各自返家。如果出会队伍回到上泗安天色已黑，人们便停留在上泗安，夜餐后再度前行。此时，上泗安古街上到处都是点着的灯笼，古街上摊贩商铺琳琅满目，出会队伍的各色表演，挤在街上看热闹的人群，摩肩接踵，乐此不疲，一时间泗安古街如同天堂夜景。

（文：长兴县农办）

奉化长汀村

中华弥勒出长汀

长汀村，位于奉化城之北，距市中心约2.5公里，东依县江，北靠小山，村形狭长，是市区最大的自然村。

宋代名士楼钥曾写过一篇《长汀庵记》，其中有一段为："……俗谓江水一段为一汀，近金钟一汀最长。弥勒每浴其中，号长汀子，故地名金钟而庵名长汀……"楼钥是楼隘人，少年得志，宦游在外，对家乡的风物不甚了解，只知有金钟而不知长汀，其实长汀庵所在之地就是长汀村，文中所提到的"弥勒""长汀子"，就是五代后梁时期长汀村的布袋和尚契此，举世公认的中华弥勒的形象就是以其为蓝本。

自古至今，弥勒现世的传说不少，为什么只有长汀的布袋和尚被认为是弥勒的化身，而且最终他的形象形成中华弥勒并取代了印度天冠弥勒？首先是因为布袋和尚是确确实实存在过的一位僧人。目前发现的最早的关于布袋和尚的记载是北宋初年赞宁所著的《宋高僧传》，说他"常以杖荷布囊入廛肆……号为长汀子，布袋师也"。然后《景德传灯录》卷二十七《布袋和尚传》中有了更详细的描述："明州奉化县布袋和尚者，未详氏族，自称名契此。"而长汀村民代代相传的是，有一年县江发洪水，村民张重天从漂浮物上发现一个年幼的孩童，他将孩子打捞上岸抱回家中，认为义子，取名契此。

还有一个原因是布袋和尚做了许多实事，对他生活的时代乃至如今依然产生着深远的影响。农民靠天吃饭，古代的天气预测技术没有现在发达，而在长汀村，农民们看布袋和尚的衣着就能判断当天的气象：如果他穿着高齿木屐悠闲地在路上走，那当天必然是个晴朗的好天；如果大晴天里，看他穿着蓑衣、趿着草鞋一路狂奔，狂风暴雨必然随后即至。布袋和尚还是农事高手，长汀村有两大著名特产——水蜜桃和萝卜，水蜜桃形美色艳汁水甜，萝卜又圆又脆水分足，据说都是布袋和尚品种改良的结果，但最负盛名的还是他所传授的种植水稻的六株法。

以前奉化的农民种水稻没有方法，随意插播，一块地里有的地方稀疏有的地方密集，对水稻的生长不利，也影响收成。布袋和尚就教了大家一个六株法：人带着秧苗边插秧边直线往后退，移动时脚不能抬起，须用脚后跟往后拖，形成两条沟。插秧以沟为界，脚沟中间两棵，脚沟两边各两棵，合计六棵。这种方法种出来的稻田，禾苗横平竖直，十分美观，收成也有较大提高。在相当长的一段时期内，奉化地区人们把从事农业活动称为“摸六株”，周边地区的农人农忙时节雇人插秧，也能从这种插秧方法中判断出打工者的家乡。这种插秧方式还因为布袋和尚所作的一首叫《插秧歌》的诗偈，由单纯的农事作业技术提升到哲学的高度：“手捏青苗种福田，低头便见水中天。六根清净方成稻，退后原来是向前。”整首诗句句说的是插秧事，句句又有言外意。稻道谐音意味深长，而为了最终的向前而暂时的退后更是符合中国人的处世哲学，千百年来，这首诗受到无数文人和学者的关注。在教会人们六株法的同时，布袋和尚还教大家要把握时节，所谓机不可失，农作物的生长要依赖特定的季节因素，也要考虑其自长的生长节点规律，要依时施为，不可错过，这番道理演化成了奉化口语中对“及时”一词的生动别称——“把节”。

到奉化沿海裘村庄下的岳林庄当庄主时，布袋和尚把六株法也带到了沿海地区，被当地奉为种田的祖师爷。沿海地区居民靠海吃海，饮食以海鲜为主，土地条件也不太适应种蔬菜，布袋和尚在这一带的近海发现有种海里的蔬菜很适宜食用——海苔，由他推而广之，苔菜遂成为奉化海产一宝。人们学会了采集海苔，不但鲜食，还把它制成干制品，作为一味“长羹”。据后来的调查发现，我国虽然地大物博，但适宜海苔生长的地方并不多，因此，古时这里出产的海苔一度因质优味美而入选为贡品，在近代也是畅销的外贸产品，为当地渔民带来了较可观的收入。海苔还是溪口特产千层饼常采用的一味重要原料。

作为一名僧人，佛教史上留下了布袋和尚众多的痕迹。如今位于长汀村东北的岳林寺，原址在长汀村对面，中间隔着一个张重天发现江上漂流而来的幼童契此之处的洪郎潭，正是布袋和尚出家之所。布袋和尚到岳林寺的时候，这里规模尚小，不久之后香火鼎盛，需要扩建，住持让他负责募化建主殿所需的大木料。布袋和尚一路走去，在福建武夷山募化到一片质量优良的大杉林，走海路运抵裘村，投掷到田螺山的五通洞，便可由岳林寺的井里取出来。据说，木头在洞里一路磕磕碰碰，把树皮都磕得光溜溜的，木头从井里取出来直接就可以用于建筑。这些木头建成了岳林寺一堂两厢三殿四阁后还余下一根，奇怪的是这根木头留在井里居然拖不出来了，成了岳林寺的一景——“井中观木”。历史上的岳林寺几经兴毁，如今搬迁重建后，原址上还安置了布袋和尚的铜像，反映的是布袋和尚当年和长汀村里的孩童们嬉戏的场景。布袋和尚还曾到过雪窦山，在雪窦寺的前身瀑布院中讲经说法，当地至今还留存着他讲经时坐过的磐石。

布袋和尚的诗偈言浅意深，发人深省，流传较广的除《插秧歌》外，还有“我有一布袋，虚空无挂碍。打开遍十方，入时观自在”“一钵千家饭，孤身万里游。睹人青眼在，问路白云头”等。最著名的是他的《辞世偈》：“梁贞明二年（916），师将示灭（即圆寂），于岳林寺东廊下，端坐磐石而说偈，曰：‘弥勒真弥勒，分身千百亿。时时示时人，时人自不识。’偈毕，安然而化。”这也是后人认为布袋和尚是弥勒化身的重要依据，并由此广为流传，促成了中华弥勒造型的诞生。

布袋和尚坐化后，葬身于城区风景秀丽的锦屏山东麓的中塔，据说其墓顶早晚屡发异光，地方官把这一异状上报到朝廷，当时的皇帝宋哲宗于元符元年（1098）特给布袋和尚赐号“定应大师”。而在布袋和尚出生的长汀村，人们在洪郎潭畔建了弥勒殿，以纪念这位“义祖”，弥勒殿历经沧桑依然屹立。

（文：江幼红）

缙云金竹村

金竹村关公庙会

金竹村的关公庙会，是缙云县东乡的传统庙会之一，也是金竹村人最盛大的节日。关公庙是为了供奉三国时期蜀汉大将关羽而兴建的，每当农历五月十三日，即关公诞辰之日，村人就要扛着供有关公圣像的香案，在全村迎游，这就是一年一度规模盛大的“关公庙会圣案”。

传说元朝至正丁酉（1357）年间，壶镇的人民忍受不了异族的统治，起来造反。元朝派了一位名叫迈里古思的将领，带了无数兵丁前来镇压。元兵从净心寨（即现在的舟山）进入壶镇，见人就杀，见东西就抢。元兵屠掠了胡陈、小日、左库等各个村寨后，正想冲向金竹时，突然间天空乌云密布，雷声隆隆。元兵正想继续向前，忽然间狂风猛刮，只见黄尘翻滚，飞沙走石，直向元兵扑去。元兵大惊，感到好像有万匹烈马奔腾扑来，慌忙退兵，于是金竹村得以保全。村人传说，当狂风大作、飞沙走石之时，天空好像有位红脸大将，现身半空，正是他跃马挥刀，挡住了元兵。金竹村民为了感谢关公，就在村边的岩塔塘里建造了关公庙，每年祭拜关公。

金竹的关公庙会圣案，主要是迎罗汉与迎纸马。一般于每年农历四月十五日开始操练，五月十一早上在村边武安庙（即关帝庙）内举行咬鹅祭旗仪式。十三日在本村及附近街道迎游，并在开阔地表演。

迎案之前，有两项事要做，即“催案”与“禁屠”。“催案”就是催促大家事先作好迎罗汉与迎纸马的准备工作。催案人手提铜锣，边敲锣边高叫：“迎案喽！各案队早作准备喽！‘十八和尚’凑齐十八，‘十八狐狸’做好彩衣！长脚鹿、手推车，扎好脚架勿会错！”“催案”是五月初一开始，其实练拳脚功夫的，早在四月初就请了拳把式，每天演练不停。扮演罗汉心的少儿少女，一听到催案的锣声，就嚷着要试穿新做的衣裳。迎纸马的，每年三月就准备竹篾扎马架子。一到四月，就开始糊纸马了。“禁屠”就是禁止杀生，禁止挑粪桶，禁止做一切不干净的活。庆贺神灵生日，岂能不洁？据说有年，也就是在“禁屠”后的一天，一位村民忘了顾忌，大清早在琴溪的上游洗粪桶。下游的人不知情，扛了四座香亭，清洗亭架上的灰尘。结果，那年迎关公圣案，燃放“扛山鸟”（一种大型的土铳）时，炮筒就嘣的一下炸了，还炸死了一个人。为啥会炸？因为装硝的人一时犯糊涂，第一次装了硝后，第二次又装硝。硝太多，岂能不炸？那人为啥犯糊涂？因为亵渎了神灵。

五月十三正式迎案前的五月十一日，预先要“祭旗”。这“祭旗”就像从前打仗前的祭旗一样。迎来的各路案，先在庙前等待。祭旗前先要净坛。点燃红烛高香，供上祖师爷真武大帝。师公手执宝剑，口喷法水，口中念念有词，作法净坛。驱除一切凶神恶煞后，宣读本年庙会主祭人，开始敬献三牲。三牲一般是猪、羊、鹅。敬献三牲与五谷后，才开始让各路案队依次进入庙堂朝拜。最先进入庙堂的是钢叉队，威风凛凛列阵两旁。由数人将用来祭奠的活鹅，以牙咬破颈部，将点点喷溅的鹅血，迅速揩在案队的钢叉及刀、棍、旗、棒等有关器具上。仪式完毕后，各路案队才分别进入庙堂内，拜谢关公圣帝后，呼拥而出。

每年迎案，都有各种班子，分别成会。如“三十六行”“钢叉队”“莲花班”等。只要当年会中有男丁出生，就要出一只活鹅供祭奠用。祭奠时，以鹅血揩各种叉旗。揩了血后，还不能让活鹅断气，不然供鹅的人家就不高兴。用来祭旗的鹅，在迎案后，由会里同仁大家一起会餐享用。

罗汉班分前后两队组成。前队为神幡、香亭、铜钱索、大号先锋、锣鼓，后队为蜈蚣旗、四门刀（关公刀）、响铃叉（钢叉）、四门叉、棍、矛、盾、双锏、双刀、雷公拐、罗汉顶等，分别以队列形式组成。先是钢钱索（俗称摇流星）由一人挥舞成各式花样，以清理道路，随后有写以“恭迎圣案数道”的神幡为前导，幡后为内供神主的二人抬歇山顶香亭四座，一为关帝、二为文昌、三为观音、四为本保。再是二支大号先锋，吹奏进场曲，并配以锣鼓吹打。长旗、蜈蚣旗、各式兵器、狮子、莲花、秧歌等跟在其后，每到广场，先绕场一周，才开始正式表演。此时前队固定一边压阵，后阵开始摆阵走队，阵法有八卦阵、连环阵、梅花阵、龙门阵、结字阵、万字阵、罗成阵等。

关公圣案的旗幡，有彩绸制作的令旗，有绣上龙凤的蜈蚣旗，还有五彩斑驳的长旗。这长旗的出现，还有一个神奇的故事。有一年，几位台湾的金竹人回乡探亲。回来一趟，自然要到关帝庙朝拜圣帝关公，祈求圣帝保佑他们生意顺利、路途平安。回去时，他们坐的飞机飞到半途，突然猛地一沉，似乎要出事。就在这时，一位金竹人恍惚觉得，好像面前出现了手执青龙偃月刀的关公，他用大刀只那么一挑，飞机又顿时平稳了。回台湾后，他说起此事，其他两位惊喜地说，当时我们也有这感觉。关公圣帝保了他们的平安，当年五月十三关公庙会时，三人捐赠了数匹红绿绸缎，制作五彩长旗。从此，这猎猎迎风的数十面长旗，成了金竹关公庙会圣案的一大亮点。

关公当年征战，坐骑是一匹日行千里的赤兔马。关公是金竹村人的保护神，人们自然想到他最需要的是坐骑。于是人们就以烧送纸马来表示对关公护卫的感激之情。所以每逢五月十三关公圣诞时，迎游纸马并烧送纸马，就成了关公庙会圣案中的一大特色。金竹村人只要到关公面前许愿，都喜欢以扎一匹纸马烧送作为还愿。这一习俗，已历经数百年之久。这些赤兔马、大白马与胭脂马都要与圣案中的罗汉队一起，迎游到全村各处，再在下午从上街排到下街，送到关帝庙前烧送。因近六月天，一路炎热，村民们就沿街摆放了茶水与酒水，迎案人要茶喝茶，要酒喝酒。每年迎游的纸马，少时一二百匹，多时三四百匹。其时，琴溪两岸马嘶人涌，蔚为壮观。

（文：朱文风）

永康岩上村

绍常祠堂与方岩庙会

浙东第一名山方岩东侧的狮峰山麓，有一条崛起于宋末的岩下小街。随着方岩庙会和方岩香市的蓬勃发展，小街迅速从方岩进山门向下延伸至橙麓岗脚，成为四面八方上岩进香、迎案（庙会队伍）必经的咽喉要道。据郁达夫《方岩纪静》的描述，20 世纪 30 年代的岩下街，多系清代建筑，其中“经营旅店业专靠胡公庙吃饭者，总有三五千人，大半系程应二姓，文风极盛，财产也各可观。房子都系三层楼，大抵的情形，下层系建筑在谷里，中层沿街，上层为楼，房间一家总有三五十间，香市盛的时候，听说每家都患人满”。解放后，为加强基层政权建设，绵延四五里的卵石长街被一分为二，上半段叫岩上村，下半段叫岩下村。

岩上村有一座建于清乾隆五十三年（1788）的大祠堂。这座祠堂既非总祠，也不是宗祠，而是家祠。家祠者，后代子孙祭拜先祖之私筑也。那么这座题为绍常的家祠，所要传承的是哪位先祖道德文章之常呢？此公姓程名文德，字舜敷，号松溪，乃大明嘉靖八年（1529）罗洪先榜一甲榜眼。出仕后历任南国子监祭酒、礼部侍郎、吏部侍郎，卒赠礼部尚书。无论功名、官位，程家都是方岩周边首屈一指的名门望族。祠堂大厅挂着一副程文德手书的对联：“栋宇初成家有庆，簪缨世显国同休。”面对这样一位声名显赫的簪缨世家，又有谁敢不肃然起敬呢？

然而，程文德是独松村人，其后代子孙何以竟把家祠建在去家 10 里之外的岩上呢？同样令人不解的是，岩上的居民虽然大多姓程，但此程非彼程，岩上人怎么竟让别人的家祠建在自己的家门口呢？

传说程文德在五峰书院读书时，一则家学渊源（其父程十峰是明弘治十二年进士），二则学习刻苦，成绩特别优异。一天早晨，文德正在书院前的竹林里诵习经史，一个同窗跑来跟他讨喜酒喝，说是自己梦见文德中状元了。说者无心，听者有意……但蓦地想起父母给自己订的那门亲事，听说女方脸上有好多麻点，不由得心头一沉。堂堂状元郎娶个麻脸婆，岂不让天下士子笑掉大牙？他手攀竹枝一心想退掉这门亲事，以致落下心病，读书作文也不像过去那么得心应手了。殿试时，嘉靖帝只给他点了个榜眼。这就叫“攀竹思弃妻，状元落江西”。

也许正是这一念之差的教训，程文德出仕后特别重视提高自己的道德修养，坚持践行王阳明的良知之学，终于修炼成为“正言正色，学术无忝于儒臣；古道古心，行谊足称乎君子”的清正名臣、儒学大师。告老还乡后，他还经常抽出时间到五峰书院讲学，以自己的切身体会，谆谆告诫青年学子。把家祠建在岩上，很可能乃是程文德的遗愿。

当然程文德家祠花落何处，归根结底是由程文德的后人和岩上村民共同决定的。绍常祠堂三进五开间，五架前后廊，通面宽 23.8 米，通进深 36.8 米，总占地面积 4000 平方米。檩条、柱头、马腿高浅浮雕珍禽异兽、戏曲故事；翘角飞甍，雕梁画栋，金碧辉煌。这样一幢气势恢宏的地标性建筑，无疑将给岩上村带来无上荣光和巨大商机。不求所有，但求所在，绍常祠堂将使多少赶庙会的游人和香客放缓在上岩的脚步，给全村商家留下了多少财富啊。而在独松村的程文德子孙看来，能把祖宗家祠建在终年车水马龙、人员辐辏的方岩山脚，简直就是在万人瞩目的风水宝地为先祖竖起了一座丰碑，为僻处深山的独松村建起了一个扬名宇内的平台。彼此互利共赢，所以一拍即合。绍常祠堂这座异地家祠，就这样在皆大欢喜中落成了。

永康民谚云：食胡公，用胡公，丢落胡公整荡空。诚如郁达夫所说，岩上村的居民大多是“吃胡公饭者”。绍常祠堂前有一大片空地，每当春秋庙会旺季，每天都有数支至数十支迎案队伍在这里比武演文。农历八月十三胡公生日这天，“七十二个胡公上方岩”，绍长祠堂前一天到晚人山人海，观者如堵。表演时通常先由罗汉班借助“参阵”，在雄壮的锣鼓声中，圈起一个十来丈方圆的空间，各怀绝技的罗汉们鱼贯登场，拳、棍、刀、剑、锸、戟，十八般武艺，威武雄壮，精彩纷呈。尤其吸引眼球的是衣彩吹唱的娱神队。大面姑娘，十八蝴蝶，三十六行，讨饭莲花，唱念做打，诙谐粗犷，笙管丝竹，小调悠扬。八月十四是排定独松村迎案上岩的日子，因为绍常是他们的家祠，所以赶庙会的人特多，底气特足，无论吹唱、演武，总是能赢得满场彩，出尽了风头。

祭祀胡公活动的方岩庙会，大约始于南宋绍兴末年宋高宗敕赐“赫灵”庙额以后。方岩庙会本身虽是一种群众性的体育文艺活动，但随着其规模的扩大、影响力的加深，逐渐成了推动一方经济发展的重要引擎。元代儒林四杰之一的著名文学家、义乌人黄溍在《登方岩，谒赫灵庙》一诗中，对当时所见的庙会盛况作过如下描述："岁时歌舞连数郡，奔走童叟多于峰。前呵后殿拟法驾，翠华赤羽摇晴空。"

明代是方岩庙会的鼎盛时期。明代进士、永康文楼人程正谊写过一首长诗《方岩赛神歌》，从诗中可知其时方岩庙会声势之大、范围之广、竞争之烈都已达到了登峰造极、近乎失控的地步：

"白露玄蝉应秋律，天高气爽凉风拂。千家胜会拥云来，五龙山下欢娱集。胡公七宝饰行台，流苏荧煌金殿开。凤笙龙管列歌吹，玉勒金鞍导骑来。……家家贾勇争先登，年年复仇接兵刃。一声吼喊山谷应，万炮齐鸣地轴震。虽是乡间儿戏风，勇过边城龙虎阵。原来此事为神香，今日翻成厮杀场。角力争雄成近俗，喧嚣鼓舞动遐方。东瓯南括空闾里，八婺三衢弃耕市。缝衣缉履裹糇粮，斋心涤虑赍金货。呼风唤雨十方人，走马鸣鞘万家子。观客坐拥太行山，行人倾泻黄河水。……"

从东瓯南括、八婺三衢汹涌而来的人流，给岩上村带来了不少商机。数以万计的罗汉班、娱神队以及香客、游人，要吃要喝要住要休整，岩上街的旅店、商铺，尤其是空阔魁伟的绍常祠堂，自然成了庙会最佳补给站和休憩所。岩上人"财产也各可观"，恐怕就是这样积累起来的。

（文：胡国钧）

丽水莲都沙溪村

沙溪畲风插花女

丽水市莲都区老竹镇沙溪村包含黄兰、西岩等6个自然村，有居民187户、449人，其中蓝姓居民占95%，是典型的浙西南畲族村寨。“沙溪蓝氏，汝南郡望，支分广东，徙居福建，始祖为龙麒之次子蓝光辉。”这支畲民于宋朝末年由福建迁移至此，生息至今，保留着先祖们来此开山辟荒时所特有的浓郁畲家民风民俗。

村旁有一座“插花娘娘”庙，红墙黄瓦，古色古香，庄严肃穆，气势恢宏。在当地畲民中流传着一个动人的故事。相传很久以前，畲族有一位蓝姓姑娘，不但貌似嫦娥，而且能歌善舞，勤劳贤淑。因她总爱在头上插些美丽的小野花，人们喜欢叫她“插花姑娘”。

到了谈婚论嫁的年龄，上门求亲的人络绎不绝。但插花姑娘的后娘是个贪财之人，多少英俊能干的小伙子她都看不上，偏偏选中了一个老财主。对于这桩婚事，插花姑娘当然宁死不屈。但身单力薄的插花姑娘终因无力反抗，而被逼上了花轿。插花姑娘凄凉悲伤地哭着，想到自己凄凉的处境，悲痛欲绝，当花轿抬到山岗上的悬崖边时，插花姑娘迅速打开轿门，纵身一跳，便跌落悬崖，如一朵鲜花似的随风凋零，香消玉殒。乡亲们愤愤不平，十分同情姑娘的遭遇，就在姑娘的坟头插满了五彩斑斓的野花，以表达真挚的哀思之情。后来，人们为了纪念这位不畏强暴不慕虚荣的美丽女孩，就募捐钱财，替姑娘建造了一座庙宇，称之为“插花娘娘”庙。

“插花娘娘”是沙溪村畲民信仰的女神。平时他们到庙里祭拜，在香炉里插花为香，以示对插花女神的敬仰和祈求她的赐福，家有危难时前往“插花娘娘”庙祝拜，祈求保佑，许以歌礼祭谢。祭谢歌礼在祭者家中以对歌形式进行，由一男歌手（神童）代表插花娘，另一男歌手与插花娘对唱畲歌。这种问神的方式称作“讲花”或“问花”。摆设的祭礼，除鸡、肉、酒等食物，还必须有畲族妇女穿的花边衣，戴的头冠（笄）和银项圈、银戒指、银手镯等饰品。祭谢插花娘必须在夜深时进行，不许任何异族人观看，不许在场者讲异族语言。同时，畲民有遇到家庭纠纷、夫妻不和的，纠纷双方便会径直祈求插花娘出面评理和调解。在插花娘娘庙中，插花为香，祷告神灵，由两个巫师盘唱巫歌，其中一人扮演神童，一人扮演插花娘娘，通过与神灵之间的交流，进行有目的性和针对性的心理疏导，以达到夫妻和睦、家庭安定之目的。

沙溪村畲族文化已经成为莲都地方文化的一道独特风景，村里有畲族风情表演队、婚嫁表演队、畲族山歌对唱等多支文化活动队伍，有畲家山歌传人十多人，畲家彩带传人五人（都已上报非物质文化遗产传人）。村民们自主创建了村庄的文化品牌——“新沙溪之夜”“山哈大席”“三公主迎宾”“畲家大鼓”，以展示畲乡畲家风情。沙溪村建有“银英彩带工作室”，展示和传承畲家人编草鞋、织彩带的民间手工艺。畲民们喜爱山歌，以歌代言，沟通感情；以歌论事，扬善惩恶；以歌传知，斗睿斗智。尤其在三月三，对歌时男女分别三五成群，双方选定后即开始对歌，歌词多为情歌，但由浅入深，所涉极其广泛，在“谈情说爱”的一问一答中歌唱现实生活、历史传说等。其歌词旧时多为即兴编唱的，如今也有利用传承歌词的。曲调单一重复，却也婉转悠扬。这种对歌，传统上往往从傍晚开始，直到天亮，也有昼夜连续歌唱的。

“三月三”是畲族人民的传统节日，又称“乌饭节”和“对歌节”。据传在唐总章二年至开元三年（669-715），山越人（即畲族的祖先）首领雷万兴、蓝奉高，在领导闽东、粤东的山越人民反抗唐朝的残酷统治的40年斗争中，于景龙元年（707）被朝廷军队围困在山上。他们靠食一种叫做“乌饭”的野果充饥渡过了难关，第二年三月三冲出包围，取得战斗的胜利，后来畲族人民为了纪念他们，便把三月三定为传统的庆祝节日，并代代相传了下来。每到这一天，畲民就自发聚集一处办歌会，山歌对唱，通宵达旦，以示纪念。2008年，畲家“三月三”被国务院列入第二批非物质文化遗产名录。沙溪村“三月三”随着迁入沙溪的畲民而行并不断发展。在过去，畲民过节是自发的，自娱自乐的；而现在的节日活动，则由政府安排内容，主要是举行具有浓郁畲族风情的文艺晚会，以稳凳、操杠为代表的传统畲族体育表演，畲族欢乐舞，民俗风情表演，山歌对唱，篝火晚会，品畲乡美酒等畲乡风俗系列活动，更像是一次畲族文化的展览会。在莲都、武义、松阳周边的老竹、丽新、柳城、板桥四乡镇具有极大的影响力。

三月三作为畲族的重大节日，很多沙溪村畲族青年仍然会选择在这一天结婚。新娘这一天会头戴凤冠，戴耳环银，尤其是左手无名指要戴一只九连环的银戒指（寓意日后有九子十二孙）出嫁；在离开娘家前，新娘要“溜筷子”和吃“千斤饭”。当天，桌面上会放着两把筷子，一满碗饭。新娘一手拿起一把筷子，交叉着递给站在身后的哥哥，哥哥接筷后，从新娘的腋下把筷子放回到桌上。然后，新娘低头弯腰把那碗饭衔上三口，吐在桌上的手帕里，由哥哥包好手帕，装进新娘衣袋带到夫家去。据说，新娘带去千斤饭之后，年年都能养一头千斤重的肥猪。除此之外，还有其他的婚俗仪式，如杉刺拦路、抱上花轿、猜赤娘头、长夜对歌等，这种独特的婚礼活动体现了畲族鲜明的民族特征和浓郁的乡土气息。

此外，三月三节日里，畲族姑娘小伙要表演古朴欢快的舞蹈。跳起火把舞、木拍灵刀舞、竹竿舞、龙灯舞、狮子舞、鱼灯舞，同时还有问凳、操石磉、腹顶棍、操杠、赶野猪等畲族民间竞技。

沙溪村至今还保留着畲家十大碗山哈大席特色畲族风情大聚餐的民族餐饮文化，将蓝氏宗祠改建成集畲族风情表演、畲家美食为一体的山哈大席畲族风情盛宴场馆和村文化礼堂，在该礼堂内开辟了展示展览墙，介绍村庄的悠久历史，陈列畲族的家规、家训，也陈列了畲族史诗《高皇歌》，展示了部分活动照片。同时蓝氏宗祠也是村民娱乐、聚会、办红白喜事的重要场所。

（文：林上远　吴志华）

浦江杭坪村

杭坪“摆祭”祭先祖

浦江县杭坪镇杭坪村流行一种正月十九“摆祭”习俗。该习俗始于清朝康熙年间，已有300多年历史。狭义的摆祭是把各家各户姑娘、媳妇用米粉捏制的米塑（各种花鸟虫鱼、飞禽走兽、瓜果蔬菜等）同其他祭祖用品在正月十九摆放到厅堂一长排供桌上祭祀祖先和关公，供人观赏品评。杭坪村摆祭仪式十分隆重，通过迎送关公、摆祭、演戏、迎灯、拜斗和什锦班表演等隆重热闹的综合性传统民间习俗活动，来祈佑新的一年能五谷丰登、六畜兴旺、风调雨顺、百姓平安。

每年的“杭坪摆祭”仪式由杭坪村的6个社轮流主持（6年轮流一遍，周而复始）。每次摆祭仪式由当年的社牵头组织，负责经费筹集、日程及仪式安排、人员组织等一系列工作，其余5个社按约定俗成的传统习俗配合主持社做好迎送关公等仪式。

迎送关公是杭坪村正月十九“摆祭”中最为热闹隆重的。上午8时，由当年的主持社召集6个社的人在广场集中后，去离村1公里的关公庙迎接关公。迎接队伍的顺序依次为6个社的马牌高灯、锣队、铳队、旗伞队、香桌（上面摆放装饰着花瓶、财神、菩萨等物品）、什锦班、签筒笔架和香炉，最后是关公大轿和数百名手持点燃的香的虔诚村民。在这支队伍中，每个社都有各自的一整套仪仗。每个社的旗伞队都由龙虎大旗、十二生肖旗以及众多彩旗等组成，整个队伍有大小旗帜数百面。队伍一上路，大旗猎猎、铜铳齐鸣，锣鼓阵阵、丝竹声声，参加者每次都达到上千人，绵延达1公里左右，十分壮观。

队伍在绕村一周后到达关公庙，把关公像放到轿上后，再吹吹打打迎接到当年主持社的厅堂，供人拜祭。抬关公轿的人为主持社挑选的八名着统一服装的青壮年。轿上的关公一手拿着青龙偃月刀，一手撩着胡须，红脸绿袍，端坐在轿子上，显得特别威武。关公在厅堂上同祖先一起供人祭拜两天后，在正月二十一日上午又由原班人马送回关公庙，而送关公时持香讨吉祥的村民和外来人更多，往往多达数千人。在关公庙关公上轿和关公进厅堂时都要举行隆重紧凑的仪式。迎接关公时，队伍中各社人员的顺序为：当年轮到的主持社在最前面，次年轮到的为第二，依次类推。送关公时，次年轮到的社最前面，今年主持社最后面，并且次年轮到社必须把香炉接回到自己的厅堂，以示香火的年年延续。在送关公途中，每人都能分到一对预示吉祥的大馒头。

用米塑摆祭是杭坪摆祭仪式中最为吸引人的，凡来来往往的人都要赶去一睹为快。正月十九上午关公接到厅堂后，主持社在关公像前放好一长排供桌，本社内各家各户把准备好最精致的祭品（形态各异的花鸟虫鱼、飞禽走兽、瓜果蔬菜和点心等米塑）按属类顺序一排排整齐地摆放到供桌上（每排4—5件祭品）。此外，在正厅两边摆放着打扮漂亮的架猪、架羊。所有祭品用于祭祀关公和祖先，祈求美好愿望并供人观赏品评。这些祭品到正月二十日晚上演戏结束后由各家各户收回，架猪、架羊在正月二十日早上下架分售给农户。摆祭仪式主要有二重意义：一是通过品评，比一比谁家的媳妇、姑娘心灵手巧，制作的祭品做工精细，形态逼真优美；二是通过祭祀关公和祖先，祈求新年风调雨顺、国泰民安，从中也反映出民众的美好愿望和追求。摆祭前还要在厅堂关公前的正厅中由戏班子踏八仙，以表吉利。

杭坪摆祭仪式还有迎灯、演戏、拜斗和什锦班表演等多种传统习俗文化活动。杭坪村各社都有灯队，每年的正月十九都要迎灯（板灯龙）。正月十九日晚上，当年轮到的主持社的灯头迎灯。正月二十日晚上，全村迎“长灯”，由轮到社出灯头，其余各社的子灯按顺序连成一支长灯队，先到关公庙门前集中串灯，然后到村内主要道路、广场等地迎灯，最后到太平殿胡公庙前散灯。迎长灯的仪仗队和灯队往往长达数里，十分壮观。每年正月十九，杭坪村都会由轮到的主持社出资请来本地或周边市、县较有名气的戏班来演古装戏。一般演两天两夜（正月十九日至二十日），有的年份演3天3夜，每场戏开演前都要踏八仙，以求吉祥吉利。以前演戏地点都在各个社的厅堂上，现在因厅堂地方较小，又摆放着祭品，很拥挤，就把演戏地点统一选到了村中心的广场上。

以前，正月十九日晚上戏台演戏结束后（戏台搭在厅堂内），在轮到主持社的厅堂里集合全村各社什锦班敲什锦。1949年正月十九，轮到下蒋仁义堂时，全村14班什锦班毕集一处进行什锦班大会演，名震远近。

参加表演的什锦班有乱弹、昆腔、双簧、时调、徽班等剧种，那种场面绝无仅有，十分热闹壮观，至今仍为村民津津乐道、引以为荣。

在每年的正月十九，拜斗仪式也是必不可少的。这种“斗”是用锡箔纸折成元宝状一一叠放而成，形似纸塔，高达2米多，一般每次2—3组（每组“斗”由3座纸塔组成），“斗”上贴有“五谷丰登”“国泰民安”“福、寿、禧”等喜庆的剪纸图案或字样。从“斗”摆放到厅堂后，一批又一批的善男信女在“斗”前念经，合唱“风调雨顺”歌，以祈求一年的太平吉祥。“斗”到正月二十日晚上演戏及什锦班表演结束后烧祭给关公及祖先。

“杭坪摆祭”习俗特色鲜明，既具有全村参与，规模巨大的群众性，又富有民间传统，并能从中产生良好的教化作用。村民在每年正月十九前的几个月就要为“摆祭”活动作准备，让村民长时间融入一种节日的喜庆气氛中，并在正月十九达到高潮。由于一年一度“摆祭”习俗的延续，使该村的古厅堂得到了有效的修缮保护，什锦班、板凳龙、腰鼓等民间表演艺术团队有了展示的平台，同时还使剪纸、米塑、泥塑、叠斗等传统民间造型艺术也得到了更好的传承。

（文：江益清）

淳安札溪村

札溪祭拜“九相公”

札溪村位于淳安县中洲镇境内，是杭州市西部一处融民俗、人文、生态自然景光于一体的偏远山区村落。南宋咸淳八年，一直供奉在宋室宫廷之中的“九相公”神像，被宋度宗皇帝赐给了札溪，作为札溪的保护神，并一直流传至今，成为札溪村人的精神守望。

札溪能得到“九相公”绵久的庇护，传说与宋朝驸马吴思义渊源深厚。吴思义，札溪人氏，文武全才，且身材魁梧，相貌堂堂。宋度宗赵禥把次妹淑贞公主（理宗的女儿）下嫁给他，授吴思义为驸马都尉。吴思义和汪华算起来是老乡，对汪华家族极为崇敬，对“九相公”也极为虔诚。他生怕“九相公”神像日久失宠，再遭不测，就奏请圣上恩赐。赵禥皇帝看在次妹的分上，就把皇宫内府福德（“九相公”像）赐给他，并准许吴思义迎归札水（溪）。“九相公”像被带回老家札溪村后，吴思义修建了“九相公”庙供奉。因“九相公”有求必应、福荫乡里、灵验一方，很快传遍远乡近邻，顿时，来庙祭拜者络绎不绝，遂香火渐旺。后来，因连年灾荒、年久失修，庙宇坍塌，信徒们将“九相公”圣像转供于吴氏宗祠“承恩堂”。方圆千里，信徒无不顶礼膜拜，从此，汪、吴两族泽被浙、皖、闽、赣等地。久而久之，札溪村就形成了祭拜“九相公”的民间习俗。

“九相公”到底为何物，民间流传着这么一个故事：唐代越国公汪华膝下九子，老么汪献（宪），既聪明能干，又相貌英俊，深蒙汪华宠爱，常带在身边上朝，因此，也很受唐皇李世民的欢喜。汪献（宪）从小喜欢下象棋，长到 11 岁时，朝廷上下几乎没有人是他的对手。有一天，李世民特让汪献与他对弈，哪知汪献棋艺高超，且年轻气盛，连赢唐太宗三局。看到汪献才智如此了得，李世民不由发出感叹：“今后天下可能就是他的了。”说者无心，此话传到越国公汪华的耳中，却听者有意，顿时惊恐不安。因为，自从汪华放弃吴国“汪王”，归顺当今朝廷以来，唐皇李世民对他就一直没有捐弃前嫌，时时对他心存疑虑。而今，犬子竟如此不知轻重，锋芒毕露，不是更会加重皇帝对自己的疑虑吗？根据皇帝一贯的株连手法，汪氏家族恐有灭顶之灾！为打消太宗皇帝的疑虑，汪华便忍痛杀了汪献，以表耿耿忠心，日月可鉴。李世民知道后，对汪华的行为深感痛心，想不到自己无意间的一句话，竟让才华横溢的汪献失去了年轻的生命，当然此后也对汪华疑虑全消。皇帝为显示自己的肚量，却也真心惋惜因自己而死的汪献，特下旨，用名贵的沉香木雕了汪献的神像，在宫内供百官及其子嗣祭祀。

汪华在归顺朝廷之前，是江南六州（隋朝时江南六州为歙州、宣州、杭州、睦州、婺州、饶州）的最高统治者，有“奄有六州，带甲十万，威誉益隆”的“吴国”领地，称“汪王”。但他并未拥兵自重，而是遵循汪氏先祖立下的“汪氏不为君”的训规，臣服李世民。但此后，李世民时常表露出对汪华的猜疑，想想爱子死在自己手里，也为了子孙后代的永世平安，一夜明月高挂，李世民与皇后在御花园赏月，皎月荡漾在池水当中。李世民趁醉意让汪华捞月。汪华知道这个结在皇帝心里永远也解不开，也便趁着酒意下池捞月，结束了自己的生命。

李世民虽对汪华之死极为痛惜，但总算去了一块心病，心中大喜。为安抚百官，大加追封汪华及其家族。在汪华被追封的过程中，连带被各朝皇帝追封的还有汪华的祖父母、父母、五个夫人、九个儿子等 40 多人。追封持续时间之长、连带被封人数之多，在中国封建历史上实属罕见。而“九相公”汪献就是在这个追封的过程中，被逐渐推上了神座：嘉泰元年（1201），汪献被追封忠护侯；宝祐二年（1254）被追封忠护嘉应侯；宝祐三年（1255）被追封崇显公；景定五年（1264）被追封崇显衍正公；德祐元年（1275）被追封崇福衍正公。

自古以来，“九相公”在当地被奉为神医神灵，百姓一有疑难杂症，便会前去烧香求医，保佑病体康复，传说百求百灵，民众相互传播，遂成乡风。“九相公”不但能保乡里健康，还能保当地百姓平安，故而香火旺盛不断。

“文化大革命”时期“破四旧”，“九相公”像曾多次险遭不测，幸好全村吴氏村民竞相护佑，把雕像封上泥土隐藏了起来。从此，除极少数当事人，闲杂人等谁都不知“九相公”像的去向。一直到改革开放后，吴氏家族才将圣像请出，安放于札溪村祠堂。

从此，当地形成了每年农历十月十三到十五开庙会的习俗，每年浙西、皖南两地百姓，对“九相公”的沉香木雕像的祭拜，人流如潮，朝拜者数以万计。而在札溪村，至今还保持着大年初一全村猪头祭祀活动。上午，守“九相公”祠的两名协会成员，按习俗鸣炮开祠堂门，示意全村风调雨顺、年年富足、岁岁平安。吃过早饭，全村“九相公”年会(现改为协会)按每个年头(共10个年头)派两名德高望重的人共20名，手托祭祀品到“九相公”祠对面桥头的吴氏祖坟上祭祀，请出“九相公”。参加祭司的户主，手捧猪头托盘(估200有余)，率家人往祠堂前集体还福，祈求平安、幸福。当然，不仅是十月十五，就算是平常日子，当地百姓有事没事，也会特意前往祭拜“九相公”，祈福保佑平安。

“九相公”自南宋从宫廷走向民间至今，历时八百年，非佛非道，却得百姓如此虔诚朝拜，在当地绝无仅有。有着千年传承的“九相公”民俗仪式的再现，掀开了札溪民俗风情旅游的新篇章，为当地的民俗增添了浓厚纯朴的宗教文化气息。

(文：泽木)

临海汾东村

汾东东岳宫庙会

临海市汾东村位于杜桥镇西边，汾东村与汾西村一样旧名大芬，南宋嘉定十六年间已称。村中心地段李氏宗祠边，有一座东岳庙，始建于宋朝初年。庙虽小，却连年香火不断。俗话说“大年初二走一走，放炮过年逛庙会”，每年的春节正月初二大汾东岳宫庙会，更是远近闻名，周围几个村庄来赶庙会的人络绎不绝，热闹非凡。

庙内供奉的以封神榜里黄飞虎为主，封号为东岳大帝，百姓尊敬他赤胆忠心，义薄云天，神勇过人，有能力保护老百姓。还有十殿阎王，劝善而惩恶。每年的正月初二庙会，把神像抬出来走遍附近各乡、村，所到之处家家摆香案迎接，纸包钱多少不均，自愿乐助，以祈求今年一年里风调雨顺、五谷丰登、村庄太平、家庭安康。庙会巡神活动基本有借路、进香、写票、挪位、缚绑、净面、起巡、出宫、巡游、进宫、入位、请神、护寿、做戏等仪式。

汾东村东岳宫庙会是群众自发的民间传统庙会，并沿袭下一条不成文的规矩，会首都是在群众中有极高威望的人。每年正月初二，东岳宫庙会，即东岳大帝出宫讨红巡游仪式，又称“迎香会”，民间所称“迎老爷”。

这一天，善男信女从四面八方早早赶来，聚集在东岳宫内，烧香祈祷，以求富足、安乐的年景。辰时起巡，人们先将武元帅红面单伍候王、白面大明尊王及黑面东岳长生天齐大帝（东岳大帝），从主龛龙位上扶坐在八仙桌上，整装待发。先发三眼铳三响，鞭炮齐鸣，锣鼓喧天。迎神出巡开始，以清道旗、十三记大铜锣、大纛旗为前导，小三角蜈蚣旗列后，大号和号头角和吹出嘟嘟声，举着头牌“肃静”“迴避”，高照两盏大红蹬地蟠龙灯笼。十八般兵器，全副鸾驾分列两旁。随后紧跟的是肩扛着的香案桌，桌上供摆着香烛、令箭、古器、宝剑、鱼齿剑等。

首先出宫的是二尊元帅爷，红面单伍候王和白面大明尊王，其后是黑面东岳长生天齐大帝。老爷均坐在四人抬的龙轿上，每尊老爷前撑华盖伞，后顶掌扇护巡，前呼后拥，浩浩荡荡地巡游在城乡间。有些曾患过重病劫后余生或在老爷面前求生发誓许愿过的信男信女们就前来献礼谢罪，男子需蓄发四个月不剃头，着红囚衣；女子要披头散发，着百褶白棉裙，手持长香谢罪还愿，站在老爷前头行走。最后是香客们扶老携幼和重犯们手持长灶香虔诚地尾随着老爷巡行。观看庙会时往往汇聚有几千人迎东岳大帝出宫。

为迎接老爷巡游过境，两边民众在早已摆设好的香案桌上，燃香点烛，摆放净茶和茶谷米碟和红纸包恭候。待老爷来临时，鸣鞭炮，男女老少齐朝拜，祈求保佑，风调雨顺，康泰平安。随尾第一人手提杭州篮，专门负责接纸包、送元宝，并口诵祝词。老爷每到一处，夹在巡神队伍中的唱莲花、打花鼓、舞腰鼓、扭秧歌等民间文艺活动，丰富多彩，喜闻乐见，或沿途载歌载舞，或停留在街巷和乡间村落精彩表演。庙会期间，商品特别丰富，小商小贩们在两旁摆满小摊点：香火鞭炮、小百货、糕点、水果、洋糕、糖蔗，应有尽有，琳琅满目。庙会成了百艺汇集和商贸云集之所在。

至午后申时，宫门大开，老爷巡游进宫。老爷进宫入位后，庙会的首事便发给每位出工之人红包谢礼。此时鸣放号炮，火炮高燃，香烟缭缭，钟磬齐鸣，善男信女坐在大殿内，诵经护寿，老爷坦然接受人间烟火和供品，并且当晚要在庙前搭台邀戏班演出庆寿，请老爷“欢娱”，称做演老爷戏，戏要演三夜，过后喜庆迎神队伍才各自散去。

在巡神出宫前，单人的卖尿壶、卖橄榄、饭店嫂、卖梨膏、卖膏药等，双人的花鼓戏，四人的扛大纛旗，五人或二人的逃公逃婆，六人的假山摇大乌船，十二人的打莲花等娱乐节目，在宫前竞相表演，表演风趣、诙谐，多兼讽喻时弊、调情逗乐。旧时庙会是商品交易和民间艺术活动的盛会，也是春节正月期间一方百姓的主要娱乐活动之一。

庙会的敬祀神佛，虽带有一定的迷信色彩，但是人们的感情交流是以道德伦理的稳定机制为基础而进行的。扬善惩恶，传统的社会规范，在庙会上起到了鼓励社会树立新风尚的重要作用。另外，庙会的文化娱乐性特征体现在通过娱神达到娱人的一系列文艺活动中。庙会上一系列民间文艺和商品交易活动，正是春节期间老百姓的文化娱乐活动之一，使人们的心理得到有益的调整，形成轻松和愉快的心境。

东岳宫庙会兴始于何时，具体谁也说不清，有的说是庙会始于清康熙年间，村民们只知道是从老一辈那里传下的规矩，每逢正月初二，传统的庙会就拉开了序幕。新中国成立后庙会一度停止。1987 年重建东岳庙，传统庙会得以恢复。

东岳庙每年的正月初二庙会夜开始，必须请戏班演戏五夜以上，还有 3 月 28 日、4 月 27 日、10 月 20 日三个老爷寿日也请戏班演戏三夜以上，全年演戏四次，文化生活十分丰富，观看人众，热闹非凡，此风俗至今不变。

庙会最早是一种祭祀的活动载体，是人们敬祀神灵、交流感情和贸易往来的综合性社会活动。各种文化现象借助于庙会这个特殊“场会”而向四周辐射，起到了传播民俗文化的作用。庙会时总是人头攒动，热闹非凡。唱戏声，笑声，鞭炮声，孩子们的嬉闹声，声声入耳。村民欢聚在一起，亲情乡情构成一幅和睦融洽的太平景象图。在人们叹息年味儿越来越淡的今天，汾东东岳庙庙会能健康地延续下来，其主要原因就是顺应了民心！

（文：何方伟）

杭州萧山甑山坞村

甑山坞土地庙故事

甑山坞土地庙，又有原萧山长山十都总土地庙之称，原建于明末崇祯年间（1628—1644），位于甑山坞村中，背倚青山，庙前广场，傍临绿水池塘，环境幽雅。庙宇建筑分三进，正殿石圆柱，木梁构筑，大殿居中为土地尊神，其余神像分三殿设置，大门口为门神，中间为雕梁画栋、飞檐翘角之戏台，两旁看楼，总建筑面积一千平方米。

据《暨阳长澜石氏宗谱》载曰："五十五世，讳竤，为萧山甑山坞土地，配徐氏、继方氏，九房祖。"宗谱行传载："古貌古心，克勤克俭，不与人违忤，亦不与人苟合，鼎鑫轮奂，开辟膏腴。生于正月初七（明正德年间，1506—1521年），卒十一月十五"。

鉴于萧山民间崇拜石竤公之功绩，故建庙塑像以示纪念，善男信女烧香祈愿至今不辍。长澜石氏裔孙常去甑山庙祭祖。

南宋初期建炎四年（1130年），金兵侵犯中原捉拿赵构。赵构闻讯，遂携眷由汴京过金陵，经扬州，溯长江抵安庆，折道睦、婺，直往钱塘江逃窜，至南星桥畔。

南星桥有座土地庙，此时赵构逃入该庙内，饥寒交迫，精疲力竭，一时昏倒在地，不省人事。但奇迹发生了，次日清晨，赵构一觉醒来，人已在钱塘江南岸。赵构惊喜不已，只见身旁有一堆似马一样的黄泥，貌似南星桥土地庙内的泥马，心想此乃泥马神功助我过江也。进而许愿，我赵构登基之日，定要好好报答土地的恩情。

赵构虽已在钱塘江南岸，稍微安定，但毕竟此处不是久留之地，故而又重整人马、行李继续南下。至宁波镇海一张姓村落，赵构步入一农家，但见一年轻美貌姑娘。这位姑娘一见赵构落魄至此地步，问明情况后把他藏在家中一深井内，待金兵赶到张家，经搜索未见赵构人影便离去。金兵去后，姑娘用绳索将赵构从井中拉出，赵构非常感谢姑娘救命之恩，拜别而去。这位姑娘名叫张布兰。

后来，赵构到了诸暨次坞古竹院屏峰山，但见此山茂林修竹，森仪为屏。但赵构无心欣赏山景，因为此时他已行无寝具，唯貂衣自随，卧覆各半，急奔无择，寒侵饥袭，隐于山中竹林。

宗泽元帅闻赵构的消息，便南下设法寻找。某日，且喜在屏峰山上找到赵构，宗泽元帅保驾护航直赴临安（今杭州）紫阳山，赵构重整旗鼓，在临安登基，时为南宁绍兴元年（1131）。登基后赵构为报答土地的救命之恩，敕封其为“浙江土地尽封王”。原来土地装束为青衣小帽地方官吏，敕封后土地形象改为头戴丞相帽，身着龙袍，此乃延续至今。

再说康王念念不忘张布兰救命之恩，派人四处寻找张布兰下落未遂。后赵构敕封张布兰为“二品夫人”，允许镇海一带新娘上轿及下葬时可穿戴二品服饰，此风俗在镇海广为流传。

明末，土地庙建在溪头村东潮湾。此间，东架大尖为贼寇巢穴，贼首石仲芳练武射箭时把土地庙作为箭靶，这使土地甚为恼怒。土地平时正直为民，深受民众爱戴，感动了天地。某日夜间，突然狂风大作，把东潮湾庙宇连栋带瓦刮到甑山坞马头山麓。次日，甑山坞百姓一看这是东潮湾土地庙砖瓦残片，想必土地喜欢到我村定居，于是民间社会贤达、善男信女发起筹建甑山庙，并渐告竣。如今东潮湾土地庙遗址尚有残砖断瓦可见。

庙宇建成后，每年农历四月十一为庙会日期。庙内演戏，庙外至星拱桥进行商品交易，小农具、小百货摊位林立，各地百姓前来赶集观戏者众，热闹非凡。

坐落于马头山脚通往塘村的东燕亭内，赌博活动有白心宝、掷骰子、摊牌九等。赌博在当时被严禁，但四月十一，开禁一天。

相传，康熙年间（1662—1722）某年四月十一这天，塘村土地福善明王与甑山土地石大明王两位土地相赌，福善输了，福善平时廉洁奉公，无甚积蓄，为抵赌债，只得忍痛将自己夫人方氏抵与石大明王为妾，从此甑山庙内土地多了一位夫人。从现有神像看，这位土地夫人头微低垂，羞羞答答，可见塑像艺人匠心独具。

后时至咸丰末年（1861），太平天国期间，战乱频繁，百姓民不聊生，庙会无力筹集经费，戏准备停演了。

但在四月初十下午，只见绍兴戏班班箱竹排运到甑山坞东家埠，绍兴戏班班主带来一张订戏合同，合同中载有“场费付讫”字样。当地百姓既惊又喜，立即打扫庙宇准备翌日演戏。这时有人在揩抹佛桌时移动石香炉，发现香炉下有一张“认戏合同”，内容与绍兴戏班的完全吻合。村民恍然大悟，原来是土地体察民意，知道民间演戏有困难，遂亲自去绍兴请来戏班以满足民间需要。

新中国成立后，甑山庙一度因木梁被白蚁蛀蚀，年久失修，摇摇欲坠，濒临倒塌。近年来，甑山坞有识之士发起筹资重建庙宇，1994 年庙宇落成。甑山庙重建后，庙会是甑山庙所形成的特色民俗文化活动，延续古人的传统民族文化，为甑山坞增添了一道靓丽的风景线。庙会活动延续至今。庙会活动有三，一是演戏，二是商品展销，三是香客进香。每逢四月十一，庙内戏台演戏，庙外附近商品交流，物品多为小农具、小百货之类，并有武术、皮影、民间小吃等，进香者络绎不绝。

2003 年，庙门口广场戏台建成，为适应演出需要，演出剧团档次提升，因此，观戏人群急增，广场人山人海。2015 年 4 月 11 晚 7 时左右，整个山村沸腾，约二万人涌入甑山坞赶集观戏，但见各处人山人海，道路水泄不通。甑山庙会历史悠久，规模逐年扩大，社会影响广泛，为活跃农村文化、经济起到了积极的推动作用。

（文：杭州萧山区农办）

杭州临安太阳村

太阳村庙会故事

太阳镇，得名于太阳岩，是拥有着历史悠久、文化底蕴丰厚的文明古镇。这个古镇依旧保留着原汁原味的传统太阳庙会习俗，它起源于南宋初期，是临安市太阳镇的一个民间民俗祭祀活动，已被列入浙江省的非物质文化遗产保护名录。

说起太阳庙会，就溯源到太阳村。太阳村波前路上建有一座“东平王”庙。该庙建于南宋初期，至今已有千年历史，是为纪念唐朝大将军张巡而立。张巡因在平定安史之乱中立下赫赫战功，被唐朝延封为“东平王”。各地百姓感其忠良，立庙祭祀，原多在北方，南宋后南方也建庙。真庙的南渡，在浙江海宁、临安等地都建有各类庙宇。中原先民亦把这一习俗带入太阳，太阳民众把张巡尊为保境安民的神，在太阳村建立起了“东平王”庙。此庙建成后，定七月二十四日为太阳的庙会日，方圆数十里的百姓都要来祭祀、祈福、聚会、酬愿和百货易集。

“东平娘娘”是到了清代增加的一尊神祇。《於潜旧地志》记载了“东平王”在太阳“神婚”的美丽民间传说。太阳镇界头村有一个妙龄女子来“东平王”庙祭拜张巡神像时，看到张巡威风八面、玉树临风，顿时芳心大动，许愿时情不自禁说出：“若得为东平王妻，受万人尊敬，永远入祀，是大愿也。”祭拜完后，当她走出门槛时，岂料庙顶落下一瓦片砸在界头女头顶心，顷刻致命，这一天正好是农历十月廿四日。当地百姓以为神灵感应，便为界头女塑像立在东平王身旁，取名为“东平娘娘”，把原来的七月廿四日改为十月廿四日，原来的庙会活动也由一天改为三天，又由三天增加到如今的七天，自此之后就形成了具有浓厚地域特色的民间习俗——太阳庙会。

太阳庙会是民间自发组织的一个集中了民间信仰、宗教礼仪、商贸和各种民间艺术的活动，既是乡村传统文化的全面展示，也是乡村的狂欢节。更具独特神韵的是两位神像在庙会期间巡游娘家、外婆家。张巡神婚之后的庙会第一天早晨由太阳村民众组成的巡游队伍早早就到东平王庙的广场上。在神像殿的供桌上摆上三荤三素、糕点、水果等供品，点上香烛，由参加巡游的人和到场的民众（前一天都要沐浴洁身）参拜祭祀。然后八人一组，分两组将东平王和东平娘娘两位神像摆上高架无帘的大轿上，抬着上街巡游。当地人民把这一活动称为“抬菩萨”。整个巡游队伍首先由 108 面大旗开道（将军、元帅旗），旗上绣有黄边、凤、蜈蚣、十二生肖等图案。大旗后面是 72 名举着锡铸的各种兵器的持械卫士。卫士后面就是抬菩萨的大轿。大轿后面是由男女各二十名的“躲祸队”。这些人头扎黑纱巾，男左女右，脸上贴上神仙符。女的后脑部纱巾上还扎有用黄布制作的形似羊角的小角。意思是跟着东平王和东平娘娘能躲祸。躲祸队的后面是民间艺术表演队，有龙灯、凤灯、花灯、狮子灯、竹马灯、踩高跷、耍流星、小丑等。所有巡游队伍要连续巡游三天。

第一天，从东平王庙出发，经过太阳老街（因街道较窄，观众又多，所以行进速度很慢），经过上太阳、樟山头等村庄，要到中午时分到达东平娘娘的娘家界头村吃过中饭，民间艺术表演队轮换表演、民间戏班子演出、茶会等。晚上两位神像在界头村娘家住宿，备有山涧清水一盆，意为二神以享鱼水之欢。第二天，16 位青年对二位神像洁身祭祀一番后又起身开始巡游。这天，从界头起身，返回太阳村，经过东平王庙短暂歇息后，转过乌岗口、王家村等村庄，到达八亩村（现在的太源村）。八亩村为东平娘娘的外婆家。第三天，从八亩村返回东平王庙，后在太阳村的街道、弄、巷（以大轿能过为准）、学校操场、知名人士门前等地巡游半天。下午二尊神像抬到庙里就位，供香客们轮番祭祀。

在这三天中，东平王庙的戏台上、西侧仪凤桥（距东平王庙 2 里处）、元帝庙会的戏台上都要做戏三天三夜；这三天中，沿途的百姓都会送茶、送水、送果品、送小点心等；这三天中，四面八方的商人聚集于太阳设摊；四面八方的香客、游客均赶往太阳，整个太阳人山人海，生意人的吆喝声、鞭炮声、鼓乐声震天动地。

太阳庙会在“文化大革命”期间曾一度停止，后于 1987 年恢复。它已成为一种地方民俗习惯。庙会的三天中，趁庙会人多热闹之际，有人在路边摆起小地摊，用鸡蛋、番薯、玉米、大米等物品做起小生意，后来逐步形成了庙会期间的物资交流。在庙会期间，街道两旁摆满了商摊，独具特色的风味小吃、衣服鞋帽、针织品、日用百货等小商品琳琅满目，商贸活动异常火爆。

随着庙会的兴盛，一批具有地方特色的民间艺术表演也得到了挖掘和恢复，在老艺人的传承下留下了灿烂的艺术瑰宝，像龙灯、舞狮、马灯、花灯、《五凤朝阳》灯等，其中《五凤朝阳》灯最为著名。“五凤朝阳”是根据民间传说而创编的一支民间灯舞，民间艺人把它搬到庙会的舞台上，通过挖掘，形成了现在的《五凤朝阳》灯舞。2010 年，《五凤朝阳》灯舞还被德国方邀请参加第 27 届欧洲民间艺术节，2012 年被正式列入浙江省非物质文化遗产保护名录。

太阳庙会的形成沉淀着深厚的历史传统文化、凝聚着劳动人民的智慧和灵气。随着社会经济的不断发展，当地政府十分重视这一传统风俗，通过不断对庙会进行挖掘、整理，相继恢复了祭祀“东平王”“东平娘娘”神像仪式、神像巡游活动等，临安各个乡镇、桐庐、建德、东阳、安徽歙县等县市的各方百姓都纷至沓来，热闹非凡。庙会期间还举行各类文艺演出，这既有民俗传统文化特色，也不乏现代生活气息，真正使庙会成为农民百姓休闲消费、享受快乐的盛会。

（文：王珉）

平湖龙萌村

龙萌海公庙“做社”

龙萌村位于平湖市东北，与上海接壤，素有“金龙门”“上海后花园”之称。村里有条杨树港河，沿河两岸入眼皆是苍翠的杨柳，河东岸有座海公庙，庙里供奉海瑞塑像。

这座海公庙至今已有500多年，经历了无数次改造。民国初，从贫困百姓到生活富裕的人，甚至有钱有权的人，都喜欢到海公庙来祭拜。据人回忆，庙宇当时造得金碧辉煌，宏伟大气，围墙打了几亩地，里面香烛间、箱房、大雄宝殿，供了九个佛像。每逢二月初五、八月初五，人们都喜欢到这边赶庙会，因为那天可以吃到好吃的，看到好玩的，也可以拿自家的土特产去换几个钱，这种日子对于那时的孩子来说真是天堂，后经过了战争年代与“文化大革命”，庙坍像毁。20世纪90年代初，村里老人倡议重修海公庙，家家户户有钱出钱，有力出力，没多久又重新把海瑞请到了海公庙。

过去在这里，一直流传一种“做社”习俗，主要就是在海公庙完成的。做社习俗，在古代即为祭祀土地神的仪式。古人立社，起先只有春社，是春播前祈农之祭。由天子主祭，每年于立春后第五个戊日举行(清明前)。后来春社祭典逐渐在民间举行，开始祭典方式是集资举办，自带饮食，凑合聚餐，并伴有粗犷的民俗仪式。

“做社”就是祭祀地方供奉神佛，一年做两次社，分春社和秋社，春社是在立春后第五个戊日进行，秋社是在立秋后第五个戊日进行。做社的主要仪式有请神、接神、敬神、娱神、送神五个环节。有人将太保做社称之为“太保书”，也有人将太保做社时所唱或念的调谓“太保书”。宋代后，春社又与迎神赛会（庙会)、吃社酒、看社戏串联在一起，江、浙一带时兴唱“社书”，做社时，除了举行祭祀仪式外还加入了唱书内容，但也有做社不唱书只做仪式的。“做社”这一民间信仰体现了民众祈求五谷丰登、六畜兴旺、国泰民安的愿望，更是人们的一种美好的心灵寄托。

村民们都觉得既然海公庙建好了，庙会现在办不了，应该把做社这个当地历史悠久的习俗持续下去。全村几百户人家、上千人，分成六个分社，每年春、秋做两社，春社时间定在二月十八，秋社定在八月十八。每个分社里每户轮流做社，社主也每户轮流做，再全村推选一个总社主。一年做社完毕，选定下一年的社主人选、具体日期、社酒、商请太保先生演唱的书目，以及开支规模等。

当天最繁忙要属轮到做社的那个社主家，全家老少出动，社客家各出一个帮忙，把自家的桌子、凳子、碗筷什么的都搬到社主家，每个分社各自忙着准备代表丰收的社酒席，这是一种习俗形式沿袭。做一次社，大约要花一天一夜时间。太保先生总是在上午十时左右到达，仪式正式开始。

首先到本庙（即海公庙）礼拜。旧时每个村子都有个本庙，祀奉当地的民间保护神，俗称“本庙菩萨”，如大老爷、戚老爷、杨老爷、水仙老爷等，因村而异。太保先生带领社主、社客们敲锣打鼓，前往本庙礼拜，点烛、敬酒、朗读社单，唱的曲是一些祈求菩萨保佑的套话，焚烧纸锭，是为了把这次请神大事预先禀告本庙菩萨，求得它的许可。然后安放筵席，排列神码。与此同时，家中社客们将神案大致布置妥当，太保先生从本庙回来后，就亲自折叠神码，并将神码一一安放到规定的位置上。吃社酒前要高烧红烛，太保先生打鼓唱祷词礼赞，社主与社客行跪拜礼，向神佛祈求农业丰收、六畜兴旺、人口平安，都要举行祭祀仪式。接下来就是各社开始热热闹闹吃社酒，那气氛绝对比过年还好。太保先生由总社主陪同到其中一分社去聚餐。

下午 3 时左右，社主及社客皆手持清香，面向神案（神案上放有供品）跪拜，太保先生左手拿小锣和竹签，右手拿击鼓棒并在右下方放一扁鼓，开唱《请神》书。休息片刻后，仍旧摆好供礼，点燃香烛，开始接神。太保先生向神案上斟酒，表示神佛已陆续赴筵，太保先生代表主人向神佛敬酒，同时开唱《接神》歌。送神是安排在次日清晨，太保先生唱《送神》（如我村习俗送神后，组织部分社主在场角上、社主手持清香念送神经，焚烧纸锭）。送神毕，将所祈奉的神码从神案上取下，放在大门外如同焚化纸锭一般将神码烧掉，届时社主和全体社客均当恭敬礼拜，然后泼洒祭酒。所有做社的仪式完成后，大家一起吃早饭，吃过早饭大家“抹台子算账”，把这次做社的一概经费开支进行公开折账，由入社户主平均负担。

这样就算完成了一次做社的全过程，接下来每年两次，做社各户轮流举办，这是人们对美好生活的期盼与愿望，同时也增进了全村群众的感情交流与凝聚力。平常邻居间有点小矛盾、小摩擦，过了做社那天就恢复如初了。谁对村内的某个事或某个人有意见啦，谁家有问题或困难啦，社酒那天都可以提出来，有针对性地解决或大家一起帮忙解决。得到了做社的益处后，大家的兴趣更浓厚了，积极性更高了，本来年轻人都不愿意参与到这个习俗活动中，认为这是一种迷信活动，慢慢地大家也一起接受了，感觉这传承了几千年的历史习俗有着它深厚的文化底蕴，有着它不可磨灭的贡献。

传统的历史文化是农耕文明的精粹和根基，生活在现代的我们既要保持并给予延续，还要让传统文化活起来。在此基础上，龙萌村建造了乡村古代记忆馆、文化礼堂，把历史进步所淘汰的各式各样的东西收集保留下来，将历史文化遗产保护传承与村史馆相结合，在传统节日里，开展村民喜闻乐见的节日民俗、文化娱乐和经典诵读活动，让村民亲身体验民间传统文化所承载的意义。

（文：平湖市农办）

第五章　农耕生产

德清蠡山村

西施蚕花送德清

德清县是浙北杭嘉湖地区蚕桑主产区之一，有着悠久的蚕桑生产历史，自古以来形成并保留着比较完整的蚕俗文化。德清县民间主要蚕俗活动有蚕花庙会，庙会最核心的内容就是送蚕花。在浙北杭嘉湖蚕桑产区，多是把西施作为民间信奉的司蚕桑之神，人们尊称西施为蚕花娘娘，“西施送蚕花”是这一地区最富有特色的民间蚕桑遗俗。

德清县钟管镇蠡山村蠡山，是突兀于水乡平原中的一座孤山，如螺浮水面。蠡山虽不甚高，但风景独秀。过去相传范蠡曾居于此，故名蠡山。山顶有建于清初的范蠡庙，庙中供奉着被尊为“土主”的范蠡与西施的塑像。山下有范蠡湖，是范蠡养鱼处。清代徐以泰曾有《蠡山诗》：“白银盘漾一螺青，洞口胭脂带雨零。怪道西施曾小住，水杨柳亦学娉婷。”清代蔡熙《梳妆台诗》云：“仿佛馆娃故宫苑，泥香露出玉叉来。胭脂颜色已消磨，想象猩红点翠娥。”

相传东周春秋末年，吴越争霸，越国为吴国所败，西施随越王勾践赴吴为质3年。返越后，助越王奋发图强，经“十年生聚，十年教训”，终于灭吴称霸，范蠡被尊为上将军。因与越王勾践难共安乐，便辞官而去，更名鸱夷子皮，携西施泛舟五湖，历齐至陶（约今山东定陶西北），操计然之术冶产，遂成巨富，自号陶朱公。他三致千金，接济贫民，人称“贤相”。据清康熙《德清县志》记载：“昔范蠡扁舟五湖，寓居此地，属三致千金之一。”可见范蠡携西施扁舟五湖时，曾隐居此山。

如今虽然时间跨越了2400多年，但范蠡和西施在蠡山的美丽传说仍在民间传唱，也留下了许多民风民俗，“西施送蚕花，蚕花十二分”便是其中之一。每年清明时节，养蚕姑娘个个头插蚕花，还要到范蠡祠祭拜蚕花娘娘西施，祈求保佑蚕桑丰收。“蚕花十二分”，至今还是杭嘉湖地区人民祝愿蚕桑丰收的祝词。

传说当年西施为沼吴复国，忍辱负重，千里迢迢，前往吴国。越王勾践的相国范蠡，亲自相送。自从范蠡奉命到民间挑选美女，选中西施后，便与西施情投意合。早在西施故乡诸暨苎萝山结发石上，便立下山盟海誓，永结同心。此番即将离开生养自己的故乡，万千情思，汇涌心头。不知不觉中，眼泪像两串断线的珍珠扑簌簌流了下来！

这时，山坡上的桑林里，涌出一群采桑姑娘，头挽双丫乌丝髻，身穿白布大襟衫，腰围蓝纱素花裙，像飞燕展翅，快活似喜鹊噪群。姑娘们个个笑盈盈围绕在西施的马前，于是西施暂时忘记了离愁别恨，翻身下马，吩咐随行的侍女，把檀香木镂成的小花篮递来。西施手托花篮，把绚丽多彩的绢花分送给采桑姑娘们：先拔一朵嫩黄的腊梅花，再拔一朵艳红的蔷薇花，粉朱芙蓉绿牡丹，百合陪伴水仙开，朋脂千年红，芝兰十里香……一个姑娘一朵花，西施那檀香花篮里的绢花一一分完了，可是还有一个姑娘没有花。西施黛眉轻蹙即舒，素手一抬，便把自己头上那朵玉蝶九香兰拔了下来，又亲手给这位姑娘戴在头上。

西施一数，不多不少，正好十二个姑娘，便笑眯眯地说：“十二位姑娘十二朵花，十二分蚕花到农家！”说得姑娘们眉飞色舞，心花怒放。她们羞答答娇滴滴地齐声说：“多谢西施娘娘！”西施恭谦地说：“苎萝农家女，越溪浣纱人，敢请众姐妹，莫我娘娘称！”姑娘们你看看我头上的花，我看看你头上的花，想不到西施待人这般亲热随和，她们笑得更甜更美。下岭之后，西施从马背上回过头来，见十二位美娇娘还伫立在山岭上，向她连连招手，齐声喊话：“祝西施娘娘，一路平安，永远平安。”西施也朗声回话：“多谢众姐妹，祝你们今年蚕花十二分，年年岁岁蚕花十二分！”说着，西施扬鞭催马，马蹄得得，与护送她的人马一起，奔向吴国……

果然这一年蚕茧获得大丰收，村民欣喜之余，想起了西施送给采桑姑娘的头花。从此以后，清明时节，养蚕姑娘个个头插用彩纸或茧子、绸帛做成的蚕花，祈求蚕茧好收成，这便是西施娘娘亲手送花传下来的风俗。

同时流传至今的风俗还有，清明时节，方圆百里的蚕农纷纷来到蠡山祠祭拜蚕花娘娘，养蚕的姑娘、妇女必定是头插蚕花的，以做佛事、载歌载舞的形式祝愿风调雨顺、蚕桑丰收。

后代的人们，为了纪念范蠡、西施，寄托对他俩驾一叶扁舟归隐在此的深情怀念与敬仰，就按他们当年乘坐的扁舟的形状，在蠡山造了这样一个“庙貌扁舟”的蠡山祠。这个蠡山祠的外廓，至今还完好地耸峙在蠡山顶上，远远望去，仿佛一叶扁舟，在万顷碧波中浮荡着。

春耕育蚕前，邻近村民都不约而同地来这里烧香、拜忏、做佛事，还要请职业或半职业的艺人举行“扫蚕花地”仪式，执帚由外向内扫，以确保蚕花宝气不出门，据说与古代蚕神信仰和祛蚕祟的驱赶巫术有着一定的渊源。蠡山祠的前堂是座戏台，前后相通，演戏的人并无台前幕后之分，赏戏者，前后都可观看，清明时节，四乡八邻的村民赶来演社戏，千人云集、社鼓喧闹，蔚为壮观。歌舞“扫蚕花地”便在此上演，通常由一女子头插蚕花边唱边舞，边上有人伴奏，唱词内容多为祝愿蚕茧丰收和叙述养蚕劳动生产全过程，并表演扫地、糊窗、掸蚕蚁、采桑叶、喂蚕、捉蚕换匾、上山、采茧等一系列与养蚕生产有关的动作，说唱间向台下观看者抛撒蚕花，载歌载舞的表演承载的是对蚕桑丰收的美好祝愿。2008年，《扫蚕花地》正式列入国家级非物质文化遗产名录。

今德清县春秋时先属吴，后属越。古代文献记载这里的吴越史事颇多，著名的避暑胜地莫干山因春秋时期莫邪、干将铸剑而得名；计寿山为越国大夫计然的隐居地；勾垒城、东句城古籍记载为越王勾践屯兵处；蠡山东南坡考古发现的“蠡山遗址”，也证明早在良渚文化晚期至商周时期就有先民在此繁衍生息。因此，蠡山关于范蠡与西施隐居的故事及事迹并不是孤立的，是有着深刻的历史背景的。“西施送蚕花，蚕花十二分”是吴越文化的重要组成部分、优秀的非物质文化遗产。

（文：德清县农办）

开化团结村

团结村烧灰习俗

团结村位于开化县马金镇东北部，向有“九山半水半分田”之说。开门见山、睁眼望山、抬脚爬山、耕种山地是团结村的真实写照。山是团结村人的衣食父母，山是团结村人取之不尽的宝藏。俗话说“靠山吃山”，在团结村，烧制石灰是一项古老的产业和技艺。

石灰用途很广。由于古时科学技术的落后，石灰成了历代赖以生存、日常生产、生活无法替代的资源，不仅用于建筑施工，而且在农业生产上也有着广泛的用途。在农作物上使用石灰，不仅能防止病虫侵害有利于农作物生长，而且其产出的粮食（果实）在食用上有着无两的质感和生态。团结村周边的山虽然说不上大，但却富含石煤、石灰岩等矿藏。团结人凭借着自身勤劳和智慧，不断挖掘和利用这一得天独厚的资源优势，代代烧制石灰，以解决生产、生活之需，并通过历代探索实践与沉淀积累的经验，形成了一套完整的操作流程和风俗习惯。

万事都离不开“天时、地利、人和”这三要素。烧制石灰，石煤、石灰岩是先决条件；其次地理位置局限性很大，必须考虑石煤（矿）与石灰岩（矿）点的彼此相近，否则在搬运矿石上其效率会大打折扣；再者在石灰窑选址上也有要求，既要考虑相对久远的拓展空间，同时更得考虑地势高、阔、平坦的地方，以便于石灰烧成后废渣的清理与堆放。目前，团结村有两个石灰窑遗址，一处是山头（自然村）的横山石灰窑，另一处是胡家（自然村）上边的坞石灰窑。两处石灰窑饱经沧桑，究竟有多久年代有待考证，但从那堆积成山的废渣阵势看，或许有500年以上的历史。

石灰有生石灰（刚出窑的整块石灰）、熟石灰（溶化开的粉石灰）之分。烧石灰的工序烦琐、工艺精密，同时还要谨记避忌。

一是选燃料。要以石煤为主，原煤（又叫细煤、烂煤）为辅。对爆破下来的块煤要经煤锤敲碎至3—5厘米大小，还要准备一些细煤。

二是选运矿石。对一些不纯的石灰石，先进行剔除，再组织搬运。古时主要依靠肩挑。为激发和调动民工的积极性，要过石秤按劳取酬。石秤与市秤不一样，计量单位是以每百斤灰石的成灰比例定制的，即石秤100斤相当于市秤120斤。而且有“抛”的习俗，即谁的力气大，能够超过规定的秤花（俗称“打秤架”），那么从他开始，后面的挑石人就不用再过秤了（实际上也没法称了），一律按500斤或1000斤计算，所以大家都“人穷力出”拼命挑，争取“打秤架”。

三是畚窑。窑的大小根据需要来定，一般深2.5米，直径5—6米，成锅状，要开1米宽的窑门作通道。最后是装窑——这是最关键的一道工序——先有柴火垫底：一般粗柴400—500斤，毛柴一捆（约50斤），先细后粗，呈“人”字形逐一挨着堆置，要堆得结实牢固，能承受得起一定的负荷，所以不能浮里糠空。同时，要在窑门里搭点火门，再在柴火堆上倒入2斤煤油，周围用石煤围起来，外沿还要加少量细煤保密，直至1.5尺高。石煤层面也要铺少量细煤。一切准备就绪，接着开始点火。

火点着后，不要急于上矿石，当听到有频繁的石煤爆炸声时，证明石煤已开始自燃。这时候点火门用石煤封闭，可以大量上矿石了。矿石要按照灰窑的形状，石石相依，竖着放置，小矿石填在大矿石的缝隙之间。首层矿石不能放得太厚，有80厘米即可。之后的煤层厚度2尺左右，矿石厚度3—4尺，而顶层矿石可高达5—6尺。但要注意，每层矿石外围都要留出50厘米塞石煤。无论煤层还是石层，均要求层面平整。切记，粗煤层面一定要放少量细煤，促使火势均匀，延缓石煤燃烧时间，确保石灰石烧透，细煤要适量，不宜过多。因为细煤大卡高，火势猛，容易造成煤渣板结，出灰难度大。随着窑料层层提高，窑门也随之封上，到了窑面，要用大块煤渣或大石块垒成1.5—2米高的窑圈，借以增加窑的容量。窑圈之上将石灰石堆置5—6尺高的馒头形，再用30厘米高的石煤封面，50厘米厚的石煤封顶，一定要用足够的细煤压火。另外，还得向窑圈内侧一直到馒头顶端用10—15厘米砂土培密。过半个月许，要开顶将一块石灰石翻个面，马上盖好，再烧十天半月，顶上出现黄澄澄的“油茶花”，并能闻到臭烘烘的“磉豆腐”气味了，表明这窑石灰大功告成。

至于翻石烧灰的习俗由来，相传有这么个典故：从前有一个真命天子，由于前世造孽，在他七八岁那年，玉皇大帝派遣天兵天将四处追杀。一天，天空乌天黑地，电闪雷鸣，天兵仍穷追不舍。这位天子害怕得不得了，赶快躲进母亲的裙下，生怕被雷电击中，牙齿紧咬着母亲的衣角不放。好容易逃过一劫，却将自己高贵的身躯换成了一副下贱的讨饭骨头，唯独保留一副天子独有的金口银牙。长大后，游手好闲，以乞讨为生。某日中午时分，路过灰窑，向正在用餐的灰民乞讨，这位灰民出于好心，在一叠玉米馃里，从中间抽了个热一点的给他吃，谁知好心不得好报，他领会错了，误认为是到中间挑个小馃给他吃，由此顿起歹意，口中喃喃念道："好啊，你看我不起，故意到中间抽小馃给我吃，那么从今往后，我也叫你到灰窑中间翻个烧。"灰民听见这番蹊跷话心急了，心想，若真是这样，那烧灰的麻烦可就大了。为讨个好口彩，耐心向他解释挑选中间馃的实意。这个天子一听解释就明白了，自己误会了人家，这岂不是恩将仇报吗？于是急忙改口说："既然这样，那好，你们就在上面随便翻动一块吧。"从此，这一开窑翻石的烧石灰习俗世代相传，延续至今。

（文：开化县农办）

象山东门村

石浦东门渔家俗

东门是象山县石浦镇的一个渔村，与石浦镇隔海相望，依山傍港，全村有近4000人口，居民大多以渔为业。东门渔村历史悠久，至今还有“新石浦，老东门”之说。唐神龙二年（706）象山立县，东门是辖村之一，明代昌国卫从舟山迁到东门。东门渔村北港口为铜瓦门，南港口为东门门头，扼航路要津，历来为海防要地和渔业重镇。几年前，香港凤凰卫视拍摄中国千里海疆的片子，来到东门渔村寻觅考察，记者们深有感触，认为唯有象山东门岛是中国现存最完整的渔村，可称“中国渔业第一村”。

民国16年（1927）1月，蔡元培、马叙伦来象山避难，曾游居东门灯塔，蔡元培亲题“出其东门，介尔昭明”八字。民国22年（1933）9月，蔡楚生、聂耳、王人美等登岛拍摄《渔光曲》外景，东门渔民邵银才为替身演员，电影史记为中国群众替身演员第一人。还有社会名人任筱和、任筱甫兄弟在舟山、象山沿海岛屿建造灯塔七座，为渔商称颂。从东门城隍庙往西仅百米处，建有天妃宫及古戏台。相传妈祖曾来东门岛，渔民感其恩泽，塑像造庙，始建于宋嘉定二年（1209），1998年重修。从天后宫往西不到百米的呼应台山麓又有王将军庙，为祭祀元代巡检司王刚甫。王将军庙戏台连门楼，建筑雕刻较多，古风浓郁。东门岛的历史文化遗存甚为丰富，在全国的岛屿中都较为罕见。

在东门岛，百姓年年热热闹闹过元宵节。相传，明代嘉靖年间，倭寇大举入侵石浦，戚继光的军队和老百姓众志成城，奋起抗击。在一次军民欢庆抗倭大捷的晚宴中，各种菜肴洗切好正准备下锅烧煮，忽接探子报告，另一支倭寇为报复前来进犯，眼看军情危急，伙夫匆忙将各种小菜统盘倒入锅内掺上番薯粉，做成“糊粒”，将士们你一碗我一碗像吃着珍馐美味，个个士气大振，奔赴战场，一举全歼残敌，这一天正是正月十四。从此，家家吃“糊粒”以示纪念，“十四夜”成为本地最盛大的节俗。

东门渔民，世代耕海牧鱼。舞鱼灯的习俗，是当地颇具地方特色的民间舞蹈，给渔村人民带来了无穷的欢乐。对渔民来说，风调雨顺，鱼蟹满舱，就是好年景，就是喜庆年岁。鱼与“年年有余”“富足有余”的“余”字谐音，故“鱼”便在人民心目中成了幸福、美满、吉祥的象征。舞鱼灯活动托物寓意，寄托着广大渔民对美好生活的向往，表现了渔业丰收喜庆的心理。

农历三月二十三日，为纪念妈祖诞辰，也是东门渔民扬帆出海，北上岱衢洋捕洋山黄鱼的启程日。岛上渔民奉妈祖是一位有求必应的海上保护神，出海前，举办祭海神妈祖庙会，祈求平安与丰收，成为渔村一年中的盛事。庙会自十五日开始，拜祭天后妈祖，备三牲福礼，荐享天后，虔诚祈祷。上供时间必选涨潮时分，期财源随潮滚滚来。午后开始演戏，日夜连台，演5—10天不等，号“出洋戏”。期间，村民招亲致友，宾朋盈门，天后宫常常拥挤得水泄不通。洋山黄鱼汛，于农历六月二十日结束，东门渔船从岱山返航归里。天后宫热闹非凡，演戏庆丰收，庆平安归来，称“谢洋戏”或“还愿戏”。由高产渔船出资包演，盛时连演七天七夜。渔民把鱼汛丰收平安归功于天后妈祖庇佑，农历六月二十三日，在天后宫举行隆重的谢洋祭妈祖典礼。

每逢农历七月十五日前，为祭祖先，村民在海岸边或港边举行放水灯仪式，表示渔村民众对海上遇难人的一种怀念，也表示对大海的崇敬。一次放水灯，少则几百盏，多则上千盏。水灯载着渔家的希望与祝愿，顺着潮流，漂向远方。渔村各家都要做“羹饭”，购来好菜，添上美酒，祭祀祖先，要发麦糕，还要做麦饼筒。麦饼筒以麦粉糊烙成一张张圆圆薄饼，不可烙焦，要有极好的韧性。然后将餐桌上丰盛的菜肴，如肉丝、鱼片、豆芽、米面、菜干等，夹放在薄饼中，像蜡烛包那样裹起来。荤素皆有，味道极好。

除了渔家节俗，在东门渔村，还有多方面元素体现出浓浓的渔家风情。清乾隆三年（1738），东门渔帮有大捕船80余艘。过去渔民造大捕船如同造房屋一样隆重、讲究，因为船是渔民的命根子，是渔民的家。新船船壳造成后，大木师傅选用上等木材制作渔船眼睛，不得有丝毫差池。船眼睛根据船只大小制作定型后，要讲阴阳五行，又到天后宫，在妈祖神明前问卜择定时辰，安装船眼睛有专用术语，有三道程序：一为定彩，二是封眼，三是启眼。渔船一钉上眼睛后，立时变得更有灵气。新船出海，威风凛凛，船眼睛光芒四射。据说一只船眼睛紧紧关注着天，能知风云变幻；另一只船眼睛紧紧关注着海，能知浪涛变化和海里鱼群动向。

渔民号子是渔民们长期以来在特定的环境下，在劳动中产生、演化并一代代相传的东门渔村特色文化。千百年来，东门渔村的渔民身居海岛，面对大海，世代耕海牧渔。他们终日在崎岖的山径上抬网、挑物，在码头上背运货物，在船坞里运木剖板、打模造船，在渔船上升篷、起锚、收网和吊舢板。这些原始的密集型高强度劳动，需要大家步调一致，齐心协力，于是在劳动中自然伴生了劳动号子。由于东门渔家号子声音高亢亮丽，节奏感强，曲调委婉，韵味浓厚，解放后多次被音乐工作者运用于歌曲创作，如《一帆风顺》《吆喝一声开渔了》《打渔归来》等。

2004 年东门岛渔家船鼓队，按古代抗倭战鼓和扬帆出海时传统锣鼓节奏，整理出 72 拍民间鼓谱，添置 3 艘鼓眼彩船、16 只大鼓、16 副大顶钹。岛上渔姑们利用业余时间，以妈祖庙为基地演练鼓钹，她们有的练单打、双打，有的练高架两面打、多人打。手法熟练后，再配合顶钹等乐器排演。击鼓敲钹要动脑筋，手足并用，动作划一，敲出海浪的韵律，夹着海风的意气，体现海洋文化特色，融娱乐与健身于一体。

天长地久，岁月悠悠，一方水土，哺育了东门渔村一代代“弄潮儿”。目前，东门岛人民在发展海洋捕捞业的同时，深化水产加工，发展海水养殖，发掘和保护海岛文化，开拓海岛旅游业，全面发展海洋经济。展望未来，东门古岛将更加辉煌。

（文：郑丽敏）

遂昌王村口村

乌溪江传统放排

遂昌县王村口位于乌溪江上游九龙山麓，这里盛产木材，山里人放木排是多年前家乡一景。在童年的许多趣事中，我喜欢站在乌溪江河边，看放木排和听排工师傅们的吆喝声。

王村口坐落在乌溪江边，水路下达衢杭，陆路上通闽浦，自古是仅次于县城的一个商贸集镇。小镇人烟稠密，贸易兴盛，是乌溪江上游的常年口岸，竹木柴炭的集运埠头，小镇集市繁荣，邻近的乡村木材、乌炭、松香、笋干、香菇、木耳等土特产，都先汇集在王村口，然后经水路运往衢州、杭州等地出售，木排是当地的主要交通运输工具。

一条古老的乌溪江溪水是古镇的生命之魂，千年如斯，悠悠静淌。每当初春来临，溪面上便会不时漂来一条条长龙木排，由远及近，那水桶般粗细的杉木、松木在溪中的碰撞声，伴着溪水哗哗声和排工的吆喝声绕山飘转，弥漫整个山间河道。木排宛若一条扭扭摆摆的金龙，穿过峡谷，跃上峰巅，闯波踏浪，顺流而下。排在前进，画在流动，画面中不时出现山野、村落、石桥、竹林、山涧溪流、盘山石径，以及空谷的轻烟，鸡犬的叫声，小鸟的鸣唱。放排看似其乐无穷，其中却满是着生活的感叹和酸涩。

20世纪70年代中期至80年代，当地林业站收购的木材由木排水运至衢州，这里的放排，没有“小小竹排江中游”的轻松与浪漫，有的是搏击风浪、生死攸关的紧张与心悸，恐怖与刺激，辛苦与享受。放排主要是运木材，这种营生有其特殊性，木排既是运输工具，也是运输对象。而木排的制作有其独特的工序。

首先是扎排。“扎排”既是力气活，也是技术活。“扎排”时，将所收购的木材按大小长短分类，用木钉和小篾圈与一根根硬木棍联结固定，扎成一节木排，再将一节节的木排相接成一条长龙。在排头上，还要绑一根桡杆，名为“棹”，俗称“排刀”，就是用一根长直的大杉木，将树根的一段劈削成大刀状，树梢一段削细一些，可供手控把握。这就成了木排的舵，闯滩过峡时，汉子们站在排上，合力抱起小碗粗的棹，像摆动的鱼尾一样劈波斩浪，冲出一道又一道险关。汉子们都是久经风雨考验的勇士，无论风浪如何惊险骇悚，他们都像钉子一样粘在木排上，腰身手臂上突起疙瘩肌肉，古铜色的肌肤上似乎抹了油，汗水、雨水滴答地滚落下来，与风声涛鸣合作一曲曲战天斗地的交响。

往往平时碧波如镜、秀美如画的乌溪江，会突然变了模样，像怒狮一样桀骜不驯，排工的命运也就是紧紧地篡在自己手中，握在那一根棹上。古来乌溪江上险滩多、“吊坎”（落差较大的险滩）多、礁石多，所以等水大时放排，虽然快捷一些，但也就更危险了。放排的汉子首先得要水性好，惊涛骇浪中他们就像入水蛟龙，个个都似《水浒》中“浪里白条”张顺。木排在头排的引领下，沿江漂流而下，左冲右突，前撑后桡，就像在江中驯服一条长龙，什么地方堵住卡住了，连忙用桡杆去勾、撑，有时得从水中游过去，再大的浪涛也得往下跳。一些较小的搁浅、触礁不算什么，最怕遇上的是有多处巨石挡道的“老虎滩”，排路一定要沿“S”形走，排工师傅一定要左点右撑，前弯后绕，不然轻者会被撞得鼻青眼肿，重者还会散排，就是扎好的排在江中绳索散了，乱成一堆，所有的木头乱七八糟地全卡在一起，有时在河道狭窄的地方会堵住河道，解决的办法就是把这些零散的木材收集起来，然后再在岸边扎好下水再走，很费时费力，要一根一根地搬运，而往往途中没有在场地上捆扎时工具齐备，因而排工们还得与沿岸居民搞好关系，有时得操刀执斧上山攀岩砍藤伐竹，很是艰苦，冬天常常冻得皮肤发紫。因此，没有足够的勇气、胆量和技艺是做不了放排汉子的。遇到水流湍急的河道险滩，人在排上，手握木杆，只见眼前景物匆匆而过，耳边风声呼呼作响，身边衣襟猎猎发声，脚下水声汩然砰然，使人深切感受到“两岸猿声啼不住，轻舟已过万重山”的豪迈奔放。放排汉都是大山的儿子，他们带有山里人的野性，不时说些粗鲁的野话，面对两岸隐退的青山，经常振臂大声叫喊：“呃嗨！我来了……”

当地的天气并非天天风和日丽，即使出门时天气好，也不见得出门后还好，所以放排人非常在意天气的变化。江南农村山多河多，下大雨涨大水是常事，如果暴雨刮大风，河水会变得疯狂。长长的木排在大雨大风大浪中前行就更得注意安全了。古时排工，还有很多讲究与迷信，端午节前要举行龙排节，出排时女人是不能上排的，否则会带来晦气，甚至带来厄运，吃鱼是不能翻身吃的。排工们出排时，都通过老皇历选的黄道吉日。

木排到了风平浪静的水面，则又可享受一番“采菊东篱下，悠然见南山”的闲情逸趣。这时，排工们便掏出旱烟，吞云吐雾，静观水面，鱼翔浅底，历历可数。那时放排的目的地就是衢州，因此排工们一般是从衢州交易木排后上岸，步行或坐车回来。去时一条木排，回家时就买回一些吃用的物品带回，有的还特意买几块漂亮花布、小圆镜等揣在怀里，让担惊受怕的婆娘有一个惊喜与微笑，然后在又一个等待的周期中拼命地喂猪种田，让老家小楼青瓦上炊烟不断。

沧海桑田，世事变迁。如今，昔日征战在乌溪江河畔的那些排工们都已白发苍苍或已经作古，随着公路交通的快速发展，当年排工师傅们搏击风浪、放歌豪唱或大声吆喝的情景已不复见，但他们那不畏艰险、粗犷豪爽的形象，已永远地印在了乌溪江的记忆中。

（文：张先林）

遂昌石坪村

石坪山区生产习俗

遂昌县高坪乡地处海拔900米高山上，村周山峦连绵，梯田层叠。千百年来，人们依托当地的自然条件，开山造田，种植粮食以供自给，利用山上的森林资源，植树造林，伐木交易以致富。在生产生活中形成了地方特色农业和林业生产的习俗。

先来看农业生产习俗，主要有耕田、种田和刈谷等。

耕田　地处山区多梯田，当地养黄牛用来耕作。主要农具是犁，由木质的犁冲、犁拖、犁拔键、犁盘、牛轭，铁制的犁头、犁臂组成。耕田时，将牛和犁连接好，人一手扶犁，一手持竹枝拉牛绳，指挥耕田。

耕田分耕冬田和耕春田。冬季的闲田，一般都在入冬后翻耕，以利冰冻冻松田土，冻死越冬害虫。春田在春花作物收成和翻耕。

耕田有开犁心和剥皮耕两种耕法。开犁心由田中心向外围耕田，使泥土一顺地翻向中心，有利于田间排水。剥皮耕，沿着田的外围一圈圈地向内耕田。剥皮耕法田土向外翻，形成田边和后堪泥土堆积，不利田间排水，因此，在整丘田耕完时，要反过来在外围反耕二至三圈，使田边的泥土向内翻，以便于田四周的排水。

种田　从事农业的称“种田”，农业生产中插秧也叫“种田”。过去，种田都播水秧，要手工拔秧、插秧。拔秧，事先要准备扎秧绳，俗称“秧蒿”，一般用笋壳和棕树叶撕成约三毫米宽的长条子，扎成束备用。

第一天插秧，俗称“开秧门”，有“赶秧风”习俗，拔秧前要先用手向秧上泼水，表示已向秧神祈求过，避免手被“秧风”所打，造成手痛。早上到秧田里拔秧，一般也都要将水向秧苗上泼几下，将秧苗上的露水泼去，同时也有驱虫蛇的作用。

插秧要请一桌饭，早餐吃饭要有盐蛋，有“天光没盐蛋不捡稗”之说。

插秧有“打直条”和“旋田儿”两种形式。打直条，根据田的大小形状，目测确定一条中心线，从田的一端插向田的另一端，插成一道道直直的田。第一个开始插的人称“开支”，开支时先在田的一边按中线方向直插七株以上秧，以对准田另一端的目标，称“照秧”。然后对准照秧插秧，使插的秧以直线到达另一端的目标。每人一手横插六或八株，插到头称“一支田”。开支的人开始插后，其他人跟随其后。一支田插到头，再沿开支田的另一边往回插，称“回支”。

旋田儿，顺着田的边沿开始插秧，一圈一圈插向田的中心。田的边沿有弯进和弯出，一支田的走势道也要顺着弯进弯出，每一横秧要与田边呈直角。因此，田弯进时，一侧的行距会变窄，就要调整行距，采取杀砧的办法，即一横少插几株；田弯出时，一侧的行距会变宽，要采取插砧的办法，即在宽处增插几株。杀砧或插砧时，横行要平，直行要齐。

不论打直条或旋田儿，直行均不能打砧或杀砧。俗话说，直行打砧了，种田的人或东家会腹痛。

插秧时，后退脚步要平稳。握秧的手拇指和食指配合分秧，即将一棵的秧苗分出，以加快插秧速度。插秧的手势要铡刀形将秧苗插入泥土中，深浅度要适宜，插得过深，秧苗不易长，插得过浅，秧苗会浮起。

刈谷 传统的刈谷都用手工刈，用谷桶打谷。刈谷，有的地方用刈儿，有的地方用勾镰。打谷用谷桶。谷桶和桶梯、桶簟、畚斗组合，称“谷桶担”。

刈谷一般六个人一组，四个人刈谷，两个人打谷。当中两个刈谷的人要负责摆桶路，把刈起的谷对称地、根部朝内摆成两堆，一边向前刈，一边按适当的距离起谷堆。旁边两人刈起的谷堆到当中的桶路上。打谷的人拉着谷桶，沿着桶路，一边打谷，一边前进。

刈谷时，每刈一株，握稻秆的手要顺势向前一扬，使稻秆部的枯叶向一个方向顺出。刈到一把时，顺手将枯叶把稻秆绕成一束，称“一秆”，以便于打谷的人捞秆打谷。谷秆两束一对，每对交叉叠放。谷刈好后，刈谷的人要负责束稻草，打谷的人负责装谷。

打谷的人一次捞两秆，对准桶内桶梯打谷。每记打下时，要趁势将稻秆向前送，并使两秆撒开一下，以使稻谷充分散落，避免稻秆举起时稻谷扬出桶外。同时，要转动着打，使稻秆上的谷均匀打下。

打谷开头三下速度慢一点，后三下连续打，形成“嘭，嘭，嘭，嘭嘭嘭”的声调，俗称“打浪板”。打净的稻秆丢在谷桶两边，六秆一堆，成一束稻草。打满一桶谷时，要“出桶”，用畚斗将谷拨起装入箩筐或布袋里。

刈到起堆的谷多时，刈谷的人中安排一人帮助打谷，称“背秆”。在打谷人打好丢稻草时，背秆的人将四秆谷顺势扑在谷桶中，分开两边。两个打谷的人就不用捞秆，加快速度。

传说谷桶有“谷桶神”，早上下田刈谷时不能讲脏话，不能用刈儿敲谷桶。

其他相关的农事习俗：

1. 接春：一年四季在于春，立春日农家都要接春，用梅花、白菜（连根带泥）加上其他供品，迎接春的到来。

2. 播种：播种也叫“播谷子”，是农家头等大事。播谷子要等太阳下山时进行，传说这时播下去鸟儿看不见。播好后，要用三张纸、三根香，把纸夹在香中间，插在田塍边，可保秧苗长得旺盛。

3. 秧上梁：端午节把秧苗扔到屋内梁上，可避免房屋瓦片生瓦刺（毛虫）。

4. 分龙日忌讳：分龙日忌挑大粪，忌晒衣服。

5. 扫帚神驱瘟：农田遇稻瘟病，用破旧扫帚一把，倒插在田中，以驱除稻瘟病。

6. 六月醮：每年六月正值稻谷生长期，一般选择在六月初打醮保苗，祈求丰收。

7. 烧火把除虫害：每2—3丘田头，安一个竹筒，插松明火把，或用煤油浸竹片，晚上7—8点钟，把火把点燃，下面放一个盛水的盘子，早上去看，盘中皆是飞蛾等死虫。

8. 桐油除虫：将桐油倒入田的进水口，让桐油缓缓流入稻丛中，稻飞虱就会被粘住翅膀，再也飞不起来，以减少稻飞虱的危害。

9. 茶水忌带回家：农活结束，茶水忌带回家，否则会旱的。

10. 做收冬：农夫把庄稼收割完，家里打麻糍，要拿着麻糍、肉、豆腐去请田伯公，感谢田伯公一年照看稻田有功，再回家庆贺一年丰收。

在林业生产方面，主要有开山造林的习俗。

开山造林　山区有判山的习俗，对山林进行片伐，片伐的杉木和松木用于出售。剩下杂木等要进行更新和垦种。

首先是铣山和炼山。将片伐后山上的杂木和茅草全部砍倒，待柴草略干后进行烧山。铣山时，在一片山地的四周（与旁边山林交接处）清理出两三米宽的火路，以防止烧山时火势向周边蔓延。烧山要选择秋冬季无风的日子，在山岗处点火，使火势逐渐由山顶往山脚蔓延燃烧。这样，一则火势不会太大，二来山烧得透。烧山时，要安排人员在四周火路附近值守，防止火势向外蔓延。

烧山后，次年清明前后，在山上种苞萝。先将苞萝籽均匀地撒到山上，然后用山锄挖山。挖山时要挖除小的柴根和茅草根，一般大块的石头都要翻一下，以清除压在石头下的茅草根。挖山的人要成一排，整齐从下往上挖，避免有人落在后面，前面的人挖山时有石头滚下，不安全。

在苞萝山中套种油桐。油桐三年就有出息，可以补充开山后的收入。第三年在山上的油桐间扦插杉树苗，待油桐衰败时，杉木已成幼林。

杉木出林后，要进行抚育，斩除山中的杂木和茅草。抚育一般在农历七八月间进行，此时斩除的杂木和茅草容易腐烂，民间有“七月挖金、八月挖银”之农谚。

砍树多在每年立秋后至开春前，为山区伐木季节，这段时间内砍的树木质地坚实。

（文：罗兆荣）

青田小舟山村

稻田养鱼小舟山

小舟山村原名小邹山，隶属青田县小舟山乡，地处青田县城东北方向。小舟山村的稻田养鱼有1700年历史。在浙江，素有“大海养鱼大舟山，稻田养鱼小舟山”之说。在小舟山村，人们把水稻米和田鱼视为神圣并十分崇拜，于是便形成一种独特的文化习俗。

尝新饭

所谓“尝新饭”，是指每年新谷登场时的第一顿饭。

在农民心目中，一年一次的“尝新饭”习俗，也算是一件较为隆重的事，首先，“尝新饭”要拣一个好的日子。其次，在众多“尝者”中，谁先“尝”，谁次之，谁再次之……都有严格的讲究。

最先“尝”的是天地神灵：就是把一碗新米煮成的饭，一盘烧熟的田鱼，几盘素菜在桌上露天摆放，然后插香点燃，主人跪拜祈祷，最后烧点纸钱。

其次“尝”的是列祖列宗：就是把一碗新米煮成的饭，一盘烧熟的田鱼，几盘素菜（不能用祭过天地的鱼、饭和素菜，要另盛），在房屋中堂祖宗灵位前，仪式依照前者。

第三“尝”的家中主要男劳力（古时候流行“男主外，女主内”，田里的活大多是靠男人去干）。这里的“尝”是指“第一口”，是一种象征性行为，而不是由男劳力吃完整顿饭。

最后“尝”的是妇女小孩以及老人——至此才是合家共享“稻饭鱼羹”。

改革开放以后，随着商品米大量涌入，小舟山村的“尝新饭”习俗逐渐消失。

放鱼节

所谓“放鱼”，就是把田鱼苗放进稻田里。古时候，人认为生活、生产等一切都是依赖神灵。所以，每年春末夏初，人们“放鱼”要挑选特定的日子和特定的形式进行，于是这一天便叫“放鱼节”。

据小舟山村老人说，田鱼有鱼神，放鱼之前，村民首先得举行祭祀，祭拜张辽神位，才能祈求鱼肥稻壮，风调雨顺。

为什么要祭拜张辽？张辽是什么人？小舟山人和张辽有什么关系？张辽和田鱼又有什么关系？

小舟山村三国时期始有人居。相传三国时期，曹魏名将张辽多次击退孙吴进攻，有一次还差一点活捉孙权，从而威震东吴。相传当时东吴人都视张辽为神，从而形成很多有关张辽的民间传说。在小舟山村，人们把一个山洞叫做“张辽洞”，这其中流传着这样一个故事：

张辽去世后，小舟山村有一农夫上山砍柴时，路过一个山洞，隐约看见一道亮光划过，虽难辨其形，但就好像有股力量存在周围，雾气弥漫，朦胧中他看见一员大将，持一把黄龙钩镰刀，骑于马上，那马在风中嘶鸣，威风凛凛。于是他请来法师询问其故。法师说，此人正是张辽将军的阴魂。于是，后人就把此洞称为“张辽洞”。

从此人们就在“张辽洞”奉上神位，每年春末夏初的时候都有农夫各自来祭拜祈求鱼神保佑，久而久之就形成了小舟山农夫的农事习俗。传说，到了明朝，人们确定立夏那天为放鱼日。

放鱼节要举行声势浩大的祭祀，请来法师，吹响号角，打起锣鼓，到“张辽洞”把张辽神位请到田间举行人人跪拜放鱼仪式。据说还有忌讳呢，就是往稻田里投放时不能向外倒，定要朝里投放，口中还念念有词：“养大鱼”。寓意是这样做鱼会留在稻田里而不会逃走，希望田鱼世代繁衍、鱼肥稻壮、年年丰收。

大家放完鱼苗，再把张辽神位送回“张辽洞”。

据说小舟山的放鱼节在清末民国时期还有祭祀活动。新中国成立特别是人民公社化以后，小舟山的“放鱼节”被列为迷信活动而禁止，至21世纪初，小舟山把开春以来首次犁田之日列为“开犁节”，把原先“放鱼节”的内容列入其中。

开渔节

所谓“开渔节”，就是每年秋天收割稻子前第一次收获田鱼所举行的仪式。

每年开渔节选择秋分那天祭拜鱼神，在举行祭祀活动之前，首先得请风水先生挑选良辰吉日，推选出村里德高望重者为主祭人来主持祭祀活动。祭祀开始之前，主祭人还要沐浴斋戒，以表示对神灵的敬畏，供奉桌上摆放田鱼、五谷、五果，在一阵阵鞭炮齐放、敲锣击鼓声中祭祀仪式进入议程，主祭人手持清香，带着全体村民进行焚香跪拜：一、祭拜敬酒，感谢神灵和大自然 ；二、祈祷风调雨顺，四季平安；三、祈祷鱼谷满仓，生活美满。祭拜者满怀虔诚，场面庄严肃立。

对于村民祭拜的这位“鱼神”，还有一段有趣的传说：

很久以前的一天，在小舟山村的一位老汉家里，来了一位客人，农夫因为家境贫寒，没有像样的食物招待客人，想到只能去稻田里抓几条田鱼回来。于是老汉提着木桶来到稻田边，望着田里的鱼儿欢蹦灵活，老汉费了好大劲才抓到几条，人也被累得筋疲力尽了，便坐到田埂上想休息一会儿。突然一条颜色金黄、鳞片熠熠闪光、肚子鼓鼓的田鱼，从水桶中一跃而起，一头钻回稻田中，顷刻水花四溅，转眼间便消失得无影无踪。稻田中还冒出一缕白烟，慢慢飘向山顶的洞中。被水花湿蒙了双眼的老汉，顿时惊呆了，耳边隐隐约约传来一阵女人的哀哭声。惊恐不安的老汉赶忙跑到山上的庙里，向高僧问其缘故，高僧说那一定是一条鱼娘，肚子里怀有上百粒鱼子，要繁育子孙后代，不能捕捞。

自此之后，村里便口口相传，每当田鱼收获的季节，捕捉田鱼时，都得留些鱼娘，以便繁衍后代。还得从其中挑选最大最好的田鱼供奉天地，以求神灵谅解，保护田鱼世代生息，年年丰收。

（文：陈介武　程硕琦）

海宁云龙村

云龙村养蚕习俗

云龙村隶属海宁市周王庙镇，位于海宁的西南部，南临杭州湾，地少人多。种桑养蚕是本村传统的主导农业。云龙村养蚕风俗颇多。

送蚕花 蚕家姑娘出嫁成亲，嫁妆中要备有桑苗两株、油灯一盏、竹篓一只等有关养蚕的物品。桑苗用小火桑，油灯用毛竹制成，加上豆油和纱条，即可点燃照明，称“蚕火”；竹篓用篾黄编成，染成红色，称为“发篓”，二者合成谐音口彩“蚕火发喽”。三样物品上，都要缠上红丝绵条，挂上一朵红色小蚕花，与小淘箩、火叉等物放在红漆木面桶里，和其他嫁妆一道送到婆家去，称为“送蚕花”。

撒蚕花 新娘进男家门时，喜娘要向四周撒一些钱币，供众人拾取，称为“撒蚕花铜钿”，同时唱民歌《撒蚕花》，最后三句是“今年要交蚕花运，蚕花茂盛廿四分，茧子堆来碰屋顶”。

戴蚕花 旧俗流行用红色彩纸扎成花，称“蚕花”，妇女戴于头上或鬓边，为蚕乡女子特殊时尚。民间有蚕花歌“蚕花生来像绣球，两边分开红悠悠。花开花结籽，万物有人收。嫂嫂接了蚕花去，一瓣蚕花万瓣收”。

望蚕讯 蚕成熟上了山（簇），亲戚间要来去“望蚕讯”，新结亲第一年的儿女亲家间最为隆重。先由蚕娘婆家带了少量粽子、熟猪肉一块、鱼一条和白焐咸蛋等物品，去为娘家请蚕花五圣，称为“讨蚕讯”。隔天，娘家便备好相同的供请物品，同时要裹好数量较多的蚕讯粽，一道挑着送到女婿家去，供请蚕神菩萨，称为“望蚕讯”。送去的蚕讯粽，由女婿家再分给所有邻舍、亲戚。蚕讯粽为箬叶裹成，呈尖三角形，粽内裹有糯米、赤豆和红枣等，用于供请蚕神的，还有裹成一大一小连在一起的“抱子粽”（亦称抱娘粽），煮熟后再在粽箬上系红丝绵条，方显得慎重和有规矩。

吃清明夜饭 请好蚕神后，一家人要团聚吃清明夜饭。清明夜饭以与养蚕有关的饭菜为主食，有人亦称为蚕饭。主要菜蔬有供蚕神的白焐肉，有与蚕名近似的蚕豆、蚕白虾，有期望蚕茧结得像鸭蛋般大的咸鸭蛋、茧子结得又多又好的炒卷子和千张（豆制品），像蚕丝一样又白又长的丝粉头，吃了蚕眠时不用“剔青”炒螺蛳，还有吃了看蚕丰收有想头的咸鱼鲞和白马喜欢吃的马兰头等。烧煮米饭，要用预先备好的干燥马鞭（竹根）当柴，糯米中加一些蚕豆、竹笋、大蒜苗（蒜薹）、寒豆（豌豆）等食物。饭前，家中不论老小，均要喝一杯土做米酒，称为“齐心酒”，吃了好“各自用心看好蚕”；还得吃清明圆子，圆子有白粉圆子和加入“草头”（青色野菜）的青圆子。清明圆子原为腰裹茧状，象征大茧子，后渐做渐圆，成了圆子。

做茧圆和蚕花包子 蚕事伊始或蚕罢，蚕农多用米粉做有馅或无馅团子和小圆子称为茧圆，作为祭蚕神的供品，逐渐成为一种饮食习惯，或用于馈赠亲友。云龙村是在清明节作茧圆，有青白两种，青者代表桑叶，白者代表茧子，称为“吃青还白”（食桑吐丝），俗称清明团子、草头圆子。

演蚕花戏子 春节后至清明期间，蚕乡村庄上有邀请皮影戏班演“蚕花戏”的风俗，历代流传，尤以清末民国初最盛。清时海宁人查岐昌在《古盐官曲》诗集中有“新年影戏聚星缸，金鼓村村闹夜窗。艳说长安佳子弟，熏衣高唱弋阳腔”一诗，写的就是当年长安一带演“蚕花戏”的盛况。蚕花戏一般都演唱些吉庆祈福的文场戏。

接蚕花 仪式皆由赞神歌手主持。在整个仪式中有一道“接蚕花”节目，由歌手将事先准备好的一杆秤、一块红手帕、一张蚕花马幛（蚕神妈）和插在黄纸上的两朵红白纸花（枝上有柏树叶）交给该家的女主人，同时诵唱“蚕花歌”。女主人恭敬地将各物收藏，称“接蚕花”。“接蚕花”活动以前在云龙一带在每年农历初二家家举行，用彩纸做成小花，中间缀以元宝，供奉灶间，腊月二十三日送灶时与灶神像同时焚烧。

请蚕花 清明请蚕神，传说蚕神有两位，一位是女神“马鸣王”，另一位是男神“蚕花五圣”。清明夜，将两位蚕神的神轴马幛供于朝南正位桌上，桌前插香烛，挂纸元宝，摆上整块猪肉、全鱼、白焐蛋及藕、荸荠等水果，还有青白相间的清明圆子，门框上插杨柳枝条。当家人洒酒、点香烛、叩头，蚕娘亦来拜揖，祈求蚕花茂盛。讲究的人家，还去地里拔几棵蚕豆和麦秧苗来，放在供桌脚边，给马鸣王的白马食用。

踏青轧蚕花 正清明，蚕娘们要早早起来，梳洗打扮之后，相约结伴出门去踏青轧蚕花。旧时有盐官北寺大悲阁、周王庙东北划船漾半山娘娘庙、长安鲁王坟等地，为海宁中西部轧蚕花的热闹去处。蚕娘们一到蚕花地，便把随身带来的土制蚕种纸放在庙中菩萨前或王坟上，叩头拜揖求蚕花。随后便去人多的地方轧闹猛，说是轧得越结棍（厉害）越好，称为“轧蚕花”。

祛蚕祟 因蚕不易养殖，为使蚕无病无灾，产生了多种祛除蚕祟的习俗。一为画白虎，即在蚕房墙壁上用石灰水画上白虎一只以辟邪。二为用桃枝祛祟辟邪，据说桃木剑能驱鬼神，蚕家便用桃枝代替，收幼蚕时，在蚕匾中放桃枝，在蚕房里蚕柱上插桃枝。若是从别处买来桑叶饲蚕，在叶担挑进蚕房前，也要用桃枝条在叶担上抽打三下，称为“拿个长头鞭三鞭”。三为送羹饭，蚕忙时，家家闭门养蚕，谢绝生人进蚕房。若是有外人不小心进入蚕房，或蚕生了病，蚕娘要避开四眼，盛一盏冷饭，上放一根咸菜，插一只柴结的草鸡（称“柴嘟嘟”），端去倒在三岔路口，称“送羹饭”。

养蚕禁忌 传统养蚕，有许多禁忌，一是外人生客，不得乱进蚕房，就连身在蚕房外，也不得高声说话，不得重步走路，以免发出响声，惊动房内蚕儿。二是蚕家吃食，不吃腥辣味重的鱼、羊肉、辣椒等食物，不得在蚕房内外吸老烟。三是说话有禁忌，不说“姜、亮、白、爬”等字音，因蚕易得僵蚕、亮头、白肚（白肚又称爬蚕）等病，应该违忌；喝水不说“吃茶”，茶与蛇方言同音，蚕房里有蛇为不吉，且蛇会吞吃蚕儿；不说“里厮”“外厮”，因厮与死同音，要说“里厢”“外厢”。禁忌甚多，家人得时刻留神，要待采下茧子后，才百无禁忌。

扫蚕花地 大年初一蚕农家不扫地，果壳纸屑积聚越多越好。年初二清晨才扫地，清扫时用新扫帚从外向里扫，将地上杂物扫拢堆积在门角落里，称为“扫蚕花地”。扫过蚕花地，喻示全年会看好蚕，能蚕花茂盛。讨口彩“日进斗金”。新年里，还有上门来扫蚕花地的讨乞人，来人手拿芦花扫帚，走到农家门口，一面做由外向里扫地的动作，一面口中唱着歌谣，唱的都是喜乐吉庆和有关蚕花的好口彩，因此受到蚕家欢迎，当家人要送上小块年糕或白米相谢。

唱蚕花 新年期间，有老艺人肩挑担子，沿村串户唱《马鸣王》的风俗。唱《马鸣王》的担子里，一头是只陈旧的木箱，箱上放一只小木板凳；另一头是一只敞口箩筐，筐里供一位穿红披、骑白马的彩塑女神像，就是马鸣王菩萨。演唱艺人一到蚕家门前，便歇下担子拿出小板凳来，坐下就用小锣伴奏，有腔有调地唱起来。《马鸣王》唱好，当家娘娘要用年糕、白米答谢，演唱者说一声“蚕花廿四分”，便挑起担子在到另外一户蚕家去。

养蚕猫　养蚕猫由祛蚕祟引申而来，一为驱除鼠害，二为祛邪驱祟，从画白虎演变而成。猫与虎本为同属，虎象征威猛，借其威势可吓退各种鬼祟。而传说猫原为老虎的师父，师父的本领当然比徒弟更大，因此猫便成了蚕的保护神，蚕家遂以养猫为习俗，亦有人家在蚕房中放置瓷猫泥猫，或在墙上贴猫画和纸剪猫的，均称为蚕猫。

蚕桑占卜　蚕桑生产作为重要而又变化莫测的农事，古人常求助于占卜以预测丰歉吉凶。一种叫“请淘箩头姑娘”的占卜，在淘米箩上摆物摇动，视其状态，预测桑蚕的丰歉。还有民间流传“三姑把蚕”的说法，谓蚕神三姑每年一人主管桑蚕，丰歉不同。旧时历本上都注明当年为何人“把蚕”，民间即以之预测桑叶好坏。

（文：海宁市农办）

庆元西洋村

朝圣菇神西洋殿

西洋村距庆元县城约13公里，村里有200余人，向以水稻、食用菌为主导产业。

菇民聚居的地方都建有大大小小的菇神庙。西洋殿又名松原殿、吴判府殿，位于西洋村村口松源溪畔，依山傍水，坐北朝南，系古代菇民为纪念香菇鼻祖吴三公而建（楹联和《道藏》记载吴三公是龙岩村人），始建于宋咸淳元年（1265），几经变迁，清光绪六年（1880）庆元、龙泉、景宁三县菇民集资重建。

菇神庙为四合寺观式建筑，平面呈纵长方形，面阔19.4米，进深32米，占地面积1200多平方米，中轴线自南向北依次有照墙、山门、前厅、戏台、天井、月台、中亭（中台）、正殿。大门上端砌“松源殿”三字石匾。大殿面阔五间，明间用抬梁式，月梁造，戏台、中亭为重檐歇山顶，翼角离翘，檐下用牛腿。正殿中底置吴三公像，正殿前分列左右厢房，厢房中心间为钟鼓楼，与正殿相对的是倒座。雕梁画栋，雕刻、泥塑、彩绘等传统工艺精湛（雕镂亭台楼阁、山水人物、吉祥动物图案），融工程与艺术于一体。东山墙外观音堂系民国重建。殿外东侧有一古井，为“运木古井”，相传建庙用的木材从井里涌出，颇似杭州净慈寺的“运木古井”。历代菇民把每年农历三月十七日（吴三公生日）和七月十六日至十九日定位祀奉“菇神”进香期，每到此时，西洋殿举行朝拜仪式，诸方菇民云集于此，朝拜菇神吴三公。

查《宗谱》载：“吴三公，名昱。因其兄弟多人，其排列第三，被菇民尊称为吴三公，吴三公于宋高宗建炎四年（1130）三月十七日出生于龙、庆、景三县之交的龙岩村。吴昱的祖先于唐代由三（山）阴（今绍兴）迁至龙岩，其世祖吴子瑛曾登第任绍兴通判，世居龙岩，至德修仁。”吴三公系中原为躲避战乱而隐居山林之望族贤人的后代，深受父辈传统道德文化教育，智力超群，勤奋好学，胸怀大志，心地善良，他总结万千菇民的制菇经验，亲自勘测选择菇场，并从出生地龙岩村迁至后广西洋村居住，专心致志从事栽培香菇的实践，创制出一套人工栽培香菇的技术——“砍花法”和“惊蕈术”，并经常以降龙伏虎之精神鼓励菇民与天奋斗，成为菇民们的领袖人物。历代菇民感念吴三公的功德，南宋咸淳元年（1265），在后广盖竹村集资兴建“显灵庙”，祀吴三公为“菇神”。

随着香菇业的勃兴，清乾隆三年（1738）又建西洋殿，并规定每年农历三月十七日和七月十六日至十九日为祭奉吴三公的香期。自此，菇神庙西洋殿香火日旺。三县众多的进香菇民慷慨解囊，集聚巨资，筛选浙南闽北地带擅长石刻、木雕和从事土木建筑的各路名师巧匠，对菇神庙西洋殿再作修葺改建。再建后的西洋殿雕梁画栋，飞檐翘角，古朴典雅，宏伟壮观。可谓是浙、闽两地较为罕见之杰作，具有浓厚独特的地域建筑风格和民族艺术色彩，是为菇乡千百年来建筑文化之精髓。

根据《庆元县志》记载，吴三公去世后五十多年，即宋咸淳元年（1265），盖竹村（今五大堡乡竹山村）菇民吴标梦见吴三公父子，集资在村口建灵显庙，并举行菇神庙会，标志着香菇文化开始形成。随着菇业发展，香菇种植范围扩大，元成宗大德年间（1297—1307）庆元人何元魁、吴标在县城建拱瑞堂，从盖住迎请五显神、吴三公。周敦村民建显灵庙（又叫古楼庙）。明初，刘伯温国师向朱元璋讨封，龙、庆、景三县取得独制香菇专利，明前期菇业有了发展。明洪武年间（1368—1398），西洋村菇民集资在西洋村原吴三公制菇棚址（吴三公生前为母守墓行孝棚址）建吴判府庙祀奉吴三公（由于道教盛行，吴三公于“明神宗万历三年，敕封为判府相公”，传说万历三年吴三公一门公孙被敕封为“十二判府相公”），遗址如今仍在。三地菇神庙建成并举行庙会，标志香菇文化发展到第二阶段。受皇权和神权（道教盛行）保护，加速了菇业发展。到清康熙、乾隆年间，菇业鼎盛，扩展到大半个中国，庆元、龙泉、景宁三县菇民在龙泉凤阳山建凤阳山庙、景宁毛坑口建“三合堂”、庆元西洋村建松源殿（清乾隆年间，菇业大发展，祀奉吴三公的菇民增多，庙小拥挤，三县菇民集资扩建时，将吴判府庙迁建至溪边古道旁，称为松源殿）。西洋殿在光绪元年（1875）被毁，现存西洋殿为光绪六年（1880）重建，集中表现菇区香菇文化精华和建筑艺术最高水平。龙岩等菇民区大小村也建菇神庙，大小庙会热闹非凡。

（文：庆元县农办）

龙泉下田村

菇源圣地说菇神

群山环抱，溪流潺湲，林木繁郁，水草丰美，这儿便是龙泉市龙南乡下田村了。若不是有一个菇神庙，这儿仅是浙西南一个再普通不过的小村庄。因为菇神庙和祭拜菇神，成了下田人的一个既定民俗，小小的下田在世人眼中便多了份神秘。

菇神庙，又名五显庙，位于下田村中央，白墙青瓦，斗拱飞檐，气势恢宏。庙宇初建于明神宗十五年（1588），占地面积1000多平方米，为菇民捐助兴建。这座庙宇是龙庆景香菇文化的代表，庙里供奉的菇神是五显大帝，每年夏天，龙、庆、景的菇民们都要在这座菇神庙里隆重举办菇神庙会。这一习俗已经延续了近三百年。

为什么菇民把五显大帝供奉为菇神呢？传说，在很久很久以前，大帝爷五兄弟忽然心血来潮，想做一笔蚀本生意。他们想出一个主意，带着斧头把自家后山上的杂木一通乱砍，看到这些被砍得乱七八糟的树木，心想，这些木材总卖不出去了。不承想到了冬天，满山的杂木长出了白花花的菇，煮来一吃，竟是滑溜溜、香喷喷，十分可口的美味！“如此美味佳肴，就叫它香菇吧！”从此五兄弟五人就开始种起了香菇，并把技艺传授给了村民们。从此华夏大地又增添了一道营养丰富的美味。

同样被当地菇民敬为菇神的还有吴三公。菇神庙里有一堂联这样写着：“恩感朱皇钦封龙庆景，敬仰菇神艺传子媳孙。”这里的菇神又是指吴三公。吴三公名吴昱，又名吴老三，也被称为人工栽培香菇的鼻祖。历史上确有其人，据记载，他在宋高宗建炎四年（1130）生于龙南乡。

当年，龙泉、庆元、景宁的菇帮协会商定，每年农历六月二十四日至二十八日在龙泉市龙南乡下田村菇神庙开展庙会庆典活动，据说有现存的三县菇帮协会收据印章为据。活动演出五昼夜，庙里请来戏班助兴，期间各地商人云集，饮食、瓜果、日用小商品摆满庙门、路旁。庙内香烟缭绕，瞻拜菩萨者川流不息，摩肩接踵。戏台上锣鼓喧天，三县市菇民聚会，大家趁此庙会打听菇树资源、商谈来年生意、交流制菇经验，祈愿大帝、三公显灵，保佑五谷丰登、种菇发财，祈祷龙、庆、景三县菇民香菇生意越做越大，向周边各省扩展。每年农历九月廿八日是菇神五显大帝生日，又请木偶戏班来上演三天三夜。

庙会，是中国“真正活着的民俗”，鸣炮、敬香、宣读祭文、菇民花鼓戏、菇民木偶戏、菇民武术表演、菇民山歌对唱等竞相登台。其中最吸引人的是菇民武术表演。拳礼、起步、抱子舞、进上一枪子舞、收桩……20多个招式的防身扁担功，菇民们打得不慌不乱、四平八稳，丰富的招数中尽显自然生动、灵活多样，博得观众的阵阵掌声。

菇民防身术有“扁担功”“凳花”“三步”“五虎”“七步”“三秋拳”等多种套路。一千多年来，勤劳智慧的下田菇民身居安徽、江西等的深山老林里，以种植香菇为业，为防盗贼与野兽的侵扰，在自卫中练就了一套套独特的防身术。据传，这些防身术为菇神吴三公所创，其器具多为菇民家中随用即取的扁担、板凳、棍棒等。防身术只为自卫，反映了菇民们当年的某些生活状态。

（文：姜爱华）

临海黄石坦村

黄石坦村生产习俗

黄石坦村位于括苍山脉，九台沟入口，是一个典型的山区村，村民生活艰苦，勤俭朴素，当地至今仍流传着这样的民谣《括苍三件宝》：柴株当棉袄，乌糯当晚稻，孟菜吃到老。在这片原生态的村庄里，不少有趣有意义的生活习俗完整地保留了下来。

火笼

过去，农民生活十分拮据，无力添置更多的御寒衣着，因此，用火笼取暖在60年代前的山区村是比较流行的。

火笼有铜火笼、泥火笼，也有用树做成的。铜火笼扁圆形，上面加盖，盖上有密密的小孔；泥火笼用泥烧制后，外壳用竹篾编制而成。火笼里盛上炭火，提在手上或放在地上双脚置其上取暖。过去，张家渡有很多老人穿长衫和妇女穿大襟长衣的，将火笼放在长衫内烘烤，热气不易散发，以此御寒。同时，还作睡前“暖床”之用。

火笼除了取暖外，还烘烤小孩衣服、尿布等应急之物。火笼虽然比不上现代的取暖器、空调等现代化家用电器，但当时确成为百姓取暖御寒不可缺少的家用之物。

冷饭包

解放前，村里的贫苦农民靠卖柴度日，但是，要想砍上一担燥柴，却是十分困难的。为此，农民们只好带上一包冷饭，起早落夜，翻山越岭，跑上五六十里山路，才能砍一担好柴。

那么，这餐中饭该如何带呢？长期以来，大体上有三种方法：一是蒲包，这就是用蒲草编织的形似帽子的包，盛饭前将蒲包放在热开水中浸泡一下，待放好饭后再扎好蒲包口。二是竹箬包，这就是在盛饭前，将干燥的毛竹箬，先放在水中洗干净，再用热开水浸泡一下，让其柔软，同时，根据饭的数量，用几片竹箬拼凑起来，像包粽子一样，将饭包好。三是布巾包，这就是在盛饭前，将苎麻织成的布巾，先用热开水浸泡一下，接着，将饭放在布巾中包好。这三种饭包都不能保暖，到吃中饭时早已冷了，因此，农民们称这种饭为冷饭包。

农民鞋

长期以来，农民们除下田赤脚外，平时常穿的鞋式样有：布鞋，用布作鞋帮，用碎布一层层垫起来做成鞋底；草鞋，用络麻做鞋帮，稻草作鞋底编织起来的；棉丝麻鞋，用棉丝做鞋帮，络麻作鞋底编织起来的，这种鞋又轻又牢，经久耐穿；蒲鞋，用蒲草作鞋帮，稻草作鞋底编织起来，此鞋柔软、透气、凉快、轻巧，适宜夏天穿。如遇雨天，就穿木屐或竹履，这种木屐或竹履也有好几种，有的鞋帮用络麻编织的；有的则用普通的布鞋用钉子钉在木板或竹片上，还有用竹箬做成的箬壳鞋，这些就成为雨天穿的鞋子。冬天，山民们上山下地干活，为了防止双脚冻伤，常用的是将稻草敲得软软的，将脚裹起来，然后再穿上草鞋，农民称这种方法为"稻秆包脚"；有的先用白色粗布做成长筒袜子的式样穿在脚上，而后，外边再套上草鞋，这样既可保暖，又可防止划破腿皮。平时在家闲着时，有的也习惯"稻秆包脚"，也有穿布暖鞋的，即在布鞋帮里放上一些棉花，鞋底上也垫上一层棉花，这种鞋，一般妇女都能做，不用到市场上购买。

新中国成立后，尤其是改革开放以来，山民们的生活发生了翻天覆地的变化，在穿鞋方面，也逐步讲究起来。他们日常穿的是解放鞋、布鞋，有的还穿皮鞋；夏天穿的是塑料凉鞋，有的穿皮凉鞋；冬天穿的是暖鞋，即布暖鞋、橡胶暖鞋。上山干活时，他们大多穿解放鞋，也有穿草鞋的，如遇冬天，有的穿解放鞋，也有"稻秆包脚"的。下旱田劳动时，大多数人穿解放鞋，也有赤脚的；下水田插秧时，大多数人是赤脚，也有穿高帮橡胶水田鞋，这种鞋既可防止石块划破脚底皮，又可防止蚂蟥叮咬，深受山区农民欢迎。

竹笕引水

长期以来，凡地处山区的村庄，大多依山傍水，建在坑岸或造在溪边，一年四季，无论是人畜用水，还是农作物用水，都能取之不尽、用之不竭，非常方便。但是，也有个别住在高坡上的农户，用水非常不便，有时挑一担水要跑很远的路，凡遇到这种情况，有不少村民就采取竹笕引水。

竹笕引水，就是将一根毛竹劈成两片竹笕，并把竹节子统统刮掉，而后，根据生活需要，竹笕可长可短。有的山高路远，可铺上一根竹笕，有的一根不够长，可以铺二三根，甚至五六根。有时需要通过一条小坑，就用三根木头做成架子，竖在坑中心，让竹笕架在木架子上，这样，让水通过这根长竹笕，把水引到水缸里。如果水缸满了，就把通往水缸的竹笕移掉，让水流到屋边的一口小水塘里，如果小水塘满了，水就会自行流去。这种因地制宜的竹笕引水法，有似如今的自来水，既简单方便，又清洁、卫生，为此，这种竹笕引水法就一代代传了下来。

木槿护发

木槿，俗称樊篱，是一种落叶灌木或小乔木，叶子卵形，互生，掌状分裂，花钟形，单生，通常有白、红、紫等颜色。茎的韧皮可抽纤维，做造纸原料，花和种子是解热的药。在护发素问世前，农村里的中青年妇女常用木槿叶来护发。其方法是，将木槿的叶子摘下来用冷水洗净，而后将叶子放在面盆里，加上少许盐，用手将其揉出汁来，再用开水冲泡，待冷却后将叶子去掉，即成为木槿叶汤，有点微绿色，略带黏稠性，用这种汤洗发后，再用清水洗净。这种古老的、民间的护发方法，使头发变得乌亮、柔软、自然。

豆秆灰洗衣

过去很长时间，山村农妇常用黄豆秆或稻秆灰来洗衣服、被褥等，而且还洗得比较干净。其制作和洗涤的方法是：先将准备洗的衣服等物品，用冷水浸透，并放在洗衣桶（盆）中，接着，在衣服上面放一定数量的黄豆秆灰，而后，将开水从黄豆秆灰上冲下去。让衣服浸泡在黄豆秆灰水中半个多小时。其间将衣服翻动几次。接着，将衣服取出来，反复地用手搓或用木槌轻轻地捶，再用清水洗干净。因黄豆秆灰呈碱性，故能去污除油腻。在日常生活中，黄豆秆灰不仅可以洗衣服、被褥等物品，而且还可以用来洗涤桌、椅、凳、橱等家具。

移过屋

移过屋先要择好日子，特别是移到新屋居住。

移过屋一般都是早晨天没有亮时移过去，移过屋时，事先要斫好新竹，做成“竹撑”（晾衣服用的竹竿），晨起烧好一锅饭，四盆菜一碗羹，菜要有鳑头鱼，意思是有靠身。将烧好的饭（连锅带饭）和菜一齐放进一头脚箩里；另一头脚箩里放“火甑”（火炉），俗称“火种”，意思是香火不断。出门时先打三冲炮仗，家人一起，手提灯笼，将饭菜、火种、竹撑、竹旺（竹竿）一起送到新屋，竹旺横在竹撑上。意为新人家会撑（会发财），会兴旺。然后把挑过来的饭菜在桌上摆好，合家在新屋吃早饭。盛饭要倒边，并且不能吃完，要有剩饭，意思是一家人有吃有剩。

移过屋要办酒。旧时事前不通知亲朋，意思是不向亲戚讨人情。只是到了现代，择好日子事前告诉亲朋好友前来贺喜。民间有这样一句俗语："上屋搬下屋，出脱一箩谷。"意思是移过屋要花钱财办酒席，宴请亲朋好友。过去移过屋时亲戚只送一把米面，现在则送面和"红包"。

（文：应晓燕）

舟山翁家岙村

郑家山龙潭祈雨

自古以来，我们的先民们为有神灵庇佑，渴求风调雨顺，便对能兴云吐雾、呼风唤雨的龙崇拜备至，并有了一种精神意识上的冀望和寄托，于是各地便有了表现形式与特色各异的龙王信俗。譬如旧时每逢干旱年景，盛行于定海县大展一带，人们组队去翁家岙郑家山龙潭请龙祈雨的民间风俗，便是一个典型的例子。

相传展茅翁家岙郑家山龙潭乃龙王居处。每遇天旱不雨，当地各庙柱首就会集会商议，择日聚众到龙潭请龙祈雨。请龙队伍以大展乡民为主，由庙柱首指派各户一名男子手执白旗参与，前导抬八角龙亭，后仪仗、乐队相随，吹吹打打上山，至龙潭边设祀桌摆三斗三升糯米块及糕点、水果等供奉品，巫师拈香祷告，礼毕捉潭中一水生物青蛙或山蚂蟥等作龙王化身放入盛水罐中，置罐于八角龙亭，而后请龙队伍下山巡游各村岙田畈，谓龙王察看旱情，最后至大展庙，请小唱班演庙戏，巫师继续焚香祈祷。几日后如仍不下雨，则将罐置烈日下暴晒，俗称“烤龙王”，直至下雨，请龙队伍再敲锣打鼓恭送“龙王”回龙潭。

民间的每一个信俗都不外有了神话传说才衍生而成，而这个神话传说的形成源于翁家岙村落郑家山山上一潭。据元《大德昌国州图志》载：“在州东大翦（展）村，有山危峭不可跻攀，山之巅旧有石罅，一村民因采樵浣垢衣其间，视之则绀色，及其归，若有所凭依，谵言触龙之怒故然。后遇旱祷之，有金丝蜥蜴者出。”清康熙《定海志》也载：“县东，大展山，危峭不可跻，巅有大石罅，草木翁翳，岁旱祷之，有金色蜥蜴出。”光绪《定海厅志》如故照载，还加了注：“以此剖析，郑山龙潭是金丝蜥蜴龙的居所，若有金色蜥蜴出现，即当年可获丰收也。”

一个地方有了神话才更显美丽，一段历史伴随有传奇才会变得更璀璨。后来挖掘出土的一块镌刻于清光绪三十年（1904）的“龙王神话故事碑”记载：“郑家山龙王姓郑，逸其名，自前明天顺己卯三年十一月初七日巳时降生尘世，盖距今四百有余岁矣。山有龙潭，形如釜然，其水四时不溢不涸。旧说潭旁有亭…… 案厅志载，天亢旱有诣龙潭祷雨者辄应以雨。到今犹然，历验不爽。……”按这块字迹已漫漶不清的碑文所称推算，明朝天顺己卯三年（1459），距今已有550多年了。给龙冠以人姓，不奇，但阐明确切的降世日子及时辰，却是罕见，一切煞有介事，给虚拟的神话套上了真实的外衣，使人信奉更甚，各种传说因此层见叠出。

说有一天，郑家山老龙见一妇女在海边滩头哭泣，便化成老翁上前问询，得知其丈夫捕鱼遇风暴落海，撇下孤儿寡妇，日子难熬。老龙悯怜之心顿生，愿帮其出海捕鱼，每日只要三斗三升糯米块充饥，余一概不取。修船补网后，老龙雇请几个后生一同出海。吃完糯米块后，老龙叫伙计张网，自己却酣睡舱板，睡得满身是汗，衣衫湿漉漉的。醒后催伙计起网，捕上的全是梅子小鱼，装舱后即令拢洋。伙计们私下嘀咕，只捕一网小鱼如何交差？怎料到埠开舱，却见满舱都是金灿灿的大黄鱼。原来老龙睡觉时，龙身已遁入海中去赶鱼，并施法缩小入网鱼形，故捕上来的鱼似小梅鱼，其实全是大黄鱼。每日如此这般，一鱼汛下来，寡妇已成富庶人家。老龙临别，寡妇问其居址，老龙说：“我住大展翁家岙。”

郑家山老龙至仁厚德，悯恤生民，经常恩泽乡里，被称为“管家老龙”，不但在乡间广施德行，而且深怀大义。翁家岙挖掘出来的“龙王故事碑”里就记有一事：“……抑又闻之，乾隆年间小金川背叛，龙王现化老翁，担水止兵马燥渴，一军得保无恙。……”这里讲的是关于老龙助清兵的传说，说的是清乾隆年间，官军在平定小金川叛乱时受困城中，兵渴马饥。郑家山老龙变一老翁，担一桶水、一捆草入城献给清军。几万兵马饮食之却未见水浅草少，带兵将军知是异人相助，问其姓名、家籍，答曰：“姓郑，住定海大展翁家岙。”后清军得胜班师，将军将此事奏禀皇帝，皇上命钦差带圣旨去封赏。钦差一路跋涉来到展茅翁家岙，询问几名正在晒谷的妇女，晒谷妇女说：“翁家岙男人都姓翁，没有姓郑老头。”钦差遂回程，船至定海灌门，忽遇大风大浪，无法航行。原来灌门老龙得知此事，便兴风作浪，以讨封赏。钦差见这风浪无端兴起，知必有缘由，便大声喝道：“倘若小金川助援老翁是此地神灵，请即刻平息风浪，皇上有赏。”话音刚落，风浪就停息了下来。钦差当即照旨宣诏，事毕平安回京。后郑家山老龙知错封便宜了不干好事的灌门老龙，心感不快，怪晒谷妇女乱说。于是驾一朵乌云，独降雨于翁家岙晒谷场，晒谷妇女忙收谷子，待再晒出，老龙又驾云降雨，如此再三，晒谷妇女情知有异，问及巫仙，方知来龙去脉。于是翁家岙信众怀着愧意，募化在山麓建造了一座龙王堂庙宇，殿正中神龛塑龙王像供奉。老龙见乡民虔诚，再没作弄过晒谷妇女。

郑家山龙潭，面积不过0.5平方米，水深只0.3米，但却能久旱不竭，似确有神灵隐潜。龙潭龙王灵验的声名远扬，久而久之，这里及周边的人们便有了请龙祈雨的信俗并逐渐盛行，众志聚谋，乡党相应，措赀出资，在龙潭边修建了亭子，敬称“龙宫”，虔恭明祀，朝觐叩拜。这座龙亭全用石条石板建成，这里又有一个传说，说建亭的石材都是老龙自己背上去的。老龙想在潭旁造一亭子，以供求雨的村民歇息。他化成一白发老翁，从别处背来石条放在潭旁。最后一趟，一民嫂见其肩背臂夹一下负着三根石条，不禁诧异地道：“这老头力气真大！这么大年纪还能背三根石条！”老龙被道破法术，顿感筋疲力尽，放下石条，再也没有能背上去。后来村民们用这些石条造了龙亭，作歇息和祈雨祭祀的场所。

传说中，郑家山老龙相当灵验，有求必应，若有虔意祈求，即时行雨，保得当地年年五谷丰登。现存龙潭边的龙亭，前柱镌有一联“望定海县槁苗助长，仗郑家山好雨时行”，说的就是此番寓意和景象。

（注：上述龙王故事据《展茅镇志》纂述编撰）

（文：胡文平）

永嘉茗岙村

八月十三赶牛市

每年农历八月十三，凌晨3时，东方才微微露出鱼肚白，永嘉县桥下镇茗岙村热闹的“牛市节”已经拉开了帷幕。在这里，“牛市节”的隆重程度不亚于春节，是一年中茗岙人最重视的盛会之一。

茗岙牛市历史悠久，始于明朝，在乡政府所在地茗岙村和上村、下村、中村的各个毛竹园里举行。基本上一年一度，定于农历八月十三，现在规模不减。过去，这一天，往往有三四百头水牛、黄牛进行交易，以耕牛为主，村中则每户人家都要接待几个贩牛客，村谣说“春节没客不奇怪，八月没客不算家”。这四个村里还举办传统文化节。村中男男女女停止上山下田劳作，穿上新衣，喜气洋洋。同时村人往往邀请自己的亲戚朋友来住一天。地方老人组织人员从中村的“前寮”庙中抬出胡公塑像，坐在一顶轿子中，另让一身材高大相貌堂堂的人穿上元帅服装，扮作胡公大帝面前掌管风调雨顺的元帅，坐在另一顶轿子中，两顶轿子一前一后，由人抬着，绕着四个村的大街小巷游行。两顶轿子出发前，先从村中选出四十九人，或六十三人，身体健康的，有男女老少，装扮成才子、佳人、将军、小兵，分成七人一组的七组或九组人，分组出发，到各条街巷去，说是“开路”。每个路口，都有迎接胡公大帝塑像的人，以及全猪全羊等牺牲供品。数百人浩浩荡荡沿村里的街巷游行，庆祝丰年，各个村里还请戏班唱三天三夜的大戏。“文革”期间，中村前寮被毁，这种游行活动停止了，直到上世纪末，牛市这天，又出现了抬胡公塑像游行的活动。在中村的竹园里，或在乡小学操场上，挤满了耕牛、种牛，多的时候有上千头。在茗岙四村的戏台上演着文武古人，大街小巷摆满了农具家具和各种小商品。

永嘉地处山区，牛耕于农业生产很重要。训牛是指驯服初涉耕田犁地的牛犊的过程。养牛主人先选择好训牛的日子，牛与人都要身健神清。训牛为期三天，每天上午一次。训牛时需要二人，一人牵牛，一人扶犁。第一天早晨牵牛出去的路上碰见任何人问关于牛的事情都不要答话，意为“勿被人冲掉”。到田间扶犁者嘴上念训牛语言，声音响亮，左手牵牛绳，右手扶犁把；牵牛者走在最前头，为牛领路。训牛者反复多次念“上轭站着勿动”（扶犁先上好牛轭）、“做牛学犁田”（训牛明确义务）、“犁去直，省你力”（方向原则）等训语，牵牛的人与之步调协调一致，一畦地犁好后，放轭，喂草，回家。

鸡鸣声还未天亮，当地的宗祠里已经挤满了人。妇女们对镜梳妆，挽起传统的发髻、涂上胭脂红、换上水袖古装……如今这个“赶牛市”的日子内容日渐丰富：迎佛像，逛牛市，看社戏……俨然已演变成了当地村民狂欢的民俗节。2010年，“茗岙牛市节”被列入了永嘉县非物质文化遗产名录。

“茗者，茶也”，茗岙村建村已经有1100多年，村庄就建在山间的一块平地上，依山而造，犹如一只展翅而飞的凤凰。层层叠叠的茗岙乡梯田，让牛成了这里最重要的劳动工具。斗牛和养牛从古至今，一直是世代生活的村民流传下来的习惯。

据永嘉县桥下镇的《乡镇年鉴》记载：“农历八月十三是胡公大帝的生日，每年这一天乡民都隆重举行‘迎佛’仪式，在外地的亲戚朋友也赶来观看热闹；各地牛贩则借机来此进行牛交易，慢慢地形成了一年一度具有一定规模的牛市。清末时，茗岙牛市日交易耕牛达千余头。”当地原住村民据此推测，牛市最早可能始于明朝，距今已有400多年历史。

早上7时，活动准时开始。在一串鞭炮响声中，男女老少装扮成才子佳人、将军士兵、神话人物……一行近百人浩浩荡荡在村里招摇而过。穿街走巷，两个多小时后，才又回到宗祠结束。当地83岁的老人胡法迪介绍说，由于今年增加了文艺晚会，参加牛市的人特别多，还特别加做了4顶轿子。

“代代年年，每年都是今天。”牛市活动从村里年近百岁的老人胡阿三记事起，就没有中断过。即便在20世纪50年代中后期到70年代中期这段物资匮乏、居民吃饭都困难的时期，牛市交易数量较少，但也一直持续着。到了80年代，随着改革开放，牛可以自由买卖，交易数量开始增多，1990年代年数量最多的一次，交易量达1000多头。

现在的牛市现场，一样挤满了农家耕作需要用到的水牛、黄牛。在农家，采购一头做农活的牛是件大事。赶牛市的村民们围着一头头牛品头论足，相互讨论，交易就在山民们质朴豪爽的讨价还价声中完成。

在牛市中，买卖双方讨价还价要经过中间人——牛伢郎。牛伢郎，是对当地耕牛交易中间人的一种称呼，相当于中介人。一头牛一家要买，一家要卖，买卖双方谈不拢价格，就由牛伢郎从中说和。生意达成后，双方钱物两清，牛伢郎从中提取一定的份子钱。据一名叫陈忠孝的牛伢郎讲，一头牛他只要看一眼就能估算出重量，且跟实际称重不会相差超过5斤。至于这个份子钱，20年前只要6毛钱，如今已经涨到10元了。一个牛伢郎在牛市上忙活一天，一天的收入可以有100元左右。钱虽然不多，但牛伢郎就是喜欢这份别样的热闹。

近年来，斗牛的传统在茗岙村已经逐渐淡去，牛市这种农耕经济特征的盛会也会有消失的一天吗？茗岙村的老人们坚信盛况或许难再，但风情仍会依旧。

（文：江帆 叶圣义）

温州瓯海区桥下村

二月初一逛会市

村下村隶属温州瓯海区瞿溪古镇，这一带流行一种二月初一会市的习俗，因其历史悠久、影响深远，已被列为浙江省第二批非物质文化遗产。

说到瞿溪二月初一会市，不得不先提瞿溪老街。老街依瞿溪河而建，古称桥下街，位于瞿溪出山入河的交汇点。长500多米，宽不过3米，两旁一律是明清建筑格局商住结合木头结构的两层楼。2006年被瓯海区人民政府确定为“区级历史文化街区”。

浙南山乡盛产水竹，古时山农靠山吃山，除了必要的农耕以外，多以造纸为副业。纸农要推销纸产品，必然需要相应的集市得以交易。据明朝《万历温州府志》记载：当时温州府在瞿溪老街设立纸局，专门负责管理温州蠲纸的制造、进贡、运销诸事务。在纸业兴盛时期，这里的屏纸一度远销东南亚。那时来自四面八方的纸农翻山越岭汇集到瞿溪街兜售屏纸，并且用卖屏纸的钱买回油、盐、布匹等生活用品，从而进一步促进瞿溪街上与之相应的商家行当应运而生。

“二月初一”正是浙南农民备耕时节。春耕前，山区青黄不接，山农就地取材自制农具和生活用具，除自足自给外，还挑运至瞿溪街与人交换口粮以及生活用品。农民还将自家的牛犊或成年牛，牵到会市上进行买卖，渐渐形成浙南一带独具特色的耕牛交易市场。再加上此时是瞿溪上下殿迎神的日子，借宗教影响力与经济文化娱乐活动相结合，慢慢形成集市并得到持续性发展。

据有关资料记载，在清宣宗道光（1821—1851）年间，会市活动中心在后屿街。同治元年（1862）太平军进入县境与清兵交战，后屿街遭战火付之一炬，从此商业活动集中在瞿溪街。当时的瞿溪街商贾云聚，商号林立，挨家挨户都做生意，是浙南最大的屏纸集散地之一。一纸上市，百业俱荣，纸山纸农上千年的辛勤造纸史，写就了瞿溪会市的繁荣史，而二月初一的会市更是成为纸农的年度盛会。解放后，各地成了供销社，屏纸由政府统购统销，而更多的日用纸品代替了屏纸，纸市渐渐走向衰落直至湮没。

虽然纸市不再，然而，二月初一会市却因其契合本地农耕文化的经久魅力延续至今，“文化大革命”时期虽被禁止一段时间，改革开放以后，会市又重现风采与勃勃生机。近年来，瞿溪人注重本土文化与旅游相结合，将瞿溪二月初一百年会市打造成一场规模宏大的旅游文化盛事。

为期一周的会市期间，万人空巷，来自全国各地的商家云集瞿溪镇大街小巷，涉及耕牛、农具、木制品、竹制品、花卉、服装、书籍、饰品、日用品、美食等，还有戏曲、杂技、魔术、歌舞等形式多样的文艺表演。来自温州城区及周边市县的顾客、观光者、探亲访友者纷至沓来，大街小巷游人如织，热闹非凡。家家户户张灯结彩，高朋满座，觥筹交错。会市期间，你只要走进任何一户人家，主人都会热情洋溢地拉你喝酒吃饭，淳朴的民风民俗让你体会宾至如归的乡风乡情。

为提升传统会市的文化层次，当地政府在继承民间节日特点的基础上，结合本地特色旅游产品、农副产品等，相应地在每年推出本年度的会市主题。2015 年的主题是：“民俗韵、瞿溪味。”主打民俗传统文化牌，将传统会市与民俗庙会融合。减少日用品区，扩大农具产品、耕牛交易区，传播竹器、木器、铁器等传统农耕文化。瞿溪岩门角陈列的圆木家具，饭箩、果盘、水桶、漏斗……朱漆着色，雕刻精美，闪耀着古朴而动人的色泽；摆放的竹器家具，簟箩、米筛、畚斗、酒抽……刚柔相济，编织精细，散发着野性而沁人的竹香；罗列的铁器家什，火钳、锄头、镰刀、剪刀……形态各异，锻造简朴，透着自然而质朴的本色。一件器具，就是一个故事，蕴含瓯越“百工之乡”的文化底蕴；一条老街，就是一段历史，阐述乡民艰苦创业的拼搏精神。现如今倡导绿色健康消费，这些纯手工打制的器具，或收藏、家用、赠友，深受广大顾客的青睐和喜欢。

耕牛交易市场在三溪第三小学围墙外一带，来自瑞安湖岭、金川等山头山面的农民，牵着自家的黄牛、水牛赶集而来，讨价还价之间，一笔买卖就成交了。由于山区耕地面积的大幅度缩小，耕牛的市场需求量有所下降，但整个会市期间，耕牛成交量还是相当可观的，而且这延续数百年的风俗本身就是独具本土农耕气息的一大景观。

来自五湖四海的商家带来了各自的地方特色商品，景德镇瓷器、西藏羊毛衫、黄杨木梳等以及各地名小吃。另外八仙岩观宇、颜真卿纪念馆有本土文化社戏、鼓词表演，还吸引了天南地北的杂技、马戏团、歌舞等等前来助兴展演。无须走南闯北，瞿溪百年会市让你尝遍天下美味，淘尽八方所有。浓郁的本土气息、新鲜的新兴行业、琳琅满目的商品、精彩纷呈的演出、川流不息的人流、繁华喧闹的街道，到处是喜气洋洋蒸蒸日上的太平盛世景象。

瞿溪二月初一会市作为百年民风民俗的延续，特别是与纸山息息相关的历史关系，使得它成为研究纸山文化不可断层的一部分。古老而经典的农具、耕牛交易向世人重现往昔岁月当地的经济文化社会活动，演绎古老生活方式的活历史。正如几百年前纸市带动瞿溪老街的其他行业一样，二月初一会市正以其勃勃生机带动本地区旅游、餐饮、农副产品等以及周边县市的经济文化发展，为推动当地乡镇经济文化发展做出了不可估量的贡献。瞿溪人这种固守家园，善于开拓事业，创造社会财富的拼搏精神，无疑为温州地区市场经济意识的孕育和发展做出了历史性贡献。

（文：林晓微）

东阳黄田畈村

三月三“第一牛市”

东阳市画水镇位于浙江省中西部，东阳市西北部，距东阳市区15公里，属于丘陵地带。黄田畈村处在南江盆地，历来是画水镇的政治、经济、交通、文化的中心。本村南有观音佛座山脉，北有八华山脉，起伏连绵，树木葱茏，犹如绿色屏障。东为南江下游段，俗称画水。还有东溪、西溪两条小溪流水潺潺。山水环抱，地形方正，风光旖旎，俨然如画。

黄田畈建村历史悠久，规模浩大，自蒋氏83世蒋友举等兄弟三人建村于北宋以来，已近900年，黄田畈村又称为会源，因其位于东溪、西溪和南江（画水）的三条河流汇合处而得名。村子地理位置优越，宁画公路穿村而过，金义东快速通道就在村后，交通便利。人杰地灵，文化底蕴深厚，古村落整体风貌保存良好，村内现存民国以前的古建筑有百余处之多。近年来村里多方筹措、投入巨资对行素堂、蒋氏宗祠、迎旭堂、永镇庵等古建筑，遵循修旧如旧的原则进行了维护和修缮。村里多能工巧匠，编织（土布、单被、围裙、中国结）、腌制（火腿、腊肉）、木艺（大木、小木、雕刻、家具）和酿造（红曲、黄酒、烧酒）是历史传统产业。洋梅和霉干菜为拳头产品。

黄田畈村的三月三很好地诠释了村庄的历史进程。明天启年间（1621—1627），会源永镇庵建成。因为三月初三是诸佛的龙华会，会源永镇庵开光仪式就选定在三月初三，请了三个剧团演戏助兴。

其时，会源就已经是个集镇，烟灶逾千。地理位置在永康、义乌、东阳三县之要冲，又有河道交通，集市贸易已经相当繁荣。初始集市为农历三六九，十天三市。三月初三刚好是集市贸易日，听说永镇庵开光有三个戏班斗台，赶热闹的人更多，当以万计。此后年复一年，每年的三月三都要请剧团演出，热闹非凡，久盛不衰。三月三庙会由此形成。由于时段和区位优势，后来庙会又延续到三月初八。黄田畈的三月三超越了本市南马的“九月九”、义乌佛堂的“十月十”，在周边四个县市独占鳌头，成为当时轰动江浙赣三省的主要庙会之一。

三月初三正值春耕前夕，农活相对空闲，备耕正是时候。庙会实际上就是一个春耕物资交流会。蓑衣、斗笠、田耙竹、米筛、地笠、箩筐以及犁耙耕耖和锄头、扁担之类农具，占据了市场的半壁江山，当地出产的土布、围裙、红糖、桐油、蜡块以及其他日常生活用品丰富多彩。最大宗的商品自然是耕牛了。在那个农耕时代，牛是农民的宝贝。

抗战时期，偏居一隅的黄田畈市场贸易逆势鼎盛，耕牛市场逐渐演变成华东第一牛市。当时老百姓中流传着这样几句话，“上桥头卖猪娘，下桥头卖牛娘，桥头屋卖婆娘（纺织品，因为买卖都是女人家而有此说）”。在当时的条件下，黄田畈堪称交通便利，客商来自全国各地，尤以安徽、江苏、山东、上海人居多。一徽商在三月三黄田畈庙会上大发感慨，“走遍天下，不值宁波一港；走遍宁波一港，不值黄田畈的桥头屋”。据黄田畈村的蒋财福老人回忆，抗战时期华东地区的耕牛几乎都在黄田畈交易，最多的一个三月三，上市量在五千头以上。“华东第一牛市”，名副其实，闻名遐迩。

新中国成立后，黄田畈每逢三、八为集市贸易日。“文化大革命”时期，三月三成了封建主义、资本主义和修正主义的“旧庙会”，挨批中断。“文革”结束后，拨乱反正，三月三庙会强势恢复，耕牛市场再续辉煌。1980 年，浙江日报记者项宁一实地采访后发了长篇通讯。他写道：“长达十里的沙滩上，人山人海；这里一天的营业额，相当于杭州一个农贸市场全年的营业额。”耕牛市场的贡献最大。据统计，这个三月三上市的耕牛总数有 3600 多头，成交了 2800 头。其中除了本地数百头外，大多来自温州、平阳和福建的福鼎、福安，流往嘉兴、嘉善、苏州、安徽和山东。光是耕牛的成交额就达到了 300 多万。这样的状况一直延续到 20 个世纪 80 年代末。

随着拖拉机的出现和普及，黄田畈耕牛市场逐渐走向衰落。自 20 世纪 90 年代以来，菜牛取代了耕牛。黄田畈的牛肉名声鹊起，金华日报、金华电视台、东阳日报、东阳电视台竞相报道。金华市区、东阳市区的菜市场好多家牛肉店都挂出了“黄田畈牛肉”的招牌，主打“黄田畈牛肉、牛杂”的饭店、小吃店也不少见。每到下半年，“到黄田畈吃全牛”，成了东阳城区企事业单位以及散客和毗邻的义乌、永康市民的时尚之选。

不过，黄田畈的三月三没有衰落。春耕物资是很少了，犁耙耕耖、水车、手车、稻闸之类已经绝迹，蓑衣、笠帽还偶有交易，耕牛市场数易场地，挪到了溪东，场地面积不断压缩，只有寥寥几十头或十几头菜牛上市了。但是，东方不亮西方亮。作为东阳木雕家具的发祥地，东阳木雕集团的发祥地，东阳仅有的两个亚太手工艺大师出生地，现有三百多家红木家具厂的画水镇经贸中心，黄田畈“三月三”家具市场异军突起，交易火爆。服装、鞋袜以及日常生活用品也是买卖两旺。“三月三”依然充满了活力吸引力，成为当地宝贵的非物质文化遗产。

（文：东阳市农办）

第六章　乡村美食

宁海东岙村

东岙元宵节吃“馏”

元宵节各地有各地的过法，浙东宁海县东岙村的习俗比较特殊。除了挂灯笼、贴对联，还要吃一种俗名叫“馏”的食物。“馏”是一种用米粉加各种料理做成糊状的羹，主要是在元宵节晚上供大家免费品尝。

东岙原名东洲，位于宁海最南端，三面环山，一面临海。北望状元峰，层峦叠翠，涧泉成溪，分东西环村南去；西接台州，天台山脉至此驻足；南临旗门港，东折出龙头，经三门湾，奔腾入海。

宁海旧属台州，故东岙习俗也多沿袭台州者。吃“馏”其实就是台州三门流行的食俗，但东岙的“馏”又有所不同。别地的“馏”都以番薯粉为主料，味甜，只有东岙是用米粉做的，是咸羹。因咸甜口味不同，原料和做法就有很大区别。甜羹用料简单，一般只放蜜枣、荸荠、花生、红糖，倒入番薯粉后一搅拌，就算成了，样子有点像果冻。咸羹就复杂多了，里面要加精肉、鱼鲞、香干、虾仁、蛎肉、花生等，不一而足。最重要的是，东岙的“馏”里还要加入一种特殊的蔬菜，当地人称剥芥菜，叶大色绿，略带苦味，剥而食之，是不可或缺的。东岙“馏”做的过程也很有讲究，所有用料都必须切得非常细，哪个先放，哪个后放，什么时候放，火候如何，都不能有闪失。吃的时候也有要求，不能用汤匙、筷子等任何餐具，只能双手捧碗，嘴顺着碗沿转着“吸溜溜”地吃。这是因为如果用汤匙、筷子一搅拌，“馏”就会变成相互分离的水汤，就不好吃了。

每到正月十四，夜幕降临之时，家家户户张灯结彩、门户大开；屋里媳妇小姑们切菜烧火，噼噼啪啪地忙着，以迎接客人的到来。东岙是个大村子，经过几天的精心准备，此刻上千户人家一起开动，气势自是不凡。

其中最激动的要算小孩们，成群结队，拿起早已准备好的瓷杯盛具，叮叮当当地一路敲着，开始向各家进发。路线是早已计划好的，一般家境不好的会准备得早一些，迟了怕没人光顾会失面子，小孩们就先去这些人家，象征性地尝几口，算作预习。那些比较富裕的人家知道“馏香不怕巷子深”的道理，细细地准备，要以味美取胜，小孩们就留到下一步。不过计划的重点还是那几个新婚人家，他们是作为大事来做的，不但早早筹划，还要作咸、甜两种，用料当然也更讲究，最关键的主厨必须是新娘子，做“馏”这件事是被看作展示新娘子居家过日子水平的一种“标准”的。有好东西吃，又有新娘子看，那自然是热点所在了。为了更好地达到目的，小孩们会分工合作，几个重点处预先派人去守着，定好联络方法，差不多时一声招呼，大家便一拥而入。往往是各路好汉奋勇争先，碗、勺、锅、盆叮当乱响，分到的互相比着谁吃出的料理多，吃到一种就大声说出，说得越多主人就越高兴；没有分到的只好等下一锅，主人家会一直煮下去，直到有剩余，讨一个年年有余的吉利。

和小孩们相比，大人们则含蓄多了，一般会等到稍晚些再出去。在附近几家转一转，见面问声好，说些年成收入、小孩学习等共同关注的话题，等“馏”送上来，再说几句称赞的客气话，吃好后再到另一家，把它作为一种交流的方式。不去是不妥的，这里有一种人缘在，也有一种荣耀在，没人光顾的家庭是很失面子的。所以在这一晚，大人小孩各奔东西各取所需，老街小巷处处是流动的人群，奔走的脚步声，瓷杯的叮当声，小孩的呼喊声，奏成了一首流动的交响曲。

“卅年夜的鼓，十四夜的肚。”夜已深，月正圆，小孩们的肚子也吃得滚圆。街头巷尾小伙伴们交流着信息，对各家各户“馏”的优劣得失品评一番。有大伙都说好的，有人还未到过的，就赶忙查漏补缺；实在吃不下了就往家里搬，留待明天再吃；直到心满意足，才像企鹅一样摇摆着回家。这时每家就会拿出准备好的新鲜樟树枝点着，一边转动燃烧，一边念念有词，有“十四夜，弹址界，腌糟垃什弹出去，铜钱银子弹进来……”，还有“弹弹樟树叶，铜钱银子叠加叠，弹弹樟树梗，铜钱银子根加根……”等，和树叶烧出的噼啪声响成一片，称“弹址界”，类似于现在的鞭炮焰火，借此讨一个吉利，以宣告一天的结束。

不知道东岙吃“馏”这种习俗源于何时，又如何形成，比较通行的说法是当年戚家军与倭寇浴血奋战，最后缺衣少食，只好把杂七杂八凡是能吃的都合在一起，煮成汤食充饥。百姓感激戚家军舍命保家卫国，对百姓则秋毫无犯，故群起仿效，自发拿出不多的粮食、蔬菜等食物，混杂在一起做成糊状的羹，供戚家军充饥，此羹就叫“馏”。此后吃“馏”在当地渐渐盛行，成为元宵节待客的独特美食，并代代相传、沿袭至今。这说明习俗的形成和民族的精神有关，也与生活的艰难有关。说到底“馏”毕竟是一种汤食，不管放多少料理，也用不了多少钱。当初也肯定比较简单，家家户户备一点，供村人和来客共享，无非是图一个节日的热闹，表达一种善意。不过这个习俗能一直相传几百年，还是不容易的，并在历史的演变中逐渐形成了自己的特色。

近年来，由于生活条件的改善，“馏”里的食材越放越多，做法也越来越精致，还配加各种小吃，其中最具特色的就是麦饺筒。就是把各种小菜料理用纸样薄的麦焦皮（也有用米浆烙的米筒）包成筒状，咬着吃。做麦饺筒最关键的就是必须要有卷食物的面皮，并且面皮的质量非常讲究，它要既薄又韧，如果韧性不够，一包上东西就容易破掉，如果皮太厚，吃起来又影响口感；里面的馅，一般来说有番薯面或面干、蛋丝、红烧肉、豆腐干炒韭菜、洋葱炒肉或蒜芯、卷心菜、绿豆芽等；包法很简单，把皮子平摊在桌面，用筷子把自己喜欢吃的小菜，一样又一样地夹来放在皮子上，然后卷成直径 5 厘米左右的圆筒状，包好后如果放在锅里油煎一下，风味则更独特。

得知东岙吃“馏”这一独特的风俗后，2006 年浙江电视台还特意在元宵节这天来东岙村拍摄了一部名为《发现东岙》的专题片，主要介绍的就是元宵吃馏，还有东岙的风土人情。东岙历史悠久，文化底蕴深厚，不仅有独特的习俗传承，还留存着传统的古村风韵。码头的遗迹、航帮的道地、明清的老街、族姓的祠堂、浓浓的乡音，走在石子的小巷里，仿佛能听到那遥远的涛声。

（文：陈方梁）

永嘉前溪村

前溪村饮食习俗

前溪村隶属于永嘉县岩坦镇，位于楠溪江上游，岩坦镇南大门入口，41省道和大楠溪穿村而过。300年前金氏祖先从岩头迁移到前溪村，因为这里交通相对便利、有可耕地、有水源、地势比较平坦、自然条件比较优越，便在此安家落户，繁衍生息。

饮食的最初功能是恢复体力，永嘉人的饮食是一日三餐，但农忙季节有时下午要多吃一餐，叫“接力”，利于生产。在前溪这样的山区小村，日常主食多杂粮，农忙时吃麦饼，鱼类主要是溪鱼、田螺，肉类平常日子吃得较少，平常菜类主要是各种青菜，还有苦菜、青蕻丝等野菜，间或吃一些玉米、山芋、马铃薯。粉干、素面被视为主食外的食中上品。在饮食仪礼、信仰等方面都形成一定习俗。

节日饮食

节日饮食都尽量丰盛，鸡、鱼、糕是重头戏，食品大多富有寓意。如年夜饭，吃时最讲究吉祥。一般席上用十只朱砂高脚红碗，盛着十样冷菜，叫“十全”。其中除鸡、猪肉外，要有落花生、柑橘、鲤鱼、豆腐等，而且每碗必须要有一块切成薄片的圆形的红萝卜头盖在顶端，以示讨彩。席上第一个菜一定要是年糕，表示“年年高”，而最后一道菜必是“八宝饭”，象征“发财进宝”。有些节日有与其他节日不同的饮食，如二月初二吃芥菜饭，说是可以防止生疥疮。七巧节的“巧食”以米粉拌红糖、蘸芝麻制成，有舌形、指形等。重阳节的六角糍糕称“灯糕”，意指“登高”。

祭祖饮食

前溪村祭祀祖宗，一年有几次，清明节祭祖，七月半祭祖（也称祭家仙），除夕也有祭祖（称拜老太），饮食大同小异，但七月半则比较简单。在修宗谱时，要对祖宗进大祭，祭品饮食十分丰富。

祭祖饮食祭品，清明节是清明饼、豆腐芯、肉一块、饭一碗，以及水果等；七月半则是汤饭、豆腐、水果等简便一些；除夕，祭祖饮食祭品比较丰富，鱼、肉、鸡、豆腐都有。修谱大祭饮食则是全羊、全鸡、豆腐、水果、米馒头，十分丰盛。进祭时要点香，点烛，烧纸钱，放鞭炮。祭品的食品，祭祖形式一完成，就是儿孙们的美食了。

待客饮食

对宾客礼貌周到，招待饮食非常讲究，待客习俗日益完善。客人到时，首先端凳让坐，忙着泡上茶水，主要是茶叶茶、糖霜茶、橘饼茶等，送上香烟，同时端上零食小吃，嘴里招呼："吃，吃，吃哪……"礼盒里零食俗称"伴手"，过去有自制的炒横豆籽、番薯枣、炒米糖等，现在则是各种水果、糕点都有。陪客人讲话一段时间，然后到厨下烧素面、粉干等点心，一般加肉、鸡蛋等。过去对于不常来的亲友，加上鸡腿以示尊重、亲热。但过去困难时期鸡腿不是人人家里都随时有的，常要到别人家借。客人也往往知趣地剩下鸡腿不吃。杀鸡做点心则是待客最高礼节。正餐时间到，留下客人吃正餐，则以豆腐鲞、炒粉干等菜待客，送上"人家烧"白酒劝客人喝。如客人有礼物送来还必须回桶即回轻礼。现在待客仍热情，但有时正餐时人们把亲友请到饭店用餐。

尝新饮食

过去，前溪农民种田十分辛苦，大多为"靠天田"，山高水凉，病虫害多但缺少农药，一年辛苦只有半年粮，收成不高。人们认为初谷成熟全靠老天、神灵保佑，因此新谷登场，都要择日尝新米，同时供祖先、土地神。早稻成熟时，农民将成熟的稻谷捋下来，晒干舂米，煮成新米饭，在中庭摆一张小桌或茶几，放一盘茄子，一盘子带豆和一碗新米饭，子带豆每杈必生一对，借喻佳偶白头偕老，茄子每花必结一果，象征人生美满幸福。点香燃烛插上祭拜神农氏，表示感天谢地，五谷丰登，然后家人开始食用新米饭。有的村庄每年七八月间水稻成熟时，请阴阳先生选吉日作为全村人尝新节日。各家带上香纸、烛、鞭炮，带鸡、肉、豆腐等菜品，到五谷殿供奉佛祖，再到田头供奉土地神。然后各自回家在庭院内摆香案，供奉天地祖宗，最后全家上桌吃饭，一大碗新米所做的饭摆在中间。尝新习俗现在僻远山区还有。

（文：永嘉县农办）

泰顺张宅村

泰顺张宅百家宴

泰顺百家宴发源地三魁镇张宅村，古称龟岩，多张姓聚居，故名为张宅。张宅村东面倚山，南面与秀溪边接壤，西面与秀水溪为界，北与薛外村相邻。据泰顺《分疆录》与张宅村《张氏宗谱》记载，张氏先祖于北宋时为躲避战乱，从河北清河县迁到平阳莒溪，宋淳化年间徙居峡屿，于宋建炎（1127—1130）转迁龟岩（今三魁张宅）。

张氏后裔每年正月十五都要举行祭祖仪式，以追思恩报，祈保平安。祭祖时举办“祠堂饭”，其目的是“聚宗亲，商族事，祈上苍，保平安”。后来外姓人也加入其中，逐渐演绎为与邻村之间的联谊聚餐，意为迎春之福，祈求新的一年风调雨顺、国泰民安、五谷丰登、六畜兴旺，渐渐又演变成了一场元宵节的大聚餐，俗称“百家宴”。不管远近亲疏，来的都是客，都可以参加，内容也由过去单一的祭祀活动发展到如今唱大戏、演木偶戏、舞龙灯、马灯、狮子灯、踩街游行等民间传统文化节日。从筹办方式看，由原来的每家每户自愿集资凑物，发展到现在村民、老板争相出资，邻村乡民争当“福首”的情景。

“百家宴”具有较强的民间信仰色彩，举办期间要举行多种祭祀仪式。除了祭祖，还要祭拜地方神祇王乞佬、陈十四娘娘。王乞佬是木偶戏神，陈十四娘娘则是浙南闽北一带广受顶礼膜拜的神祇。元宵节祭祖源于“百善孝为先”和“慎终追远”的传统观念，意在新年的第一个月圆之日对祖宗先辈表示孝敬之意和表达怀念之情，祈求先祖神灵保佑子孙后代兴旺发达。

百家宴操办的准备工作一般始于节前的一个月。就餐时，族中长者和贵宾被安排在祠堂的祭堂就座，以示尊贵，其他客人坐在祠堂天井里，或祠堂外面的街道上，宴席连绵数百米。聚餐时间放在元宵节的中午，万人共同赴宴的场面可谓气势恢宏，到处都是绽放的笑容，到处都是杯盏交错，认识的或不认识的，欢聚一堂，共品佳肴，互送祝福，这样热闹的场面，成为构建和谐社会的一道亮丽风景线。

在大规模的集体聚餐后，下午 4 时许，乡民聚集村里的“临水宫”祭祀陈十四娘娘。陈十四娘娘是当地的保护神，俗名陈靖姑，本地人多称“佛姨奶”。因其善于“医病，扶危，解厄，救产，保胎，决疑”，因此圣名远播，广为传颂和崇拜。张宅村临水宫的香火原本兴旺，元宵节的祭祀活动更是达到了高潮。神像被乡人抬着巡游之前，法师要举行一个请神仪式。法师作为神与人的中介，有一系列的表演。法师头戴红布做发冠，身围麻布裙，手持铃铎，口中念念有词，娴熟地做出各种舞蹈动作，与神沟通，然后游神开始。环洋踩街有顺序讲究，走在最前面的是拿土铳、土炮的人，随后是两面大锣开道，接着是旌旗队和人群。彩旗上分别写着“神恩浩荡”“威灵显赫”“威镇八方”“镇邪驱魔”等字样。旗队后面是道士，他们身穿道袍，一手拿灵剪，一手拿号角，一路或念咒或吹号角，手舞足蹈，煞有介事。接着是抬香炉抬铁锅的轿子，村民们摩肩接踵，拦路点香。再接着是神轿，轿夫可不是什么人都可以当的，那得是“福首”充当轿夫。当然，在抬佛轿前他们必须洗浴，再换上干净的衣服。祭祀时他们也是主要的参与者，他们的名字将在祭典上从头到尾多次被道士念及。这样会获得庇佑，家人也将平安吉祥。这是他们良好的祈愿。再接下来是锣鼓队，管乐队，仪仗队，龙灯队，舞狮队，戏班子等随后跟进，人山人海，队伍长达一两公里。一路上，土铳，鼓乐，鞭炮齐鸣，彩旗遮天蔽日，队伍浩浩荡荡，人声鼎沸，万人空巷，十分热闹壮观。镇上的街道都游遍后众人将神像重新安置到临水宫，法师再次表演仪式把这一切都告示神灵。

燃放烟花是百家宴比较重要的一项活动，它与环洋踩街同时进行，其中当数“药发木偶”最为精彩。药发木偶在百家宴活动达到最高潮时燃放，观众对这项活动有浓厚兴趣，是百家宴必设节目。药发木偶以火药为主体原料，燃放时带动木偶表演，是一种具有独特观赏价值的集手工、表演为一体的民间技艺。药发木偶一般用于重大民间庆典，其人物形象大多取材于《西游记》《封神榜》《八仙过海》《水浒传》《陈十四娘娘传》等老百姓耳熟能详的剧目。

百家宴期间举行的酬神戏曲表演主要是提线木偶戏和越剧表演。木偶戏古称“傀儡戏”，是泰顺百姓传统娱乐方式。据早年发现的木偶头分析，至迟在宋代就有木偶演出，迄今已有 600 多年的历史。“刻木牵绳作老翁，鸡皮鹤发与真同，须臾作罢寂无事，还似人生一梦中。”提线木偶的唱腔主要有高腔、京剧和当地的“乱弹”，主要用瓯语和闽南语，尤其受到老年观众的喜爱。一说木偶戏就不得不提其中的一灵魂角色“王乞佬”戏神。举办百家宴要接戏神，所谓戏神，是为了确保当地太平，百家宴前几天挑个吉日将一副木偶戏担接过来供奉在祠堂里，百家宴结束后再送回原主。张宅村接戏神还有个有趣的传说：从前，在依山傍水的薛宅村，有个小自然村叫凹丘，住着薛氏祖公和祖母。一天夜里，祖婆梦见家门口山塆里有人放着一担柴头戏（木偶）的箱子，那人说只要她挑回家，能保家中平安。她醒后开门去看，山塆里果然放着一担戏箱子，掀开一看，一个个木偶栩栩如生，便将箱子挑回家置于阁楼之上。这年村里瘟疫肆虐，死人不少，太公一家却平安无事。更出乎意料的是，木偶之中有个王乞佬，经常会化装成黄衣小孩到村中小店或农家玩耍，有时还会向人要东西吃。村里人发现后，将王乞佬敬为戏神，称“戏师爷”。

举办百家宴的福首们采取轮换制，十年为一轮，一般都是在正月十六晚上由本轮筹办的福首们请大家吃饭，然后通过抓阄方式产生下一轮新福首。对于百家宴的福首们来说，他们是这场大聚餐的筹办人。大规模的节目活动需要组织者的精心策划与周密的管理。“福首”在其中起到了核心作用。他们负责分工、组织和协调，安排人员的具体岗位。其中有大量的细节工作，多达几十项。

近年来，由于各方面的高度关注和大力宣传，百家宴名声越来越大，影响越来越广泛。2008 年，浙江省文化厅授予张宅村“浙江省民族传统节日保护基地”称号，2009 年，百家宴被评为“浙江省非物质文化遗产普查十大新发现入围终评项目”。百家宴早先时候是张宅村的个体行为，如今发展到许多乡镇纷纷效仿。这说明社会发展了，农民生活好了，对文化的需求更加广泛了，更加强烈了。我们相信，“百家宴”这一古老独具特色的活动会持久传承，不断向前发展。作为一份来自民间珍贵的非物质文化遗产，一种表现形式独特的吉祥文化，它把人们美好的愿望和幸福象征化、艺术化、社会化，从而构成了和谐、文明、进步的永恒主题……

（文：张光辉）

乐清后西村

柳市后西保嗣酒

在浙南乐清的柳市镇后西村，流行一种“保嗣酒”的习俗。所谓“保嗣酒”，即保佑子孙茁壮成长的酒席。据家谱记载和当地老人口述，该习俗有300多年历史了。

关于保嗣酒的起因，当地流传着这样一个故事：古时候农村贫困，医疗落后，流行性疾病复杂多变，生养困难，想图个儿子传宗接代很不容易。传说该村的一户人家生了个儿子，房族长辈们来贺喜，见婴儿一副聪明样，赞不绝口，说这孩子长大后一定有出息。主人听了大喜，说：“日后我儿子如果真的成才，我便摆一尺高的酒席请你们喝酒。”光阴似箭，转眼间这孩子到了18岁，他的学识和人品各方面出类拔萃，其父母也信守承诺，在那年生日，摆了一桌子酒席宴请房族，每一盘菜有一尺高，席间有人提议，这酒叫“保嗣酒”吧，意思是男子长到18岁，除了传宗接代，还会光宗耀祖。之所以定为18岁，古言道：“18岁儿子饿死怪不得娘。”意思是儿到18岁已成年，立志奋发图强，成家立业，走向社会，创造财富，发扬光大。如尚无出息，自毁前途，则与父母无涉。以后这不成文的规矩在乐清柳市镇新桥东村、前西村、后西村三个自然村相沿成俗，如今，唯有后西村仍延续着保嗣酒的习俗。

后西村男子长到18岁，都乐意请村人来吃“保嗣酒”。保嗣酒的时间固定在每年的正月初三，而且还规定，有一个或两个儿子长到18岁定一桌，三个儿子定两桌，五个儿子定三桌，七个儿子定四桌，村中每户人家指定一人赴宴，如果当年村里满18岁的男丁少，可以顺延，待男丁酒后再摆酒席请客。有趣的是，假如全村有200户，就有20户人家要摆酒，每个摆酒的人家就要写10张留有自己姓名的纸条（共200张），采用抓阄的办法，村民抓到哪户就去哪家吃，即使跟户主有矛盾，这天也该高高兴兴去。

这写有姓名的纸条，当地称“表”，是在一张30厘米×15厘米大小的红纸上写金字，先竖着写男子的乳名，根据辈分，请有学问的先生取一个好听名字，然后横着写。正月初三早晨，由村里划龙船的头家组织人马，敲锣打鼓，把“表”送到人家里，并将“表”贴在人家的上间墙壁上，人家用红枣汤或汤圆来招待，把一些糖果分给看热闹的孩子们。由于村里划龙船的头家怕麻烦，交“表”仪式停了已有十年左右。

保嗣酒的酒席极其讲究，一桌酒大约需要7000元，所有的菜均选用上好原料的最精要部分。保嗣酒中的重头戏是十大盘高一尺，长宽各6寸（容器大3尺）的凉菜，早一天就开始摆好。酒席非常丰盛，桌上陆续上来10—20大碗的热菜要摆在斗上吃。保嗣酒的摆盘也极具特性。每盘菜高为一尺，意味着男子汉顶天立地。摆酒师傅将菜摆在大盘里，摆成四方状，摆一层用菜叶或粗纸垫一层，以防摆高了塌下。底层用大些的料摆，往上摆时慢慢地用小点的料摆，形成塔状。摆满一尺高标准后，用红色和绿色的小花来点缀，就成了一盘一尺高的菜了。摆设凉菜难度大、技巧性高。

座位的排定：从在座的人员中推荐年长且辈分高者坐上横头，年轻晚辈坐下横，并由两位善酒且又劝酒的人插角斟酒（下横斟酒者称正酒司令，上横斟酒者称副司令），主要位置排定后，其余随便入席。席间，当热菜黄鱼出碗时，十八岁的儿子在父母的陪同下敬酒，祝贺大家健康长寿、万事吉祥。此时子炮花炮齐鸣，非常热闹。散席后，热情的主人将桌上凉菜让客人装袋打包带回家，还赠送纪念品。

菜主要包括以下几种：碟菜、花生仁（大红袍）、瓜子、荔枝、橘子、柑、樱桃（或橄榄）、草莓、葡萄、糖果等数量不限；十大盘一尺高凉菜：花蛤、馒鲞、虾干、猪肉、鱼饼、鸡、目鱼干、牛肉干、海蜇（或鲜蛏）；热菜十大碗：依次为炒年糕（或松糕）、猪肉、鲜鸡、鲜虾、猪肚、鲜目鱼、肉圆、黄鱼、黄花菜、田蟹（淡水蟹）、杂鲜等，其中黄鱼为席间敬酒时上菜。

后西村“保嗣酒”摆盘造型独特、美观，体现了当地农村群众独具一格的民间习俗和思想理念，也反映出浙南沿海和瓯江流域的民俗的一个局面。

保嗣酒规定在每年正月初三设宴请客，这个时间正好亲戚、朋友、邻居都在家过春节，大家欢聚一堂可以营造一种良好的节日氛围，促进邻里之间和睦相处。“保嗣酒”作为一项独特的民间习俗，一直深受当地人们的喜爱。

宴客是人们日常交往中为表达友好之意或加强友情而经常采用的社交方式。民间交往中特别是一些正式的宴会场合，从请帖发送，席间的座次，到敬酒的先后，都有相应的礼节，并十分讲究。

（文：赵顺龙）

泰顺徐岙底村

乌衣红曲酿酒香

泰顺县筱村镇的徐岙底古村落，以历史悠久、人文渊薮、宅院鳞次栉比、构作精致而闻名于世，是泰顺重要的人文旅游资源。村内近300年历史的乌衣红曲虽然一直闻名于县内外，但作为一种传统民间手工艺，却是在泰顺县非物质文化遗产普查时，才开始进入人们的视野。徐岙底的乌衣红曲是从福建古田传过来的，在泰顺素有“筱村曲，翁山竹”的民谚，在当年交通并不发达的年代，一直闻名于县内外。

300多年来，勤劳的徐岙底人一直沿袭着做红曲的手艺，艺人虽然换了一拨一拨，但手艺如徐岙底吴氏血脉一样从未断过，徐岙底祖祖辈辈把做曲的作坊称作“窑”，在作红曲鼎盛时期，此地做曲行业在历史上兴盛一时，来自平阳苍南等地的客商雇人挑来的一担担大米（古时用米换曲，另付加工费），都停靠在村口的那一条巷道的墙边，排着队等着换曲。明清时期，在泰顺的洪口和百丈两地以及如今福建的桐山，在通往这些地方的道路上，也时常可见肩挑筱村曲的挑担人身影。古时乡村对曲的需求量非常大，因此徐岙底作曲是没有季节之分的，最多的时候曲窑达到100多家，规模很大，从业人员多，几乎家家户户都能做曲，而徐岙底也一年到头都飘着炊米香味，昔日制曲酿酒规模之盛，历史之久，喝法之讲究，无不令人惊叹。

村中有三口古井，泉水清冽甘甜，源源不绝。相传原徐岙底村之溪水流细小，时常干涸，难以满足村人饮用及洗涤之用，很多村民还是要到很远的地方取水。徐岙底吴家祖上吴莱对风水深有研究，落户此地不久，便命人在这地上挖井，一直挖到三米左右，一股清泉喷涌而出，村人惊喜不已，奔走相告，对吴莱更是感激不尽。第一口井刚一落成，后山上的雌狮也合拢了嘴巴，村人暗暗称奇，考虑到村里牲口较多，吴莱又命人在这口井下方再挖了两口井，分为第一口井饮用，第二口井洗菜洗衣用，第三口井牲口饮用，筱村徐岙底名扬天下的乌衣红曲和红酒便是取第一口井中的清泉制作，至今人们还是保持着酿出的第一杯酒洒向地面敬祖上的习惯，以此显示对祖上吴莱的敬重！

立冬后是酿酒的最佳季节，此时的细菌少，酿出来的酒品质是最好的，因此每年的立冬前后便也成为徐岙底的红曲艺人们最忙碌的时节。遇上好天气，站在村口就可以看到徐岙底古村落的地坪上晒满了刚出窑的红曲；在作坊里，则是艺人们忙碌的身影，饭甑里快要熟了的飘着香气的饭团，打扫得干干净净的地上铺着由红慢慢转乌黑色的红曲半成品，景象神奇令人惊叹。

乌衣红曲的制作过程非常精细，首先时间上要选择一个吉祥的日子，看准哪天的潮汐，定了几时入米，就可以开始准备了，水是上好的泉水，将挑来的泉水倒入酒缸，以 100 斤水 50 斤糯米的比例，放入泉水当中浸泡数小时，做曲用的是质硬形圆的杂交米，最好是放了三四年的“陈米”。泡在水缸里浸过后，然后在此灶上架起饭甑，铺一层糯米盖上盖子，底下开始烧，火须得旺，木柴也是上好的木柴，等前一层糯米上气了，屋子里飘满香气时，又开始铺一层糯米，反复如此，用饭甑蒸到七至九成熟，然后摊在凉席上散热。其间用木耙翻几次，到了一定的时间，抓一把放在手臂上，感觉热量与体温差不多时，把散在竹席上的米收拢成堆，撒入生头倒入糟娘拌匀。装在箩筐中密封严实后，再放到曲窑中开始发酵。18 至 22 小时后，倒在窑地上拌匀，再装入箩筐中发酵。如此反复几次，待饭粒表层颜色发生变化时，说明其本身的热量开始升高了，这时就要再摊薄，以免因曲灼热而烧伤了自己。

过一个晚上，红曲的半成品便又“退烧”了。但此物“遇有水分就发酵”，所以要再次装入箩筐，把箩筐浸入盛满水的大木桶中晃荡三下，然后倒在地上成堆，到一定温度后摊薄。再过一个晚上后重复先前的泡水步骤。约莫过了 6 个小时后，曲的表面呈现出灰白色，表层开始起毛后再发酵一天，这个工序艺人们叫“站窑”。曲的表层由灰白色过度为红色再转变为黑色，“红地起乌衣”说的就是这道工序。乌衣红曲出窑晒干后，接下来艺人们就期盼着能卖个好价钱了。

这个被艺人们重复了成千上万次的做曲步骤，其实各个环节都要求有老到的经验作支撑，其中的微妙是我们所不能精确描述的，“神仙难识乌面贼”这句俗语说的就是这个道理。但红曲毕竟是人做出来的，神仙未能识的事或许做曲的老艺人们就能识透。

在徐岙底，最有代表性的艺人是吴建云一家，吴建云已经去世的爷爷吴道兰曾经是筱村最有名气的做曲师傅，据说他只要进窑场闻一闻味道就能知道这曲的好坏。把技艺修炼到如此高深的地步，由不得人们不钦佩。对于当时吴道兰独创的“闻味法”，并没有现成的经验传授给他的儿子也就是吴建云的父亲吴宏忠（今年 58 岁），他对后辈强调的是靠心得体会去掌握其中的奥妙。但“铁心曲”的识别法却通过他的口授传到了吴建云这一代。从做好的曲中随意抓一把在掌心摊开，如果能数出两三粒铁心曲，这一窑的曲就算是好曲。识别方法是折断曲粒后，如果内有黑点就是铁心曲。含有一定数量的铁心曲的红曲酿出来的红酒是无比醇香可口的。

乌衣红曲酿制的红酒，不仅是家家户户必备的灶台佐料，烧菜时加入几勺，可以去腥还可以让菜肴多几分香醇，还是筱村当地妇女坐月子时必喝的，据说徐岙底村的妇女个个酒量都十分了得。而客人来时，热点红酒，则又是上乘的待客之道。红酒要用锡壶盛放，一锡壶可以装三斤酒，酒筵时，还要有专门的烫酒师来为宾客服务，温上几壶红酒，热情的家庭主妇还会打两个自家产的鸡蛋放进去，而主人则与三两知己就着乡土小菜，品味着其中的别样的滋味。时间，就在这微醇的红酒中静静流淌。

如今的乌衣红曲，已作为一种传统民间手工艺，成为了非物质文化遗产，渐渐进入了人们的视野，成为各地游客的最爱。她如一位刚揭开红盖头的新嫁娘，羞红着脸，却又落落大方地走出泰顺，走出温州，一路走来一路芳香，背后是徐岙人自豪的笑容。

（文：王叶婕）

临海岭根村

临海岭根美食香

临海市东塍镇岭根村村民秉承了祖先的风俗，在过节和待客的礼仪上创造了许多美食小吃，并传承至今，成为非物质文化遗产。

糯米金团

糯米金团是用于婚庆和过年的食品，多用于招待新婚女婿上门拜年时的美食。其用糯米、粳米、赤豆、猪油、白糖、松花粉等原料制成。把糯米和粳米以五比一的比例掺和磨成粉，然后以温水搅拌均匀揉透，放在饭甑里蒸熟，冷却后摘成一团团包入豆沙馅，放在团印里印上“福、禄、寿”等字样和龙凤呈祥等图案，再放在松花粉盘里滚一滚，浑身金黄，香味扑鼻，入口香糯甜软。

方糕

方糕是用于婚庆、小孩周岁和建新房等喜事的送礼和宴食。制作原料为粳米粉、糯米粉和白糖等。用糯米粉和粳米粉各半，以白糖水拌湿，压入方糕印模，轻轻压一压，然后倒出，排入铺上炊巾的蒸笼猛火蒸炊，15分钟后即可起笼揭开炊巾，稍凉后印上红花点，增加喜庆，入口香甜松软，又称喜庆糕。

松花麦鼓

松花麦鼓为民间待客的食品。制作原料为松花、糯米粉、粳米粉、白糖或红糖。以松花粉1糯米粉7粳米粉2的比例拌均匀，加入糖和水揉成粉团条，然后切成一片片放在锅中烙，半熟后盘入蒸笼中蒸，也有在锅中喷水一直烙熟起锅，入口时松花的独特清香伴随着软糯香甜的香味直入肚底，别有一番滋味。

番薯糕和番薯糕图

这是利用当地山区多产的番薯加工后代替大米等主粮的一种食品。制作原料以番薯粉为主。制作时，把番薯切成片或丝晒干燥，磨成番薯粉，然后将粉加水揉成团，用刀切成一片一片，砌叠在蒸笼里蒸熟便可食用，入口软糯香甜。从前劳苦人家当饭吃不用配菜蔬，如今制作中加一些红糖、猪油，成为街头养生美食小吃。

番薯糕囡的原料用番薯粉和糯米粉对掺，加入红糖和芝麻粉搅拌均匀，铺入蒸笼的蒸巾上，稍压坚实，用刀划成块状，猛火蒸熟，入口松软香甜。

青团和青饼

青团和青饼是清明节上坟祭祖的主食。制作原料为糯米粉、粳米粉、菁，咸馅料以猪肉、豆腐干、鲜笋、虾皮等切成丁混炒而成，甜馅则以红糖豆沙居多。

制作时，把糯米粉以 8 粳米粉 2 的比例拌匀（或小麦粉 2），另把从田野采来的菁煮熟后，和在米粉中放在捣臼中加水捣，直至溶入粉内均匀呈绿色后起臼，然后摘成一团团包入馅料，纳入青团木模加印，半圆的叫青团，饼状的叫青饼；然后放入蒸笼蒸熟即成。青团和青饼色泽嫩绿，入口柔和，清香扑鼻。菁助消化的功能极好，所以上山祭祖时冷食不会造成积食现象。

乌饭馍糍

乌饭馍糍是一种极富特色的美食点心。原料为糯米粉、豆沙、松花粉。制作时，先到山上采山乌饭树（一种灌木）的果或叶，捣碎压滤其汁，汁为紫色，揉入糯米粉炊熟，再捣揉均匀，放到桌上碾成面皮状，两面撒上松花，切成方片，表面金黄，刀口紫色，逗人食欲陡增，卷上豆沙即可食用，入口香甜软糯，一股独特的乌饭汁香刺激味蕾，很有地方美食特色。

麦油脂

麦油脂是一种年夜饭的主食，立夏、七月半、冬至等节日，也做麦油脂过节。原国民党空军总司令周至柔是岭根女婿，生前最爱吃麦油脂。在南京时，每逢请故乡客人，多以麦油脂招待，既是一种家乡美食，又能唤起乡愁乡情。周退居台湾后，思乡心切，1980 年后曾托嫂嫂邮寄菜头丝（萝卜丝干）等馅料，在台湾家中做麦油脂解馋。制作麦油脂的原料主要有小麦粉、猪肉、菜头丝、豆腐干丝、猪肝、猪大肠、蒿菜、芹菜、豆芽、蒜芯、笋等。

制作麦油脂，要经过这些工序：用小麦粉搅糊，在熬盘上用手摊成圆形粉皮，炒熟各种馅料，条状排在粉皮上，卷成筒形即可食。也有卷成后再回锅加油烤后再食。入口特点是耐嚼，各种馅料各具异香，味鲜而隽永，独具地方特色。除夕夜，农户点烛焚香，先以麦油脂在祖宗灵位前祭祀后，家人方可食用；七月半和冬至也一样。

冬至圆

冬至圆分擂圆和尖嘴圆。自古相传吃了冬至甜圆，农民进入农闲，可以得到休息，生活过得甜甜蜜蜜。擂圆是用糯米粉、熟黄豆粉加红糖制成，尖嘴圆则另加肉馅等咸味馅料。

将糯米粉加水拌揉调均匀成软团，摘成小块搓成扁圆，放入沸水中煮熟，起锅后，放入熟黄豆粉拌红糖的广盘中翻滚，黏附后立即会散发出黄豆粉特有的甜香，食之香软滑溜，味佳而耐饥。尖嘴圆要将粉团捏成碗状，包入肉馅，放入汤锅里煮熟可食，一口咬去，馅汁鲜美异香，别有风味。

糟羹

糟羹是正月十四元宵节的夜餐主食。制作主料为米粉浆，猪肉、冬笋、芋头、芥菜、荸荠、川豆板、油泡、豆腐干、木耳、香菇、蛏等为佐料，外加酱油、糖、盐、黄酒店等调料。

把各种佐料切成细丁，加调料入锅翻炒，至半熟加水再煮，熟后调入米浆，沸滚片刻即可食用。过去农民生活贫穷，佐料没有讲究，许多人把家中正月宴请亲朋好友的剩菜也掺入羹中，美其名曰“洗厨羹”，表现了农家勤俭节约的传统美德。吃饱糟羹，大家出门观龙灯、鼓亭，民俗节日的气氛特别浓烈。

岭根村的民俗美食特别丰富，还有麻糍、年糕、麦饼、扁食等，不胜枚举，要想品尝，请到岭根来做客。

（文：李尔昌）

杭州临安童家村

童家“半年”吃馒头

湍口镇洪岭片的童家村位于临安城西南88公里，南与桐庐、淳安两县接壤。村中心海拔500余米，有东坑西坑两条山溪绕村而过，沿溪有田畴与村落布列，峰峦叠翠，风景秀美。童家村历史悠久，民风淳朴，这里有一种独特的风俗叫“过半年”。

“过半年”就是在每年的一年过半之时，农历的六月初一，全家人像过大年一样团聚在一起美食一顿。但这个美食不是吃鸡鸭鱼虾，而是吃馒头。所以有民间俗谚：“六月初一吃馒头。”为啥要“过半年”？为啥要吃馒头？说法不一，版本很多。

一说是过去山里穷，没有好东西吃，只有到五六月，小麦登场了，磨点面粉蒸几笼馒头吃吃，就算“享受生活”，好像过大年。

一说是高山上种庄稼常遭兽害，庄稼人在主粮六谷没有长穗结实时，用馒头祭拜山神，要山神管住山中野兽不要来糟蹋农民的庄稼。

还有一说与村里的民间故事有关。故事里说童家村老员外有一个独生女，叫阿巧。阿巧聪明伶俐，长大了招了一个叫杨九桶的男人作丈夫，俗称“倒插门”。童家村原本并没有“过半年吃馒头”的风俗，是从阿巧与杨九桶的爱情故事之后才开始风行起来。阿巧的丈夫是淳安县人，在昌化人的村庄里做箍桶匠，手艺出众，但因为是“倒插门”，做事特别小心。给东家做箍桶活，起早摸黑从不偷懒。他手艺精肯吃苦，能揽到的活儿都做不完，回家探亲的机会很少。一年到头只有过年了才回家团聚。而在童家村通行“男主外，女主内”的治家方式，男人都要出门揽活计挣钞票，有做官的、有教书的、有当掌柜的、有卖苦力的；女人则留守家里，家中大小事务都是女人撑着，该男人做的事也由女人来顶。当地人拿这个开涮，嘲笑童家人：“童家童、童家童，童家的老娘们挑粪桶。”“挑粪桶”是指下地干苦力活儿，本该男人干的活儿压到女人肩上，当然不合常情。但是让童家女人感到苦的不是干活，而是丈夫不在家，空床独眠的相思之苦才是苦。阿巧的婿夫杨九桶，为谋生计出门揽生意，无法顾及家中的妻小，阿巧能理解，就自觉挑起家务担子，扶老携幼，上山下田，农事家常她没有一件事不去做。但她是个多情女，难免有人说“倒插门”的闲话。她对丈夫疼爱，唯恐有什么地方让人钻空子。对九桶的思念真让她郁郁寡欢，老是看不见丈夫回家真比什么都凄凉。那天晚上，阿巧又害相思，但突然从窗外的月亮里得到了启发，她想到了一个好办法让杨九桶回家团聚。阿巧的办法就是作出一个“过半年”的新节。如同过大年一样，“过半年”也是让外出的人都赶回家来团聚，共吃团圆饭，这顿饭定在六月初一。阿巧想到做到，第二天，她就捎口信，要丈夫半年了回家过个小年。杨九桶爱妻心笃，这一天果然推了手上活计赶回家来，合家老小欢欢喜喜地吃了一顿团圆饭。阿巧知道九桶是淳安帮源洞人，那地方穷，一年到头吃苞谷吃番薯，难得吃细粮。阿巧就特地用新麦磨了面，做了一蒸笼馒头给九桶吃。爱妻的心意丈夫很领情，一边吃一边夸奖好吃好吃，还说：“以后回家过半年，你就专做馒头吧！”阿巧说：“那好哇，明年六月初一，我给你多做些，有糖馅的，有菜馅的，做些菊花形的，做些竹叶形的，让你吃顿馒头宴。”就这样，一年又一年，年年六月初一，杨九桶都以“过半年”的名义，赶回村来与阿巧团聚，吃阿巧给他做的馒头。

当时，童家村的左邻右舍、上下周边的村子里也有家人出门在外，忙于生计，很少回家团聚的。见阿巧让丈夫回家“过半年”得以团聚，觉得真是个好法子。都暗暗地效仿阿巧磨面做馒头，把出门的亲人召回家来“过半年”。虽然是依样画葫芦，阿巧的做法别人家去做也都成功了，因为人心都一样，亲情的力量大得很。久而久之，阿巧始创的“过半年、吃馒头”就约定俗成似的成了一种乡风。只不过吃馒头的日子各地稍微有些不同，如青坑口村定在六月初一，何家村定在六月初六，柴家村定在六月十五。到这一天上，出门在外的家人都要赶回家，做馒头、吃馒头、送馒头，如过大年一样其乐融融。

再说有一年六月初一，杨九桶意外地没有回来过半年。阿巧为他做的馒头蒸了几蒸笼，怎么会不回来呢？阿巧心里着急就央人分头去打探。结果打探回来，是个噩耗，杨九桶被朝廷官兵杀害了。原来杨九桶有一个亲哥叫杨八桶，原先也在昌化淳安的交界地带做箍桶匠，他与帮源洞的方腊是结拜兄弟。方腊起义了，杨八桶去他那里做了一员大将，结果方腊打不过朝廷官兵，退回帮源洞，杨八桶赶来帮源洞护驾，半路上就被另一批官府兵逮住砍了头。那些官兵还来个“满门抄斩”，说箍桶匠是杨八桶的弟弟，也一刀杀掉了。闻知丈夫遇凶，阿巧如晴天霹雳当即昏厥，后经众乡亲救助才清醒过来。面对现实阿巧只得挣扎着站起来，为丈夫料理后事。她把为杨九桶准备好的馒头，全部改作斋供摆设在杨九桶的灵台前。这个细节后来就演变为“过半年”也要祭祖祭亲人，且都是用馒头作祭品。

六月初一“过半年吃馒头”的习俗为洪岭山区的一种文化现象，流传已久，是一种约定俗成的地方节。改革开放后，当地政府引导民间提升为“高山馒头节”，社会影响更大了，这也是当地老百姓的一大福祉。

自 2007 年首届洪岭高山馒头节举办以来，当地政府每隔两年举办一次“馒头节”，弘扬传统文化，助推地方经济发展。2008 年 6 月，洪岭高山馒头节被列入临安市第二批非物质文化遗产名录；2009 年，被杭州市列入非物质文化遗产名录；2012 年，被列为省级非物质文化遗产名录。

（文：戴建飞）

天台祥和村

大雷山下“九大碗”

天台祥和村位于大雷山西麓，隶属雷峰乡，源于大雷山的崔岙溪由南向北流经该村。张家庄、祥里村、尖岭脚三村合并为“祥和村”。崔岙溪由南向北流经该村。地处大山深处的祥和村，保留了许多独特而古老的习俗。

“廿四扫尘头，廿五赶长工，廿六做馒头，廿七落街头（去街头镇赶集市），廿八扫堂前，廿九作担柴，三十请老爷（祭拜天地）”，这是描述当地过年前的民谣。过年时，祥和村的家家户户做馒头，称之“过年馒头”，正月里去人家作客，或是请客，主食均为馒头。当地馒头，为“羹水馒头”。“羹水”即酿酒的曲种（一种酵母菌）加麦麸经过发酵而成，做馒头时，将“羹水”按一定的比例和面粉相拌。揉搓成圆盖状，放在蒸笼里蒸熟。正月招待客人时，再放蒸笼里蒸热。大年三十，一般要“谢年”，也就是摆上祭品，点香燃蜡，感谢天地神灵对家人的庇护，祈祷来年保佑家人平平安安，五谷丰登，有好运。因为大年三十办的“谢年”，其祭品也是年夜饭的佳肴，故祭祀的猪头，晚上一定是一道大菜。

祥和村过年时不仅食馒头，还有一道食品颇具特色，名叫“米浆筒”。“米浆筒”用新米、糯米浸泡，比例是4∶1，即4斤新米加1斤糯米，磨成米浆，再在锅中摊成米粉皮。摊皮是一个技术活。锅烧至八成热，用铜勺掬上一瓢米浆，飞快地沿着锅岸淋落一圈，再用棕丝刷刷匀，起锅就是一张雪白的米浆皮。用米浆皮卷裹白糖、红糖，就是甜食，而更多的是咸食，与天台当地“饺饼筒”做法一样。里面裹上猪肉、猪肝、豆腐、豆面、芹菜、胡萝卜丝、笋丝等菜肴。

祥和村还保留天台西南的古老婚俗。

结婚前要“择日子”，就是将男女双方的生辰八字拿去，请日子先生挑个好日子。送亲、接亲必须起大早。新娘起身的时辰都是清晨的，往往天还没亮就打着灯笼送亲，路远的起得更早，如是同一村的几户人家同一天娶亲，还暗中比谁的新娘早到。谁家新娘早到，就预示谁家有好的兆头。

新娘送到夫家之后，夫家招待送亲的，先是茶后是点心，茶是桂圆茶，送亲的人吃茶时，桂圆要剩下几粒。“点心”一般是鸡蛋面，碗底下压有三块猪肉，也要剩下一块“压碗”，若是吃光，说明夫家招待得不客气。

婚宴的正餐是天台民间最流行的“九大碗”。“天台九大碗”系天台民间宴请宾客的传统菜肴。它由九道特色菜组成，山珍海味，甜咸相宜。而且，每道菜蕴含一定的寓意，上桌的次序均固定，表达了百姓对“子孙满堂、吉庆有余、六畜兴旺”的美好祈愿。由于祥和村地处深山、物质匮乏，虽然遵守天台民间“九大碗”的规矩，可在食材的选择和上菜的程序上，又与山外大不相同。

“九大碗”第一碗是“莲子汤”，是甜食，意为“子”。而祥和村过去“莲子”不易采办，于是就用山区自家地里种的“白扁豆”代替；第二碗是“海参汤”，“参”与“孙”谐音，象征有“孙”。海参是海制品，对于山里人来说，食材更不易办到，于是祥和村就用“肉皮胶”（猪皮晒干油炸，食用时放在水中泡发）代替；中间上的菜有：“豆腐圆”（用生姜豆腐猪肉为原料揉成团状，象征“阖家团圆”）；“炒番莳粉面”（番莳即番薯，意为幸福长久）；“红烧猪肉”（意为“日子红火”，每碗放 19 块，每桌坐 8 人，每人两块，还剩一块，表示“有吃有余”）；炒鸡块（意为“大利大吉”）；鱼（意为“年年有余”，祥和村人用泥鳅干替代，如果数量不足，碗底会加进许多的生姜丝）；小炒（用白菜、豆腐干炒，意为“热闹、和谐”）；炒笋尖（意为“子孙后代如笋一般成长”）；最后是菠菜汤，俗称“九碗带汤十”。除了第一碗“莲子汤”、第二碗“海参汤”、最后一碗“炒笋尖”外，其余的上菜没有先后之分。主食是麻糍（糯米蒸熟放在石臼捣制）。新娘的兄弟称之为“娘舅”，是来宾中最为尊敬的客人，坐在东一桌。上菜时，东一桌要多上了一碗“蹄髈”（方块猪蹄肉，上覆豆腐皮），以示尊重。

“婚宴”过后，送亲的人起身回家，夫家要端上一碗茶叶水，新娘的兄弟向夫家交代几句，将自己姐妹留在这里，若有不足多多指教，然后放炮仗，以示欢送。两天后，新娘的娘家亲戚会挑着“果子担”来看望新娘，意为“望三日”，带来的果子（寿桃、馒头、糖、饼干、糕、麻糍等)，夫家会分给村中的各家各户，名为“分拌手”，“拌手”分过后，村里人才正式接纳新娘为村中的一员。

一方水土养一方人，古老的习俗是一方百姓的情感寄托。在祥和村的年俗、婚俗中，可以体味到山村百姓别样的精神追求，其民俗中蕴含的文化信仰，也彰显山民朴实的生活理念。

(文：天台县农办)

天台大柳溪村

大柳溪村“果子酒”

大柳溪村位于天台县东南部，属泳溪乡，距乡政府所在地5公里，距天台县城25公里，台宁古道经过此村，称之为“泳溪第一村”。大柳溪，源于欢岙小吉岭东南，支流有干坑、自家坑、三坑等，早年因溪岸是一棵桃树一棵柳，而称“桃柳溪”，后来有人觉得“桃”轻佻艳俗，而改成今名。过去大柳溪上只有“碇步桥”，发大水时，只能脱裤渡行，民谣云：“大柳溪十八渡，渡渡要脱裤。夜间走碇步，灯盏来引渡。巧走十八渡，宗马可代步，常走十八渡，龙珠来带路。”村因溪得名。

大柳溪由北向南贯穿村庄，村民多为“叶”姓，唐昭宗光化年间（约公元895年），叶氏先人叶温由天台西南的黄水村迁徙至泳溪的范庄，后又迁至今址。村中溪岸原建有“叶氏宗祠”，1981年改建为大柳溪会堂。堂内仍供奉三位叶氏先祖的画像，两边的楹联曰：“唐室尚书第，宋朝宰相家。”

古老的山村保持着古老的过年习俗。大年初一，各家打开门要放“开门炮”，意为新的一年有一个火火红红的开始。然后，家家户户要升火煮“天地粥”，主要原料是大米，枣子、豆腐，粥煮熟先要热气腾腾盛上一碗先供在灶台上。祭祀灶司菩萨，而后，各家都在堂前摆上一张方桌，拎上一“揭”（十只）粽子，粽的尖嘴朝上，在中间盛放一碗刚煮的“天地粥”，点上香，点燃蜡烛，祭天地神灵，祈祷新的一年风调雨顺，有吃有余，故这碗粥叫“天地粥”。祭完天地神灵，才是家人共吃。可在“天地粥”中加入自己喜欢的食材，喜欢甜的可加莲子、桂圆；而喜欢咸的，可加猪肉末、鲞碎。

村里最有特色的年俗是吃“果子酒”。

“果子酒”意为多子，也是天台东乡的习俗，具体起始年代不详。“果子酒”又称“生儿酒”，就是头一年生头胎男孩的人家，要在这年的大年初一办“果子酒”。一是向大家昭示本族人又添男丁，二是为自己家新添的贵子庆贺。只限于头胎男孩，在新年的第一天，为上一年出生的头胎男孩举行一个庄严的仪式，也是体现对新生命的尊重。

春节前，头年生头胎男孩的人家，就忙着采购炒货、水果。在物质贫乏的岁月，炒货除了花生、南瓜子、向日葵子，只得用米胖糖、玉米泡、水糕沸、玉米粉糕之类，如今都要采购花生、瓜子、油枣、核桃、腰果、开心果，“水果”用金橘、香蕉、苹果、葡萄、橘子等，酒用黄酒。

大年初一，村里的祠堂挂祖宗像，挂灯笼，摆下供桌。供桌上摆15个碗盏，分别是5盏茶（白开水）、5盏酒（黄酒）、5盏圆（麻糍粒），供品是“三头六眼”，即猪头、鱼（或是鲞）、鸡，另外是“五荤五素”，有猪肝、猪肉、鸡、鱼、肉圆；金针、红枣、豆面、豆腐、白扁豆等，炒货有花生、瓜子、糖、核桃等，主食是麻糍、粽子，五碗白米饭，饭上插一双筷子，一直摆到初七初八。

早饭前，办“果子酒”的人家，会挨家挨户邀请到自家来吃“果子酒”。早饭后，主人端着“果子盘”来到祠堂，一路都要放炮仗，以示热闹。进了祠堂，将“果子盘”摆放在供桌上，一边站立，待办“果子酒”的人家都摆好了，才能按照辈分高低、年纪长幼，依次排好，同时点香，点蜡烛，蜡烛一对一般是60—70斤重。祭拜一同进行，不得有先后之分，以示平等。香炉两边插上翠翠的扁柏，象征宗族如柏树长青，延绵万年。

在祠堂里，悬挂着一幅“子训”，上面写着“爷昔好读书，恳若自著述。憔悴欲四十，无肉喂蚤虱。儿慎勿学爷，读书求甲乙。穰苴司马法，张良黄石街。便为帝王师，不做更纤悉”。就是祖上教育子孙好好读书的一段话，挂在祠堂里，也是勉励叶氏后代做有出息的人。

祭拜完毕，各自回家，同样一路要燃放炮仗，并招呼大家去家里吃“果子酒”。如果家里场地不够宽敞，无法接待来客的，也可在祠堂里摆桌，请大家来吃“果子酒”。

这一日，凡是办“果子酒”的主人，均会将花生、瓜子、金橘、核桃等端上桌款待来客。从早到晚，客人不断，一批走了，一批又来了，桌上摆的果子，添了又添，老酒热了一壶又一壶。按照村风，受邀的人必须走遍村上办“果子酒”的人家，因此，吃“果子酒”一直延续到下午。大人们一边吃着炒果，啜着温热的老酒，一边聊天。孩子们则跑过来，见桌上有自己喜欢的，不客气地抓上一把，塞进自己的兜里，又跑另一家。

中午，村里各家吃饺饼筒、粥。饺饼筒，是一种用面皮将荤菜素菜肴卷裹着的节庆食品，也是天台城乡的一种习俗。晚餐，各家吃“汤包”。汤包俗称扁食，类似馄饨，但里面的馅，是用猪肉、豆腐干、香菇、胡萝卜切成丁炒熟，用一块巴掌大的面皮，裹成蝴蝶状。

按照风俗，这一天，头一年头胎男孩的舅舅、外公要送酒过来。晚上，办“果子酒”的人家要摆家宴，吃麻糍，接待大家。

早些年，村里祠堂的戏台会请上戏班演戏，由办“果子酒”的人家出资，请不来戏班，就放电影。

这些年，出门在外做生意的人比较多，大柳溪村在大西北，如甘肃、青海、宁夏等地做手艺活的、做生意的比较多，好多人不回家过年，当年回不了家办“果子酒”的，过几年回来补办也可以。

大柳溪大年初一的“天地粥”“果子酒”习俗，延续了千百年，它表达了宗族对繁衍的希望和庆贺，延续祖先的血脉，是对祖先最大的尊重。虽然带有“重男轻女”的烙印，但反映了农耕社会对男丁的重视。在以农耕为主的封建社会，男丁，是劳力的象征，是一个家族延续的希望，也是宗族繁衍的重要标志。一个家庭的头一个男孩尤其显得可贵。在新年第一天，吃“果子酒”，敬拜祖先，庆贺新生男孩，也反映了“尊老爱幼”的传统美德。

（文：天台县农办）

杭州临安浪广村

二月二过粽子节

浪广村位于临安马啸乡西北部，北靠太子央，南望清凉峰，东、西分别与石长城村和浙川村相邻，西北与安徽绩溪一山之隔，是临安最西端的与安徽接壤的行政村。在这里流行着一种农历二月二过粽子节、包粽子吃果汤的习俗。这一习俗在临安、绩溪及其他地区不曾有过，是浪广村特有的传统风俗。

关于这个习俗的由来，当地流传一个故事。

相传明初时期陈氏夫妇为躲避战乱，寻找安身立命之地，跋山涉水来到浪岗岭下安家。由于漫山遍野都是原始森林，杂草丛生，荒无人烟，陈氏一家只得在相对平坦的低洼处开垦种植，男耕女织，日出而作日落而息。眼看辛苦大半年，种植的庄稼丰收在望，不料一夜之间被野兽糟蹋，加之连日高温干旱，秋收所剩无几。陈氏夫妇满脸愁云，甚是担心来年的生计，甚至想着待来年另寻安身之地谋生。

在新年正月末，收拾家当准备第二天搬家的当晚，夫妻俩泪流满面。放弃这辛苦一年开垦的土地总有些不舍，相对无语，懵懵懂懂上床睡去。睡梦中丈夫忽然觉得床前站着一位手持拐杖、满头银发、脸带笑容的慈祥老翁，老翁对他说：此地万不可舍弃，你夫妻俩勤劳善良，我保佑你们来年必定风调雨顺，田不漏，垄不裂，五谷丰登，六畜兴旺，百兽不侵。话毕飘然而去。第二天一早醒来丈夫把昨晚梦中之事告诉妻子，称是土地神显灵。于是夫妻俩决定继续留下来碰碰运气，夫妻俩起早贪黑辛勤劳作，果然这一年风调雨顺，百兽不侵，喜获丰收。从此陈氏夫妇俩安居乐业，人丁逐渐兴旺。为感念土地神的恩泽，祈求土地神的眷顾和保佑，陈氏夫妇在地边田头用三块石头组成“磊”形土地庙，每年农历二月二包上粽子煮好果汤，祭拜土地神。粽子与“种子”谐音，意思是春天来临准备下种子了祈求土地神保佑丰收。煮果汤寓意是祈祷土地神保佑风调雨顺，田不漏、垄不裂、年年有个好收成。此后方氏、张氏、叶氏陆续迁居浪广，而每年农历二月二全村家家户户包粽子、煮果汤、拜土地神这一习俗流传至今。

节日前两天，家家户户就开始忙着泡糯米、煮粽叶、切猪肉、磨面粉，精心准备各种材料，期待二月二祭祀土地神。村民们通过包粽子、吃果汤来寄托要土地公公赐福、保佑风调雨顺，田不漏、垄不裂，五谷丰登、仓囤盈满，祈福幸福安康和吉祥如意的愿望。

中国自古就有对土地神的崇拜，《左传》通俗篇有云："凡有社里，必有土地神，土地神为守护社里之主，谓之上公。"所谓土地神就是社神，其起源是对大地的敬畏与感恩。《说文解字》云："社，地主爷。"顾名思义，社就是土地的主人，社稷就是对大地的祭祀，又有后土之说。一般来说土地神是基层的神明，专家学者认为土地神为地方行政神。

土地庙因神格不高，且为基层信仰，多半造型简单，简陋者于树下或路旁，以两块石头为壁，一块为顶，即可成为土地庙，俗称"磊"形土地庙。也有简单以水泥或砖块砌成小庙，现今也有土地庙因香火鼎盛，逐渐中大型化。

据说，二月二包粽子除了祭祀土地神之外，另有一个与太平军相关的趣闻。因为浪广村紧邻安徽绩溪，咸丰十年（1860）二月初一，太平军由旌德县经宁国取道浪广，准备攻打绩溪县城，清军副将余永椿和知府苏式敬领兵六百在伏岭（与浪广紧邻）和新岭一带堵截。由于此地地势险要，易守难攻，太平军连攻数天，终因后勤保障缺乏被清军击溃，退驻浪广。太平军退守浪广后，见家家户户包粽子、煮果汤，于是挨家挨户收集粽子作为军粮再次攻打绩溪，太平军便于二月初四一举占领绩溪县城，清军向徽州府逃窜。这一趣闻明确记载于《绩溪县志》中，所以人们又说，是因为这段趣闻，浪广才有了包粽子这一习俗。用箬叶、龙须草、糯米、红豆、蜜枣、栗子、腊肉包成四角形粽子，其意喻日子甜甜蜜蜜，四季平平安安。因此每年农历二月二这天各家各户都要包上几百个粽子煮熟后三个或五个一扎晾挂于房梁之下，由于气候和包扎的用料有关，粽子放置1月而不变质，既是馈送亲友的佳品，亦是村民上山下地劳作的必备干粮。

据叶氏家谱记载，同治三十四年正月，杭州府道台胡元洁遭奸人陷害逃难至浪广问路投宿，刚巧遇上在田间劳作的叶贞彩。叶贞彩为人勤劳忠厚、乐善好施，于是她将胡元洁领至家中安顿，小住半月有余。后风波渐平，胡元洁准备起身返杭探个究竟，将其府印等贵重物品托叶贞彩代为保管。趁着夜深人静，叶贞彩与胡元洁一同将贵重物品藏匿于朝山上的一棵大松树下。第二天叶贞彩送给胡元洁数十个粽子作为返杭途中干粮。约半年后胡元洁官复原职，八抬大轿 60 余人前来浪广取回府印及贵重物品，叶贞彩如数奉还。为答谢叶贞彩清廉大义，胡元洁设宴半月，并邀请叶贞彩一同前往杭州为官，而叶贞彩婉言相拒。当胡元洁得知返杭时叶贞彩所送粽子的来历后，当即捐资建造土地庙一座并亲书“风调雨顺，国泰民安”的鎏金木牌对联悬挂于土地庙。

浪广二月二粽子节，在 2013 年被临安市确定为非物质文化遗产传承基地，每三年举办一次大型的二月二粽子节，吸引了众多游客的参与。浪广二月二粽子节既提高了历史文化村落的知名度，又能更好地促进当地旅游业的发展。

（文：杭州临安区农办）

临海麻山村

麻山村乡村习俗

临海市东塍镇麻山村的民俗文化传递着祖先悠远的文化信息，道德观念和审美情趣丰富多彩，涵盖了生活习俗、礼仪习俗、岁时习俗和生产习俗。

生活习俗　订婚，青年男婚女嫁要举行订婚仪式，双方合生辰八字后选择订婚日子，男方送彩礼并办酒席招待亲眷叔伯朋友，然后初订了婚姻大事。

做对周　小孩出生满周年，家里举行请天地、保平安的仪式并举办酒席宴请亲戚、叔伯、朋友，受请人送银项圈、手镯、脚镯、长命彩线等礼品表示祝贺。

拜老继爷　是小孩拜有学问的人或有势力的人做义父，企求得到良好的教育和保护。主人家送猪蹄、烟酒、米面等厚礼，并设宴敬请老继爷。老继爷则回送红包、衣料等，以后双方延续礼仪往来，小孩由此受到老继爷关照。

摇会　是一种经济互补的活动，由会头发起股份集资，到期后本利归还，利用摇会的方法可以调剂民间建房、治病、婚丧等大事时的手头拮据。

祭冬　每年冬至日，郭氏后裔都要到宗祠里去祭祀祖宗，点烛焚香，摆列供品，祭拜祖先保佑村庄太平，五谷丰登，六畜兴旺，老寿幼康，表达敬畏祖宗的忠孝美德。

焜春　立春日，每家燃起樟木屑，以香烟驱邪祛瘴，鞭炮声中迎接春神降临。

礼仪习俗　团圆饭是婚庆将近结束时，新郎新娘吃过团圆饭送入洞房的夜宴，大家欢庆嬉闹，把婚庆的喜乐推向高潮。

双回门　新婚后第三天，新郎陪新娘回娘家，手提桂圆、荔枝、红糖大礼包以示孝敬父母养育之恩，寓意今后生活圆满、甜甜蜜蜜。

望月里 产妇生育后调养的日子叫坐月里，亲戚朋友送来猪肉、猪肚、鸡、蛋、红糖、虾皮、豆腐皮、米、面等给产妇滋补身体，叫望月里，双方亦可增进亲情友情。

送端午 端午节，女婿送糯米粽、猪蹄、酒果等孝敬岳父母，岳父母则回赠布料，增进岳婿间子孝母慈的亲情。

送八月十六 即送中秋节礼，子女礼拜父母，女婿孝敬岳父母，学生礼拜老师，礼品以月饼加以酒肉、果品等，传承着孝敬尊师的美德。

拜寿 是子女、婿媳给年事已高的长辈庆贺生日的礼仪；中堂上摆放寿桃、果品、寿酒等，然后进行次第拜敬，礼毕大家入宴，祝寿星福如东海、寿比南山。

送终守夜 长辈临终，下辈都要不远千里回家尽孝，轮流值夜看护，直至走完人生旅程，既表示尽孝的临终关怀，又可聚在一起商量长辈的后事。

送葬 长辈去世后出殡，子媳披麻戴孝扶棺护送入墓，并请和尚道士做祭超度亡灵，家人在墓前拉开红被面接受礼宾抛散钱币、洋钉、五谷等物，寓意日后家里钱财富足、人丁兴旺、五谷丰登。事毕回家宴请致谢众人。

做七 亲人亡故后第六天，家属请和尚道士给亡灵做法事超度称做七。大户人家费时四十九天做七个七，一般人家合起来做一次。先招亡魂来享用祭品，由和尚道士到门口搭起的高台上上舍，女性亡故不上舍，由女儿喝苦茶，改走地狱门。结束前烧纸屋和冥钱，屋里佣人、粮仓、家具、车马一应俱全，焚烧后让亡灵带去阴间享用，称送魂，表达后辈和家人对亡灵的敬畏。

岁时习俗 正月初一，天不亮就放鞭炮，称开门炮，门上贴春联，檐下挂红灯笼，家家户户摆出糖果招待客人。

请天地 中堂摆开八仙桌，点上蜡烛和三炷香，供上猪肉、豆腐和留一根尾毛的全鸡三盘供品，外加一碗豆腐粥，然后三拜天，三拜地，求天地神灵保佑新的一年风调雨顺、人寿年丰。

闹元宵 正月十五举行灯会，户户张灯结彩，村中舞龙灯、鼓亭。舞龙队要去拜庙礼神，然后走村串巷，鸣锣开道，观龙灯人山人海，庆祝新年万事吉祥。

二月二 种田人开始晒谷子翻秧田，妇女洗簟箕清蚕房，农民沿袭

“二月二，百样种子好落地”的农谚，奏响了农耕的序曲。

三月清明节　家家户户做青团买鱼肉上山扫墓祭祖，远在他乡的亲属都要回来，表示自己思亲尽孝的美德。

四月立夏　农家煮“苍蝇饭”，在米中杂以赤豆、绿豆等五谷杂粮，吃后祈求天地保佑五谷丰登。同时家家煮鸡蛋或泡鸡子茶吃来增加营养，使人能体强力壮地投入夏收夏种。

五月端午　家家包糯米粽，门上插菖蒲艾草，屋前屋后洒雄黄酒来驱杀毒虫，小孩身上挂香包，防止毒虫近身。端午天气渐热，驱邪祛毒可保年岁人畜平安。

六月六　是祖宗传承守家狗的生日，除了给狗洗浴外还喂食馒头，以人畜同食馒头来表示对动物的关爱。

七月半中元节　又称鬼节，家家宴祭亡灵，请僧人道士做佛事，设宴祭奠并在村外烧纸钱，交付亡灵带去享用，表示对亡故亲人的思念和对神明的敬畏。

八月十六中秋节　女婿给岳丈家送月饼、酒肉、农家，同时捣麻糍包糯米粽过节。

九月九重阳节　下辈给老人送新衣、食品、水果表示孝敬，农家做重阳糕过节。

冬至　家家户户包甜圆、扁食，寓意吃了甜圆便进入农闲季节，农民可以稍事休闲，日子过得像甜圆一样甜蜜。宗祠里举行隆重的祭冬拜祖仪式，祖宗灵位前供祭猪、羊、鸡、鱼及各色供品，合族老幼跪拜祈求祖宗保佑来年吉祥如意。

谢年　过年前农家杀猪谢年，在中堂上摆八仙桌，排上酒肉供品，烧香点烛跪拜祖先，并请天地神灵来共同享用，感谢“三界”神灵对家族的佑护，祈求来年幸福安康。

除夕　过年前农家做麻糍、年糕、糯米糖，杀猪宰鸡准备过年，妇女上街买年货，洗被洗衣，掸尘送旧，贴春联挂灯笼，一片忙碌。年夜吃麦油脂或汤圆、扁食，饭后给小孩发压岁钱，全家团聚守夜，祈盼新年到来。至五更放开门炮，迎接新年。

生产习俗　开秧门，插秧的第一天称开秧门，农家要买一些鱼肉来表示庆贺，祈望今年稻谷丰收，讨个吉利。

四月八日　是耕牛的生日，当天耕牛停止劳作，农家给耕牛犒赏红糖老酒和喂食五谷饭，表示对牲畜的关爱。

请田头神 每年早稻收割前，农家要到田头烧千张、摆供品，祭请田头神，祈求农事顺利和表示对神灵的敬畏。

做保稻 农民在早稻收割前，对田神、山神、土地神举行祭祀，祈求神明保佑今年稻谷丰收，农事安泰。

小暑前，请来道士，在村口摆开香案，上列三头六眼，即猪头、鸡、鱼等供品，全村男女跪拜。道士做法事，祈求农事丰顺。

取水，每逢大旱之年，农民聚集起来，手捧香炉，瓶里装着水蛇（蛟龙），敲锣打鼓到深山龙潭取水；至龙潭放出蛟龙入潭，祈求其到东海龙宫向龙王求雨，用神话和宗教的方式来实现祈求。

乡风习俗，是麻山人民在生产生活中与传统文化交融所产生的富有地方特色的行为，麻山村的民风习俗特别丰富多彩。

（文：李尔昌）

第七章　民间技艺

舟山定海紫薇村

双桥布袋木偶戏

舟山布袋木偶戏流传于舟山已有150年的历史，最具代表性的是双桥紫薇村的“侯家班”木偶戏。

舟山民间流传着“木偶辟邪”说法，舟山木偶戏在民间又称“急戏”，有“急难之中解围”之意，常能听到一些老人说，做小戏文，保太太平平。木偶戏又叫“小戏文”，以强烈的民族风格和浓郁的生活气息，扎根流传于舟山民间至今，它的特点可用一句话来概括：“十指能演百态情，一口道尽人间事。”

舟山历史上曾经流行两种木偶戏：杖头木偶和布袋木偶。杖头木偶又称“下弄上”，是用竹竿顶着木偶的手足操纵木偶表演，木偶头子大如鹅蛋，画的都是京剧脸谱，身子长约半米。演出时以围布作场，演出人员在围布里面将木偶举到围布上面进行表演，观众在围布外观看，现已失传。布袋木偶戏就是四周用布围住表演的小台，演员在里面手举木偶和各种刀枪道具，边唱边讲边表演，两三个乐师在里面伴奏。民国《定海县志》“风俗篇”对这种“傀儡戏”也有记载，称“为之者皆外来游民”。

现在舟山经常演出的木偶戏就是布袋木偶戏，布袋木偶演出使用的木偶，除了头、手掌和脚的下半部以外，手部和腿部都是用布缝制而成的，因形状酷似布袋，故被称为布袋木偶戏。表演时主要靠手指活动来操作，与皮影木偶、牵线木偶、杖头木偶戏相比，布袋木偶戏中木偶的动作更加节奏明快迅捷。

舟山的布袋木偶戏有别于其他地方的傀儡木偶、牵线木偶、杖头木偶和皮影木偶等形式表现的手法。它的最大特点是，能一人操纵和演出多个人物角色，不像其他木偶戏只能是“一人一偶”地表演，这就大大地简化了演出的程序。舟山木偶戏艺人全部的行当是：一根扁担，一头担着折叠起来的戏台，一头装着木偶和乐器的道具箱。由于没有繁复的道具和装备，艺人就可以轻便地挑着一副担子走巷串户，在普通的人家堂前用两条凳子一块门板架起台子，打开小戏台套在扁担上，竖直扁担固定好，就可以演出了。

布袋木偶戏的戏台雕镂精美，体积狭小，这不但因受制于表演者一个人双手伸展幅度，而且也便于折叠后能够很轻松地挑在肩上行走。这种戏台的原理相当于现在的折叠椅，打开时宽度1米、深0.8米左右，折叠起来之后不到十几厘米。便于在海岛上下船时搬运，可在寻常渔民百姓家的堂屋内、晒网场、渔船舱板上演出，适合海岛交通不便、文化生活相对闭塞这一特定的环境。

因为戏台小，所以木偶也不大，一人能双手操纵两个木偶，以食指顶着木偶的头部，中指和拇指分别套入木偶人物的左、右两个袖筒代表木偶的双手，这样，木偶的头、手都能活动起来。通过表演者的高超技巧，表现了人物丰富多彩的动作如执物、开扇、换衣、舞剑、打斗、搏杀等，加上整个手臂的运动做出踏步、行走、骑马神态，结合念白、唱腔和锣鼓点子，完成木偶整套演出。

木偶脸谱基本上承袭了越剧的脸谱，有生、旦、净、丑之分，而唱腔却别具一格。它既不像越剧的唱腔那样婉约、清丽，也不似京剧那样悠长、拖沓，而是综合了绍兴大班、宁波走书、二簧、流水清板、乱弹、越剧等唱腔特点，以绍兴大班为主调，以高音板胡伴奏，高亢激越、节奏紧凑，堪比秦腔而有过之无不及。在文化生活极为贫乏的渔农村，闻其声就让人荡气回肠、热血沸腾。

木偶戏的演出分独人、双人和多人几种形式。过去“唱门头”式的演出多为一人，单是一些唱腔而无鼓乐和器乐伴奏，场面显得单调，于是加上锣和钹，由于腾不出双手只能用双脚替代。敲锣的方法有点像现在的“脚踏式翻盖废物桶”，踏一下就能敲一下；而钹子的击打方法是采用一条竹片弯成“U”字形，两片钹子绑在竹片两头，横放后利用竹片的弹性用脚踩，这样，一个人的双手、双脚和嘴都派上用场，演出也便热闹了，这也是木偶戏演出的一个奇观。后来的双人演出则主要是一人拉板胡和打击乐，大大减轻了独人演出的压力。

布袋木偶戏之所以能够流传至今，是因为它广泛的民俗性。在旧时的定海农村，渔业农耕生活环境十分恶劣，海难事件时有发生，求神拜佛许愿是常事，而许愿为神演一台戏也是内容之一，故乡间当时的“小戏文”大多是以“请神”为借口，堂前的小戏文正席上摆上香案、三牲供品、神位，而观众反而只能站在边席看戏。久而久之，由于文化生活贫乏，木偶戏便形成一定的市场，不少人家逢年过节也会叫艺人演上一二天。小戏文陪神福是敬神的组成部分。敬神享先不用乐队，但必须有小戏文，而且有一整套的程序仪式，演出的剧目也是祈福、敬神、送宝、团圆之类的内容。敬神之后，才开场正戏。

舟山布袋木偶戏的第一代宗师朱潭山来自宁波奉化，他在舟山各地演出时，收了 4 个徒弟，朱家尖顺母的阿伟、长涂岛的张庆发、马岙三江的陈宝金、金塘姚家山的姚惠义。后来盐仓螺头的叶星昂和紫微侯家的侯长寿拜金塘姚惠义为师，成为第三代传人的代表。侯惠义于 1941 年投到叶星昂门下，成为第四代传人的代表。

新中国成立前海岛渔民文艺生活枯燥，诸小岛的渔行老板为使渔民安心捕鱼，利用修船补网之际请侯惠义演出。一条扁担撑着一个小型木雕舞台，围布作场，侯惠义坐在布围内操作木偶，所有角色都由他一人演唱，演出剧目大多是渔民群众喜闻乐见的《七侠五义》《薛刚反唐》《罗通扫北》等。淳朴的艺术风格、灵巧的操纵技艺、别致的演绎方式、生动的木偶造型，赢得渔民们的喜爱，整座小岛的人全部集中到沙滩上来一睹木偶的风采。空前热烈的演出效果，激发了侯惠义的演出激情。侯惠义又把舟山木偶戏演到大陆，那时没有汽车，他们肩挑步行，到宁波、绍兴、镇海、余姚、奉化、慈溪等浙东各地做街戏，一条街一条街地演，吸引了越来越多的民众观看。

布袋木偶的表演需要高超的技巧，演员通过指掌操纵造型精美的偶像，栩栩如生地表现出人物的丰富表情。凭借精湛技艺，做出开扇、换衣、舞剑、搏杀、跃窗等高难度动作，令人叫绝。表演中，一个人可以同时演两个木偶，左手一个右手一个。木偶头套在食指上，是表演头部的，另外三个指头是套一只手，大拇指套另外一只手，大拇指同样还要管头部的一些转动。一个小小的舞台，却很巧妙地结合了中国的传统武术、杂技和戏曲艺术。

凭着艺人的一双巧手，以一个不足一平方米的小小舞台和两块围帘营造了一个人物故事情节中异彩纷呈的天地；以几个无生命的木偶巧妙地演绎出中国传统的武术、杂技和戏曲等综合艺术的精深神韵；以一个人的双手指挥了千军万马的场面；以高昂激越的唱腔表达了剧中人物喜、怒、哀、乐所有复杂的内心世界，只有舟山木偶戏才能做到这一切，这也是它之所以能广泛流传的主要原因。

（文：侯飞玲）

舟山定海义页河村

刘家老宅石窗花

刘家大宅位于定海区盐仓街道义页河社区（原共裕村，旧称上菜岙）义页河水库北首，虎山东麓，清时已形成大族门宗，始建于清嘉庆、道光年间，距今约200年，现仍保存完好。

刘家大宅坐北朝南，外围25米见方，为砖瓦结构的单层四合院。屋宇式精美砖雕大台门朝东，梁架穿斗式，与东厢房相接，西厢房开有小台门与大台门相对。院内檐阶与道地全部用平整的方石板铺成。正屋通面阔五间，梁架穿斗式，十柱五檩，用木隔板，地面平铺石板；屋顶硬山顶，覆盖小青瓦。廊檐雕花，廊顶饰回纹格，廊柱牛腿雕刻吉祥图案，屋脊两端递次飞翘，中间置瓦神脊饰。如正屋堂前木板门的山水人物、花鸟虫兽，木门窗镂刻装饰，或夔龙纹，或万字纹，或几何纹，中间书“福禄寿喜”系列，变化万千。而东、北、西三面墙体外的石窗尚保存十三扇，无一重复。石榴纹、仙翁纹、如意纹等等，且每扇窗图纹均不同，雕工精致，古色古香，美轮美奂，给人以古代建筑艺术的享受。

刘家老宅是四檐屋，每一檐外墙壁上都有5扇精美的石窗，因南檐房已经改建楼房，所以，现存的只有三檐墙壁上的十五扇石窗。石窗雕花样之多、雕工之精，堪称盐场街道透雕艺术一宝。这些堪称古民居建筑灵魂和眼睛的石窗雕，展现出古代窗雕艺术匠心独具的内涵和魅力。

首先，刘家石窗很“花”，让人对它的艺术性浮想联翩；其次，刘家石窗很“漏”，又让人对其通风透气采光等的实用性管窥一斑。中国古典建筑往往是审美与实用并具的，石窗即是其中的典范。刘家石窗一律呈长方形，直式。厚4—5厘米，长宽比例为3∶2。它上面的几何纹样和人物、龙凤花鸟等形象采取透雕手法，透雕中又包含浅浮雕和线雕等技法。在透气、采光、通风方面不失木雕的功能，在防火、防盗、防烂、装饰的耐久性等功能方面更具有木雕难以企及的优势。

石窗的石质大致有三种：一是红石板，石质软韧细腻，便于雕刻，但易风化，色泽粉红，非常醒目漂亮；二是灰白色石质，质地较红石坚韧，风化性要好于红石；三是青石，色泽淡青绿，坚韧细腻，抗风化、耐腐蚀，宜于精雕细刻。舟山群岛拥有丰富的花岗岩、大理石、砂岩等石雕原料，拥有岑港的里钓、中钓、外钓，岱山的双合，嵊泗的洋山等著名的石宕口，周边又有以三门、象山等为中心的石材产地，形成了良好的石雕艺术氛围。

石窗的花纹非常别致。比如一种如意寿纹，“寿”字中巧妙地包含金锭、笏和心形如意，其造型可谓别具匠心。笏即古时大臣朝见皇帝时的手板，根据官阶高低，分玉制、象牙制和竹制等不同种类，象征权贵。如意的二个端头呈弯曲回头之状，被人赋予了“回头即如意”的吉祥寓意。头尾呼应，造型美观华丽。到明、清时期，如意从实用品逐渐转向了一种艺术陈设品和装饰品，供人们欣赏娱乐。

几何纹格是石窗中常见的图案，经过变形，衍生出纵横格、欹斜格、回纹格等。图案变化多端，有朴实大方、优美而富于变化的纯几何纹样组成的图案；有形象生动自然纹样组成的图案；有几何形和自然形相结合的图案。动静自然结合，抽象与具体相得益彰，精美中显见妙趣。艺术上采用均衡、调和、虚实、高低、粗细、大小、疏密、对称、呼应、强弱等对比手法。许多具有代表性的图案多以抽象表现，但线条流畅飘逸、节奏感强、布局均衡，艺术风格清新、简洁、精纯、独特，给人以富于理智的完备感和秩序感。

石窗雕饰品中“蝙蝠”是最常见的吉祥元素。双福临门、四面来福、四福临门、五福和合、世世有福等，人们大多以蝙蝠纹样来表达这些吉祥寓意。蝙蝠纹是中国特有的传统祈福文化中的图像特征，“蝠”与“福”的关系是图像与文字的对应关系，所折射的是重生利命的民族心理和趋吉避凶的集体意识。

吉祥图案是吉祥观念在雕刻中的表现，是吉祥观念的物化表现，这也是一种观念的艺术。吉祥图案的首要意义在于它所附载的文化内涵。图案中间的人物由于太小，分不清是谁。但基本可以定位为南极仙翁、弥勒佛或者铁拐李之类的神仙人物。披发狞目、袒胸赤脚、手舞足蹈。如果是南极仙翁，则寓意长寿。“寿”与人的生命长短密切相关，喜生恶死是生物界常见的现象，人也概莫能外，显现着人们对高龄、对长寿的向往，也就意味着对长时间地体味生命之美的肯定。如果是弥勒佛，则是平安，有佛

(福)相伴的寓意，大肚弥勒佛还是解脱烦恼的化身——笑口常开，笑天下可笑之人；大肚能容，容天下难容之事。如果是铁拐李，则手里应该拿着他的法器——葫芦，葫芦内多籽，象征多子多孙，瓜瓞绵绵，代代有福。有“葫芦中岂止存五福”、能炼丹药救济众生之意。

“卍”字也是中国传统纹样之一。原为古代一种符咒，用作附身符，被认为是太阳或者火的象征。“卍”在梵文中的意思是“吉祥之所集”，读作“万”，是佛陀32种大人相之一，也是释迦牟尼胸部所现的瑞相，在公元前三世纪始被用于佛典，有吉祥、万福和万寿之意。“卍”作为符号，被称为吉祥喜旋，“卍”字有左旋和右旋之分，所谓左旋，是指“卍”的折曲向左，所谓右旋，是指“卍”的折曲向右。

如意花瓶藤枝缠绕寓意“万代长寿”，上下两个浮雕如意（未镂空），中间一座瓶花，蕴含着“平安如意”的意思，可谓多种吉祥元素构成了丰厚圆满的图案；麒麟是瑞兽，“麒麟送子”更怀揣着人类的良善寄托。这扇石窗四角还加上了“暗八仙”中的四个元素，即宝剑、玉板、渔鼓和花篮。宝剑是吕洞宾的法器，通“吉”，有“剑现灵光魑魅惊”之意，用来镇邪驱魔；玉板是曹国舅的法器，有“玉板和声万籁清”之意境，仙板神鸣，万籁万声；渔鼓为张果老法器，有“渔鼓频敲有梵音”之意境，能星相卦卜，灵验生命；花篮为蓝采和法器，有“花篮内蓄无凡品”之意境，神果异花，能广通神明。

刘家石窗数量集中、造型生动、构图灵活、刀法娴熟、工艺精湛，古色古香，美轮美奂，给人以古代建筑艺术的享受，堪称舟山民间古宅石窗雕刻艺术之最。

（文：孙和军）

奉化桐照村

奉化桐照农民画

1973年在全国学习陕西户县农民画的风潮中，奉化也掀起了农民画创作的高潮。当时桐照公社桐照渔业大队和桐照农业大队的农民画创作最有名望，涌现了林华球、林雷君、林云强、林亚康、林崇明、陈和昆和林崇成等一批农民画作者以及反映社会生产生活的各类作品。

林华球和林崇成两人是小学同班同学，从小喜欢画画，而且学习成绩优秀，初中毕业后出身渔业大队的林华球从事渔业生产，担任大队会计；出身农业大队的林崇成高中毕业遇上“文化大革命”不能考大学，留在村里当民办教师。

1969年春季，分配到县文化馆工作不久的韩培生老师来桐照体验生活，了解渔村的风情习惯，积累素材。后来姜宝林老师也来了，觉得桐照画画的群众基础不错，就向文化馆领导推荐将桐照作为发展农民画的试点。此后两位科班出身的老师经常来桐照，而且身不离速写本，一边指导学员创作，一边速写，当然姜宝林老师侧重山水，韩培生老师侧重人物。他们经常走街串巷采素材，连村民都认识他俩，晚上住在桐照合作商店旅社，工作地点或在旅社，或在公社会议室，或在渔业大队部。

两位老师还发给每个学员一个大速写本，叮嘱大家空闲时分多写写画画，练习基本功，而且经常抽查。大家也比较自觉，勤学苦练，美术的基本功进步较快。

韩培生老师经常带领学员找有形貌特点的渔民当模特教速写，有赤黑脸膛、膀大腰粗的青年渔民，有饱经风浪、满脸皱纹的老渔民，还有形象典型的渔家妇女。大家围着模特速写，他自己示范着画，叫学员们跟着画，还不时指导纠正。经过一段时间见大家掌握了一定绘画基础，就带队到机帆船的驾驶舱去画装饰画，这些带有农民画气息的作品幅幅色彩鲜艳夺目，生动反映捕捞作业场面，深受渔民欢喜。莼湖公社牌门头大队得知桐照农民画的情况后，邀请学员们去那里画墙头画，这也是学员们首次出村献艺。在韩老师带领下大家干得很卖力，画着画着墨汁没了，韩老师灵机一动找来镬煤掺水后搅拌代替，效果还真不错。

1973 年受强台风侵袭，桐照公社受灾严重。姜宝林老师从县城下来，组织学员们在公社会议室创作《抗台救灾画展》，并上街展出，起到了鼓劲作用，深得公社党委赞扬。当年桐照农渔业两个大队有点隔阂，姜老师布着梯子，带领学员画农渔民团结生产的大幅墙头画，画面显示的是农渔民肩并肩，手挽手，农民手捧稻穗，渔民举着大黄鱼，一派和谐气氛。

经过了多次的磨砺以后，韩姜两位老师开始指导学员们搞创作。在渔业大队的办公室里，发给每人一张刊画纸，要求大家挑选自己最熟悉的能反映时代精神的题材，画出铅笔草图。林华球根据外海捕捞经历画了《大网头》草图，画面是机帆船捕捉黄鱼的收网场面，海面上全是浮起的黄鱼，人可在鱼上行走而不沉，十分震撼。林雷君画了《打新船》，场面是船厂在打造新船，一艘艘船高翘着头即将下水，非常壮观。林云强画了《落海》等。林崇成画的是《公路通海角》，反映当年桐照刚开通公路，地处海边的人们再也不必翻山越岭的情景。画面用俯视角度，近处是开凿的山岭，两边是松林，远处是海边村庄，一辆客车正在蜿蜒的公路上爬行。老师把大家的草图带回县城去评比，不几日林崇成和林华球的草图被定为加工作品，待日后深度加工参加有关美展。

县文化馆在武庙及尚桥党校集中培训农民画学员，都有桐照的学员参加，还在莼湖公社的同山大队、桐照公社的桐渔大队举办“农民画创作学习班”。桐照那一期指导老师仍是韩培生和姜宝林，学员来自全县各地，有溪口公社的周金康，葛岙公社的胡美恩、周国裕，舒家公社的舒武国，鲒埼公社的胡永法，莼湖公社的刘方正，东岙公社的李祚来等，他们都住在桐照合作商店的旅社里。报到当晚姜宝林老师的房间里挤满了渴望求知的学员，姜老师展开随带的笔墨宣纸，一边讲解国画技法，一边即兴画了幅“黄山云松图”，并将此画送给了林崇成。

在老师们的多次下乡指导下，桐照的农民画搞得非常火红，林华球的《海带大丰收》林雷君的《船上龙灯》林崇成的《公路通海角》《黄金滩》等作品都在《宁波大众》《杭州日报》《浙江日报》等报刊刊出，宁波地区文化局的顾生林、杨古城等同志也经常到桐照来调研，浙江美术学院吕洪仁教授等老画家也来桐照采风。于是桐照农民画声誉鹊起，1973 国庆节林华球以桐照农民画组长的身份从杭州坐飞机去北京参观全国美展，这是县团级干部才能享受的待遇，成了村里轰动的新闻。

指导老师的敬业精神和随和的性格给学员们留下了难以忘怀的印象。韩老师了解渔民生活非常深入，连空饭碗不能反扣、船头不能讲晦气话等渔村禁忌都了如指掌。他还去小普陀、悬山岛等地写生，为他日后创作渔民题材的油画积累了丰富的素材。

1974 年 8 月林崇成的画作《海上大学》被省定为参加全国美展的作品，到莫干山进行集中加工。韩老师与他两人合作，在山上足足待了 1 个月，开头几天是白天拼命画画晚上休息，后来慢慢地颠倒了，改为白天睡得烂熟，晚上劲头十足画画。画中每个人物的动作表情都经过精心设计，反复琢磨，甚至以林崇成为模特画到纸上去。两个大男人大热天懒得洗换衣服，搞得整个房间汗臭熏天，加之题材特别，吸引不少同行前来观看。这幅画于国庆节如期在北京展出，并被中国美术馆收藏，成为奉化市最早被国家收藏的美术作品之一。不久此画刊登在《浙江工农兵画报》的封底上，再由浙江美术出版社作为年画印刷发行，最终林崇成得到了 20 张年画，这就是当年的唯一报酬和奖励了。

40 年过去，姜宝林、韩培生已成为画坛大师，而农民画家们早已跳出农民画的窠臼与现代民间绘画结缘，孜孜奋斗，有的成为全国、省、市美协会员，有的从事着与美术相关的产业，有的虽从事其他行业取得成就也与美术有千丝万缕的联系，各自书写着美好的人生。林华球成了地道的渔民画家，创作了大量反映题材和山水的画作，已有相当的知名度，现为浙江省美协会员。

由于工作关系，林崇成慢慢地疏远了美术创作，近十年来致力于散文写作，作为一个海边人将接近消逝的渔文化记录下来，把那一代人的经历记录下来，这是责无旁贷的事情。

（文：林崇成）

磐安石下村

造宅“讨照”请鲁班

石下村位于磐安县百杖潭景区入口处，离诸永高速公路双峰出口处约10分钟车程，四周群山环绕，村前龙溪蜿蜒而过。据记载，石下村最早为河南杜氏族人于明朝末年迁移而至，后历经周、魏、胡、方（河南）四姓繁衍生存，逐渐形成现今魏、胡、方三姓共处的现状。村内民居整体依山而建，传统格局和历史风貌保存较为完整，能较为完整地反映近代农村民居的传统风貌和地方特色。

建房对于石下村的村民来说，是头等大事，因此，从动土到上梁，整个造房子的过程中，都会举行“讨照”“请鲁班”等特定的仪式，这样的习俗从最早河南杜氏族人于明朝末年迁移至此起，便一直沿袭下来，迄今仍在延续，意在求得建房过程中的平安无事与好运。

“讨照”“请鲁班”都需要木匠师傅来主持，是木匠师傅掌握的一门技艺，现在在石下村，掌握这门技艺的木匠师傅还有20多个，年龄从40余岁到80余岁不等。

造宅动土仪式

在石下村，建房子动土这一天，要先看皇历，按择定的吉日破土动工。建房户先请择日子先生择好吉日良辰（择日子要求黄道吉日，必须与主人的生肖相合，凡是与主人生肖相冲的日子再好也不选用)。

按择好的日子、时辰，带一只雄鸡到宅基地上，把鸡杀掉，鸡血淋到宅基周围，然后用锄头在宅基地上掘几下，再在宅基地中间钉上一个笆桩，笆桩的上头缚一撮稻草，以后任何时候动手做就百无禁忌了。

现今有些人更细致了，动工前还备好福礼，诸如点上大红烛，茶叶米、三杯水酒、一盆豆腐、一盆半生不熟的米饭（叫饭分)、一盆杨梅粿之类，另外还有熟鸡一只、熟肉（肋条）一刀，上香后，敬请各路神仙、菩萨降临赐福，祈求上苍保佑平平安安、诸事顺利……礼毕后，烧经卷、放鞭炮，以示兴旺。

木匠师傅“讨照”

石下村的木匠师傅，在开始做木工之前，要先量尺寸，并都有约定俗成的特有的记录方式，一边以说唱的形式为主人送上讨彩的唱腔，一边为主人在木料上标记好尺寸等记号，寓意吉祥平安，确保房屋建筑顺利进行，俗称“讨照”。木匠师傅会在纸上，以平面图的样式，画好整座房子各个木柱的排列方式以及尺寸，一人测量，一人记录。寸与分的数字标识，从1—9，都有差别。

上梁“请鲁班”仪式

“请鲁班先师”简称“请鲁班”，是石下以及周边村的传统习俗。鲁班是我国古代的优秀土木建筑工匠，也是杰出的发明家，2000多年来，一直被土木工匠尊奉为“祖师”。传说，有一天，鲁班见一个木匠在工地正在发愁，鲁班一看就知道是他把栋桁截短了几寸。鲁班就在工场上驻足歇息，交谈间那木匠得知他是鲁班师。快到吃中饭时，主人木匠来叫吃饭，鲁班也被邀就餐。鲁班提早入座，把餐桌上的两盘鱼分开对放，又在鱼口中插入一根筷，让两条鱼各衔筷子一端。木匠一见此状，愁眉顿消，知道鲁班师在启发他，可在栋桁上各安一个木鱼，截错的栋桁既可用上，又很美观。为了感谢鲁班，木匠叫主人在上梁时举行隆重仪式，抛馒头就是仪式内容之一。此后，抛馒头上梁就广为流传。凡是房屋是木头结构，造房屋都要择日上梁。家境普通人家用红纸贴在梁上，放几个鞭炮，以示庆祝；有钱人家则要抛馒头上梁，木匠师傅边抛边念讨彩的颂文，以示大吉大利，乡里乡亲便会聚集到主人家门口，围观抢馒头。

“请鲁班”抛上梁馒头分几个步骤（整个过程由木匠师傅主持，木匠师傅念颂鲁班文疏，组织房屋主人开展上梁仪式）：

抛馒头上梁文疏：

一、主持者手拿三枝香，点燃后念：浙江省磐安县仁川镇石下村，户主某某某造建新房，开锣放炮，伏以日吉时良，天地开昌，手执青香长又长，青香插在金炉上，香烟缈缈透天堂：一枝青香敬天皇；二枝青香敬地皇，地皇地上造楼房；三枝青香敬鲁班，鲁班先师到中堂，接鲁班先师来下降（锣声三响）。

二、敬酒：此酒是非凡之酒，神农皇制造的红缸陈酒。此酒什么用？今日主家建造高楼大厦，鲁班先师徒子徒孙敬酒用。一杯喜酒敬天皇，天上伏祖仙喜洋洋；二杯喜酒敬地皇，浙江本是鳌鱼地，鳌鱼头是造龙房；三杯喜酒敬鲁班；四杯喜酒敬了一根万年紫荆梁。鲁班师出在何处？出在处州府青田县九曲街里黑漆台门里，鲁班师父师娘就在这里度时光。

三、请柱头：喜洋洋，喜洋洋，主人家寻得一个好住场，住在青龙地，西朝凤凰山，左有龙身手，右有伏虎山，当中造起雕楼画栋大楼房。东厢楼上做书房，个个都是书厢子，世代儿孙中状元；西厢楼上做花房，绣花姑娘绣龙龙献水，绣凤凤朝阳；东厢楼下做钱房，金银财宝按序排，金银库柜柜柜满；西厢楼下做田房，千秤万仓仓仓满。富贵双全皆荣华。造楼房木头出在何处？此木头出在昆仑山，何人看见，小将军游山玩水看见。何人所砍，洪君老祖所砍。何人所抬，十八罗汉所抬。弯弯曲曲，曲曲弯弯，一抬抬到鲁班师父大作场。鲁班师父叫起三十六个徒弟、七十二个徒孙。师父拿来金银墨斗金银尺，八尺杆，大头量到小头，一尺也不短；小头量到大头，一尺也不长。大段打下做大梁，二段打下做工梁，三段打下一根万年紫荆梁（梢头梢脑什么用？）梢头梢脑做梁献。大榔头做起七寸七分长，小榔头做起五寸五分长。（大榔头什么用？）大榔头献给鲁班师父徒子徒孙竖柱用。（小榔头什么用？）小榔头献挂在梁凤牵上，代代子孙旺。手拿榔头打到东，代代儿孙在朝中；二下榔头打到西，代代儿孙穿朝衣；榔头三下大富大贵享荣华。竖柱喜逢黄道日，上梁巧遇紫微星。高悬一对绢线索，东边打起龙凤结，西边打起狮子滚仙球，请出东家娘娘托上一根万年紫荆梁，一阵风来一阵香。鲁班先师手托金盆出华堂，前步不如后步高，步步高来采仙桃。（麦子麦子出在何处？）出在西天佛祖家里，（为何到此中？）唐僧西天取经带下来的。（何人转种？）赵云亲手耕种。（何人收晒？）张三娘收晒。（何人按磨？）李三娘按磨。（馒头何人做？）东厨司命所做。（何人出抛？）鲁班师父出抛。

四、抛馒头：一对馒头一点红，大小馒头抛到东，抛到东家主人翁，主人家要丁要财，赐你丁财两旺；二对馒头二点红，大小馒头抛到西，抛到东家主人翁，主人要福要寿，赐你福寿双全；三对馒头三点红，大小馒头抛到东家主人翁，主人家要富要贵，赐你荣华富贵万万年，万万年！

如今，新农村建设如火如荼，人们的生活水平得到提高，原先乡村里随处可见的木结构房子，逐渐被钢筋混凝土的房子所替代，但上梁仪式依旧被保存下来，即在水泥结构的房子上，象征性地挂上一根木梁，办一场仪式，图的是喜庆和吉祥，这是对鲁班先师的尊敬以及千年鲁班文化的传承与弘扬，也表达出村人对美好幸福生活的祈愿，传递出乡土的淳朴和浓郁的人情味。

（文：陈臻祯　杨适时　付中平）

诸暨十里坪村

乱弹唱响十里坪

十里坪村位于诸暨市东和乡西北部，包括卓溪、朱村两个自然村。让这个小村子闻名遐迩的，是它的另一个身份：诸暨西路乱弹的展示性传承基地。自从六年前重建了十里坪西路乱弹剧团，中断演出 50 年的古老地方戏种重新焕发了生机。

诸暨西路乱弹已有 300 多年的历史。明末，诸暨一带盛行昆腔，同时流传的还有弋阳腔、余姚腔、高腔等。清初，“西秦腔”传入诸暨，与其他腔系混合演出中，诞生了音乐高亢激昂，唱腔抒情悠扬，与诸暨人南人北相的铿锵性格十分合拍的诸暨西路乱弹。由于演出不受场地限制，具有浓郁的农民思想感情，深受诸暨及周边县市百姓的欢迎。戏班发展到 80 多个，可谓鼎盛一时。

东和乡十里坪的西路乱弹剧团就在那时诞生。东和乡卓溪、朱村一带民间戏曲活动十分活跃，自清同治光绪年间开始，卓溪就已有半职业戏班，并且已有以演戏为生的专业演员。当时卓溪村有个叫卓泰来的艺人，工小生，扮相英俊，身段漂亮，嗓子高亢，武功扎实。饰演《罗成陷车》里的罗成，跌扑翻腾，矫健敏捷，成为当时一绝，在嵊县、绍兴一带都很有名气。以至在民间至今还流传着他的两个故事：

他的出道就很有点传奇味道。据说他从小喜欢演戏，常跟在戏班后面学戏，但由于当时做戏子的人受到社会歧视，戏子不能读书，不能进家谱。他的父母坚决反对他做艺人，母亲甚至对他说：“你去做戏子我就寻死！”于是他只能背着父母偷偷地学，因为天赋过人，不长时间竟成为一个有名的小生，他的父母却还蒙在鼓里。有一天在隔壁村子演出，母亲去看戏，嘱他在家守着，不准出门。母亲回来，发现儿子真还坐在家中，还问母亲戏文演得好不好。母亲十分兴奋，说从没有看过这样好的戏，对演罗成的小生更是赞不绝口。泰来见母亲这么开心，就说出了自己就是戏台上罗成扮演者的实情，并表演了几个经典动作。母亲看到儿子如此执着且成效显著，也只好顺其自然，终于同意他去做戏了，从此卓泰来正式成了一位挂牌小生，声名日隆。

他的结局也很有戏剧性：有一年嵊县某地因仰慕他的名声点了他的三本戏，挂牌全部由他主演，然而前两本戏他本人没有到场，只是最后一台戏他才自己来演《罗成陷车》。当地人对他如此“耍大牌”而不讲信誉的行为十分不满，决定要在演出结束后给他一点教训，轻则让他破相，重则要了他的性命。这事被一个弹花师傅知道了。弹花师傅曾经在诸暨东和一带待过，对卓泰来印象很好，不忍心一代名伶遭人暗算，就派儿子去通知泰来，让他演出后不要卸装，以弹棉花的弹弓声为信号，从台后直接溜到弹花的地方，然后帮他化装成一个木匠，卓泰来拿着一把锯子和一个推刨，从嵊县一口气逃回家里。这件事对他打击很大，发誓从此不再从艺。而这把锯子作为他的救命符在他家族代代相传。村里人说直到“文革”以后，还有人见到过他家供奉着这把锯子。

卓泰来退出乱弹班以后，比较有名的演员有“大脚老生”传友兄弟，大花脸王福校等。传说王福校在《长坂坡》中演曹操，声如洪钟，很远的地方都能听到他唱戏的声音，他的嗓子与绍兴大班的著名演员陈鹤皋都有得一拼呢。还有一个荣中老生，在《龙虎斗》中饰演呼延寿定。其中“托梦”一场有一段独唱比较长，他唱得激昂高亢、声情并茂、走板如行云流水。群众听了莫不拍手叫好，正可谓余音绕梁三日不绝。这一段唱腔在行内俗称“十八句头”，“十八句头”就成了荣中老生的别号。

新中国成立后，十里坪诸暨西路乱弹剧团有名的演员有卓章根、卓贵桥、卓学范、卓和权等。其中卓和权唱做俱佳。他演的传统名剧《斩经堂》和当年卓泰来演的《罗成陷车》一样，成为名扬四方深受群众喜爱的经典剧目。可惜他英年早逝，下葬时，他用过的戏本成了他的随葬品。老生卓贵桥，拿手好戏是《白虎关》中的薛仁贵和《下河东》中的赵匡胤。卓学范更绝，他能一个人同时演两个角色。他演《龙门阵》中的薛仁贵时，同一角色在不同的剧目中由不同的行当扮演，风格不同，他演得清清楚楚，一点都不会串乱，深受观众热捧，十几年不衰。有句流传的话叫：“乱弹班，搭台班，男人不出坂，内客不烧饭。”生动形容了它在群众中的巨大影响。

据说，十里坪村有80%的人会唱乱弹，俗话说锣鼓一响，脚底发痒，晒场一站，生旦净丑齐全。现在，村里十分重视诸暨西路乱弹的传承和发扬，还把宗氏祠堂改成文化礼堂，建成西路乱弹展示馆。

西路乱弹能绝处逢生，有政府的支持，也有艺人们的坚持。就说阿林和阿红吧。他们在 50 多年前一起进的乱弹班，乱弹把他们两个人“弹”在了一起，在地方戏曲被禁演的 50 来年中，他们冒着被批斗的危险，精心保存了一箱子的乱弹剧本和曲牌。冬天下雪的日子，两人就生个火炉，煮一壶浓茶，打开宝贝箱子读剧本，对台词，哼曲牌……这些事，在当时要避开众人耳目，否则会有麻烦的，但他们仍然在一起“偷着乐”。五十多年前，阿林是剧团副团长，阿红是头牌花旦。今天，他们虽然年近古稀，仍然是十里坪西路乱弹剧团的演出骨干。他们费尽心思保护下来的宝贵资料，在这次西路乱弹的传承开发中发挥了巨大的作用。

现在，十里坪村已被列入“传统戏剧特色村”，诸暨西路乱弹，已经成功列入国家级非遗项目，成为诸暨著名的文化品牌。最近，有关部门正在小学生中举办戏曲培训班，以吸引、培养更多的青少年热爱西路乱弹，让西路乱弹这一文化遗产能薪火相传。

（文：陈冬梅）

景宁季庄村

畲乡季庄唱花鼓

季庄村位于景宁畲族自治县城西南35公里处。清同治年间由季氏开基，故名“季庄”，村中现有刘、雷、蓝、何、夏、朱等姓聚居。季庄行政村由季庄、古楼、水塔三个自然村组成。建村150多年来，季庄村民代代繁衍，留下了不少古建筑，据统计，村中现有古民宅11幢、古道2条、古寺庙1座。古民宅中，又以村头村尾两座宅子最为有名，为解放前村中的两户财主刘昌年、刘元丰所建。

季庄依山而建，层层叠叠的梯田将村落环绕在中心，站在远处看去，但见整片村庄犹如一只蜘蛛稳坐在蛛网中，田园风光、美不胜收。进入村庄，但见村中古树参天、屋舍俨然。行走在古树古屋之间，不时有历史的遗迹跃入眼帘。

这个古色古香的村落，在沙湾、梧桐一带，尤以花鼓戏而为人熟知、称道。花鼓戏起源于安徽凤阳县，清朝时期传入景宁后，经花鼓艺人的加工、传承，逐渐形成了本土特色。20世纪七八十年代，花鼓戏曾在景宁县农村盛行一时，仅梧桐、沙湾一带，就有梧桐村、角儿湾、高演、七里、季庄、坑头、古楼、乌庄、黄山头等十余个花鼓戏班。在诸多花鼓戏班中，季庄花鼓戏班尤其以剧目全、演出精彩而深受周边群众的欢迎。

在季庄花鼓艺人的口中，季庄花鼓早在解放前就已经存在了，最早将花鼓戏带到村里的是一个叫“秀吉”的艺人。

据说，秀吉是唱正旦（景宁民间称为“花鼓囡”）的花鼓艺人，他的拿手好戏是《大花鼓》。他到季庄后，教授了季庄第一批花鼓艺人，因这一批艺人主要活跃于土地改革时期，所以村里的花鼓艺人们都把这批艺人称为“土改班”。“土改班”的演出奠定了季庄花鼓戏的基础，班中最有名的花鼓艺人叫何地田（一说为何弟田）。何地田是正旦演员，一出《凤阳婆》演得出神入化。

过去季庄花鼓戏艺人，都是清一色的男子。有演旦角演得好的，往往会被演出地的村民拉家去住。本地传说，住花鼓戏旦角的人家，养的猪特别容易长大。相传，有一回，何地田刚演完这出戏，边上就冲过来了个女眷，拉着他非要一块住。

土改班以后，季庄花鼓戏又传了一班，这一班艺人活跃在“文化大革命”前后，因此被称为“文革班”。新中国成立前出生的季庄花鼓艺人杨必忠是“文革班”老艺人，他见证了季庄花鼓戏的兴衰沉浮。

20 世纪 60 年代左右，季庄村隔壁的张庄村有一户人家，兄弟四人都已娶亲，但妯娌却久无生育。有一次，受那户人家所邀，杨必忠等花鼓艺人来到他们家中，为他们演了一出《云头送子》。《云头送子》是花鼓戏的经典剧目。该剧讲述了七仙女与董永被王母娘娘分开后，七仙女在天上产下孩子，而董永则考中了状元。就在游街之时，七仙女抱着孩子站在云头，将孩子送给了董永。季庄花鼓班选择这出戏，是想为这户人家讨个彩头，祝愿他们早日得子。无巧不成书，《云头送子》演出后不久，妯娌四人都先后怀上了孩子。这件奇事一传十、十传百，很快就在各村传开了。从此，季庄花鼓戏名声大振。

季庄花鼓的名声传出去以后，邀请季庄花鼓班去演出的村子就多了起来。有节庆演出的，有婚庆演出的，还有祝寿演出的。季庄花鼓班一边在各村演出，一边不断揣摩戏剧里的人物，技艺愈发精湛，经常获得满堂彩。有一年，沙湾镇钿坪村有一个老人在做寿的时候，特意邀请了他们。祝寿那天，老人在厅堂的长桌上用红纸包了一排银元，意思是只要他们演得好，就可以得到这些奖赏。

杨必忠和他的伙伴们看这架势，稍稍商量了一下，便决定为老人演出花鼓戏《赵颜求寿》。这出戏讲述的是命中注定无法活过 19 岁的少年赵颜，历经艰难险阻，到南山为自己求寿，最终感动了仙翁，为他加了寿命的故事。这个故事，因其寓意神仙赐福、寿比南山而受到了老人的赞赏。出于对老人的敬重，演出成功后，季庄花鼓班谢绝了那部分赏钱。季庄花鼓班重义轻利的高风亮节，也因此获得了当地村民的交口称赞。

“文化大革命”开始后，季庄花鼓戏受到了很大影响，一度被迫停止了演出。“文化大革命”结束后，季庄花鼓戏才重新恢复演出。20 世纪七八十年代，“文革班”的演员们都进入了盛年，又逢着拨乱反正、改革开放，一时间人心快慰，季庄花鼓戏也进入了鼎盛时期。

进入 20 世纪 90 年代后，因受到农民大量外出的影响，季庄花鼓戏出现了一个低潮。但季庄花鼓艺人们从未放弃过努力。他们打破了季庄花鼓戏传男不传女的传统，收起了女弟子，又组建了团队参加文化项目答辩会。村委会主任刘希清是季庄花鼓戏传人之一。为了让花鼓戏演出有更多的资料参考，他将季庄艺人演出的视频刻录成了光盘，又将流传于季庄的花鼓戏剧目整理成书。

昆曲传字辈艺人周传瑛在《昆剧生涯六十年》里说："戏曲不是少数人的事业，昆曲的生命必须系于舞台和群众之中。"昆曲如此，花鼓戏也是如此。季庄花鼓戏是群众的、草根的艺术，是古老的艺术，也是当下的、未来的艺术。走在季庄的巷道里，那些斑驳的老墙根、墨刷的大字标语，仿佛是一道道半开半闭合着的门，门里，隐隐约约传来花鼓戏的锣鼓声、唢呐声……时光如同回到了过去，在压抑了十年之后，季庄花鼓艺人们得以重返舞台，踏着熟悉的步子，把积攒在心底里的声音，一句句唱了出来。

（文：高上兴）

金华婺城山道村

山道山歌唱到今

安地镇山道村离市区有31公里，与箬阳乡交界。沿着山路往里走，只见这里风光秀美，树木郁郁葱葱，流水潺潺，一片绿色，村前一棵古樟，已有300年之久，村中间是一座约15米长的石墩桥，把村居分为两半。村子依山而建，房子泥墙黑瓦鳞次栉比，一直叠到山腰，蔚为壮观。

据村支书吴祝崇介绍，山道村有村民186户，共483人。200多年前，该村吴姓先祖从福建省上杭县古田镇来金华开染坊，后到这个山谷种靛青等染布材料，看到这里山水很美，就住了下来，繁衍至今。据了解，村民对外说的是金华本地方言，对内说的却是闽西客家方言，村民称之为“福建话”。

如今村里人多姓吴，占到总人数的70%。其他还有张姓等几姓。村民吴秋桂还保存着两本1928年所修的龙溪吴氏宗谱，他回忆说，“文化大革命”初期，一天傍晚时分村里正在烧宗谱，他趁人不备，就从火中抢了两本出来，小心翼翼地藏在家中，成为该村唯一保存下来的两本宗谱。据宗谱记载，山道村原名为三道，又叫麻铺。另据村民回忆，20世纪50年代后期三道村改名为山道村。在村中，你若站在桥头看，但见一些旧宅，坐落在高高低低的山上，大多是上世纪五六十年代所建的泥土瓦房，新房子不多。

据村中老人回忆，1942年，浙赣战役后，日军迂回由武义县绕行山路进入金华南山段，并对沿途村落实行烧光、杀光、抢光“三光”政策，山道村便是受害最惨重的村落之一。当时日本兵侵入时，村民们纷纷仓皇逃往山林避难，眼睁睁地看着美好家园毁于火海。待到日本兵撤离，全村百姓下山救火后，也只留住了吴氏祠堂残破的身躯。这也就是村中无一处清代建筑的原因。

自从吴氏先祖迁居到此后，便把山歌带到了山道。从此，古老的山歌也被一代代人传唱。村民天天唱山歌，为终日劳作解乏，更在代代传唱间领悟祖辈教导。“杏花开来是春分，孝顺男女做双亲还生孝顺儿……”“妻不可嫌夫贫，夫不可嫌妻丑……”村里人都爱听也爱唱山歌，总习惯边走边哼哼，山歌代代相传，先祖留予后人的精神道德标准也被很好地传承。

吴氏先祖定居山道村后，便重拾老家的旧业，培育山中野茶，制成流传于今的“野山茶”，村民邓作妹告诉作者，你若自二月初起每隔数日便去及时采摘山茶，便可一直采到十月，若是偷懒，茶树便会很快枯老，一年内再不能制出精品细茶。采茶时，邓作妹还会时不时地哼上几句山歌，一来解乏，二来是“歌词讲得好”。因此，这山歌是祖先留予后人最大的精神道德财富。

今年82岁高龄的吴梅芝老人，是该村山歌传唱者中年纪最长的一位。老人年事已高再加上不识字，据她说，自己的山歌都是从上一辈人那里听来的，口口相传，耳濡目染。据老人回忆，大概在40年前，她曾到雅畈参加过山歌比赛，由于当时物质匮乏，所以赛后拿到的奖品就是一面小镜子。“一餐吃得三斤米，三餐吃得九斤多咯，哪有功夫唱山歌哦……”说话间，老人高兴地唱了起来。听着听着，不禁产生了一个疑问：在物质匮乏的年代，哪来这么多的粮食？后来老人告诉我们，这是为了突出山民干活卖力，体格好，饭量大。

今年67岁的吴祝根，是一位热爱民间文化的有心人，他从20岁开始通过口口相传、口述笔录等方式搜集山歌，四十多年来从未间断，可至今经他完整记录下来的山歌仅有20多首，足见其中的艰辛。由于条件有限，吴祝根搜集整理成册的山歌歌本都是白纸黑字的手抄本，这项工作必须要由当时的“文化人”来完成。人们问他：“是什么原因让你坚持把这件事做到现在，而且还要继续下去？”吴祝根回答：“年轻的时候只是一种兴趣喜好，现在我感觉喜欢而且会唱山歌的人越来越少了，特别是年轻人觉得这个很老土，所以我不希望山歌在我们这一辈失传。”

山歌一般都是对朴实劳动生活的反映，摘茶叶的时候唱《采茶歌》，婚嫁的时候则唱《上轿歌》。如《采茶歌》中的歌词：“正月采茶是新年，头上金钗见茶园，见了茶园十二亩，东宫小姐面交钱；二月采茶茶生芽，姐妹双双去采茶，姐采多来妹采少，不论多少采回家；三月采茶茶叶青，姐在房中织手巾，两边织起茶叶树，中间织起采茶郎；四月采茶茶叶长，郎在田中饲牛忙，采得茶来秧又长，种得田来麦又黄；五月采茶茶叶浓，茶头树上生茶虫，多卖金钱谢土地，山神土地保平安；六月采茶热难当，多栽桑树少栽柳，多栽桑树无处用，多栽柳树好乘凉；七月采茶茶叶疏，姐在房中唱江西，两边织起龙狮子，中间织起百鸟飞；八月采茶茶花开，风吹茶花满园香，大姐回来问二姐，新茶抵过老茶香；九月采茶是重阳，重阳米酒曲花黄，男人光棍重阳酒，老人光棍曲花黄；十月采茶是立冬，十担茶篮九担空，十担茶篮挂在高楼上，明年三月再相逢；十一月采茶雪子飞，雪花飞飞送郎衣，左手拿起清凉伞，右手拿起我郎衣；十二月采茶又一年，上家下家付茶钱，问你茶钱拿给我，让我夫妻好过年。”这是吴祝根所搜集整理记录下的《采茶歌》的完整篇幅。

歌中通过对一年中自然变化的描写，反映出茶树生长的动态过程，同时通过对茶农的动作、心理描写，生动反映出劳动人民的日常生产生活状态。

《上轿歌》和《采茶歌》一样，虽然前者讲的是男女婚恋，后者讲的是茶农的劳作，但两者当中都存在朴素的爱情。

“前两年我们代表安地镇去琅琊参加山歌比赛，得了一个‘最佳风采奖’，另外还有每人一床被子；去年我们又代表安地镇在乾西湖头唱山歌，区、镇两级共奖励我们每人 150 元钱，不过只要上了台，这些都不重要，重要的是能把我们这里的山歌介绍出去，这是最高兴的。”吴祝根说道。

现在唱山歌的人很少了，从 82 岁吴梅芝的话语中，我们听出了老人对于山歌传承的担忧。

庆幸的是，在吴祝根、邓作妹等老一辈的影响和带动下，山道村的年轻人开始愿意了解、学唱山歌。在婺城区第二届民俗文化艺术节的各乡镇民俗文化表演专场的山歌表演中，就出现了山道村年轻姑娘的身影，其中的一位正是邓作妹的儿媳。

（文：章一平）

庆元月山村

月山村民办春晚

举水乡月山村位于庆元县城东南 57 公里，历史上又名金乡、东庄、举溪、举水，海拔 820 米，是举水乡政府的所在地。月山村后有一片毛竹林，形如半月，月山古村也如半月依傍着竹林，村前举溪奔流环绕，形成了山环水抱的一轮圆月。“半月烟居半月山，松篁荫翳抱东环。”这便是月山村名的由来。

月山建村于 1004 年，发祥于宋代，鼎盛于明末清初，古时曾是周边县市闻名的商贾重镇，自然景观和人文景观非常丰富，有月山晚翠等“举溪八景”，同时也是名闻天下的廊桥之乡。历史上曾建廊桥十座，有“二里十桥”之说。

改革开放以来，中国的乡村社会发生了深刻的变化，“月山春晚”就是这个过程的一个缩影，自 1981 年首届举办以来，至今已连续 37 年未间断，比央视春晚还早两年，是中国历史最悠久的民间春节晚会，被誉为中国传统草根民间文化的典范，现已成为庆元对外宣传的一张金名片。

月山春晚开始于 1981 年。这年春节，几位平时爱好文艺的村民，聚在吴绍利家，敲起锣鼓，拉响弦琴，唱起民歌，酝酿了一台简单的文艺节目，大家用歌声、锣鼓声抒发着被解除思想禁锢，渴望美好生活的心情……这就是最初的月山春晚。月山春晚从此诞生，并一直坚持下来。此后数十年，春晚场地不断变化，从最初的村民家中到公路边、操场上、会堂里，直至县城的舞台，月山人始终热情不减，每年春节都坚持这种自娱自乐的形式。

2005 年，坚持了 20 多年的月山春晚受到媒体关注，当时的《钱江晚报》以三个整版的篇幅倾力报道月山春晚，以“中国式过年之文化样本”向世人撩开了月山春晚的神秘面纱，由此引发媒体和社会对月山春晚的强烈关注。2007 年，月山春晚入选浙江省高中语文课本必修课程。2008 年，月山村列入浙江省文化建设示范点。2009 年，月山春晚走进了中央电视台的《新闻联播》。2010 年，《浙江在线》等国内二十余家网络媒体对月山春晚进行了现场直播。直至 2015 年，越来越受社会各界热捧，许多外地游客闻名而来，到月山过中国式大年，尝月山特色美食，赏月山最山寨的春晚。

盛名之下的月山春晚，给月山带来了机遇。慕名而来的客人一年比一年多，于是月山人的春晚从一场增加到了两场。腊月小年专为外地客人演一场。那天的月山热闹非凡，贴对联、挂灯笼、杀年猪、打黄粿、做麻糍、烙社饼、蒸年糕、炸粿片，家家户户开门迎客。热情的月山人在逢源街上开起百家宴，用最隆重的方式招待远方来客。这一天，游月山、尝美食、吃年饭、看春晚，年味就在客人们的笑脸中绽放开来。而大年初一晚上的那一场表演，才是月山人真正意义上的属于他们自己的春晚。

吴绍利不会想到，由他拉响第一声弦音的月山春晚，不但在县城的舞台闪放异彩，而且三十年后竟然会走向省城、中央电视台《新闻联播》，成为中国最牛的山寨春晚，如星星之火，燃起国人对中国式过年强烈的认同感和追捧热情，点燃了“乡村春晚”这一民间文化的火把，烙下了不可磨灭的新时代乡村文化的印记。

说到月山春晚，还必须提到一个团队，那就是“月山芽儿”。如果说吴绍利等村民是月山春晚的播种者，那么“月山芽儿”就是月山春晚的推广者和传播者。“月山芽儿”是月山村年轻一代的合称，这些年轻人平时在外求学、创业、经商，每年腊月就如候鸟般陆续飞回月山。他们对月山的情感浓厚而炽热，他们接过祖辈的接力棒，融进他们的聪明和热情，在传承月山文化的同时，将山外的先进理念和前沿思想带回山里，把传统的月山文化、原汁原味的生态农业与乡村旅游完美地结合在一起，用赤子之心把月山春晚燃得更旺，成为新世纪月山春晚组织推广的核心力量。“无论未来的路上还有多少磨砺与考验，都会有一种坚持坚守在心间，因为我们双手托起的是一个村落的风雨千年，再苦的感觉也会变甜!”这是“月山芽儿”的文化宣言。

执着与热情是有感染力的。从吴绍利穿透月山的第一缕乐音开始，月山人就种下了精神的种子，燃起了表演的热情。从呀呀幼儿到耄耋老人，几乎每一个月山人都有着强烈的表演欲和舞台感，他们有渗进骨子里的对文艺的热爱和对家乡的自豪感。越南媳妇黄翠妙冲破语言、文字、习俗的阻碍，迅速融入月山这个集体，从去年的越语歌曲到今年充满中国韵味的茶艺表演，她的身上很快贴上了月山的标签。当稚嫩的5岁芽儿大方跳舞的时候，当99岁的爷爷在台上用土话唱响《东方红》的时候，当15位70—99岁高龄的老人穿着最乡土的服装在台上高歌《歌唱祖国》的时候，台下雷鸣般的掌声就是对月山人最好的赞美。月山人确实是可以自豪的，他们以春晚为舞台，凝聚起了一个村庄的力量。这种力量无坚不摧。

月山春晚与城里的晚会最大的区别就是浓重的乡土气息。聪明的月山人从田间地头的劳作中、从衣食住行的日常生活中汲取灵感，将日常琐事、农事技能编排成戏。每年春晚，月山人就地取材，去山上砍根毛竹、到菇棚挑担菌棒、在田里扎把稻草、从菜地摘些蔬菜，再穿上棕衣、戴上斗笠、挑来扁担、别把柴刀、扛起锄头，再糅进他们的情感和聪慧，就把日常的生产生活场景搬上了舞台。《农活秀》就是其中典型的代表，这个节目自从在省城的舞台上惊艳亮相，就成了每年月山春晚的压轴戏。和最初相比，这个节目不再是单纯表现祖辈脸朝黄土背朝天的农耕生活，而是在新时代里被赋予了更多新的内容。父辈们繁重的农活里多了吹拉弹唱的欢乐，孩子们五彩斑斓的衣绣更是新时代新农村新生活唱响的欢乐音符！无疑，这种最接地气的节目才是月山春晚绵延不息的基础，这些充满原生态的表演才是乡村春晚最大的亮点，才是城里人在弯弯山路颠簸不疲的精神动力。

月山春晚跨越了时间的界限，在几十年间，不断传承和创新，从陋室移到操场，从操场转向桥头，从田野唱上会堂，从山里演到山外，从几个孤单年轻身影到全村参与，从默默无闻到享誉全国，月山春晚如冬天里的一把火点燃了月山人的梦想与激情，如春天里的一缕风拂开了月山人的笑脸和希望。从1981年到2015年，月山人用35年时间演绎，将月山春晚打造成了一个响亮的乡村文化品牌。月山春晚正成为月山的坐标，不断地凝聚着月山人的智慧和力量，在传承与创新中和着时代的节拍前进。

（文：张维芬）

景宁吴布村

吴布村畲民乡俗

沿千峡湖顺流而下，经梅坑，向南崎岖折入大山，海拔 100 余米至 500 余米。一条小溪蜿蜒潺潺，如流动的碧玉。小溪两岸之缓坡凹地，星罗棋布 11 个自然村，统称吴布行政村。

环视村落，群山层层，梯田叠叠，炊烟袅袅，仿佛置身世外。全村人口 200 余户 800 余人，其中畲族约占 50%，为全县各乡镇比例之最。其中吴布村系最大村，居民均为畲族。吴布村至今依然较完整地保留着许多原生态的畲族生活习俗及传统的劳作模式，有“生活着的畲族民俗馆”之美誉。

服饰：徜徉村中，亦可见少数老人依然身着旧式畲族服饰，主要为头饰和花边衫。虽旧时有花鞋，现已不多见。《景宁县志》载：“……妇女冬夏以花布裹头，中为竹冠，缀以石珠，未嫁者否。”冠状如凤头，俗称“凤冠”。一般在结婚时或节日或做客时戴。平时则裹以蓝布方巾或毛巾。畲族男女所穿花边衫样式有别。花边，畲语称“兰观”，花边衣畲语称“兰观衫”。男为青色大襟长衫，开襟处镶有月白色或红色花边，下摆开衩处绣有云头。女则为大襟衫，长过膝，领、袖、襟均镶花边。布色以青、蓝为主。

茶俗“人客落寮便泡茶”，意为客人进家即沏茶接待。至今吴布畲民还保留“三碗茶”习俗。所谓“三碗茶”，即主家端茶敬茶后，客人不能搁着不喝，或只喝一碗，畲族戏称“喝一碗是无情茶”，故一般要喝两碗。若主人再冲第三次，可不喝，有“一碗苦，二碗补，三碗洗洗肚”之俗语。吴布村茶叶多采自田坎路边的老茶树，采摘时间在清明后谷雨前，且纯手工制作，味道醇厚，虽第三碗，依然有原味。

彩带：村中年长畲民女性通常腰间系一围兜，俗称“拦腰”，系带即由经纬线手工编织，宽长根据使用者腰围而定，名“彩带”。村里 80 多岁畲族老妪雷一彩，是织彩带能手，系省级非遗传人。织彩带是畲族妇女从小必学手艺，或家庭传教或邻亲帮教。彩带用途甚广，既可当裤带、腰带、拦腰带、刀鞘带等实用品，更因技艺精致、材料精良而成为人们喜爱的珍藏品。

山歌：畲民喜唱山歌。据76岁雷玉隆老人介绍，早时村里男女老少人人皆会，现仅剩年老者会唱了。两年前已故98岁雷丑娘，能唱过百首，堪称“畲歌王”。无论是婚嫁喜庆、逢年过节、劳动空闲，还是招待客人、谈情说爱均可以歌代言，甚至丧葬悲哀时也以歌代哭。畲族民歌一般以四行、七言体韵文为一首，讲究押韵，第三句末字须仄声。形式有独唱、对唱、齐唱，种类有叙事歌、风俗歌、劳动歌、时令歌、小说歌、革命歌、儿歌、杂歌等。

乌饭：畲族传统节日“三月三”也称“乌饭节”，至今吴布村畲民仍有制作“乌饭”。此习俗源自唐代：传说先人雷万兴率众抗击官军，被困山中，粮断援绝，于是率畲民山中觅食，摘食乌稔果充饥，终于军威大振，冲出重围取得胜利。此日正值农历三月三，后人以示纪念，便以乌稔叶汁浸泡糯米，蒸煮乌饭。乌饭颜色乌黑，气香可口，成为待客之佳品。

红酒：吴布村畲民几乎家家户户都酿糯米酒，因用红曲发酵，酒呈红色，故俗称“红酒”。酿制工艺简单，口味香甜醇美，乙醇含量极少，因此深受喜爱。通常一年酿三次，分别叫插田酒、割稻酒和过年酒。插田、割稻乃农忙时节，需请村人帮忙，款待数日，豪放大饮；畲民逢年过节或招待宾客，必用此酒。酒过滤后剩下的渣叫“酒糟”，或蒸制成白酒，加盐混合长期贮藏，作煮汤、烧鱼烧肉佐料，味道极佳。

拔伤：畲民为非正常死者而举行的一种祭祀仪式。一般在死者墓葬后举行，少数也有在出丧前举行。经过拔伤，表示死者在阴间将不再重遭各种“伤门”的伤害，其子孙后代也会太平无事。整个仪式由一个法师主持，需三小时左右。法师时而手捧经书诵读，时而手持龙角灵刀舞蹈。场地可堂中可露天。据70多岁非遗传人雷玉良介绍，今畲民崇尚无神论，生活中已无人举办此仪式，但作为表演节目依然保留。

炼火：每年三月三节庆活动期间，或者外地艺术家莅临采风，操练红火是一个保留节目。吴布60多岁的非遗传人雷一丰等人组织的民间艺术团队堪称代表。旧时操练红火一般在寺院开光或者新屋落成时举行，需经请祖师、造五方寨、借天兵、练火兵等21个环节，寓意祈保村寨安宁、人寿年丰、百业荣昌。畲汉均有此俗。至今删繁就简，只保留“上刀山”

“踩炭火”两个环节。上刀山即表演者赤足踩在扎满锋利刀子的二脚梯登高爬行；“踩炭火”即数个表演者在炭火熊熊的火焰上来回跳跃行走。二环节场面惊险，极具观赏性。

传师学师、做功德：传师学师即畲民“成人礼”，规定只有16岁以上的男丁才独享此殊荣，是一种道教性质的原始宗教。举办时中堂设“神坛”，法师“传法”，整个过程环环相扣，几天几夜，载歌载舞。保佑“学法”者生不受人欺侮，死后受阎王优待。畲族长篇史诗《高皇歌》记载：“香绕炉内烟浓浓，老君台上请仙宫。奉请师爷来教度，灵感法门传子孙。”做功德则是畲民成年人死后，家属为“超度亡灵”而举行的祭祀仪式，也称“做阴”。仪式也是通过歌舞来完成。关于做功德起源，《盘瓠世考》有载：“盘瓠因为游猎……跳过大树，被株尖所伤而终……殡后长腰木鼓，长笛短吹，男女连声唱歌。窈窕跳踢舞弄者不能及。”民国初期，做功德在吴布非常盛行，往往主家比排场，艺人比技艺。死者家属为表达对死者的孝心，倾其财产，大摆酒席。吴布村54岁雷春付等非遗传人组成团队，虽在现今实际生活中鲜有活动，但作为表演节目则广泛传播。传师学师和做功德有“坐蹲步”“悠荡步”两个经典舞蹈动作，被艺术家传承创新发扬光大于现代大型畲族歌舞剧《畲山风》《瓯江谣》《千年山哈》中，分别荣获全国少数民族文艺会演表演金银奖。

大山有璞玉，天然去雕饰。吴布村山林茂密，田地广阔，常年自给自足，少有离家经商，具备了保留富有浓郁畲族特色文化的天然条件。吴布梯田，人称“郑坑梯田”，层层叠叠，弯弯曲曲，风光旖旎，摄影家、画家趋之若鹜。吴布村以其独特的人文景观敞开胸怀，让人们尽情地欣赏一幅幅白描的画卷，一首首粗犷的田歌，一组组隽永的情诗。

（文：李人海）

永康前郎村

邻村犹闹“花头台”

在永康，有一个村庄可谓声名在外家喻户晓：该村从2006年开始，每年的正月初一，都会举办一场由村民自编自导自演的原汁原味、土色土香的乡村“春晚”，全村900多人有10%的人参与春晚的筹备与演出；目前已有60多人能够表演婺剧……这个村就是坐落于永康市石柱镇的前郎村。

前郎村位于石柱镇东龙溪山脚，向西延伸至飞凤山下。据宗谱记载，北宋钦宗年代，金人侵袭中原，前郎始祖由杭州吴山遗眷迁此定居，以避战火。此地先有吴姓，后移迁后箬，初时村名是有前吴郎之意，后因郎姓从杭州迁入最早，故称作前郎村。

前郎村每年举行的“春晚”里，婺剧表演均是重头戏。经考证，前郎村是永康婺剧的发源地之一。早在清光绪年间，前郎村就出了一个婺剧名家叫郎玉清。他精于主胡唱艺，懂得司鼓、主胡、双锣，唱腔优美，专于“徽戏”“乱弹”和“滩簧”。那时候郎玉清在兰溪码头卖唱，博得了“永康阿清仙”的美称。郎玉清在清末、民国时期、解放初期曾在永康各地坐唱班执教，对婺剧的传承做出了巨大的贡献。

郎玉清的孙子郎子龙说，追溯婺剧在前郎村的历史，据他祖父说，10岁就开始学“婺剧”，那时的戏班多是十余岁的小演员，每年秋收后就开始学戏，重阳节上方岩演出，目的是祈求胡公保佑“风调雨顺，国泰民安”。那时候主要在各乡集市、庙会（统称赶会场）演出，以坐唱自娱为主，每逢迎神赛会，则敲锣打鼓沿街挨村游动演唱。《双阳公主》《三请梨花》《米栏敲窗》《牡丹对课》《僧尼会》《断桥》等婺剧他都熟稔于心信口唱来。

说起之前的坐唱班演出情形，现年89岁高龄的郎长流还头头是道。他说，过去演出，点戏是第一环节：由二旦色头饰珠翠，脸敷脂粉，身穿红绿男客衣（褶子）。其一持牙笏，上开戏名，另一持笔，请“庙会头首”以笔点戏。通常演出前及谢幕时要进行“闹台”，班社需打足精神，使出十八般武艺，若“闹”得不好，便会遭受观众调侃。此套曲目由先锋、曲笛、徽胡、吉子（小唢呐）、梨花（大唢呐）、锣鼓等依次分别主奏各乐段，连接成套，组合了多种婺剧曲牌和锣鼓经，呈现“有规矩而无定格”自然复调，曲调时而委婉清柔，时而激昂雄壮，所以也称之为“闹头台”或“花头台”，乃是戏班的“开头炮”。“闹头台”的意味，一是显名讨彩，最有喜庆吉利出彩的意思，为请戏的东家之最乐意；二为聚集人气，招徕观众，等候正剧开唱，其间，锣鼓点子各什家伙“咚咚锵”响起，众人便知好戏即将开演；三乃技艺亮相，通过“闹台”，乐队展示演奏技巧，充分反映此班社的演出水平与实力。

《花头台》共分四个部分，首部以曲笛为主，第二部以徽胡为主，第三部以吉子为主，第四部以梨花为主，都要求“正吹”作为主要演奏者，然后配以各种锣鼓点子，主奏与伴奏比较分明。《花头台》须由“武堂”与“文堂”长期磨炼，默契配合，方能相得益彰、功德圆满，所以《花头台》也成了听众、观众衡量婺剧后场水平高低的最主要曲目。《花头台》一开场，由乐师撑了一支一米多长的先锋，听得“嘀……嘀……嘀”一阵先强后弱、再弱渐强的号引，接着是一段热烈奔放、旋律优美的锣鼓打击合奏，再由曲笛独奏开始，依次为徽胡独奏、吉子独奏、梨花齐奏的演奏，最后的高潮部分则由大徽锣、大堂鼓、大钹、小钹、狗叫锣、战鼓混合热奏收场。

“头台”闹完，继以“蹈八仙”（有“堆花八仙”“追桃八仙”等多种，均以蟠桃会众仙为王母庆寿为内容），再“跳加官”（俗称“跳白面”、“天官赐福”）、“跳魁星”、“跳财神”，然后演三至四出“摘剧”（折子戏），称为“开台”。每逢头场开台，徽班必演《百寿图》（《满床笏》《打金枝》），乱弹班必演《九锡宫》。演此两剧，一为取其吉利；二为亮行头；三因戏中行当全，唱做并重，能反映出班社演出水平。庙会主事人也据此决定戏码和演期的长短，观众则据此选择看哪几本戏。开台戏演完，接着“闹二台”，一般用大唢呐吹演奏一支曲牌，配以锣鼓，较简短，目的是使演员和观众各稍事休息。然后大戏开始，称为“正本”。正本演完，须加演一出小戏，称为“后找”。如《哑背疯》《骂鸡》《王小二过年》之类。从开台到后找，一场戏需四五小时以上。

在民间，常有“后场顶半”的说法，意思是“后场”（乐队）与

“前场”（演员）具有同等重要的地位。后场还有“武堂”“文堂”之别，在后场中，由三至五人使用打击乐器，称为“武堂”，另三至五人使用管弦乐器，称为“文堂”。“武堂”中的首席称为“鼓板”，担任总指挥，使用大鼓（也称“堂鼓”）、战鼓、夹板、板眼等乐器。“武堂”次席称为“三件”，使用的乐器是大徽锣、大钹，外加一把月琴或二胡等弹拉乐器。三席称“斗锣”，使用的乐器是斗锣、小钹、狗叫锣。“三件”与“斗锣”，能起到为“鼓板”助阵伴奏的作用。“文堂”中的首席称“正吹”或“主胡”，“正吹”是副总指挥，使用先锋、梨花、徽胡、板胡、高胡。次席称“副吹”，使用的乐器是梨花、吉子、曲笛等吹奏乐器。三席称“副手”，使用的是二胡、琵琶、三弦等乐器。“副吹”与“副手”，主要为“正吹”伴奏。其他的乐师，便分别使用扬琴、二胡、笙、箫等弹拉或吹奏乐器，也统称为“文堂”的副手。

婺剧剧目丰富，传统深厚，特色浓郁，影响深广，有徽戏“活化石”之称，是中国戏曲舞台保留徽戏剧目与资料最多、最完整的剧种之一。为了使婺剧后继有人，前郎村现还着手对村里的“才艺达人”进行不定期的培训。村里专门开辟了“婺剧角”，并举办婺剧纳凉晚会。今年 61 岁的前郎村村民郎宽福，“主业”是种田，“副业”是村婺剧乐队队员。他有个习惯，晚饭后准会来到村里的“婺剧角”，和一帮婺剧迷共演“一台戏”。彼时，在村口的树荫下或者祠堂里，阵仗很大地闹起了《花头台》，俨俨然而其乐融融，那欢快愉悦的锣鼓点子声，是种高于尘世的抒情，经年不息地飘荡在前郎村的上空……

（文：永康市农办）

湖州南浔射中村

羿射九日和射中村

湖州市南浔区菱湖镇射中村一直流传着一个“羿射九日地名传说”，现已是浙江省非物质文化遗产项目。这个地名是怎么来的呢？它和羿射九日古代神话传说又有什么密切的关系？

据说射中村原名射村，1956年成立高级农业社时才改叫射中村，这和村里祖祖辈辈传下来一个古老的美丽传说有关。

从前尧没有当帝王的时候，村子周围方圆几十里是一片沼泽，河港纵横，岸上是成片的桑林和高大的树木。白天太阳暖融融，晚上月亮清清白。老百姓头颈里围着玉串，采摘桑树上的蚕茧，缫丝织带，划着独木舟，打鱼狩猎，收稻摘菱，日子过得顶美好。

可有一天，天上忽然跑出了10个太阳。一天、二天、三天，一连10多天。这一下，庄稼晒焦了，草木晒枯了，河港里水晒干了，老人小孩有不少被晒死了！还有牛头人身怪、牙齿象凿的半人半兽、会喷火也会喷水的九头怪、大鹏鸟、大野猪、能吞象的长蟒蛇，这六只怪兽也乘机伤害百姓，老百姓可惨啦！

老百姓活不下去了，一齐请尧想个办法。尧想到了羿，这是个神箭手，百发百中，人既勇敢又善良，是个英俊魁伟的小伙子。于是，尧就把象骨扳指、一把红色的弓、10支带白色丝绳的箭交给羿，要他去为民除害。

羿就张弓搭箭，对着天上的太阳，一箭一个，很快就射下了九个太阳，落在东海里。还剩一个太阳，大家说，让他留下吧，不然，白天就没有太阳了。

还有六怪在作乱。羿就奔波在高山大湖之间，杀死了凿齿、九头怪、大鹏鸟、牛头人身怪、长蟒蛇，在桑林又杀死了大野猪，还烧了一大锅肉，让老百姓吃了个饱。

村里有个美丽的姑娘嫦娥，深深爱上了羿，在长老的祝福下，他们结婚了。一个狩猎打鱼，一个在家缫丝织带，日子过得美满幸福。

过了几个月，长老告诉羿，羿因为射落九个太阳，杀了六怪，为民做了大好事，本来尧推荐他可以到天帝那里去当神仙，可是天帝大怒，说他杀死了自己九个儿子，永远不能当神仙。本来，不当神仙也无所谓，可是人哪，有时候也会变的。由于老百姓见了羿，经常感激他，慢慢地，羿就觉得自己很了不起啦，能够当神仙就是最高的荣誉，天帝竟然这样对待他，心里很恼火，但是又没有办法。

为这件事，他就去找西王母，请西王母帮他去讨个说法。西王母也觉得天帝处事不公，就说，“我这里有颗丹药，你吃了，就可以到天宫去直接找天帝了。”羿想，我一个人到天上，心爱的妻子嫦娥怎么办？便恳求西王母再给一颗丹药。西王母表示只有一颗了，没办法啦！如果你们夫妻两人合吃一颗，便可以长生不老，但到不了天宫。

羿谢了西王母，回到家里，高兴地想，吃了一颗就可以到天宫去和天帝讨个说法，便把丹药放到陶罐里。但没想到，一天嫦娥好奇拿起陶罐，倒出那粒青灰色丹药，看呀看呀，一股奇香从丹药中飘出，是那么地清香，在那么安详宁静的夜晚，不知不觉，嫦娥把那颗丹药拿到鼻尖上闻了一闻，好香啊！忍不住，嫦娥一张口，那丹药竟滑溜溜地飞进了嫦娥肚子里。不好！嫦娥只觉身子一轻，慢慢地飘了起来，飘飘悠悠，往月亮飞去了！从此，嫦娥就在冷冷清清的月宫里住下了，这一天就是八月十五。每年八月半，嫦娥就在月宫里看着人间的心爱丈夫，盼着家人团圆。

老百姓还是永远怀念为民除害的大英雄羿的。羿射太阳的地方，村南的一块地，世代相传，叫箭墩。射中太阳落下来的箭头，力道大得吓人，落在地上成了一个有 10 多亩大小的深坑，溪水流进去，成了一个深潭，这就是村东南的箭潭，民国 24 年（1935）大旱，溪水都干枯了，箭潭里还有水，深不见底呢！村名古时候就叫射村，现在叫射中村，就是羿射中九个太阳的地方。在村西南，就是箭墩西边，有两口大池塘，叫九龙池。原来被羿射落的九个太阳掉到东海，变成了九条龙。在箭墩隔溪北边的地方，相传在南宋时候就有供奉羿和嫦娥的庙，村里人称土地庙，土地公公红脸，背着一张红弓，就是羿，土地婆婆白脸秀丽就是嫦娥，每年九月初九重阳日，大家就要祭祀土地公公土地婆婆，还要做大戏给他们看。老辈讲，村里的土地公公很灵，“朝管吴江，夜管射村”呢！土地庙在抗日战争前被改成了小学堂，解放后拆掉，新建了村小学校舍；那个高大典雅的古戏台是在“文化大革命”中因倒塌，被拆毁的。直到今天，村里还有风俗和羿神、嫦娥有关。

过去每年重阳节，村里家家大门上插桃枝，廊檐挂白灯笼，上书羿神，以求驱邪逐魔。上午村人要到土地庙上香祭拜，供奉三牲，祷告羿神保佑村里人寿平安、五谷丰登。下午，请来的戏班便演戏，连演3个日夜。射村是古村市，老街店铺林立，本就热闹，3天庙会，更是人山人海，远近各村都来人到羿神庙祭祀。由于抗战时期兵匪横行，庙会就停止了。

老人们说，射中村的泥土很特别，跟别的地方不一样，白天被太阳晒得干裂，像香灰，可到了夜里，泥土就会潮漉漉，村里人称这种泥土为夜潮泥，这是因为羿神夜里回到了射村，保佑射村风调雨顺的缘故。过去，农村家家有烧饭的柴火灶，平日需要便请泥水匠随时建造。唯独射中村农家建造烧饭灶，一定要选在重阳节，平时不能造灶。为啥呢？传说这又和羿神有关。水乡菱湖民俗谓：“人死不做饿煞鬼。”羿是射落9个太阳又是驱魔逐怪的神箭手，是抗旱的大英雄。他被害后，射村人世代祭祀。于是千余年来，村民便在九月初九重阳羿神忌日，家里造一座新灶台，烧一锅白米饭，供羿神食用，让羿神吃饱，保佑全村风调雨顺、五谷丰登、岁岁平安。因此，重阳造灶，新灶烧的头锅饭，一定要拿到土地庙去献给羿神，这便成为射中村人千余年来的民俗。

八月十五夜，嫦娥吞食西王母给羿的药丸后，飞天进入月宫，成了月神。古射村村民中秋夜，当月亮升至中天时，家家便在大门前摆放方桌，上有月饼、时果，拈香祭拜月神。尤其是姑娘媳妇，夜深人静，独自跪拜嫦娥，求月婆婆挂下红线，找个如意郎君；或生个胖娃娃，传宗接代。

有人说，羿射九日是《山海经》的神话、嫦娥奔月是汉朝人的传说，射中村名是牵强附会。说来巧得很，2008年2月，考古人员在射中新村以北的田地、池塘，发现了20万平方米的新石器中晚期崧泽文化、马家浜文化和良渚文化时期的文化遗址，地表有大量石器、陶片等文物，这说明距今4000余年前射中村一带居住着一个原始大部落甚至一个古村群，这和传说中的羿射九日、嫦娥奔月发生的时间、地点恰好是相合的。因此村民们深信不疑：射中村就是几千年前大英雄羿射九日和嫦娥奔月的地方，真是一个文化底蕴深厚的古村啊！

（文：李惠民）

舟山普陀前山村

佛国净土在前山

舟山市普陀山镇前山村，位于海天佛国普陀山南端，东至几宝岭、西至风洞嘴、北至前寺岗墩、南至龙湾岗墩，面积约2.5平方公里，占全山总面积的五分之一。长久以来，前山村地域一直是全山的政治经济和人文中心，特别是改革开放以来，担当起了普陀山风景名胜区经济文化中心和对外开放窗口的角色。

前山村是在普陀山列为国家首批44个国家级重点风景名胜区之一后，首先开发的村庄。村委积极服从规划，退耕还林，积极为景区发展提供土地资源，发展生态旅游业。在人居环境中不断加强基础设施建设，整治人居环境，改善村民生活条件，分几批集资建设了西山区域村民联建房，腾退庵堂归还佛教协会，在区域内逐步恢复主要庵堂。

前山村内有风景如画、环境宜人的白桦公园；拥有“二龟听法石”“千年古樟”“心字石”“短姑码头”等自然风景，有众多历史悠久的大小寺庙等。古时，上岛要停靠一个码头，现在我们村民都把它叫做“短姑码头”。为什么叫短姑码头呢？相传曾有姑嫂两人发愿礼佛，凑资买船，渡莲洋朝山进香，船刚泊道头，不巧小姑“天癸”（月事）来潮，自愧不洁，不敢下船入山。其嫂短（埋怨）之无福朝圣，将姑留置船中，独自进山拜佛去了。不料时近晌午，潮水大涨，小舟与岸相隔，小姑久坐船中，腹中空空，饥肠难耐。正在此时，只见一村妇持食盒至岸边，向潮水里投下一些石块，踩着这些石块径直来到小姑舟中，说是她嫂嫂托其捎来，放下食盒，便离船而去。嫂嫂进香归来后，小姑问及前事，嫂愕然不知，忽然记起刚才拜佛时，瞻仰莲座，只见观音大士衣裙湿着一片，心里顿有所悟，以为这是观世音菩萨显灵，自惭无缘，忙不迭又进山到观音面前叩拜。因其嫂曾在码头“短其姑”，从此，姑嫂泊舟处即被称作“短姑码头”。码头旁时常出没于潮水中的石块，传说是菩萨送食时投向潮水里用以踩脚的石块，后人称此码头为“短姑圣迹”。

前山村的西山东边还有一棵树龄逾千年的古樟树，这也是普陀山闻名的“千年古樟”。它历经千年的沧桑变化，至今仍茂密葱郁，枝叶如盖。如果走到近前，会发现枝干上挂着许多红色的条带，原来这都是有心之人为祈福而敬上的，如今，来普陀山的古樟下祈福，已经成为了一种文化和习俗，吸引着来自各地的有缘人。

前山村的西山西边还有鬼斧神工的磐陀石、二龟听法石、观音洞等。二龟听法石，位于磐陀石西，五十三参石下端的岩崖上。一块巨石上，附着两块酷似乌龟的岩石，一只展肢伸脚，似往上爬；一只踞于岩顶，回头相望，仿佛正招呼后者赶紧跟上。二龟形态逼真，栩栩如生，令人叫绝。这里还有一个传说，相传两龟受龙王之命前来探听观音菩萨说法，只因听得入了迷，忘了归期，被观音菩萨变成了石头。也有传说，两龟原为一雌一雄，因尘缘未绝，在听法时眉来眼去，顾盼传情，所以被罚作石龟，给修行不诚者作戒。

美丽的前山村包括了普陀山大部分的寺庙庵堂，是普陀山观音道场的核心，宗教活动也可追溯到秦，原始道教及仙人炼丹遗迹随处可觅。其中在前山村地理区域内的不肯去观音院就有这么一个美丽的传说。唐大中元年（847）有梵僧来谒潮音洞，感应观音化身，为说妙法，灵迹始著。唐咸通四年（863）日僧慧锷大师从五台山请观音像乘船归国，舟至莲花洋遭遇风浪，数番前行无法如愿，遂信观音不肯东渡，乃留圣像于潮音洞侧供奉，故称“不肯去观音”。不肯去观音院还是普陀山第一大寺普济禅寺的前身。普济禅寺创建于唐咸通年间，后宋神宗于1080年将其改名为“宝陀观音寺”，专供观音菩萨，香火始盛。到南宋嘉定年间，御赐“圆通宝殿”匾额，指定普陀山为专供观音的道场。后来明初朱元璋实行海禁毁寺，直到明万历三十三年（1605）朝廷拨款重建，并赐额敕建“护国永寿普陀禅寺”，使普济寺成为当时江南规模最大的寺院。清康熙年间，遭荷兰殖民侵略者践踏，寺院被劫掠一空。1689年海疆平息后，康熙下旨重新修缮、扩大规模，至雍正九年（1731）时基本完成，大部分建筑都是这期间完成的。抗日战争后，寺院萧条败落；“文革”期间佛像尽毁，僧侣被遣散。1979年开始全面修复原貌，重筑了毗卢观音等佛像和楼阁，遂形成了今天的规模。

善男信女来普陀山无不到普济禅寺膜拜观音，祈福。虽然普陀山历史上饱经战火和海禁之苦，但观音信仰不曾泯灭，几起几伏，更加茁壮成长。千百年来，普陀山因观音道场、南海圣境之名而吸引善男信女远渡莲花洋，涉水而上来普陀山朝拜。到了今天，每逢三大香会期和初一十五，上香礼佛之人络绎不绝，好不热闹。尤其是普陀山前山村，长久以来因辖区内有普陀山第一大寺庙——普济寺，在三大香会期，礼佛之人摩肩接踵，口念南无观世音菩萨之名，呈现一片祥和之象。多年观音文化感染，使得前山村村民中向佛之人十有其九，几乎家家供养释迦牟尼和观世音，人人崇尚真善美。在饮食方面，佛教素食别具一格，特别是观音素饼，为众多来上香游客所喜爱，几乎每个来上香的游客在离山时都会带上一袋观音素饼留作纪念。前山村还有一支诵经团队，这些上了年纪的阿姨阿婆们，带着她们对观音菩萨的信仰，为国为民祈福。

作为观音道场，崇尚人与自然和谐，普陀山前山村森林覆盖率超过90%。前山村辖区有44座庙宇，香烟袅袅，游人不绝。悠久的佛教文化留给前山村的是无数佛教艺术珍品，比较出众的是妙庄严路和梅福庵古道；元太子塔和普洞塔；八角井和白华庵内古井；宝莲庵内古泉；短姑码头古牌坊和普济寺下马碑处古牌坊；高寿桥、永寿桥、平寿桥。另外，普陀山前山村经过千百年来的栽树、护树，二级以上古树达到28棵，遍布于村域四周。前山村辖区内古建筑村落起始年代均为明代，古建筑数量为56处，古树名木共有312棵。漫步在妙庄严路和梅福庵古道，两侧莺莺燕燕、鸟语花香，苍松翠柏映入眼帘，特别是前山村落内的普济寺古樟树，需要几人才能围抱。这些年来，前山村通过和园林管理和规划部门的合作，团结村民，爱护身边这片观音净土，好好保护身边这片美丽景区，让人文与环境之美相得益彰。

（文：陈丽华）

永嘉枫林村

枫林武术震中华

枫林镇，位于国家级旅游风景名胜区楠溪江中游东岸，距离永嘉县城38公里，素有“武术之乡”美称。自古崇尚武术，自宋朝以来，村民们就喜欢练武，渐渐形成了集中性的武术表演活动。每年的农历二月二十二，永嘉县枫林镇都要举办传统武术节。每年都会有众多国内外的武术爱好者慕名前来参演。2000年3月，枫林被浙江省列入了第二批省级历史文化保护区，省级历史文化名镇。2009年，当地南拳还被列入“浙江省非物质文化遗产”。

追溯枫林武风的缘起，始于宋朝，盛于元明，流传于清朝、民国以至今日，770多年来不断激励人们爱国护乡、居安思危。清监察御史徐定超（1845—1918）为弘扬乡里崇文尚武、爱国卫家的优良传统，曾亲临主祭下社殿陈五侯王，传为佳话。

宋时，枫林四世祖徐霆，字居谊，号长孺，以武功大夫致仕，著有《北征日记》和《黑鞑事略疏》，徐霆在文通之乡再开武达之风。元时，徐氏八世祖杲（1307—1369）字君明，曾在均州武当山学武艺，此后，枫林徐氏族党习武渐成风尚。

明朝倭警频仍，枫林拳坛比屋相连。九世祖徐文辉（1333—1396）字仲华，承父志，有实学。洪武二年（1369），倭寇掳掠乐清蒲岐，公率乡兵前往救援。后罢归，群盗剽掠乡都，公出粟募集壮勇，设险守隘，盗不得入。嘉靖三十七年（1558）四月十六，倭寇上千人取道乐清进攻枫林，受到当地壮勇乡兵猛烈抗击，只得夺船循楠溪南遁。明政府曾于当地设枫林汛，轮派千把总一员，领兵15名，营房12间，牌楼烟墩俱全。

入清以来，枫林为溪山重镇，文通武达之乡，是永嘉县丞署驻地。顺治五年（1648），永嘉方岙何兆龙“白头军”聚众十万，进攻枫林。曾任长乐典史的徐应鲤（1593—1658）挺身而出，散财发粟，召集丁壮，制甲铸兵，设险守隘。其四弟徐应鲸（1620—1707）也颇有胆略，保守孤山天井头一隅，会合官军游击马进宝，会剿擒拿于天井头。余部一哄而散，乡民安宁。后有数万“白头军”围攻枫林，下大宅房派100多位武功强手迎击，终因力量悬殊而覆没。续有黄五峰入寇，徐嘉玫（1630—1712）时聚乡兵以拒之，战胜获马二曹，深为永嘉县令嘉许。

自古武术名家，往往还是医药妙手。枫林大门台徐思藏，以制作竹器“骨排九”谋生为业，艺高力大，能用手代替篾刀捏碎毛竹根部，劈成篾条，双手可以扭断夹缬被单，识伤科。徐宝成，名定守，号志竟。15岁从平阳江南宜山（现属苍南县）应培槐拳师学习，技艺精通，武略超凡，有“小武松”之称。他在温州“同福班”中演武生，最拿手的一出戏是《杀金定情》中的《卖拳》一折。伤科精妙，能闻声识病，延请治病者门庭若市。其弟子温州东门陈寿喜，再传西岸金德和、枫林徐贤欢都是现代浙南武林名师，兼备医德。

枫林南拳套路有军栏、杨家短、四步、五步、七步、燕儿扑水等，动作朴素实用，随处可练。步马稳实，招式刚劲，讲究寸劲爆发。基础套路之外，仍有许多实战招法，非得其人，不得真传。今传柴棍套路共五路，因是晚清鹤盛塘底赵石井执教传授，就称“塘柴五路”。棍长齐眉，称齐眉棍，同普通锄头柄相仿，适耕适战。

日军侵华期间，枫林演武大会场——下社殿被日寇烧毁，一年一度的枫林武术节一度中断。1981年，刚满18岁的徐海斌自学成一身武艺，回到枫林，在当地老人协会的帮助下牵头组织了解放后的第一届枫林武术节，从此每年农历二月二十二日的枫林武术节得以恢复。如今的徐海斌平日从商，闲时推广武术。目前他是永嘉县武术协会常务副会长、浙南涉外武术专家组副组长，同时也是中国武术段位6段获得者，在国内外多次重量级武术比赛中获得佳绩。

随着经济的飞速发展以及科技的日益进步，如今枫林当地习武之风并没有像我们想象之中的活力四射，尤其是传统武术，现逐渐地走向没落。调查发现，当地的习武风气已大不如前。如今村民中仍保持着练武习惯的多为50岁以上的老年人。年轻人已很少习武，即便是习武，练的也不再是当地的传统武术，而是散打、截拳道之类的武术。传统武术的传承出现了断痕，传承问题严峻。

人们的习武目的也已发生了改变。从前由于社会背景和历史原因，村民习武主要是为了防身健体，他们学习武术的初衷就是为了防身。因小时候所处的社会较动荡，为了保全家人和自身，他们才习武，有备无患。然而，现在由于时代发展，当地人民习武的目的也已潜移默化，表演性质的武术成了潮流，人们只追求动作优美，而遗忘了武术的内在含义。同时那些以技击性为核心的传统武术似乎逐渐沉默了。

在枫林古镇，还蕴藏着许多这样的武术传奇和史事，它们代表着“武术之乡”的武术之脉，源远流长。在这样一个与武术有着深久渊源的古镇里，武术魅力到底在哪？武术的发展现况又究竟如何呢？

武术是我国优秀传统文化中的一块瑰宝，其传承和发展有着重要的意义。而枫林武术又是中国武术文化中不可或缺的一部分，特别是被评为“浙江省非物质文化遗产”——南拳对于当地的文化建设有着特殊的意义。保护传统文化，是我们每一个人的义务，发现传统文化中存在的问题，提出合理的保护建议更是我们每个人的责任。

枫林镇政府对武术发展也是十分地关注，由于枫林是楠溪历史上的经济、政治、教育文化中心，素有“楠溪第一村”和“小温州”之称，且枫林风景优美，古迹众多，文化底蕴深厚，是旅游度假的好去处。随着楠溪江旅游业的发展，有将楠溪江的旅游与当地的武术文化有机结合的可能，通过这一手段，不但能推动当地经济建设，也能使枫林武术文化得以更好地推广，当枫林武术文化的牌子打响后，随着对枫林传统武术感兴趣的人的增多，便能够带动当地习武风气的重新兴盛，这对枫林传统武术的传承与发展有着重要意义。

武术是我们中华民族上下五千年的文化中不可或缺的一部分，发扬和传承武术，不让武术文化流逝，是我们中华儿女的责任和义务，即便是时代变迁，也不可将本源忘记，也不能将文化精华弃之脑后，所以枫林武术乃至中国传统武术，源远流长的武术，我们都应尽心竭力来维护，让武术之风驻足中华大地。

（文：永嘉农办）

诸暨花明泉村

威震江浙“尚武村”

花明泉村在诸暨市赵家镇境内，是闻名江浙的“尚武村”。

据《檀溪何氏宗谱》记载，唐朝末年，花明前何氏始祖茂公被朝廷任命为吴越轻车节度使，从山东青川前来越地任职（相当于现在的军区司令），也带来尚武习武之风。

有史料记载，赵家镇花明泉村、泉畈村、山口村的武术（俗称“拳棒”），曾闻名遐迩，被誉为诸暨武术“三大房”。可惜山口村的武术在解放初失传，而花明泉村、泉畈村的传统武术却盛传至今。

村中老人回忆，约在170年前，花明泉村两位何氏兄弟分别在村中建立了恭清堂、承先堂两座武祠，并聘师习武。当时恭清堂请来了长山武师，承先堂请来嵊州武师。两祠之间，经常切磋武艺，共揣武道，村中习武风气日盛，“尚武村”声名远播。

花明泉村的传统武术，主要程式有前四套：包括枪、刀、钉叉、火流星、单铁锤等。中盘：包括棍棒、套拳、盘五、千抓手、武松脱铐、反角斗打、三十六靴、梅花结顶等。破阵：有四门阵、圆门阵、变化阵等。其中有许多激烈的对打格斗，如“牛角枪对虎盾牌”“花鞋枪对母月牌”“双刀破棍”等等。如“双刀破棍”，一人持有双刀，一人双手持有一根一米多长、刚从山中砍下来的碗口粗青松棍。通过激烈打斗，你攻我挡，树棍被砍得屑片满天飞舞，最终，青松棍被砍成两段，才结束对打，非常惊险刺激。解放后，此“双刀破棍”曾多次获一等奖。

花明泉村依水傍水，山清水秀，不仅是远近闻名的“尚武村”，而且是远近闻名的“名人村”。有吴越一带一时盛名的书法家何蒙孙，首任北京大学校长何燮候，国民党中将何竞武，著名水果专家何荣汾，还有我国近代著名武术家何长海等一大批文武名人，这在诸暨绝无仅有。

诸暨民性刚烈，武将辈出。据史志记载，以武功著称的诸暨籍军事将官，唐宋元明就有33人；明朝天启二年（1622）至清朝光绪23年

(1897)，诸暨县有武进士 31 名，武举人 241 名。

这些武将大都自幼蒙受民间武术（俗称“拳棒”）的熏陶，由于刻苦好学，才从民间传统武术中脱颖而出。花明泉村的近现代我国著名武术家何长海，就是其中的佼佼者。

何长海（1913—1981），武术大师。他 8 岁就在何庆常拳师处拜师习武，又经许多拳师指教，几年后就脱颖而出。他尽得查拳、洪拳及刀枪剑棍、摔跤等诸技真传，并对西洋拳法潜心研究，中西合璧，更具威力。

何长海对武术、体育造诣颇深。曾荣获第六、第七届全运会举重第三名、第二名，又以 501 磅打破 486 磅的全国举重纪录，并获第六届全运会摔跤亚军，再获省三项全能第一名和举重、拳击、摔跤三块金牌，不愧为中国武坛和体坛的一员骁将。

何长海是一位民间武术家，也是一位强烈的爱国主义者。1935 年 7 月 22 日，俄国大力士马嘉乐夫来杭比武。马氏身高体壮，力大无穷。他能轻易摔倒猛牛，双手折断 10 寸铁钉，自夸天下无敌。在杭贴海报、挂横幅“与猛牛角斗”“与中国大力士角斗”，公然蔑视中华，侮辱国民，气焰嚣张。何长海挺身而出，毅然应战，双方订立生死誓盟。马氏欺先生年轻人矮，突拳袭击何长海面部。何长海即以“罗汉拷送经殿”一招，打得马氏仰摔在地，目瞪口呆，俯首认输。并委托青年会干事朱孔阳设宴求和。何长海拒不赴宴，并责令马氏公开道歉，撕海报、撤横幅，限其三天内离杭。马氏慑于先生威力，灰溜溜地离开了杭州。

1939 年，一位日本柔道黑段高手来华访问。在杭闻先生技高，约战。在交战中，多次被何长海牵引摔倒在地，直至对方筋疲力尽，不能起身，才告结束。此日本柔道高手佩服何长海技艺高超，功力深厚，心服口服。

何长海先生数十年如一日，忠实继承和发扬中华传统武术，一代又一代地辛勤培养武术人才，从而桃李满园，学生遍及国内外。晚年还将 56 法汇编成拳，创编七十三式“武林活拳”留于后世，为传播中华传统武术文化做出巨大的贡献。何长海先生因病于 1981 年谢世，墓葬杭州，79 位得意门生为先生树碑于墓前，流芳百世。

花明泉村的武术标志旗为三角大旗，白底深红色蜈蚣边，分别上书“承先堂”“恭清堂”，远远望去像天空中滚动着两条巨大的蜈蚣。

1996 年，诸暨市有关部门作过调查，花明泉村男性村民有 7090 人曾参加过打“拳棒”。当时，60 岁以上的“老拳师”尚有 23 人。

据调查，花明泉村从建武祠，请武师传艺，至今已传承武艺至第八代，且代代有武林高手。花明泉村武术队，在上世纪五六十年代参加宁波地区武术表演获优秀奖，多人获金华地区民间艺术表演优秀奖。参加过绍兴国庆 35 周年民间艺术表演。1991 年参加诸暨市元宵节文化体育大奖赛获优秀奖。1996 年参加诸暨市“健身杯”元宵文艺演出。在瑞安举行的“瑞王杯”2003 年浙江省国际传统武术大会暨浙江省传统武术比武中，花明泉村只派出两位武术高手参赛，一举夺得三项比赛第一名，荣获 4 块金牌。其中何灿友获红矛枪比赛第一名，何福田获自选长拳比赛第一名。何灿友和何福田共同表演的虎头牌枪又获第一名。

2002 年，花明泉村再次被媒体誉为“尚武村”，被诸暨市人民政府授予民间艺术“特色村”。后又被绍兴市人民政府授予“绍兴市体育特色村”。以花明泉村、泉畈村为实体的“赵家拳棒”，已成为绍兴市级非物质文化遗产。

2000 年夏天，中央电视台黄金档推出电视连续剧《太平天国》，加上媒体大力宣传花明泉村、泉畈村，昔日“尚武村”名声再次大振，吸引了不少人前来此探秘、拜师学艺。其中，新昌的一位母亲领着儿子，肩背行李铺盖慕名而来，到花明泉村拜师学艺。

“一方水土养育一方人。”通过习武强身，村民“侠骨柔肠”，团结向上，敢于站出来维护社会正义。乐于做善事好事，民风正，村风好，现在花明泉村是一个欣欣向荣的新农村。

（文：赵校根）

嵊州灵鹅村

化鹤飞来与步云高跷

灵鹅村位于嵊州市东23公里的石鼓山麓，现存大片清朝、民国时期的古建筑。主要有：石鼓庙、竺绍康故事、竺水招故居、韩氏宗祠、石牌坊等等。

化鹤飞来

灵鹅村原名石鼓庄，因村东有个石鼓庙而得名。石鼓庙前后两进，左右厢房齐全。前殿上方悬挂着一块“化鹤飞来”的匾额。不论近看远看，“化鹤飞”三个字与“来”字显然不同：“化鹤飞”落笔是游龙戏水，收笔像野马勒缰，越看越活；而“来”字，却显得有些僵硬。一块匾里四个字，笔势迥然不同，究竟是何道理呢？

东晋时期，金庭有两观一墅：王羲之居金庭观，高僧支遁住银庭观，两观之间有一座知己墅，系玄言家许玄度所居。银庭观前，山涧清泉，池塘垂柳，野花遍地，绿草茵茵。住在观里的支遁和尚与金庭观的王羲之十分要好，因此，王羲之常常把心爱的大白鹅赶到那里去放养。

有一年二月十二，王羲之照例把大白鹅放在银庭观前面的池塘里，自己在观内与支遁和尚、许玄度三人谈经论文。突然，空中飞下一只白鹤，大白鹅见了白鹤便伸长脖子“吭——吭”地直打招呼。于是白鹤就跳下池塘跟大白鹅一起凫水、洗澡。洗过澡，上了岸，将身子一蹲，双足一点，“嗖——”地飞了起来。那大白鹅也学着白鹤的样子，笨拙地学着飞翔。白鹅身子重，飞了一段就落到地上踱方步。白鹤看见了便栖到树上，伸伸脖子，振振翅膀教它飞。于是，它们又起飞了。就这样，白鹅学白鹤，白鹤带白鹅，飞呀，走呀，走呀，飞呀，一直来到了五里以外的石鼓山。

凑巧，这天石鼓山麓的石鼓庙里有庙会，人来人往，熙熙攘攘。人们看见白鹤带着白鹅飞，不禁“呀”地喊了起来。那白鹤随即展翅飞上蓝天。那大白鹅一惊，落到了山沟里，顺着清泉往下游，一游游到了石鼓庄前。

这天，石鼓庄的人们正穿红着绿，鸣锣打鼓，在祭祀神灵，百样俱备，独缺东风——一只大白鹅。一见溪中游来一只大白鹅，有个小伙子便下溪把白鹅抱了上来。因时辰已到，人们便将大白鹅的翅膀一绞，放到乡神面前，吹吹打打地祭祀起来。

约莫过了一个时辰，在银庭观里的王羲之出来一看，不见了大白鹅，连忙四处寻找。找呀，找呀，找来找去找不着。王羲之沮丧极了，索性坐在石头上沉思。忽然，听得“咕咕咕”三声，王羲之猛一抬头，但见面前站着一只白鹤在向他叩头，似乎有什么话要说似的。王羲之便道：“仙鹤呀仙鹤，你若知大白鹅，那就立即起飞吧！”白鹤听了便“嗖”地一声飞了起来。王羲之忙拔腿跟着白鹤跑。没多久，便到了石鼓庙。

庙董见王羲之光临庙会，巴结地迎入正殿。大白鹅见主人来了，不停地叩头高叫，表示委屈。王羲之走过去，摸摸它的羽毛，安慰说：“好一只化鹤飞来的灵鹅！”

庙董泡来一杯香茗，双手捧给王羲之：“右军先生，难得，难得。刚做好一块新匾，今日要挂，正愁没人写字，劳驾先生挥毫题匾！”

王羲之点点头。庙董差人拿来文房四宝，又将新匾扛到乡主祭桌前面的院子里。

乡亲们听说王羲之要题匾，都围拢来观看。那祭桌上的大白鹅也目不转睛地侧着头睨视，王羲之袖口一卷，拿起笔，蘸饱墨水，“唰唰唰”几下，便挥成了“化鹤飞”三个字。王羲之停了一会儿，对鹅打了个招呼，正想再写“来”字，猛然间，忽听得祭桌上“啪啦啦”的几声，众人抬头一看，原来是那只大白鹅扑击翅膀，飞将起来。庙董见白鹅要飞了，连忙跑过去抓，可是迟了，手刚伸出，大白鹅已“哦哦哦”地在天空中飞鸣了。

王羲之见大白鹅飞走了，忙放下笔，匆匆告辞道：“众位请原谅，我要追鹅去了。”说着，飞也似的跑了出去。

王羲之走后，庙董搓手顿足，没有办法，补上什么字好呢？有的说写“去”字，有的说写“来”字。庙董思索了一下，就拿起笔，费了九牛二虎之力，补写了一个“来”字。旁边一个后生发问：“公公，你为什么写‘来’？”庙董回答道：“王右军养的鹅能化鹤飞来，足见此处乃吉祥之地！”

从此，剡县金庭石鼓庙“化鹤飞来”“天鹅显灵”“右军题匾”的消息很快传开了。不久，“化鹤飞来”的匾额也挂了起来。白鹅落地的那座山，人们就叫它“鹅山”；庄前大白鹅游过的小溪叫为“鹅溪”；石鼓庄也就很自然地被乡亲们唤为“灵鹅村”了。

步云高跷

从那时起，灵鹅村每年二月十二日石鼓庙庙会期间，组织村民进行“迎鹅”活动。渐渐变成了高跷艺术，起名“步云高跷”。

高跷表演者双脚分别绑在木棍上，木棍中部钉有一块小踏板，高的丈余，一般 1.30 米。灵鹅高跷的高度比别的地方要高出许多，意在步入云端，招迎灵鹅之意。人员可多可少，多则近百人，少则 20 余人均可。前有一人擎着一面 6 米高的大旗，上绣龙凤呈祥图案，中书“金庭灵鹅步云会”七字。以旗作向导，队员随后，乐队压阵。乐器主要有：唢呐、小钹、大钹、鼓、木莲号头（将军），曲牌以“骑马调”为主。队员踩着鼓点，腾挪跳跃，行进有序。广场表演有方阵、龙阵、圆阵等布阵变化。大街游行排成一列长队。特技动作有金鸡独立、猛虎跳涧、左顾右盼、铁腿扫地等等。演员根据剧情角色需要编组，分别扮演《梁祝》《包公》《济公》《五龙会》等传统剧目。如包公扮演者化成黑头包公，穿包公戏装，手持尚方宝剑，步履稳健，威武雄壮。济公扮演者戴一顶旧僧帽，摇一把破芭蕉扇，穿一领脏袍子，捏一只酒葫芦，一步三摇，疯疯癫癫，动作技艺性很强。还有女子高跷队员，扮演梁山伯与祝英台等戏剧人物，高跷之上，清风徐来，彩纱翩翩，双双对对，犹如蜂戏蝶舞。

步云高跷也是随着时代潮流不断注入新鲜血液，使高跷这一门古老艺术不断焕发新春。

辛亥革命时期，灵鹅村革命志士竺绍康利用“步云会”表演来遮掩练兵，表面练高跷，实际练兵。他还用高跷表演来招兵买马，发展壮大“平洋党”，为辛亥革命立下了汗马功劳。

著名越剧十姐妹之一的竺水招是金庭灵鹅村人，她把踩高跷的人打扮成《梁祝》《西厢记》等剧中的人物，并表演戏剧动作，使高跷活动更让人喜闻乐见。

如今，灵鹅村为了传承高跷艺术，村两委会组织青少年学习练功，还应邀四处表演，并屡屡获奖，“步云高跷”现已成为灵鹅村的一张文化名片。

（文：张刚裕）

后　记

2015年初的一天，学校分管科研的金佩华副校长找我和任重教授去，说是省里准备启动一个“千村故事”五个一行动计划，由浙江农林大学来承担这项任务。这“五个一”中，我所在的文化学院就承担了其中“一碟影像”和“一馆展示”两项任务，分别由任重教授和我负责；另外，我们还要分别承担“一套丛书”中“手技手艺”和“民风民俗”卷的主编工作。

这是一件好事情。所以，尽管任务繁重，责任重大，我们还是愉快地一口应承了下来。

我在浙西山区一个小县城长大，对农村的生活并没有太多的经历。但小时候放暑假或过年，我都会去乡下舅舅家玩，对江南农村的一些乡风民俗，像夏日新稻收割之后“尝新米粥”、大年春节演“大戏”等，都有深刻印象。然而长大之后，偶或再去乡下，发现过去这些挺有意思的民俗都渐趋消失了。虽然说，时代和社会在不断发展，农村也越来越有城镇化的倾向，但如果我们还只是一味地希望这些古村落依旧停留在传统的农耕岁月里那种“田园诗”般的景象，未免不太现实，也有些自私。但心里总不免有些怅惘。趁这次主编《千村故事·民风民俗卷》的机会，我正好有机会好好梳理一下浙江古村落里保留迄今的一些风俗故事，这应该也是一件挺有意义的工作。

作为主编，当然不仅仅只是坐在办公室里，看看从各地市县区收集整理上来的文稿而已。从2015年暑期开始，我和课题组同人就带着学生陆续开始了对省内一些县区农村的实地调研，从东海之滨的舟山定海、普陀的海岛渔村，到浙西山区的临安、建德、淳安、兰溪、江山的深山古村，从宁绍平原的余姚、奉化、宁海，到金衢盆地的兰溪、武义、磐安，从浙东南沿海的天台、仙居、黄岩、椒江，到浙南山区与闽地接壤的泰顺、景宁……将近一年的时间内，履迹几乎遍及小半个浙江。这些地方过去我大多也去过，但这一次，是将关注的目光主要停留在古村落保留至今的各具特色的民风习俗上，收获颇丰。

印象最深的是去年暑期去舟山海岛调研。我们乘坐海船，历经几个小时的海上颠簸，到了位于东海之中、浙江最东边的有人居住的小岛——东福岛。这个小岛因韩寒拍摄的电影《后会无期》在此取景而名噪天下。但旅程颇为辛苦，从普陀的轮渡码头登船，历两个多小时先到东极岛，再换乘小船，又行驶约一小时始达。小岛风光甚好，但却少人居住，海湾里留有一大片石砌的房屋，煞是壮观，如今却人去楼空，令人惋惜。

去年寒假，我和“千村故事”诸同仁又去了我老家建德的大慈岩镇李村调研，就住在村支书家里。李村村完整地保留着从20世纪50年代至今的所有的村财务账簿，让我们如获至宝。跟村里商量之后，决定征集这些资料，将来陈列在由我负责策划布展的浙江历史文化名村展示馆当中。李村附近不远，就是有着“江南明清建筑露天博物馆”之称的新叶古村，这一带也流传着不少有趣的民俗和故事。忙里偷闲，我还专门去相邻的兰溪芝堰村，探访这个严婺古道上的古村落。

近一年的调研过程中，发生的趣事还有不少。一次去宁海调研，正好遇上我的老友、著名金融史料专家储建国兄，于是他热情邀请我去他老家储家村寻访一个800米高山上的茶园，说有可能有宋代留下的古茶树。那天下着滂沱大雨，我们穿着抗台风用的雨衣和高统雨靴，深一脚浅一脚地爬上了这座茶山。岂料竟是一个世外桃源般的地方，山顶云雾缭绕，茶树碧绿，还建有一座石屋。一行人又累又渴，于是在山顶石屋中烧水烹茶，谈天说地，这样的经历也是人生少见的。

又一次，正是寒假期间，我到了仙居的皤滩古街。这个古街我慕名已久，碰巧我的同事、外国语学院的方彩琴老师的老家也在那，那天又是元宵，古街上要举行庙会，我们适逢其盛。没想到到了傍晚，四方八邻的村民都来赶庙会，里面挤得水泄不通，我们陷在里面，差点都出不来了，印象极为深刻。

经过浙江各地县农办的发动，到去年8月底，“千村故事”的基础材料陆续收集上来了。有关民风民俗的篇目有179篇，涵盖浙江11个地市的八九十个县，分布面颇广，民俗故事内容也是丰富多彩。但可惜的是，由于稿子来自基层，文字水准参差不齐，风格体例也多有不同。接下来将近一年多的时间，课题组成员对这些故事初稿做了几轮的增删修正，不断地润色文字，最终选定99篇，编就这本千村故事的《民风民俗卷》。

在这里我要特别感谢课题组成员、浙江农林大学文化学院中文系朱永香老师，在编稿、改稿期间，正是她在华东师大攻读现代文学博士学位的关键时期，她仍是抽出大量时间与精力和我一起下乡调研，并对故事初稿做了第一轮的仔细修改。我带的研究生刘方冉、尤含悦和徐宁，还有选修我的课程的王安宁同学也参与了多次调研和文稿的编辑工作，在书稿付梓之际，对她们所付出的辛勤劳动也要表示深切的谢意。

书稿编讫，已是2016年的初冬，校园的银杏叶也变黄了，满园金灿灿的落叶。这是一个收获的季节。屈指一算，这本《千村故事·民风民俗卷》，恰好是我编撰出版的第20本书，很有纪念意义。过了年，我就将进入知天命之年。这本书的出版，正好也是我跨入五字头年龄的一个最好的礼物。

周新华

丙申初冬于浙江农林大学之两不厌室